Paula Tietze-Fritz

Integrative Förderung in der Früherziehung

Entwicklungsgefährdete Kinder und ihre psychomotorischen Fähigkeiten

Ein Handbuch nicht nur für den Kindergarten

Paula Tietze-Fritz

Integrative Förderung in der Früherziehung

Entwicklungsgefährdete Kinder und ihre psychomotorischen Fähigkeiten

Ein Handbuch *nicht nur* für den Kindergarten

borgmann

© 1997 *p borgmann publishing GmbH,* 44139 Dortmund

Titelfoto: © ZEFA – G. Baden
Gesamtherstellung: Löer Druck GmbH, Dortmund

Bestell-Nr. 8206   ISBN 3-86145-130-1

Inhalt

Vorwort

*Die neue Erziehungsmethode
besteht nicht nur darin,
die Mittel für die Entwicklung
der einzelnen Handlungen
zu geben, sondern auch darin,
dem Kind die Freiheit zu lassen,
darüber zu bestimmen.*

Maria Montessori

Unser früherzieherisches Handeln ist ein lebendiger, *ein sozialer Prozeß*: Im Verständnis einer begleitenden Förderung, die Begegnungen vorbereitet und Gemeinsamkeiten ermöglicht, können wir Kindern helfen, ihre persönlichen Fähigkeiten zu entfalten und ihre Eigentätigkeiten zu entwickeln.

Kinder haben Kompetenzen. Sie geben uns *Signale* und senden uns *Botschaften*. Sie machen uns Angebote, die wir aufgreifen und unterstützen können, und jedes Kind hat seine positiven Möglichkeiten, und es entwickelt sich auf seine Weise.

Förderung in der Früherziehung ist Beobachten, Sehen und Verstehen, und sie hat *eine integrative Funktion*. Sie ist nicht von uns eingeleitet, sondern vom Kind - und am besten gegenseitig von Kind zu Kind: Förderung ist dann *gemeinsame Hilfe zum Öffnen und Gestalten von Handlungsräumen*.

Dieses Buch möchte auf *das* aufmerksam machen, was Kinder können, und zu Begegnungen ermutigen.

Bad Salzschlirf, im Herbst 1996   *Paula Tietze-Fritz*

Einleitung

Es ist die Aufgabe der Früherziehung, Kinder so zu begleiten, daß sie *aus sich heraus* ihre persönlichen Handlungsfähigkeiten entfalten können. Kinder sind verschieden, jedes Kind handelt so wie kein anderes, und diese Vielfalt kindlicher Individualität erfordert in der Begleitung von Kindern ebenso vielfältige pädagogische Konzepte.

Für Kinder im Vorschulalter ist es besonders der Kindergarten, der einen verantwortlichen erzieherischen Auftrag hat und der gute Möglichkeiten finden kann, auf die unterschiedlichen Entwicklungsbedürfnisse seiner Kinder einzugehen: Aus einer integrationspädagogischen Sichtweise heraus bemühen sich viele Kindergärten um einen pädagogischen Ansatz des Zusammenseins von Kindern, der Dialog und Kommunikation, selbstverständliche Begegnungen im Spielalltag der Kindergruppe und eben *viel Gemeinsamkeit* ermöglicht und der dennoch die *individuelle Förderung* eines jeden Kindes umfaßt.

Dieses Handbuch möchte theoretische und praktische *Basiskompetenzen* zur *integrativen Förderung* von Kindern vermitteln und einen Beitrag zur *Qualitätssicherung* in der Früherziehung leisten. *Es ist ein heilpädagogisches Buch*, davon ausgehend, daß manche Kinder in ihren Handlungen unterstützt werden möchten, und wissend, wie wichtig es für die Entwicklung eines Kindes sein kann, ihm *die für es förderlichen Hilfen* zu geben.

In erster Linie wendet sich das Buch an die Erzieherinnen im Kindergarten. Vielleicht kann es ihnen mit der Vermittlung grundlegenden Wissens helfen, leichter ihr jeweiliges pädagogisches Konzept zu finden. Genauso aber wendet es sich an alle pädagogisch-therapeutischen Fachleute, die Kinder erziehen, betreuen, fördern und behandeln und die in der Frühförderung, in der Elementar-, Vorschul- und schulischen Erziehung und in der Therapie *interdisziplinär* mit Kindern und ihren Familien zusammenkommen. Und: Es ist natürlich auch *ein Lehrbuch* für alle diejenigen Studierenden, die sich umfassende Kenntnisse über aktuelle Handlungsansätze in der Förderung von Kindern wünschen.

Der *erste Teil* des Buches beschäftigt sich mit den *integrationstheoretischen und pädagogischen Grundlagen* der Früherziehung und gibt einen Einblick in vorschulerzieherische und -therapeutische Theoriekonzepte. Unter einer systemischen Sichtweise und aus dem Blickwinkel des Normalisierungsgedankens werden *diagnostische Ansätze einer verstehenden Beobachtung* von Kindern vorgeschlagen und dargestellt, und es werden *pädagogisch-therapeutische Zusammenhänge* transparent gemacht, die nicht passiv beeinflussen möchten, sondern stets *das Handeln des Kindes* in ihren Mittelpunkt stellen.

Der *zweite Teil* informiert über Entstehungszusammenhänge von *Entwicklungsgefährdungen* und gibt einen Überblick über die Erscheinungsformen möglicher *psychomotorischer Beeinträchtigungen.* Die ausführliche Darstellung auch der *medizinisch-therapeutischen Grundlagen* zum Erkennen kindlicher Entwicklungsauffälligkeiten und sogenannter Behinderungen versteht sich als eine Basis zum Verständnis des jeweiligen kindlichen Verhaltens und möchte zum Sehen-Können der Wahrnehmungs- und Bewegungsfähigkeiten, die jedes Kind auf seine Weise hat, hinführen. Viele Informationen und Hinweise sind im Text besonders hervorgehoben. Sie machen nicht nur auf *Probleme*, die ein Kind haben kann, aufmerksam, sondern weisen auf seine individuellen *Begabungen und Kompetenzen* hin. Sie können Handlungsleitlinien sein zu einem Umgang mit Kindern, der nicht „be-handelt", sondern „Förderung" als begleitende Hilfen zur Selbstgestaltung versteht.

Im *dritten Teil* sind Vorschläge für die Praxis aufgeführt. *Förderdiagnostische* Ansätze und eine Vielzahl (heil-)pädagogischer und therapeutischer Modelle und *Fördermethoden*, deren Kenntnis und Inhalte Erzieherinnen nützlich sein können, im einzelnen aber auch zur Kritik anregen möchten, sind beschrieben; *Exkurse* zu wichtigen Themen ergänzen die Darstellungen und dienen dem grundlegenden und vertiefenden Verständnis. Im Sinne der Idee des ganzen Buches und seines Anliegens einer integrativen Förderung von Kindern sind vorzugsweise solche methodischen Herangehensweisen ausführlicher vorgestellt, die keine Einzelmaßnahme für ein Kind bleiben müssen, sondern die in gemeinsame Alltags- und Spielhandlungen von Kindern eingebunden werden können.

Anmerkung 1: Wenn in diesem Buch von „Erzieherinnen" gesprochen wird, ist keineswegs nur der Berufsstand Erzieherin gemeint, sondern es sollen alle beruflich in der Erziehung von Kindern Tätigen angesprochen sein.

Anmerkung 2: Im nachfolgenden Text ist bei den Berufsbezeichnungen nur die feminine Form verwendet worden.

Erster Teil

Integrationstheoretische und pädagogische Grundlagen

1. Die integrative Früherziehung

Wenn Kinder mit unterschiedlichen Verhaltensweisen und Fähigkeiten gemeinsam den Kindergarten besuchen, sprechen wir in der Elementar- und Vorschulpädagogik von *integrativer Früherziehung.* „Integrationspädagogik" ist in der Früherziehung[1] die Idee und das Konzept des gemeinsamen Spielens und Lernens von Kindern: Sie möchte jedem Kind, ohne daß Kinder klassifiziert werden und ohne die Anwendung von Attributen wie „gesund", „nichtbehindert", „gefährdet", „auffällig", „retardiert", „beeinträchtigt", „entwicklungsgestört" ... oder „behindert", das *Miteinander* ermöglichen.

Auf der Suche nach integrationspädagogischen Begründungszusammenhängen wird gerne der Leitsatz „Gemeinsam von Anfang an" benutzt. Eine Pädagogik, die sich nach ihm richtet, handelt dann auch nach der Erkenntnis, daß Sich-Begegnen und Sich-Kennenlernen die Voraussetzungen für mehr Selbstverständlichkeit im Umgang und im Zusammenleben der Menschen sind. Am natürlichsten sind sie im frühen Kindesalter zu schaffen.

Viele Kindergärten verstehen so ihren erzieherischen Auftrag und öffnen sich für *alle* Kinder, deren Eltern sich hier eine Erziehungshilfe wünschen, die Familien begleitet und Kinder unterstützt. Sie erproben Formen einer koedukativen Erziehung eben auch für diejenigen Kinder, die wir „behindert" nennen oder die „von einer Behinderung bedroht"[2] sind. Hier ermöglichen Erzieherinnen und Therapeutinnen den Kindern einen den kindlichen Bedürfnissen entsprechenden Umgang miteinander. Sie bieten ih-

---

[1] *Früherziehung* bezieht sich auf das kindliche Lebensalter von der Geburt bis zur Einschulung (für einige Kinder noch darüber hinaus). Elementar- und Vorschulpädagogik ist demnach frühzieherisches Handeln und wird zur Integrationspädagogik, wenn sogenannte behinderte und sogenannte nichtbehinderte Kinder gemeinsam erzogen und gefördert werden.

[2] Die Terminologie folgt hier den begrifflichen Vorgaben des Deutschen Bildungsrates (1973), des Bundessozialhilfegesetzes (BSHG) und der fachlichen Handlungsanweisungen für die Frühförderung behinderter und von Behinderung bedrohter sowie entwicklungsgefährdeter oder entwicklungsverzögerter Kinder (Hrsg. Hess. Sozialminister, Erl. mit Wirkung v. 15. 2. 1995).

nen einen Kindergarten-Alltag, der Erziehung und individuelle Förderung im Zusammensein sehr verschiedener Kinder in ihren Spielgruppen umfaßt.

Integration ist aber natürlich nicht nur als eine institutionspädagogische Aufgabenstellung zu verstehen. Sie ist darüber hinaus Aufgabe unseres Gemeinwesens, und alle integrativen Prozesse finden ihre Chancen und Grenzen im gesellschaftlichen Kontext. Die Anerkennung von Kindern, so wie sie sind, und die Überzeugung, daß es in sozialen Bezügen keinen einsehbaren Grund geben kann, gemeinschaftliche kindliche Entwicklungsprozesse zu *behindern* und zu *verhindern*, sind die Basis für einen kinderpädagogischen Ansatz der Gemeinsamkeit und damit für eine *nichtaussondernde Heilpädagogik*.

1.1 Zur Entwicklung der gemeinsamen Erziehung

Die integrative Erziehung im Kindergarten ist ein Entwicklungsprozeß *auf der Praxisebene*. Sie kennt nebeneinander und kombiniert miteinander *verschiedene Gruppenformen*, und es ist eine wichtige integrationspädagogische Aufgabe, *die einem Kinde angemessene* und für es richtige Form zu finden. Sehr oft sind es die Eltern, die integrative Kindergartenerziehung nachdrücklich fordern, an vielen Orten aber auch die Erzieherinnen und Therapeutinnen sowie engagierte Träger von Einrichtungen.

Schon bevor eine öffentliche Integrationsdiskussion und -bewegung vor einigen Jahren einsetzte und über integrative Bestrebungen zunehmend nachgedacht wurde, war die Betreuung behindert genannter Kinder in manchen Kindergärten ganz selbstverständlich möglich, wenn die Erzieherinnen die Aufnahme eines Kindes aus dem regionalen Einzugsgebiet unterstützten. Auch Kinder, deren Entwicklungsprobleme erst im Verlauf des Kindergartenbesuches festgestellt wurden, blieben in ihrer Gruppe, in ihrem wohnortnahen Kindergarten, und entfalteten sich darin.

Darüber hinausgehend haben sich nun im Elementarbereich – zuerst zögernd, in jüngster Zeit immer häufiger – Formen der gemeinsamen Erziehung in der Praxis organisiert und verbreitet. Es gibt viele Meinungen dazu, wie Integration am besten zu verwirklichen sei, und verschiedene „Modelle" „wetteifern" miteinander: Kindergärten und Sonderkindergärten bauen in zunehmender Zahl Kontakte zueinander auf. Einzelne behindert genannte Kinder werden bewußt in ihren wohnortnahen Kindergarten aufgenommen. Sonder- und Regelkindergärten schließen sich zusammen oder verändern sich. Die von den einzelnen Institutionen gewählten Strukturen reichen von der Betreuung verschieden konzipierter Gruppen unter einem Dach bis hin zu Einzelintegrationen und Integrationsgruppen in öffentlich als integrativ ausgewiesenen Kindertagesstätten.[3]

Diese unterschiedlichen Modelle zur gemeinsamen Erziehung machen deutlich, daß es sicherlich verschiedene Gestaltungsansätze geben muß, wenn auf individuelle und soziale Gegebenheiten von Familien und Kindern eingegangen werden soll. Es gibt immer wieder Unsicherheiten darüber, welcher Weg denn der beste sein kann und welche Organisationsform als „pädagogisch richtig" anzusehen ist.

Einige integrative Gruppenformen

So richten derzeit viele bestehende Sonderkindergärten parallel zur Sondergruppe auch integrative Gruppen ein und nehmen nichtbehindert genannte Kinder auf. Manche Regelkindergärten, auch solche ohne „offiziellen" integrativen Charakter oder „Integrationsauftrag", öffnen sich vorbehaltlos für sogenannte behinderte Kinder aus ihrem Einzugsgebiet.

Erfreulicherweise wird die *integrative Kindergruppe*[4] zu einer – vielerorts am Anfang modellhaft eingerichteten, doch allmählich immer mehr favorisierten – Gruppenform innerhalb der noch traditionell differenziert strukturierten vorschulischen Einrichtungen. Manche Kindergärten richten neben ihren bisherigen Gruppen zunächst *eine* integrative Gruppe ein, andere, deren räumliche, personelle und strukturelle Gegebenheiten dies zulassen – und wenn der Bedarf besteht –, arbeiten gleich insgesamt integrativ. Wählt ein Kindergarten die Form der *gestützten Einzelintegration*, werden in diesem Fall einzelne „behinderte oder von Behinderung bedrohte" Kinder aus dem unmittelbaren Einzugsgebiet in die Regelgruppe aufgenommen und in ihrer Entwicklung durch gezielte förderliche Maßnahmen unterstützt. Die Gruppengröße ist dann reduziert.[5]

---

[3] Hierzu können u. a. die gesetzlichen Landesbestimmungen, beispielhaft hier die „Richtlinien für die *gemeinsame Förderung* behinderter und nichtbehinderter Kinder *in Kindertagesstätten* im Lande Hessen" (Hrsg. Hess. Sozialminister) und die Ausführungsbestimmungen zum Kinder- und Jugendhilfegesetz (KJHG) (Hrsg. Bundesminister für Jugend und Familie, Frauen und Gesundheit) verglichen werden.

[4] Die *integrative Kindergruppe* besteht im Durchschnitt aus 15 Kindern, davon sind vier bis fünf Kinder „behindert oder von Behinderung bedroht" (oder entwicklungsgefährdet). Die Gruppenzusammensetzung ist offen und differiert in der Praxis je nach örtlichen und einrichtungsbedingten Gegebenheiten.

[5] Die Größe der Gruppe, in der ein „behindertes oder von Behinderung bedrohtes" Kind betreut wird, darf in der Regel einschließlich des „behinderten" Kindes 20 Plätze (Obergrenze), bei der Aufnahme von zwei „behinderten" Kindern 18 Plätze nicht übersteigen; eine weitere Reduzierung der Gruppengröße ist nach Erforderlichkeit im Einzelfall zu vereinbaren.

Gedanken zur „heilpädagogischen" Gruppe

Manche Kinder besuchen den Sonderkindergarten oder werden im Kindergarten in einer *heilpädagogischen Gruppe* betreut. Das muß dem pädagogischen Auftrag der gemeinsamen Erziehung von Kindern nicht grundsätzlich widersprechen. Individuelle Entwicklungsmerkmale und Entwicklungsbedürfnisse eines Kindes, etwa im Fall eines außergewöhnlichen Krankheitsbildes, können einen hohen Pflege- und Betreuungsaufwand und intensive, auch sehr spezifische Fördermaßnahmen notwendig machen. Heilpädagogische Einrichtungen oder Gruppen können mit ihrer besonderen personellen Begleitung und räumlichen und sächlichen Ausstattung diesem Hilfebedarf entsprechen und ein kinderorientiertes Lernen besonders gut ermöglichen.

Ein Kind kann sich in einer Sondergruppe wohl und geborgen fühlen, in einer anderen überfordert oder benachteiligt. Für einzelne Kinder kann überlegt werden, die heilpädagogische Gruppe eine Zeitlang zu wählen, vielleicht um einem Kind eine nur hier mögliche fachspezifische Unterstützung, die es dringend braucht, zu geben. Diese kann auch der Vorbereitung auf die Integrationsgruppe dienen, unter der Zielsetzung, einen Wechsel zu planen.

Ein entscheidendes Kriterium für die Wahl der heilpädagogischen Gruppe kann die örtliche Lage einer Einrichtung sein, die dem Kind vielleicht einen längeren täglichen Fahrweg erspart. In manchen Fällen sind es die Erzieherinnen einer Einrichtung selbst, die aus pädagogischen Erwägungen heraus zur Sondergruppe raten, weil dort Kolleginnen tätig sind, die eine besondere Fachausbildung und somit eine größere Sicherheit in der Wahrnehmung der Integrationsaufgaben haben.

Ausschlaggebend für die Abwägung solcher oder ähnlicher pädagogischer Gesichtspunkte ist das Bedürfnis eines Kindes und sind die gegebenen Bedingungen. Letztendlich ist natürlich die Frage entscheidend, ob die Eltern solche oder auch andere Argumente nennen und was sie sich für ihr Kind wünschen. Es ist zu verstehen, wenn sie sich sorgen und eine beschützendere Gruppenform für ihr Kind suchen und wenn sie sich aus diesen Überlegungen heraus für eine besondere Betreuung entscheiden.

„Sondergruppe" und Integration

Dennoch darf auch die ausgewählte besondere Betreuungsform *nicht isoliert* gestaltet werden, und *auch ihr Ziel* muß das Zusammenbringen aller Kinder sein. Um es zu erreichen, muß die Erziehung von Kindern in der „Sondergruppe" stets in unmittelbarer räumlicher Nähe zu den anderen Gruppen erfolgen, und separate Einrichtungen, die örtlich weit voneinander entfernt sind, eignen sich nicht: Eine nötige Intensiv-Förderung darf Kinder nicht von Kindern trennen und muß immer auch einen Raum lassen für das, was *in Gemeinsamkeit aller* möglich und sinnvoll ist. Sie muß Kooperation, Austausch und vor allem *Begegnungen* zulassen. Nur dann wird auch sie dem Anspruch integrationspädagogischen Denkens und Handelns gerecht.

Jedes Kind geht in seinen Kindergarten

Viele Eltern haben den Wunsch für ihr Kind, daß es in „seinen" Kindergarten gehen kann und unabhängig von einer sogenannten Behinderung *wohnungs- und wohnortnah* betreut und erzogen wird. Wohnortnahe Integration ist die selbstverständlichste, die *nicht mehr* modellhafte Einbeziehung eines jeden Kindes dort, wo es zu Hause ist. Die *Zielsetzung* der Erprobung früherzieherischer Ansätze könnte daher sein, daß integrationspädagogische „Konzepte" viel in Bewegung bringen, sich eines Tages aber wieder zurücknehmen zugunsten einer *alltäglichen* integrativen Pädagogik *in einer natürlichen sozialen Gemeinschaft* und Einheit von Kindern.

1.2 Grundsätzlichkeiten

Gemeinsame Förderung aller Kinder in einem Kindergarten setzt Verständnis für kindliche Bedürfnisse und Einfühlungsvermögen voraus. Ihr Mittelpunkt ist die *soziale Gemeinschaft* der Kinder. Je nachdem, wie sie vollzogen werden soll, sind Vor- und Rahmenbedingungen nötig. Meistens müssen die traditionell bestehenden modifiziert und verbessert werden, damit eine Elementarerziehung möglich werden kann, in der sich Elemente der Früherziehung, der Heilpädagogik und Sondererziehung[6] und der pädagogischen und therapeutischen Frühförderung in einer jeweils individuellen Förderung und Therapie sinnvoll verbinden können.

Diese Verbindung einzelner Elemente und ihrer Schwerpunkte der Spezialisierung im pädagogischen Handeln, nicht aber der Besonderung von Kindern, macht *differenzierte Begleitung* mit sehr unterschiedlichen Kindern möglich und bleibt doch in ihren Vorstellungen und Handlungen eine *allgemeine Pädagogik* (vgl. FEUSER 1984; 1988).

1.2.1 Vom Verhältnis zwischen Pädagogik und Therapie

Je mehr heilpädagogische Kompetenzen und Frühförder-Fachwissen die Erzieherinnen mitbringen und sich den Anforderungen entsprechend er-

---

[6] *Sondererziehung* (Sonderpädagogik) kann als Bezeichnung für *besondere* Erziehungs- und Förderbedürfnisse, die *jedes* Kind haben kann, verwendet werden – nicht als „behinderungsspezifischer" Begriff und „aussondernde" Maßnahme.

werben, desto besser kann auch die *förderliche Erziehung* der ihnen anvertrauten Kinder gelingen. Es ist wichtig, aus einem guten Gefühl heraus zu handeln. Genau so wichtig ist es, in das alltägliche erzieherische Tun fachpädagogische und fachtherapeutische Aspekte und Notwendigkeiten einfließen zu lassen und ganz konkret einzubeziehen.

Früherziehung ist also immer auch *Frühförderung*[7]. Manche der Kinder benötigen eine auf eine Beeinträchtigung abgestimmte Therapie, die von Fachleuten – wie Physiotherapeutinnen, Ergotherapeutinnen oder Logopädinnen – durchgeführt wird, im Sinne einer *therapeutischen Frühförderung*. Diese Behandlung eines Kindes sollte möglichst in *interdisziplinärer Zusammenarbeit* und in Absprache mit den Erzieherinnen innerhalb der Gemeinsamkeit der ganzen Kindergruppe gestaltet werden, nicht aber in einer isolierten Therapiesituation. Viele der eher therapeutischen Schwerpunkte können sogar als Teil der *pädagogischen Frühförderung* in die erzieherische Arbeit des Kindergartentages hineingenommen werden. Elemente einer *Behandlung* verbinden sich dann mit *erzieherischen* Ansätzen in interdisziplinärer Zusammenarbeit.

Nicht immer sind die therapeutischen Fachkräfte ständig anwesende Kolleginnen des Kindergartenteams, sondern kommen stunden- oder tageweise in die Gruppen. Oftmals sind sie als niedergelassene Therapeutinnen freipraktizierend, und manchmal bedingen es die örtlichen Gegebenheiten, daß Kinder nicht im Kindergarten behandelt werden können, sondern in eine freie Praxis zur Therapie gebracht werden müssen.

Letzteres sollte nur in Ausnahmefällen und vorübergehend so sein, denn es erschwert die pädagogisch-therapeutische Zusammenarbeit. Für die Kinder ist externe Therapie fast immer eine große zusätzliche Belastung, die verkraftet werden muß. Eine gute Abstimmung zwischen „internen"

---

[7] *Frühförderung* beinhaltet die Angebote der Beratung für Familien, der frühzeitigen Erkennung von kindlichen Entwicklungsstörungen (Frühdiagnostik) und der heilpädagogischen Förderung entwicklungsgefährdeter, entwicklungsverzögerter, entwicklungsgestört und behindert genannter Kinder. Die frühkindliche Förderung ist den verschiedenen Fachdisziplinen entsprechend unterteilt, soll aber stets *interdisziplinär* gestaltet werden: *Therapeutische Frühförderung* umfaßt die differenzierte Behandlung durch medizinisch-therapeutisch ausgebildete Fachkräfte des Gesundheitswesens. *Pädagogische Frühförderung* umfaßt die besondere Erziehung des Kindes und seine ganzheitliche Entwicklungsförderung. Sie besteht aus Anregungen und Unterstützung für das Kind unter besonderer Berücksichtigung der Begleitung seiner Eltern und Familie. Frühbehandlung und pädagogische Frühförderung sind im praktischen Handeln eng miteinander verbunden. Ihre Gestaltung (in *ambulanter* Form und/oder als *mobile* Frühförderung, aber auch integriert in das pädagogische Konzept von Kindertagesstätten) basiert nach den heutigen wissenschaftstheoretischen Erkenntnissen auf einer *systemischen* und *entwicklungsökologischen* Sichtweise und erfolgt in möglichst enger Zusammenarbeit mit den Eltern eines Kindes.

Pädagoginnen und „externen" Therapeutinnen erfordert daher besonders exakte Absprachen und gute Beziehungen untereinander. Dies gilt auch für die Zusammenarbeit mit Kolleginnen aus pädagogischen Frühförderstellen, die dem Kindergarten beratend zur Seite stehen oder stundenweise begleitende und ergänzende heilpädagogische Fördermaßnahmen in der Kindergartengruppe durchführen.[8]

Eine gute Kooperation mit den Hausärztinnen (Kinderärztinnen) der Familien und mit allen anderen externen Kolleginnen ist demnach unerläßlich, wenn auf die jeweiligen Förderbedürfnisse eines entwicklungsgefährdeten oder behindert genannten Kindes angemessen eingegangen werden soll. Eine Überforderung des Kindes ist tunlichst zu vermeiden. Ziel der pädagogischen Überlegungen bleibt, die fachliche Betreuung am besten im Kindergarten selbst zu ermöglichen. Wenn dies nicht möglich gemacht werden kann und eine externe Fördermaßnahme für das Kind hinzukommen muß, so soll auch diese in enger Anbindung an die Gruppenarbeit erfolgen und zum erzieherischen Konzept passen.

1.2.2 Von Wirkungen und Vorbedingungen

Kinder und Erwachsene, Eltern und Erzieherinnen und alle, die an kindlichen Entwicklungsprozessen beteiligt sind und Kindern begegnen, erfahren Verschiedenheit, kindliche Individualität und unterschiedlichste Entwicklungsmöglichkeiten und -fähigkeiten. Die Einwirkungen von Kindern auf Kinder, in dem, wie sie sich gegenseitig „fördernd" bereichern, sind groß. Integrative Erziehung kann mit ihren *Wirkungen* durch die Gemeinschaft Impulse geben, weit über den Kindergarten hinaus.

Niemand sollte aber integrativ arbeiten wollen, nur um eines modernen Etikettes willen, wenn die dafür notwendigen *Vorbedingungen* fehlen oder nicht erarbeitet werden können. Die *Akzeptanz* der Kinder durch Eltern und Erzieherinnen ist eine wichtige Voraussetzung für die Anerkennung eines jeden Kindes als Persönlichkeit. Sie wird durch das Miteinander in einer guten Beziehung aller am Integrationsprozeß Beteiligten erreicht und

---

[8] Mit dem Ausbau integrativer Kindergartenangebote hat die Kooperation zwischen Frühförderstellen und Kindergärten an Bedeutung gewonnen. In den „fachlichen Handlungsanweisungen für die Frühförderung" (Hrsg. Hess. Sozialminister) ist z. B. für Hessen auf die *Fortsetzung begonnener Frühfördermaßnahmen* im Kindergarten und die Einbindung therapeutischer Maßnahmen in das pädagogische Alltagsgeschehen als *soziale Integration* behinderter Kinder und ihrer Familien hingewiesen. Zur Einleitung und Begleitung des Prozesses der Integration kann die *heilpädagogische Fachberatung* durch Mitarbeiterinnen der im Einzugsbereich liegenden Frühförderstellen in Anspruch genommen werden, und eine solche Beratung dient der kooperativen Unterstützung der Erzieherinnen in integrativen Einrichtungen.

durch das Sich-füreinander-verantwortlich-Fühlen eingeleitet. Miteinandersein ist auch die Voraussetzung für das gegenseitige Sich-Mögen der Kinder, aller Kinder untereinander. Es muß entfaltet und manchmal erst gelernt werden. Auch Erzieherinnen und Therapeutinnen müssen das gegenseitige Sich-Annehmen üben. Das Sich-Schätzen untereinander ist ebenso unverzichtbar wie das Lernen(wollen) voneinander und die Bereitschaft zu interdisziplinärer Arbeit, zum Austausch von Kompetenzen, genauso wie das Lernen(wollen) der Erzieherinnen und Therapeutinnen von den Kindern und von ihren Eltern.

Die integrativ tätigen Erzieherinnen und Therapeutinnen müssen entwicklungsdiagnostische und heilpädagogische Fachkompetenzen haben. Damit sind berufliche Kenntnisse gemeint und darin die Fähigkeit, sich einfühlen und gut beobachten zu können, sich in jeder Phase des Erziehungs- und Förderungsprozesses an den Bedürfnissen der Kinder zu orientieren und sich darauf einstellen zu können.

Unabdingbares Kriterium ist das Überzeugtsein aller Erziehenden von der kindlichen Lern- und Entwicklungsfähigkeit. Für die praktische Arbeit ist es sehr wichtig, daß die Erzieherinnen nicht nur die pädagogische Förderung ihrer Kindergruppe übernehmen, sondern sich auch um ein einzelnes Kind bemühen. Wenn dies aus zeitlichen Gründen schwierig ist, etwa bei knapper personeller Ausstattung, muß sichergestellt sein, daß *eine* Erzieherin die Aufgabe der Einzelbetreuung und -förderung, vielleicht sogar gruppenübergreifend, übernimmt, daß für sie dann aber andere gruppenpädagogische Verpflichtungen verringert sind.

Für die integrative Erziehung kann auf ein Mindestmaß an räumlichen und sächlichen Voraussetzungen und an finanziellen Mitteln auch zur Anschaffung kind- und entwicklungsgerechter Übungs- und Spielmaterialien nicht verzichtet werden. Die zur Verfügung stehenden Räume müssen so beschaffen und ausgestattet sein, daß in ihnen auch die Möglichkeit der Durchführung von Fachbehandlungen und von Fördermaßnahmen besteht.

1.3 Zum Behinderungsbegriff

In ihrem Alltag sind Erzieherinnen mit dem Begriff *Behinderung* konfrontiert. Den verschiedenen Definitionen „behindertes Kind" – „nichtbehindertes Kind", oder der Realität, daß in der integrativen Arbeit von „(drohender) Behinderung", von „Retardierung", „Gefährdung" oder „Entwicklungsstörung" gesprochen wird, kann ein Behinderungsbegriff zugrunde gelegt werden, der *lediglich in seiner medizinischen und juristischen Bedeutung* benutzt und in einem solchen Sinne zur Verdeutlichung gewählt wird. Eine terminologische Begrifflichkeit wie die Bezeichnung „(drohende) Behinderung" kann hilfreich sein, damit für Kinder die im einzelnen richtigen Förderungsmöglichkeiten und -hilfen gefunden werden und auch deren Finanzierung auf gesetzlichen Grundlagen sichergestellt wird.

Integrative Früherziehung hat auch die Aufgabe, Behinderungen zu überwinden. Muß sie nun einen „Behinderungsbegriff" verwenden, so dient er nicht dem Zweck, die Gleichwertigkeit von Kindern infrage zu stellen: „Keinesfalls ist er mit einem im pädagogischen Sinne zu verwendenden Verständnis der Einstellung zu behinderten Kindern identisch. In der Erziehung ist vielmehr davon auszugehen, daß im Handlungsfeld pädagogischer Frühförderung der Begriff der Behinderung überflüssig ist, das heißt, in integrativen Bezügen und unter humanitärer Sichtweise in der Heilpädagogik keinen Raum hat" (TIETZE-FRITZ 1993a, S. 33).

Im Kindergarten, als einem primären Ort der Begegnung von und mit Kindern, gibt es – pädagogisch gesehen – nicht das „behinderte", das „Sonderkind" als ein besonderes Kind. Ein *jedes* ist hier ein besonderes Kind, aber keines ist zu besondern. Die in jüngster Zeit bildungs- und sozialpolitisch vorgeschlagene Bezeichnung und Beschreibung von Kindern *„mit einem sonderpädagogischen Förderbedarf"* muß sich in ihrem Selbstverständnis auf *alle* Kinder beziehen können. Sie kann pädagogisch nur dann legitimiert sein, wenn sie nicht als Selektionsinstrument angewendet wird und integrativem Denken und Handeln nicht widerspricht.

1.4 Die Ganzheitlichkeit

Es kommt der Entwicklung und Ausbildung der Persönlichkeit in den ersten Lebensjahren des Kindes eine besondere Bedeutung zu. Der Kindergarten begleitet die Kinder in einer Zeit, in der jedes einzelne von ihnen sein eigenes Wesen entfaltet.

Ein wichtiges Kriterium für die gruppenpädagogische Arbeit ist der grundlegende Erziehungsgedanke, daß sich integrative Pädagogik immer als ein *ganzheitliches Konzept* versteht. Sie bezieht im Grundsatz alle Kinder ein und lehnt dementsprechend eine Unterscheidung nach „integrierbaren" und „nichtintegrierbaren" Kindern (etwa nach der Art oder Schwere eines Handicaps oder Krankheitsbildes ausgewählt) ab. Sie geht vom Miteinander ganz unterschiedlicher Kinder aus und akzeptiert Ungleichheiten bezüglich Entwicklungsstand und Fähigkeiten als selbstverständliche Verschiedenheit und als individuelle kindliche Entwicklungsmerkmale.

Integrative Erziehung beachtet die *Lebenswelten der Kinder* und begreift ihre Aufgabe als eine Lebenshilfe. Eines ihrer Ziele ist es, Begegnungen in familialen und sozialen Bezügen herzustellen.

Ganzheitliche Förderung in der integrativen Erziehung beachtet nicht isoliert eine einzelne kindliche Fähigkeit oder eine bestimmte Schwierigkeit, die ein Kind in einem Entwicklungsbereich und bei seinem Handeln haben kann. Sie betrachtet das Kind als eine unzerlegbare Person und unterstützt stets das ganze Kind. Die pädagogische und therapeutische Begleitung des Kindes verbindet sich in *kollegialer Zusammenarbeit*.

1.4.1 Der Normalisierungsgedanke

Der Normalisierungsgedanke betont das Recht auch des entwicklungsgestört oder behindert genannten Kindes auf die Gestaltung sämtlicher Lebensbedingungen „so normal wie möglich". Es ist das Recht auf die Entfaltung seiner Persönlichkeit.

Diese Normalisation meint aber keinesfalls, daß es Kinder gibt, die an äußerliche Normalitäten anzupassen sind. Es geht nicht um eine Gleichmacherei, sondern um die *individuelle* Normalität eines jeden Kindes, um *seine* Individualität, die es herauszufinden gilt und die bei jedem Kind eine andere ist. Dies bedeutet, daß das Lebenskonzept eines jeden Kindes so zu gestalten ist, wie es seinem Wesen und seinen gegebenen oder realisierbaren Lebenszusammenhängen entspricht.

Für die *ganzheitliche integrative* Erziehung kann daraus abgeleitet werden, daß das Normalisierungsprinzip (vgl. THIMM 1990) als eine Anleitung zum eigenen Handeln im beruflichen Aufgabenfeld der Erzieherinnen und Therapeutinnen verstanden werden sollte und daß es mit seinen Leitgedanken als eine wichtige Arbeitshilfe einzuschätzen ist.

Jedes Kind wird so, wie es ist, mit seinem ihm eigenen Verhalten, mit seinen Fähigkeiten und Möglichkeiten, mit seinem Anders-Sein angenommen. Es wird in gemeinsame Situationen eingebunden. Aus pädagogischer Sicht könnten dann „in der Tat" die Begriffe der Behinderung oder der Nicht-Behinderung, ja sogar der Normalität, überflüssig sein. Denn gerade auch für die ganz praktische kinderpädagogische Arbeit „... ist die Einsicht unvermeidbar, daß jede Verhaltensform nur in ihrem zwischenmenschlichen Kontext verstanden werden kann und daß damit die Begriffe von Normalität und Abnormalität ihren Sinn als Eigenschaften von Individuen verlieren" (WATZLAWICK u. a. 1982, S. 48).

Das Normalisierungsprinzip ist also keinesfalls nur ein „behinderungsspezifisches" Prinzip, sondern ein ganz allgemeines und im umfassenden Sinne ganzheitliches *didaktisches und methodisches Vorgehen* in der Kinderpädagogik.

1.4.2 Die entwicklungsökologische Sichtweise oder: der systemische Ansatz

Individuelle kindliche Entwicklung muß aber auch als *wechselseitiger Prozeß* von Kind und erweiterter Umwelt gesehen werden. Eltern- und Familienarbeit in der integrativen Erziehung bezieht in ihrem Selbstverständnis diese Sichtweise ein. Pädagogik, die nach den Prinzipien einer ökologischen Betrachtungsweise kindlicher Entwicklung gestaltet wird, muß das Kind in seiner tatsächlichen Situation erfahren, in seiner „Nahweltsituation". Diese jetzige, eben jetzt vor Ort wahrnehmbare, für die Pädagoginnen beobachtbare und erfahrbare Lebenssituation – und das Handeln des Kindes darin – wird aber wiederum von einer *erweiterten Umgebung* gestaltet. Kindliches Verhalten ist sehr abhängig, ausgelöst, ja geprägt vom Verhalten dieser erweiterten Umgebung und den Einschätzungen dieser Umgebung. Alle diese Einwirkungen haben große Einflüsse auf die Entwicklung des Kindes. Wie die Handlungskompetenz eines Kindes aussieht oder sich weiterentwickeln kann, hängt sehr entscheidend davon ab, ob auch eine erweiterte Umgebung positiv oder negativ in das kindliche Entwicklungsgeschehen hineinwirkt.

Integrative Heilpädagogik für das Kindesalter orientiert sich daher mit ihrem ökologischen Ansatz nicht allein am Kind, sondern genauso an den Systemen, in denen es steht, „... an den Beziehungen des Einzelnen zu seiner Lebenswelt" ... „Ein systemorientierter Ansatz der Heilpädagogik hat deshalb alle Teilsysteme einzubeziehen, an denen der Edukandus Anteil hat, und dabei sind wiederum die Wechselwirkungen der verschiedenen Teilsysteme zu sehen" (SPECK 1988, S. 249). *Ganzheitlichkeit* in der integrativen Erziehung meint eben auch eine Ökopädagogik, „... die ihr Handlungsfeld unter dem Orientierungsaspekt von Zusammenhängen reflektiert" (a. a. O., S. 14).

Solche *entwicklungsökologischen* Perspektiven pädagogischen Handelns, wie SPECK sie vorträgt, beachten die Lebenswelten des Kindes und seiner Familie und möglichst viele Lebenszusammenhänge, Netzwerke und zwischenmenschliche Beziehungen. Sie alle verantworten und gestalten die Entwicklung eines Kindes, können sie blockieren – oder können förderlich sein.

Erziehung, die nur das Kind sieht, Förderung oder Therapie „am Kind" verschließen allzuleicht den Blick auf die Wechselwirkungen der Systeme untereinander und auf ihre Beeinflussung kindlicher Fähigkeiten und kindlicher Entfaltung. Und: In einem weitgefaßten und offenen Verständnis von Integration, mit viel „Verständigung und gegenseitiger Ergänzung" (SPECK 1988, S. 15) geht es auch um eine Wertorientierung und ihre Perspektiven für die Orientierung im heilpädagogischen Handeln, „durch die eine Einbeziehung behinderten Lebens in den allgemeinen Lebenszusammenhang und dadurch ein sinngetragenes Zusammenleben aller möglich wird. Maßgebend ist dabei die Einsicht, daß kein Teilsystem auf Kosten anderer leben kann, daß jeder Versuch sozialer Abkoppelungen von der umgebenden Lebenswelt letztlich das eigene System zerstört" (a. a. O.).

1.4.3 Beziehungsaufnahme und Kommunikation: die Interaktionsbereitschaft des Kindes

Ganzheitlich erziehen heißt auch, zusammen mit den Kindern die vielfältigen *Formen der Beziehungsaufnahme*, der Interaktion und der Kommunikation wahrzunehmen und aufzugreifen und Kinder *verstehen zu lernen*.

Das Beachten einer Mitteilung ist eine kommunikative Form, der wechselseitige Ablauf von Mitteilungen zwischen mehreren Personen wird zur Interaktion. Das *Verstehen zwischenmenschlicher Beziehungen* ist die Basis dafür, daß Beziehungen überhaupt aufgenommen und geknüpft werden können. Dialogfähigkeit kann entwickelt werden.

Aus der pränatalen Psychologie wissen wir, daß es beim noch nicht geborenen Kind bereits eine pränatale Emotionalität und pränatale Kommunikationsformen gibt, und schon der kleine Säugling hat viele Möglichkeiten, durch gegenseitige Zuwendung seine soziale Kompetenz auszubilden (vgl. DORNES 1994). Das Aufnehmen einer Beziehung ist demnach Voraussetzung für die Weiterentwicklung kommunikativer und sozialer Kompetenzen des Kindes, und der Dialog beginnt in Wechselbeziehungen zwischen einem Kind und seiner Bezugsperson, die als *Signale* gegenseitig erkannt werden.

Die moderne Entwicklungspsychologie beschreibt, in welchem Ausmaß beim sehr jungen Kind bereits Interaktionsbereitschaft vorhanden ist. STERN (1979) geht davon aus, daß die Entwicklung des Kindes nicht von der Abhängigkeit zur Unabhängigkeit, von der Undifferenziertheit zur Differenzierung und von der Passivität zur Aktivität verläuft. Vielmehr sind *Aktivität* und Individuation bei jedem Kind von Geburt an in bemerkenswertem Umfang vorhanden: Das Kind hat ein Selbstempfinden, auf dessen Basis Gemeinsamkeitserlebnisse möglich sind und vom ihm gesucht werden. „So gesehen ist in der sozial- und heilpädagogischen Praxis ... das Aufnehmen einer Beziehung der erste Weg und das Finden des richtigen Ansatzes einer hilfreichen Maßnahme immer mit der Suche nach einer verstehenden Haltung verknüpft" (TIETZE-FRITZ 1993a, S. 70). Ganzheit-lich-ökologische Erziehungshilfe ... „in einem systemischen Ansatz muß sich bewußt sein, daß die Art und Weise, wie sie Beziehungen ... herstellt, ganz entscheidende Ein- und Auswirkungen auf Entwicklungen und Verän-derungen haben kann" (a. a. O.).

Vielfältige kommunikative Formen müssen aufgegriffen werden, und Mie-nenspiel und Stimme spielen eine große Rolle. Sich-miteinander-in-Bezie-hung-Setzen kann für viele der zu betreuenden Kinder im Schmecken und Riechen, im Berühren und Erfühlen, im Schaukeln, Wippen und Zappeln oder in einem ersten auditiven und visuellen Wahrnehmen seinen Anfang finden. Das Empfundene kann *perzeptives Handeln* in Gang setzen und allmählich zu einem weiteren Beziehungswunsch und zur Kommunikation hinführen.

Oft sind es gerade die ersten, vielgestaltigen und elementaren, manchmal impulsiv anmutenden Verhaltensmuster, allzuleicht als „nicht angemessen" oder nicht „der Norm entsprechend" gewertet, die für eine Kind der Aus-druck einer Kontaktaufnahme sind und die den Beginn einer komplexeren, ja, einer *sprachlichen Kommunikation* darstellen oder einleiten können.

Für manche Kinder aber *bleiben* basale Informationen über die Sinne und hier besonders über das orale Wahrnehmen und das Empfinden über *Spüren* und *Lauschen* der Mittelpunkt kommunikativen Verhaltens und die für sie dominante Form der Verständigung.

Erzieherinnen müssen sich daher in ihrer Arbeit immer wieder bewußt machen, daß menschliche Kommunikation zwar für alle persönlichkeitsbil-denden Prozesse unverzichtbar ist, nicht aber an verbale Fähigkeiten ge-bunden sein muß. Ein Kind, das Sprache (noch) nicht gelernt hat, vielleicht niemals lernen wird, kann sich mit seinem Verhalten anders, sogar *intensi-ver*[9] ausdrücken und mitteilen, und viele Kinder entwickeln ihre eigene Sprache.

Dieses Individuelle, die für uns anderen, uns vielleicht zunächst unbekann-ten und oft fremden Reaktionen, individuellen Äußerungen und eine ganz eigene *kindliche Sprache*, die eben auch eine *nonverbale* sein kann, gilt es zu verstehen.

---

[9]   In der Heilpädagogik wird auch von *intensivbehinderten* Kindern gesprochen, wenn schwerstbehinderte (syn.: mehrfachbehinderte, komplexbehinderte) Kinder gemeint sind. Für die pädagogische Arbeit sollte dieser Begriff eher auf die besonders intensiven Wahr-nehmungsfähigkeiten dieser Kinder und auf ihre hohe Sensibilität aufmerksam machen.

1.4.4 Zusammenarbeit mit der Familie

Gemeinsame Erziehung ganz verschiedener Kinder ist eine Erziehungs-aufgabe, die in enger Verbindung mit den Familien zu erfüllen ist. Eine solche, der Familie zugewandte Vorschulpädagogik kann auch *familienori-entiert* genannt werden. Die *Zusammenarbeit mit den Bezugspersonen* der Kinder, die in der Regel die Eltern und die anderen nächsten Familienmit-glieder wie Geschwister und Großeltern sind, ist daher von maßgeblicher Bedeutung.

Alle erzieherischen Maßnahmen, die Erstellung eines Förderkonzeptes für die Kindergruppe und für einzelne Kinder darin, müssen, dem *ganzheitli-chen* Verständnis folgend, mit der Familie verantwortet sein. Erzieherinnen und Therapeutinnen begleiten die Familie. Sie beachten die jeweilige Fa-miliendynamik. Bei allem, was sie vorhaben oder konkret tun, sind sie auf die *Kooperation mit den Eltern* angewiesen. SPECK betont das Zusam-menwirken der „professionellen und familiären" Systeme: „Die Familie stellt das primäre soziale System dar, von dem die initialen Anregungen für die Entwicklung des Kindes ausgehen." ... Familie ist „ein eigenes soziales System, d. h. ein System mit Eigengesetzlichkeit" (1989, S. 152).

1.5 Die Begleitung der Familie

Der Anspruch der Familienbegleitung in der integrativen Erziehung macht eine *besondere Elternarbeit* erforderlich. Ihr Mittelpunkt ist das Bemühen darum, Familien verstehen zu lernen. Auf der Basis einer *systemischen* Betrachtungsweise müssen Ansätze gefunden werden, die eine Zusam-menarbeit aller am Erziehungs- und Fördergeschehen Beteiligten verstär-ken. Solche umfassen die Einbeziehung der Familienmitglieder in die prak-tische *Kinderarbeit vor Ort* ebenso wie Hilfen für ihre häusliche Lebenssi-tuation, wenn diese Hilfen gewünscht sind.

Eltern sollten jederzeit im Kindergarten dabeisein können, das, was „dort" auf ihr Kind einwirkt, mit-sehen und mit-erleben, ja, auch mit-planen kön-nen. Sie sollten sich aber auch dessen gewiß sein können, daß die Erzie-herinnen ihrer Kinder Ansprechpartner für sie, die Eltern, sind, wenn fami-liale Fragestellungen im Interesse des Kindes und seiner Familie erörtert werden müssen. Manchmal ist ein *Hausbesuch* erbeten und gewünscht. Das muß trotz der immer wieder beklagten zeitlichen Engpässe möglich gemacht werden können, wenn die integrative Früherziehung ihrem syste-mischen Praxisansatz nachkommen will.

Integrative Elternbegleitung ist auf *alle* Familien ausgerichtet. Erzieherin-nen können helfen, daß auch Eltern nichtbehindert genannter Kinder für die Vorteile gemeinsamen Spielens und Lernens sensibilisiert werden und nicht voreingenommen sind. Sie können helfen, einen „Zugang" zur Selbstverständlichkeit einer gemeinsamen Erziehung zu finden: „Für die meisten der Eltern, die derzeit ihr nichtbehindertes Kind in einen integrierten Kindergarten geben, hat der vorurteilslose Umgang mit behinderten Menschen einen hohen Stellenwert. Dennoch geraten manche in Konflikte, z. B. wenn sie trotz allem befürchten, ihr Kind entwickele sich in der integrativen Gruppe nicht 'normgerecht', daß es den andernorts geforderten Leistungen nicht nachkommen könnte. In diesem Spannungsfeld können die Eltern dazu angeregt werden, sich die Diskrepanz bewußt zu machen, die zwischen Anspruch auf und Verwirklichung von Akzeptanz aller auch bei ihnen bestehen kann. Die Kinder, die wesentlich unbefangener miteinander umgehen – FEUSER (1984, S. 71) spricht von 'noch ungebrochenen sozialen Verhältnissen' –, können solche Prozesse bei den Erwachsenen befördern" (KRON 1988, S. 126).

In der *besonderen* Begleitung der Eltern entwicklungsgefährdeter und behindert genannter Kinder ist es sehr wesentlich, die Thematisierung der Wünsche und Erwartungen der Eltern, wie der Wunsch nach Informationen über zukünftige schulische Möglichkeiten oder auch der Wunsch nach dem Aufzeigen von Möglichkeiten der kindlichen Entwicklungsförderung, in Absprache mit Fachärztinnen und Fachtherapeutinnen als eine inhaltliche Aufgabe zu verstehen (TIETZE-FRITZ 1993a, S. 62 u. 63). Eltern äußern immer wieder den Wunsch nach einer Auseinandersetzung mit solchen Fragen. Sie haben nicht nur das Bedürfnis zu sprechen, sondern sie dürfen auch erwarten, sinnvolle Antworten auf ihre Fragen zu erhalten. Die Auswahl der pädagogischen Arbeitsformen sollte sich in einem hohen Maße daran ausrichten.

Unsere Kindergärten bemühen sich zunehmend stärker um familienintegrative Erziehungsansätze, und Arbeitsformen einer systemischen Eltern- und Familienbegleitung finden Eingang in die Früherziehung. Hilfen für eine Familie anzubieten, wie etwa dem familialen Wunsch nach einer Beratung nachzukommen, sind aber keinesfalls nur Aufgabe und Kompetenz einiger ausgewählter Fachleute, wie zum Beispiel externer Psychologinnen, die gefragt werden können. Alle am Erziehungs- und Förderprozeß Beteiligten, Erzieherinnen und Therapeutinnen, sollten sich aus ihrem eigenen beruflichen Selbstverständnis heraus darum bemühen, die Beachtung der jeweiligen Familiensysteme in ihre Arbeit einbeziehen. Erzieherinnen sind unmittelbare Bezugspersonen und können im täglichen Umgang mit den ihnen anvertrauten Kindern am ehesten auch Vertrauen gewinnen.

1.5.1 Krisenverarbeitung und die Bewältigung einer besonderen Lebensaufgabe

Ein behindert genanntes oder von Behinderung bedrohtes Kind in der Familie zu haben, ist eine besondere Realität, die auch als belastende Realität bezeichnet werden kann (THURMAIR 1990). Zur „faktischen" wie auch „erlebten" Dimension gehören zumindest am Anfang der neuen Situation zum Beispiel Ängste um den Entwicklungsverlauf des Kindes, aber auch „vieles ertragen zu müssen und wenig Belohnendes vom Kind zurückzubekommen".

Dazu kann die „emotionale Dimension" kommen, „in der das Kind in seinem So-Sein unerwünscht ist, sein Da-Sein und sein So-Sein nicht aushaltbar erscheint" (a. a. O., S. 51).

Für viele Familien mit einem behindert genannten oder entwicklungsgefährdeten Kind sind also, längst bevor sie sich mit Fragen zur integrativen Erziehung beschäftigen, Krisen und besondere Prozesse zu durchleben, wenn es um das Vertraut-Werden mit dem Kind geht. Sehr oft wird ja das Kind als viel zu anders gesehen und erlebt, als daß es Wünschen und familialen Vorstellungen entsprechen könnte. Kennenlernen, Akzeptieren, letztendlich das Einbeziehen des Kindes in ihr Leben und in ihren Lebensplan vollzieht sich nicht selten in einem langwierigen und meistens auch schmerzhaften Prozeß. Dieser kann allerdings ganz unterschiedlich verlaufen, so unterschiedlich, wie Familienstrukturen und familiale Bedingungen eben sind. Der integrative Kindergarten kann hierbei hilfreich und unterstützend sein. Es kann Eltern „psychisch stark entlasten, wenn ihr Sohn oder ihre Tochter zumindest in einem gesellschaftlichen Teilbereich keine Aussonderung erfährt. Dies mag in Einzelfällen die Gefahr beinhalten, daß die Auseinandersetzung mit der Behinderung ihres Kindes hinausgeschoben wird. Weitaus mehr fällt jedoch ins Gewicht, daß sie in dieser weniger belastenden Situation die Trauer und Angst eher verarbeiten können, die oft mit dem Kind bzw. mit seinen Lebensperspektiven in einer großenteils noch behindertenfeindlichen Gesellschaft verbunden sind" (KRON 1988, S. 126).

Für Erzieherinnen und Therapeutinnen, die Kinder fördern, ist es um des besseren Verständnisses für Familien willen notwendig, sich ein wenig in das prozeßhafte Erleben einer Familie hineindenken zu können. Sie müssen wissen, daß mit dem Zeitpunkt, zu dem Eltern ihr Kind einer familienergänzenden Einrichtung, die sich um Integration bemüht, anvertrauen, ein guter Schritt hin zum selbstverständlichen Leben mit dem Kind gewagt worden ist. Integrative Erziehung hat hier die Aufgabe, zu ermutigen und weiterzuhelfen.

Modelle und Sichtweisen

In der Literatur sind *Verarbeitungsformen* und *mögliche Bewältigungsstrategien* beschrieben, die in ihrem prozeßhaften Ablauf bei betroffenen Familien vergleichbar beobachtet worden sind. Daraus resultierend, sind Modelle zur *Krisenverarbeitung* und Bewältigung der besonderen Familien- und Elternsituation mit einem behindert genannten Kind entstanden, deren Ablauf in betroffenen Familien ähnlich gesehen worden ist und deshalb generalisierbar erscheint. Pädagoginnen und Therapeutinnen sollten einige davon kennen, wenngleich sie den „Pauschalisierungen" und „Generalisierungen" stets skeptisch und kritisch gegenüberstehen müssen.

Einige Modelle zeichnen den – mutmaßlichen – Bewältigungsprozeß in einer Abfolge auf, die, ausgehend von einer „Schockphase" bei den Eltern, über zunächst „Ablehnung" des Kindes dann allmählich bis zur „Bejahung" und „Annahme" des Kindes führt. Andere Modelle machen die „Trauerarbeit" der Eltern, insbesondere der Mütter und die *Lebensbewältigung* der betroffenen Familie zum Mittelpunkt ihrer Beobachtungen (BEUYS 1984; SPORKEN 1980; SCHUCHARDT 1994; JONAS 1990 u. 1994; FRÖHLICH 1992; 1993 u. a.).

Sehr verbreitet ist die Vorstellung *eines spiraligen Phasenmodells* der Krisenverarbeitung. SCHUCHARDT hat es als möglichen und beobachteten Lernprozeß in der Familie beschrieben (1984; 1985; 1994; vgl. auch PREKOP 1989). Alle Phasen werden nach der Meinung der Autorin von den Eltern teilweise oder ganz (je nach Persönlichkeitsstruktur und äußeren Einflüssen) durchlaufen.

Krisenverarbeitung als Lernziel in acht Spiralphasen[10]

1. *Ungewißheit* (Was ist eigentlich los?)
   Die Nachricht über die (drohende) Behinderung des Kindes oder die Gefährdung seines Entwicklungsganges kann eine große Verunsicherung auslösen. Sie kann erschreckend sein.

2. *Gewißheit* (Ja, aber das kann doch nicht sein ...?)
   Eltern stellen sich vor, wie es weitergeht: Manche Lebenserwartungen sind nicht erfüllt, und im Falle einer sichtbaren Behinderung scheinen sie eindeutig und unwiderruflich beendet. Vieles ist in Frage gestellt. Eltern werden bemitleidet. Eltern haben Angst.

---

[10] Erzieherinnen sollten sich auch oder gerade in Kenntnis solcher *Phasenmodelle* dessen bewußt sein, daß eine unreflektierte Übertragung auf das reale Erleben von Eltern unterbleiben muß: Modelle sind Hilfsmittel, vielleicht vage Leitlinien: Jede Familie setzt sich aus Menschen zusammen, die in ihrer jeweiligen Individualität verschieden empfinden und reagieren. Im übrigen ist menschliche Spontaneität auch Veränderungsfähigkeit im Denken und Handeln in jedweder Lebenssituation.

3. *Aggression* (Warum gerade ich ...?)
   Gegen die Realität, ja, die Grausamkeit dessen, was auf Eltern zukommt, bäumen sie sich auf. Sie suchen einen Schuldigen dafür.

4. *Verhandlung* (Wenn, ... dann muß aber ...!)
   Die Aggression hat nicht nur zermürbende Kraft, sie regt auch die Bereitschaft an, Lösungen zu finden. Sie macht es möglich, daß nach
   Möglichkeiten gesucht wird, um den Ängsten und dem Leid zu entrin-
   nen und um Gegebenheiten doch noch zu ändern. Viele Eltern suchen
   auch nach alternativen Heilmöglichkeiten. Sie bringen große materielle,
   zeitliche und nervliche Opfer. Sie erfragen alle Behandlungsmöglichkei-
   ten, und manche Eltern versuchen eine Therapie nach der anderen.

5. *Depression* (Wozu ..., alles ist sinnlos ...?)
   Vor den Gegebenheiten zu fliehen, gelingt nicht. Nun steht fest: Es gibt
   kein Ausweichen. Es ist hoffnungslos. Im Falle einer Diagnosesiche-
   rung oder der Fixierung einer Behinderung, der Nennung eines Er-
   scheinungs- oder Krankheitsbildes kann tiefste Trauer eintreten: Das
   Kind bleibt behindert. Eltern fühlen sich nicht in der Lage, die gestellten
   Anforderungen und die großen Belastungen erfüllen und tragen zu können.

6. *Annahme* (Ich erkenne jetzt erst ...!)
   Allmählich reift aber die Entscheidung, sich auch der tiefsten Trauer zu
   stellen und „ja" zur Auseinandersetzung mit der Krise, mit der Behinderung des Kindes, mit dem Ungewissen zu sagen. Eltern erfahren, wie
   sich die ursprünglichen Einstellungen verändern, wenn sie sich aktiv
   mit dem, was jetzt ihre Aufgabe ist, auseinandersetzen. Lebenserwartungen erscheinen in einem anderen Licht. Sie entwickeln eigene Kraft.

7. *Aktivität* (Ich tue das ...!)
   Diese Bejahung der veränderten Lebenssituation setzt neue Lebens-
   energie frei. Familien können in der Behinderung des Kindes einen
   völlig neuen Sinn im Leben finden.

8. *Solidarität* (Wir handeln ...!)
   Die Familie sucht nach Menschen, die sie in ihrer Haltung und Einstellung verstehen und die das Kind lieben, obwohl und eben weil das Kind
   behindert ist. Eltern haben aber auch das Bedürfnis, solche Menschen
   zu suchen, die ähnlich oder anders betroffen sind. Sie holen sich von
   ihnen Unterstützung und sie unterstützen die anderen und möchten
   ihnen helfen. Sie wissen ja aus eigener Erfahrung, was andere in einer
   ähnlichen Situation brauchen. Betroffene Eltern können anderen Famili-

en sagen, wie der Weg nach vorne weitergehen kann. Eltern geben sich gegenseitig die Kraft, viele schließen sich in Selbsthilfegruppen zusammen und gehen mit dem Kind aus dem Schonraum der eigenen Familie hinaus. Eltern fordern Gemeinsamkeit. Sie verteidigen das Recht des Kindes auf Integration und bemühen sich darum, ihrem Kind behilflich zu sein, damit es in gemeinsame Lebensprozesse selbstverständlicher eingebunden wird.

Zur Beziehungsaufnahme zwischen Eltern und Kind

Je höher die Aktivität eines Kindes ist, desto leichter entwickelt sich seine soziale Kompetenz, und die gegenseitigen Anregungen zwischen dem Kind und seinen Eltern gestalten und erweitern auch das gegenseitige Interaktionsverhalten. Für viele Eltern eines behindert genannten Kindes ist es daher nicht leicht zu erleben, wie schwierig es sein kann, eine Beziehung zu ihrem Kind zu finden. Sie müssen zunächst lernen, sein Verhalten nicht als „fremd" zu empfinden. SARIMSKI (1986) beschreibt solche Probleme der Interaktion mit behinderten Kindern und macht auf die Merkmale des Interaktionsverhaltens zwischen Mutter und Kind aufmerksam, darauf, daß Interaktionsprozesse gestört sein können, wenn es nur schwer gelingt, die Signale eines Kindes „zu lesen".

FRÖHLICH (1992) geht besonders auf die mütterliche Zuwendung zu ihrem Kind ein und auf die besonderen Schwierigkeiten damit, wenn ein „schwer behindertes Kind" in die Familie hineingeboren wird. Er beschreibt die Reaktionen und die Zuwendung der Mutter zu ihrem Kind als eine – normalerweise – „aufsteigende Spirale" ..., „wo in der Mutter-Kind-Dyade die wechselseitigen Prozesse zu immer weiterer Entwicklung Anlaß geben" (S. 27). Zwischen der Mutter und ihrem schwerbehinderten Kind ist nun „ein ganz anderer Kreislauf" zu beobachten, und emotionale Probleme bleiben nicht aus. „... das Kind scheint in seinem Verhalten sich nicht auf die Mutter zu orientieren, nicht in dieses Wechselspiel mit ihr eingehen zu wollen oder zu können, sondern vielmehr lehnt es (scheinbar) all die Angebote der Mutter ab, nicht einmal die Nahrung nimmt es an... Dies erzeugt in hohem Maße Unsicherheit, denn all das, was die Frau gelernt, abgeschaut, tradiert bekommen hat, wie man kleine Kinder großzieht, all dies greift nicht mehr..." (a. a. O.).

FRÖHLICH nennt *drei Grundgefühle*, die gelebt und verarbeitet werden müssen:

„*Schmerz* über den Verlust einer erhofften glücklichen Mutterschaft.

Wut darüber, daß einen niemand gefragt hat, ob man ein solches Kind will, Wut auch auf das Kind selbst, das einem nun das Leben so negativ verändert hat, das einen aus allen bisherigen Bezügen zu reißen droht.

Und *Angst* vor der Zukunft, weil man schon sehr genau spürt, daß dieses Leben sich anders gestalten wird, als man bisher annehmen durfte – aber man weiß noch nicht wie, man weiß nicht, was auf einen zukommt, ob dieses Kind am Leben bleiben wird, ob es sterben muß, all dies macht Angst" (a. a. O., S. 27 u. 28).

Eltern sind demnach gefordert, seelische Belastungen zu tragen und zu lernen, mit besonderen Anforderungen umzugehen. SPORKEN (1980) nennt das Ergebnis des psychischen Verarbeitungsprozesses „Bejahung". Er versteht darunter die allmählich gewonnene Einstellung der Eltern, ihr Kind (Unabwendbares) zu akzeptieren. Im von ihm entwickelten Phasenmodell dieses Prozesses folgen die Empfindungen *Unwissenheit, Unsicherheit, Leugnung* und das *Entdecken der Wahrheit* aufeinander.

Demgegenüber wird in neueren Sichtweisen anstelle einer „Bejahung" der „Bewältigungsbegriff" (coping) herangezogen, der seinen Blick eher auf das bestehende Problem und die Situation, weniger auf das Kind legt.

Trauermodelle

JONAS (1990; 1994) versucht mit einem eigenen Ansatz, das Erleben von Müttern „schwerstbehinderter" Kinder und ihren *Trauerprozeß* zu erklären. Individuelle Prozesse und soziale Bedingungen sind gleichermaßen in die Betrachtung einbezogen. Sie spricht von einem „Verlusterleben" der Mütter, bedingt durch die Behinderung ihres Kindes.

Der *kindzentrierte Verlust* ist der Verlust des unbeschädigten, idealen Kindes.

Der *identitätszentrierte Verlust* meint den Verlust mütterlicher Identität und des idealen mütterlichen Selbstbildes, den Verlust an Kompetenzen.

Der *sozialzentrierte Verlust* entsteht dadurch, daß die Mutter sich nicht mit dem Kind identifizieren kann, daß ihre Lebensplanung und ihre soziale Integration gestört werden.

Die Trauer ist nach JONAS ein sehr komplexes Erleben und umfaßt viele psychosoziale Faktoren. Dieses dynamische Prozeßgeschehen der Trauer eröffnet in seinem Durchleben aber auch die Chance des Umgehens mit Gefühlen und damit einer Weiterentwicklung und ordnenden und stabilisierenden Kraft der psychischen Weiterentwicklung und Veränderung.

36

Der Trauerprozeß läuft in verschiedenen, auch ineinandergreifenden Phasen ab:

1. *Nicht-Wahrnehmung und Suche*

   Weil der Verlust nicht ertragen werden kann, ist das Nicht-Wahrnehmen der kindlichen Behinderung eine Abwehr als Schutzhaltung. Das gleichzeitige Aufsuchen möglichst vieler therapeutischer Hilfen für das Kind ist gleichzusetzen mit dem Versuch, den Verlust des idealen Kindes rückgängig zu machen, und mit einer Hoffnung auf Heilung.

2. *Chaotische Reaktionen brechen auf*

   Die Empfindungen wechseln zwischen Niedergeschlagenheit, Wutgefühlen und Aggressionen. Angst und Schuldgefühle entstehen, es wird wahrgenommen, daß das Kind anders als gewünscht bleiben wird, und es entsteht ein Ambivalenzkonflikt zwischen einer Liebe zum Kind und seiner gleichzeitigen Ablehnung.

3. *Suchen, Finden und Sich-Trennen*

   Die wirklichkeitsnahe Auseinandersetzung mit Möglichkeiten, Hoffnungen, Erwartungen und Grenzen führt zu der Sichtweise, daß es für eine Mutter notwendig ist, sich ein Stück von ihrem Kind zu lösen, selbst wenn dieses sehr auf sie angewiesen ist. Das führt zu mehr Selbstbewußtsein und zu eigenen Entscheidungen mit der Ablehnung von Fremdbestimmung und allzu vielen therapeutischen Ansprüchen.

4. *Autonomieentwicklung*

   Allmählich kann die Mutter ihre Gefühle steuern und in ihre Lebensbezüge integrieren. Sie wünscht sich eine eigene Lebensgestaltung, in der ihre eigenen Interessen wieder Raum finden und in der sie Möglichkeiten einer sozialen Integration zusammen mit ihrem Kind findet.

Auch BÖLLING-BECHINGER (1988) beschäftigt sich mit dem Trauerprozeß und bezieht *beide* Elternteile in ihre Beobachtungen ein. Sie vertritt die Ansicht, daß die Trauerarbeit wohl niemals ganz abgeschlossen wird, teilt aber die seelischen Vorgänge ebenfalls in *vier Phasen* ein.

Nach einer *Phase* der Betäubung und *des Nichtwahrhabenwollens*, in der die Eltern sehr betroffen, ja, völlig betäubt sind, herrschen in der zweiten Phase der Trauer *ambivalente Gefühle*, auch Schuldgefühle und Auflehnung vor. In der dritten Phase *suchen Eltern Fachleute* und Fördermöglichkeiten für ihr Kind, ziehen sich aber bald wieder in ihre Trauer zurück, da ja die Behinderung des Kindes doch bestehenbleibt. Erst viel später erleben Eltern in einer vierten Trauerphase eine neue Erfahrung mit sich und sehen das Kind nicht nur mit seinen Schwächen, sondern auch mit seinen Fähigkeiten und in der ihm eigenen Individualität. Jetzt erst ist es möglich,

zu einem familialen Selbstvertrauen und zu einer *tragbaren Lebensbewältigung* zu finden.

Allgemeinmenschliche Lebensprobleme

ROOS hat versucht, auf die eher psychoanalytisch orientierten Begriffssy-
steme Verarbeitungsphasen, Trauerprozeß, Abwehrmechanismen zu verzichten und die Konflikte der betroffenen Eltern als *allgemeinmenschliche
Lebensprobleme* zu beschreiben. Er nennt als mögliche Konflikte und Gegebenheiten, die keine spezifischen, sondern häufig anzutreffende Famili-
ensituationen sein können:

– *die Enttäuschung eigener Lebenserwartungen und Lebenshoffnungen,*
– *die Einsamkeit,*
– *die Verwundbarkeit der eigenen Existenz,*
– *die Erfahrung von Bedeutungslosigkeit der menschlichen Existenz
   (ROOS 1975).*

Der Auftrag des Verstehens

Auf welche Weise Eltern ihre Beziehung zum Kind gestalten, hängt von
vielen Faktoren ab, und jede symbiotische Bindung ist stets individuell.
Sicher ist, daß Interaktionsmöglichkeiten und Kommunikationsdichte und
-bedeutung eine einflußreiche Rolle spielen und daß partnerschaftliche
und freundschaftliche Bindungen einen intensiv einwirkenden Einfluß auf
sehr persönliche und prozeßhafte Entwicklungen haben.

Eine einfühlende Begleitung der Familien und darin gute Informationen
können für Eltern hilfreich sein, und Erziehende haben hier einen wichtigen Auftrag des Verstehens. Aus der neuen Sicht *eines Empowermentan-
satzes* heraus (vgl. hierzu die Ausführungen unter 1.6.5) hat WEISS
(1989) einen Beratungsansatz vorgestellt, der von den pädagogisch begleitenden Helferinnen aufgegriffen werden sollte:

– *Bemühungen um die Erarbeitung eines Rahmenkonzeptes und um
   gute Informationen der Eltern,*
– *stärkere Gewichtung der sozialökologischen Dimension,*
– *kritische Reflexion des gängigen Annahme-Konzeptes,*
– *vermehrte Berücksichtigung der existentiellen Lebensprobleme in Bera-
   tungsgesprächen, die eine besondere Tiefe haben müssen,*
– *Hilfen für Eltern, aus sich heraus Kraft zu entwickeln.*

Behinderte Familie? – eine Reflexion

Bewältigungsprozesse mit Hilfe von Modellen erklären zu wollen, ist weit
verbreitete pädagogische Ansicht. Wenn auch sicherlich in vielen Familien
parallel zu beobachtende Strategien gesehen werden können, sollte der

Umgang mit verallgemeinerten „Phasen" stets kritisch beleuchtet und sensibel gehandhabt werden. Keine Familie ist aus ihrer individuellen Struktur heraus und zwangsläufig „behindert".

Aus unserer pädagogischen Sicht muß „Bewältigung" demnach kein Spezifikum sein, mit dem sich eine „behinderte Familie" auseinanderzusetzen hat. Auch die Besonderheit der „Annahme" eines Kindes kann infrage gestellt werden, wenn hier die Existenz eines „behinderten Kindes" gemeint wird. Dienlich kann vielmehr die Überlegung sein, daß das Sich-Einstellen auf ein Kind mit seiner zunächst nicht vertrauten Individualität *immer* eine Herausforderung ist und daß das richtige Einbeziehen eines Kindes in *jeder* Familie zunächst erfahren, gelernt und entwickelt werden muß.

Ob Familien mit einem behindert genannten Kind zu „Sonderfamilien" werden, in Isolation und Kontaktlosigkeit geraten, ist in erster Linie eine Frage des gesellschaftlichen Umgangs miteinander, der einer Integration entgegenstehen oder diese bewirken kann. Ob eine Familie „behindert" wird, ist daher immer „das Ergebnis des Zusammenwirkens von tatsächlichen Beeinträchtigungen und sozialen Benachteiligungen..." (KRIEGL 1993, S. 15).

1.5.2 Integrative Erziehung und Familiennähe

Gemeinsame Erziehung im Elementar- und Vorschulalter bezieht sich also nicht allein auf den fördernden Umgang mit dem Kind. Sie hat, so zeigt die Beschäftigung mit Bewältigungs- und Verarbeitungsformen und all ihren Schwierigkeiten für die Familie, auch die Pflicht, bei der *Integration aller Kinder und ihrer Familien in das soziale Umfeld* behilflich zu sein und Ausgrenzungsprozessen entgegenzuwirken. Formen wechselseitiger Selbsthilfe, Formen der „Hilfe zur Selbsthilfe" bewußt zum Mittelpunkt der Elternarbeit zu machen, hat in diesem Zusammenhang eine bedeutende Perspektive.

Die Elternarbeit hat in der Kindergartenerziehung Tradition. Derzeit und in bezug auf das Bewußtsein um den Stellenwert integrativer Aspekte erfährt sie auch entsprechende Aufgabenstellungen und enthält neue Elemente: „Sie kann vielfältig gestaltet werden, und gerade in der Begleitung des entwicklungsgefährdeten und behinderten Kindes hat sie sich zu einer *Elternmitarbeit* entwickelt. Es sind unterschiedliche Formen vorgeschlagen und erprobt worden, neue, auch konträre Ideen und Ansätze werden favorisiert, andere abgelehnt. Für Pädagoginnen und Therapeutinnen in der Frühförderung muß daher die Gestaltung von Elternarbeit stets als ein situationsbezogener und lebendiger gegenseitiger Prozeß begriffen werden" (TIETZE-FRITZ 1993a, S. 12).

Integrative Elementarerziehung sucht in allen ihren Handlungen die *Familiennähe*. Im Sinne einer *förderungsbegleitenden* und gleichzeitig *familiennahen* Elternarbeit (vgl. hierzu BAUMANN u. WEISS 1989; ebenso WEISS 1989) hat sie – über den Erziehungsauftrag im Kindergarten selbst hinausgehend – immer auch das Ziel, diejenigen Hilfen herauszufinden, die zur Gestaltung von Alltags- und Lebenssituationen für eine Familie nötig sind. Sie unterstützt die Familien und geht auf die individuellen Prozesse einer Familie ein, wenn diese es wünscht. Die Früherziehung trägt zum Abbau individueller *und* sozialer Beeinträchtigungen bei und hat „vor allem dann eine besondere Erziehungsaufgabe, wenn sie eine psychische und soziale Störung des familialen Gleichgewichts vorfindet..." (TIETZE-FRITZ 1996a, S. 175).

Integrative Erziehung kann demnach nur *dann* für das Kind und seine Familie erfolgreich sein, wenn sie mit hilfreichen und entlastenden Elementen auch *zur Familiensituation insgesamt* beizutragen versucht. Familiennahe Früherziehung heißt dann, den Familien nahe zu sein, Beziehungen zu schaffen und Nähe zu gestalten, wenn dies gewünscht und zugelassen wird. Sie nimmt in allen ihren Handlungen die Bedeutung der sozialökologischen Bedingungen einer Familie für das Wohlergehen und die Entwicklung ihres Kindes ernst[11]. Erzieherinnen und Therapeutinnen, die diese familiennahe Erziehungshilfe geben möchten, müssen die Bereitschaft mitbringen, „... auf diese Faktoren in ihrer Arbeit zu achten, einseitige, auf alleinige Förderung bezogene Wahrnehmungsverengungen im Sinne einer 'ganzheitlich orientierten' Perspektive aufzubrechen" (WEISS 1989, S. 261).

Alle förderkonzeptorientierten „übungsprogrammatischen" oder „verhaltenstherapeutischen" Vorgehensweisen in der praktischen pädagogischen Arbeit im Kindergarten müssen deshalb „in ein breites Spektrum von Hilfen eingebettet" sein, „die zur Bewältigung der chronischen Belastung der Familie und zur möglichst günstigen Gestaltung der Eltern-Kind-Interaktion beitragen sollen" (SARIMSKI 1991, S. 10).

Um das leisten zu können, sind im System der integrativen Erziehung, für die einzelnen Helfenden darin, neben medizinisch-therapeutischen und

---

[11] Das Gesetz zur Neuordnung des Kinder- und Jugendhilferechts (Kinder- und Jugendhilfegesetz - KJHG) geht darauf ein, Kinder in ihrer Entwicklung zu fördern, aber auch Eltern „bei der Klärung individueller und familienbezogener Probleme" zu beraten und zu unterstützen. Sozialpädagogische Hilfen durch intensive Betreuung und Begleitung von Familien „... bei der Bewältigung von Alltagsproblemen, der Lösung von Konflikten und Krisen ..." sind ausdrücklich hervorgehoben (Hrsg. Bundesminister für Jugend und Familie, Frauen und Gesundheit).

pädagogischen Kompetenzen auch psychologische und psychotherapeutische Grundkenntnisse erforderlich (vgl. BAUMANN 1991). Diese Erfordernis begründet sich leicht aus den neurophysiologischen, entwicklungs-, lern- und neuropsychologischen Vorgängen, die es zu beachten gilt, aber besonders auch aus den „intra- und innerpsychischen Prozessen", die durch die Konfrontation mit einer (drohenden) Behinderung des Kindes für die ganze Familie entstehen können (a. a. O., S. 20). Je nachdem, wie diese Prozesse ablaufen, verarbeitet werden und wirken, können sie ungünstigenfalles in der Folge eine zunehmende Behinderung verursachen – Kinder können *ge*hindert werden, Entwicklung kann *ver*hindert werden, eine ganze Familie kann *be*hindert werden – oder günstigenfalles eine Behinderung vermeiden helfen.

1.5.3 Das Gespräch mit den Eltern

Das Gespräch mit den Eltern gehört zum integrativen Prozeß vom ersten Tag der Begegnungen an, und jede Zusammenarbeit zwischen Eltern, Kindern und pädagogisch-therapeutischem Team lebt durch das Miteinander-Sprechen (vgl. TIETZE-FRITZ 1995, S. 134ff.). In der integrativen Erziehung vermittelt das Gespräch Verständnis füreinander, übermittelt Informationen, gibt Anleitung und leistet darüber hinaus vieles mehr. Es ist eine wichtige Form der *Kommunikation* und leitet *Interaktionen*, die ja das zentrale Anliegen integrativer Pädagogik sind, ein. Sicherlich sind immer wieder Gespräche „vereinbart" zu führen, aber selbstverständlicher und offener ergibt sich das Sprechen manchmal zwanglos, unvorbereitet, *„zwischen Tür und Angel"* (WARNKE 1983, S. 201-224).

Im übrigen weist WARNKE hier auf die besonderen und jeweils anderen Handlungszusammenhänge, in denen ein Gespräch steht, hin. Er betont die verschiedenen Einstellungen und Erwartungen gerade der Eltern entwicklungsgefährdeter und behindert genannter Kinder. Im einzelnen nennt er

– *therapeutische Erwartungen,*
– *Erfolgserwartungen,*
– *diagnostische Erwartungen,*
– *Kooperationserwartungen,*
– *psychologische Erwartungen,*
– *zeitliche Erwartungen (a. a. O.).*

Alle diese Erwartungen erfordern von der Erzieherin Feinfühligkeit, natürlich auch viel Geduld, Ausgeglichenheit und auch eine hohe Belastbarkeit. Hilfreich kann es deshalb für sie sein, wenn sie mit einigen *Grundformen psychologischer Gesprächsführung* vertraut ist (vgl. hierzu TIETZE-FRITZ 1995, S. 134 und 1996a, S. 172).

Einige Grundformen der Gesprächsführung[12] seien hier vorgestellt:

Denkt die Erzieherin bei der Ausrichtung und Gestaltung einer Gesprächssituation mit den Eltern eher an *tiefenpsychologische Erklärungsansätze* zur Entstehung von Störungen (vgl. hierzu die Lehre FREUDs), wird das Verhalten des Kindes, werden die Störungen seines Entwicklungsganges, seine Verhaltenseigenheiten, die markant und auffällig erscheinen, als Reaktionen auf ungenügende Bedürfnisbefriedigung und sehr frühe Erfahrungen und Erlebnisse betrachtet. Belastungssituationen bei Familie und Kind werden mit Hilfe ausgewählter diagnostischer Kriterien beleuchtet. Es wird versucht, den Ursprung und die Ursachen „störenden" Verhaltens und der Probleme eines Kindes, die in Gegebenheiten und Einflußmomenten aus der ganz frühen Kindheit vermutet werden, herauszufinden.

Nach dem von ADLER begründeten *individualtheoretischen Ansatz* werden Erziehungs- und Verhaltensschwierigkeiten eher aus der Sicht des zu erkundenden „Erziehungsklimas" bewertet und (seelische) Entwicklungsstörungen beim Kind mit seiner Theorie der Entwicklung der menschlichen Persönlichkeit in Verbindung gebracht.

Wenn der *lerntheoretische Ansatz*, der davon ausgeht, daß Verhalten gelernt wird, in den Erziehungs- und Fördermaßnahmen bei einem Kind berücksichtigt wird, sind psychologisch-diagnostische Aspekte zur Lern- und Veränderungsbereitschaft im Verlauf eines Gespräches mitbestimmend.

Mit einer Gesprächsgestaltung, die *kommunikationstheoretische Grundlagen* betont, um auch im Integrationsprozeß dann eher kommunikationstherapeutische Förderungsansätze in den Vordergrund zu rücken, gewinnt vor allem die Analyse der Beziehungen (zwischen Familienmitgliedern, zwischen Eltern und Kind) ein besonderes Interesse. Die Erscheinungsformen von Schwierigkeiten („Mängeln") in der (auch nonverbalen) Kommunikation und insgesamt in den Interaktionsvorgängen werden besonders be-

---

[12] Interessierte Leserinnen erhalten einen guten Überblick über Grundformen der Gesprächsführung und psychotherapeutische (klinisch-psychologische) Methoden in: Sieland, B., Siebert, M. (Hrsg.): Klinische Psychologie für Pädagogen. Eine Einführung. Westermann Verlag Braunschweig. In der pädagogischen Arbeit können solche fachspezifischen Grundlagen als ein Leitfaden zum besseren Verständnis des Verhaltens von Kindern und des sie umgebenden Umfeldes benutzt werden, ohne daß *ein einziger* Erklärungsansatz zum Entstehen von Störungen oder zu einem beobachtbaren Verhalten verfolgt werden müßte: Multiple und dynamische Sichtweisen im Umgang mit Familien sind offener und lassen Individualität zu (jedes Kind ist anders, erlebt und verarbeitet anders, jede Familie hat eigene Strukturen und Lebenswelten).

rücksichtigt, und der Suche nach Bedingungsfaktoren für die Entstehung und auch für mögliche Veränderungen von Störungen wird aus diesen Zusammenhängen heraus besondere Beachtung geschenkt.

Der klientenzentrierte Gesprächsansatz

Mit der Verbreitung der klientenzentrierten Gesprächsführung nach RO-GERS, in deren Mittelpunkt für die Gesprächskontakte in der integrativen Erziehung die soziale Interaktion zwischen Familie und Erzieherin steht, sind neue Akzente gesetzt worden. Sollen Probleme gelöst oder Beeinträchtigungen gemindert werden, geschieht dies durch die *Aktivierung der Selbstheilungskräfte* von Menschen (in therapeutischen Bezügen „Klienten" genannt).

Wenn die Gesprächsführung einem solchen *non-direktiven* Ansatz folgt, können wir auch gut von *helfenden Gesprächen* reden. Als notwendige Bedingung wird dabei angesehen, daß die Gesprächspartnerin davon ausgeht, in Gesprächen (hier mit Eltern und anderen Familienangehörigen) eine positive Auseinandersetzung und eigene gute Entwicklungs- und Problemlösungsfähigkeiten der Familie anzunehmen.

A. u. R. TAUSCH haben in Anlehnung an die Grundannahmen ROGERS' spezifische Trainingsverfahren entwickelt, eine besondere „Erziehungspsychologie" herausgestellt und förderliche Haltungen und Aktivitäten von helfenden Personen in Gesprächen, die sich als einfühlsame hilfreiche Gespräche im alltäglichen Leben, aber auch in der erzieherischen Praxis ergeben, benannt (TAUSCH u. TAUSCH 1977 u. 1981).

Für den helfenden Umgang im Gespräch beschreiben TAUSCH u. TAUSCH (1981, S. 29-98; vgl. TIETZE-FRITZ 1993a, S. 77) insbesondere drei Haltungen, die ROGERS aufgezeigt hat. Sie zu beachten, ist in den Beziehungen von Gruppengesprächen nützlich, genauso aber im *Einzelgespräch der Erzieherin mit den Eltern eines Kindes:*

Ein *einfühlendes nicht-wertendes Verstehen* wirkt sich auf die Gesprächspartner aus. Sie spüren, daß ihnen zugehört wird, und fühlen sich verstanden.

Achten – Wärme – Sorgen, die zweite Haltung, läßt die Partner erfahren, daß ihre Person geachtet wird, daß die Helferin ihnen warm und sorgend, das heißt auch, voller Anteilnahme, zugewandt ist und ihr Fühlen und Erleben akzeptiert.

Echtsein – Ohne-Fassade-Sein, die dritte notwendige Haltung, ist die Bedingung dafür, daß die Gesprächspartner die Begleiterin ... als echt wahrnehmen und dadurch offener sein können und daß eine Übereinstimmung zwischen dem Fühlen und den gemachten Äußerungen leichter wird.

Systemische Kontextgespräche und die Theorie der sozialen Systeme

Auf den Grundlagen der *Theorie sozialer Systeme* (LUHMANN 1987; LUXBURG, v. 1991; MATURANA u. VARELA 1987 u. a.) entwickeln sich neue Konzepte, und die Früherziehung kann danach als ein soziales System begriffen werden, als ein „auftragsorientiertes Hilfssystem" (EMLEIN 1994, S. 102). Umgang mit sozialen Systemen ist in erster Linie Kommunikation, und organische, psychische und soziale Systeme wirken immer zusammen.

Jedes Miteinander-Sprechen lebt aus dieser zwischenmenschlichen Dynamik heraus, und es ist wichtig, „die Eigendynamik von Kommunikation in den Griff zu bekommen" (a. a. O.). Aus dieser Sicht schlägt EMLEIN das Modell *„systemischer Kontextgespräche"* vor, das den Blick nicht einengt auf das Kind, auch nicht auf die Familie, sondern darüber hinaussieht, auf andere und auf weiterreichende Strukturen sieht. Eine „systemische Kompetenz" in der Gesprächsführung hilft, das ganze Netz der Erziehung zu sehen. Gespräch ist Interaktion, und diese „wirkt auf den Kontext, und der Kontext wirkt, wie auch immer, zurück. Systemische Kompetenz ermöglicht, die jeweiligen Wirkungen in den Blick zu bekommen..." (EMLEIN, BOLLER 1995, S. 8. u. 9).

1.5.4 Elterngruppen und Eltern-Kind-Gruppen

Besondere Elternarbeit umfaßt die Einbeziehung der Familienmitglieder in die praktische Kinderarbeit vor Ort, kann aber auch um *ergänzende gruppenspezifische Angebote*[13] für die Eltern selbst und auch für Eltern und Kinder gemeinsam erweitert werden. Eine solche *Elterngruppenarbeit* oder *Eltern-Kind-Gruppenarbeit*, die im Kindergarten angeboten und von den Erzieherinnen begleitet wird, ist ein pädagogischer Ansatz der Gemeinsamkeit, in dessen Mittelpunkt wiederum die Familien der im Kindergarten betreuten Kinder stehen.

Nach WEISS wird die Bedeutung des Sich-Zusammenfindens in Elterngruppen „vor allem darin gesehen, daß sie einen Erfahrungs- und Problemaustausch sowie eine Solidarisierung der Eltern untereinander ermög-

---

[13] Die gesetzlichen Empfehlungen zur Frühförderung gehen auch auf gruppenbezogene Formen der Elternarbeit und Integration ein. Pädagogische Frühförderung muß dementsprechend bei der Integration des behindert genannten Kindes und seiner Familie in das soziale Umfeld behilflich sein und Ausgrenzungsprozessen entgegenwirken. In diesem Zusammenhang sind Eltern-Kind-Kreise, Spielgruppen und ähnliche Formen wechselseitiger Selbsthilfe empfohlen (vgl. z. B. die „fachlichen Handlungsanweisungen für die Frühförderung" [Hrsg. Hess. Sozialminister]).

lichen und zu größerer Selbständigkeit gegenüber Fachleuten führen können" (1989, S. 74).

Neben regelmäßigen Gesprächen mit Eltern und der Gestaltung von *Elternabenden*, die traditionell häufig als Informationsveranstaltungen mit inhaltlichen Schwerpunkten zu allgemeinen oder besonders ausgewählten Themen angeboten werden, sind auch *pädagogische Spielkreise* als *Eltern-Kind-Gruppen* ein mögliches Teil-Angebot integrativer Früherziehung.

Pädagogische Spielkreise

Die Einrichtung von Spielgruppen sollte selbstverständlicher, als es bisher noch der Fall ist, zum pädagogischen Konzept des Kindergartens gehören, auch als *Vorbereitung* jüngerer Kinder auf den *Besuch des Kindergartens*.

Eltern aus dem regionalen Umfeld und ihre Kleinkinder werden eingeladen, sich für Stunden im Kindergarten zusammenzufinden. Hier kann dann eine enge Verbindung zwischen Familie und künftiger Vorschuleinrichtung geknüpft werden. Erzieherinnen lernen ihre „künftigen" Kinder kennen. Erste Begegnungen für Kinder miteinander sind im Sinne der ersten Ausweitung von Gruppenbeziehungen möglich, Kinder werden in einem kindgerechten Spielangebot zu einem Miteinander ermuntert und langsam zum später regelmäßigen und täglichen Kindergartenbesuch hingeführt. Eltern knüpfen Kontakte untereinander, Fragen werden angesprochen, Eltern und Erzieherinnen lernen sich kennen, Vertrauensbildung entsteht. So werden die Spielgruppen in einem umfassenden Sinne zu einer *sozialpädagogischen Familienhilfe*, „wenn Erziehungssituationen vorbereitet und geschaffen werden, die auch schon für das kleine Kind und seine Mutter (Anm. d. V.: oder/und seinen Vater, seine Großeltern, seine Geschwister) Begegnungen in integrativen Spielgruppen ermöglichen" (TIETZE-FRITZ 1993a, S. 67).

Natürlich muß auch die Gestaltung solcher Eltern-Kind-Gruppen *integrativen Charakters* sein, d. h. mit ausdrücklicher Einladung an Familien mit behindert genannten oder entwicklungsgefährdeten *und* an Familien mit sogenannten nichtbehinderten Kindern im Kleinkindalter. Beziehungen von Eltern untereinander, zwischen Eltern und Kindern und das Spielen von Kindern miteinander sind schließlich die natürliche Basis zum Abbau von Aussonderung und Isolation, und Spielgruppen können gut dazu beitragen und Begegnungen selbstverständlich werden lassen[14].

---

[14] Eine detaillierte Beschreibung der kinderpädagogischen Arbeit in einem Eltern-Kind-Spielkreis mit Darstellung der didaktischen Zielsetzung, einer curricularen Kurzbeschreibung und Schilderung des methodischen Vorgehens findet sich bei Tietze-Fritz, P.: Elternarbeit in der Frühförderung. Begegnungen mit Müttern in einer besonderen Lebenssituation. Verlag modernes lernen 1993. Erfahrungen aus einer Theorie-Praxis-Forschung zur integrativen Begegnungsarbeit mit Müttern und ihren Kindern sind dort zusammengetragen.

Integrationshilfen durch Eltern- und Gesprächsgruppen
und für Geschwister

Selten ist bisher im Feld der Kindergartenpädagogik der Zusammenschluß von *Eltern- und besonderen Gesprächsgruppen*, die sich – über die traditionellen Elternabende hinausgehend – mehr oder weniger regelmäßig treffen, um einen Teil ihrer Freizeit miteinander zu gestalten, und insbesondere, um besondere Probleme gemeinsam zu besprechen. Doch gerade in einem solchen konkreten Ansatz sozialpädagogischer Familienhilfe erweitert eine integrative Erziehung ihr Blickfeld vom Kind auf die Situation der Familie: „Wenn das Ziel der Familienarbeit lautet, zu lernen, mit einem behinderten Kind zu leben, so muß die Frühförderung den Eltern die Möglichkeit eröffnen, sich nicht nur in Pflichten des Elterndaseins zu erschöpfen" (SPÖRRI 1983, S. 134).

Auch hier können ganz verschiedene Formen einer Elterngruppenarbeit gemeint sein und dem Anliegen integrativer Erziehungsarbeit gerecht werden. Sie zu praktizieren, auch neu zu entwickeln und zu erproben, erfordert viel Engagement und nicht selten zunächst einmal Ideen von seiten der Erzieherinnen. All das ist eigentlich immer mit einem großen zeitlichen Einsatz und oft mit einem zusätzlichen, über die vorgegebenen Pflichten hinausgehenden Aufwand verknüpft. Denkbar sind verschiedene Formen von *Gesprächskreisen und -gruppen* für Eltern sowie Spiel-, Sport- und Freizeitaktionen; erprobt worden sind auch Aktivitäten zum kreativen Gestalten oder als musische Beschäftigungen.

Auch für die in vielen Fällen sehr belasteten, auch benachteiligten und im gemeinsamen Erziehungsprozeß um die Schwester oder den Bruder im Übermaß zur Verantwortung herangezogenen *Geschwister* eines entwicklungsgefährdeten Kindes, die einer besonderen Hilfe bedürfen, ebenso für die *Großeltern*, die für viele Kinder einen Großteil der Erziehungsarbeit leisten, kann eine besondere heilpädagogisch ausgerichtete Gruppenarbeit sehr hilfreich sein.

Sehr viel mehr beachtet werden, als dies im allgemeinen bisher der Fall ist, sollte die Einbeziehung der *Väter* in die gesamte integrative Arbeit. Der Vater eines behindert genannten oder eines sogenannten nichtbehinderten Kindes ist keine „Randfigur". Er trägt vielmehr eine Vielzahl familialer Aufgaben und Fragestellungen mit. Die gesuchte Zusammenarbeit mit ihm sollte für ihn selbst helfend und unterstützend sein. Auch hier gilt es, nach innovativen Gestaltungsformen pädagogischer Arbeit zu suchen und sie zu erproben.

Besondere Hilfen für die Mütter

Eine besondere Aufmerksamkeit ist der *Situation der Mütter* zu schenken. Nach allen Erfahrungen aus der Erziehungsarbeit sind die Mütter besonders belastet und befinden sich meistens auch in einer besonderen Beziehungs- und Erziehungssituation (vgl. hierzu auch die Ausführungen unter 1.5.1). Die Zusammenarbeit zwischen Müttern und Erzieherinnen zeigt deutlich, daß von allen Familienmitgliedern vor allem die Mütter großen persönlichen Belastungen ausgesetzt sind: „Die von ihnen erwartete Mehrfachrolle als Mutter, Ehefrau und in der Entwicklungsförderung ihres Kindes als Kotherapeutin stellt für sie eine extreme psycho-physische Belastungssituation dar. Die familiale und gesellschaftliche Forderung und Erwartung einer besonderen Erziehungshaltung, nämlich der (Sonder-)Erziehung eines mindestens entwicklungsgefährdeten, häufig aber in vielen Funktionen beeinträchtigten Kindes ist für eine Mutter sehr oft verbunden mit dem Verzicht auf eigene Bedürfnisse und eine eigene Lebensgestaltung" (TIETZE-FRITZ 1993a, S. 19).

Es sind in diesem Zusammenhang in der integrativen Praxis bereits ausgewählte Verfahren, die hilfreich sein können und die auf die besonderen Gegebenheiten um die Situation von belasteten Müttern eingehen – zumindest ansatzweise –, erprobt worden (vgl. hierzu FRÖHLICH 1993 u. TIETZE-FRITZ 1993a). So können zum Beispiel *Mütter-Gesprächskreise* organisiert und pädagogisch begleitet werden. Spezifische Angebote wie *Entspannungsverfahren* (z. B. autogenes Training) oder *psychomotorische Förderung*, etwa als Haltungs- und Körperschulung vorgeschlagen, sind andere Planungs- und Gestaltungsmöglichkeiten[15].

Solcherlei Formen von Elternarbeit, die hier einmal exemplarisch aufgezählt sind, gehören zum pädagogischen Konzept einer guten integrativen Kinderarbeit und müssen darin berücksichtigt werden, wenn ein systemischer Ansatz verfolgt wird. Sie können in ihrer Wirksamkeit der Familie helfen und damit den gesamten Integrationsprozeß auch für das Kind verbessern.

Wenn diese Praxisansätze als eine wichtige Säule systemischer Integrationsarbeit realisiert werden, können im Umgang mit Problemen und Bela-

---

[15] Ein Forschungsprojekt im Rahmen der Früherziehung (vgl. auch Fußnote 14) beschäftigte sich auch insbesondere mit den Problemen von Müttern. In: Tietze-Fritz, P.: Elternarbeit in der Frühförderung. Begegnungen mit Müttern in einer besonderen Lebenssituation. Verlag modernes lernen 1993, sind mögliche Hilfen zur Problemlösung, zur psychischen und physischen Entlastung von Müttern als Anregungen zur direkten Umsetzung aus der Praxis für die Praxis beschrieben.

stungen, mit der Suche nach dysfunktionalen Problemlösungen für die Familie auch Erziehungs- und Beziehungsstrukturen innerhalb der jeweiligen psychosozialen Interaktionsprozesse und Netzwerke betroffener Familien transparent werden (TIETZE-FRITZ 1996a, S. 175). Die verschiedenen Ansätze und Varianten im pädagogischen Konzept der integrativen Erziehung sind dann nicht nur aufeinander bezogen, sondern zu einer *Einheit* verknüpft.

1.6 Das Verhältnis zwischen Erzieherinnen und Eltern

Integrative Erziehung als situationsbezogener und lebendiger gegenseitiger Prozeß bemüht sich um die selbstverständliche Teilnahme der Eltern am pädagogischen Konzept. Die Eltern sind, so ist es zu fordern, in alle Fördermaßnahmen einbezogen. Von dieser Einbeziehung der Eltern und Familien hängt die Entwicklung der Kinder entscheidend ab. Dabei bestimmt die *Sichtweise des Verhältnisses* zwischen erziehenden, fördernden oder behandelnden Fachleuten und den Eltern alle Verhaltensweisen und Veränderungsprozesse beim Kind mit. Wie dieses Verhältnis in praktisches Handeln umgesetzt wird, wie die Einbeziehung der Eltern in Fördermaßnahmen aussehen kann, wird sehr unterschiedlich gewichtet und praktiziert.

Die differenten Betrachtungsweisen und Handlungskonzepte orientieren sich verbreitet an *theoretischen Denkmodellen*, die versuchen, das Verhältnis zwischen Eltern und Fachleuten zu beschreiben. Die Modelle fragen ganz konkret nach der Stellung der Eltern im Förderungsprozeß und haben in ihrer Antwort unterschiedliche Standpunkte. Aus gemachten Erfahrungen und Lernprozessen heraus haben sie sich seit Beginn der institutionellen Frühförderarbeit entwickelt (vgl. SPECK 1983, S. 13ff.). Es entstanden *Paradigmen*[16], deren Ansätze aber schon im Verlauf weniger Jahre modifiziert und ergänzt wurden. Die „gängigen" Vorstellungen zur Gestaltung des richtigen Miteinanders, in drei unterschiedliche Modelle gefaßt, die im folgenden kurz erläutert sind, befinden sich gerade derzeit wieder, im Zusammenhang mit einem *Paradigmenwechsel* in der gesamten Früherziehungs- und -förderungspraxis, in einem Umwandlungsprozeß (vgl. auch die Ausführungen bei TIETZE-FRITZ 1993a, S. 12-17).

---

[16] Ein *Paradigma* ist das Muster eines Erklärungs- und Begründungszusammenhanges für eine ausgewählte Denkweise und ein demzufolge ausgerichtetes pädagogisches Handeln. Das Paradigma (Plural: die Paradigmata, die Paradigmen) basiert auf einer wissenschaftstheoretischen Position, die es in der Praxis zu erproben und zu hinterfragen gilt.

1.6.1 Das Laienmodell

In diesem Modell ist die *Fachautorität* der Erzieherinnen und Therapeutinnen betont. Ihre Kompetenzen heben sich klar von denen der Eltern ab. Nach dem Verständnis des *Laienmodells* sind die Kompetenzen demnach ungleich verteilt: Erzieherinnen und Therapeutinnen sind Experten, die Eltern jedoch Nicht-Fachleute und von den Fachkräften abhängig. Die Eltern erhalten zwar Informationen und Hinweise, die sie als Ratschläge für den Umgang mit ihrem Kind ernst nehmen müssen. Für die Durchführung einer als notwendig angesehenen Therapie oder facherzieherischen Förderung aber sind sie nicht verantwortlich, denn diese obliegt den eigens dafür ausgebildeten Fachleuten.

1.6.2 Das Kotherapeutenmodell

Dieses Modell geht davon aus, daß nach den Erfahrungen mit der Förderung behindert genannter und entwicklungsgefährdeter Kinder nach dem beschriebenen Laienmodell die stundenweise Behandlung oder heilpädagogische Förderung für ein Kind nicht ausreichen kann. Die optimale Unterstützung des Kindes macht es vielmehr notwendig, daß die Eltern von den Erzieherinnen und Therapeutinnen angeleitet werden. Im Verständnis eines *Kotherapeutenmodells* sollen sie zu Hause, konsequent und immer wieder, das üben, was nach Meinung der betreuenden Erzieherin oder Therapeutin unter Berücksichtigung des ausgewählten methodischen Ansatzes oder des im Team erstellten Förderkonzeptes für das Kind wichtig ist. Eltern lassen sich von den Fachleuten sagen und zeigen, wie sie erziehen sollen oder was sie selbst im einzelnen mit ihrem Kind tun können. Sie erhalten Programme mit Übungen und genau festgelegten Lernzielen als „Hausaufgaben". Sie müssen Methoden und Techniken zumindest anteilig erlernen. Die besondere Erziehung des Kindes obliegt hier nun nicht mehr allein den Fachkräften mit ihrer besonderen Ausbildung. Eltern, ja, manchmal auch die Geschwister oder Großeltern erhalten vielmehr eine Rolle als *Kotherapeuten* oder *Kopädagogen* und werden innerhalb des Förderprozesses ihres Kindes zu „Mini-Fachleuten".

1.6.3 Das Kooperationsmodell

Aus einer zunehmenden Kritik am Kotherapeutenmodell heraus, die zusammenhängend mit der Forderung nach mehr Kooperation mit der Familie formuliert worden ist, wird aktuell als Ablösung vom kotherapeutischen Ansatz ein *Kooperationsmodell* vorgeschlagen und zu praktizieren versucht. Dieses Modell betont die partnerschaftliche Zusammenarbeit zwischen den Erziehenden, den Eltern und der Familie. Das Miteinander von Fachleuten und Eltern als gleichwertige Partner steht hier im Mittelpunkt:

Beide Seiten bringen Informationen und Fähigkeiten ein, die einer Therapie oder pädagogischen Förderung nahezu gleichrangig dienlich sind. Eltern werden in den Prozeß der Diagnostik und der Entscheidungsfindung mit hineingenommen. Sie werden an der Erstellung des Förderkonzeptes beteiligt.

1.6.4 Vom Sinn der theoretischen Modelle für die integrative Erziehungsarbeit

Welches der vorgestellten Modelle soll nun in der integrativen Erziehung bevorzugt aufgegriffen werden? „Keines für sich allein und auch nicht alle zusammen: Verantwortete Frühförderung hat sich nicht an einem ausgewählten Idealtypus, sondern an realen Gegebenheiten zu orientieren. Sie hat abzuwägen und die brauchbaren Anteile aus theoretischen Denkmodellen und praktischen Handlungsansätzen herauszufinden" (TIETZE-FRITZ 1993a, S. 16).

Eine Reflexion

Betrachten wir das *Laienmodell*, so können unter der Zielsetzung, den Eltern und ihrem Kind fachliches Können und professionelles erzieherisches Handeln als hilfreich anzubieten, nützliche Elemente hieraus für die pädagogisch-therapeutische Arbeit aufgegriffen werden. Eltern sind dankbar, wenn sie hören, sehen und erleben können, welche fachbezogenen Fördermöglichkeiten es gibt und was Fachkräfte im einzelnen tun können. Sie überlassen ihr Kind und seine Förderung dem Kindergarten, in dem ihr Kind ja tagsüber zu Hause ist. Sie vertrauen einem vorgeschlagenen methodischen Ansatz und einer erzieherischen Vorgehensweise – und sie vertrauen den Erzieherinnen und Therapeutinnen und deren beruflichen Fähigkeiten. Diese dürfen also durchaus ihre fachlichen Überzeugungen und Sicherheiten im beruflichen Handeln einsetzen. Es ist ihre berufliche Kompetenz und Pflicht, Kinder in ihrer Entwicklung zu unterstützen, Empfehlungen dazu auszusprechen, welche Förderung sinnvoll sein kann, oder auch, wann ein Zuviel an Förderung (etwa zusätzlich noch außerhalb des Kindergartens) einem Kind schadet.

In diesem ihrem fachberuflichen Handlungsverständnis sind sie jedoch einer besonderen Verantwortung verpflichtet: „Es muß aber darauf geachtet werden, daß praktizierte Frühförderung nicht mit *Expertentum* und Besserwisserei verwechselt wird. Keinesfalls darf den Eltern der erzieherisch richtige Umgang mit dem Kind abgesprochen werden." Vielmehr müssen sie dazu ermutigt werden, die erzieherische Verantwortung nicht an eine Institution oder Fachkraft „abzugeben", sondern letztendlich jede Maßnahme selbst zu veranworten. „Sie in ihrem Erziehungshandeln nicht zu verunsichern, sondern sicherer zu machen, wenn dies erforderlich sein sollte, ist die gestellte Aufgabe in diesem Modell und macht dann auch einen Sinn" (TIETZE-FRITZ 1993a, S. 13).

Aus der Erfahrung heraus, daß fachliche Interventionen allein nicht ausreichen, hat das *Kotherapeutenmodell* Eingang in die Früherziehung gefunden. Es hat die alleinige Vorstellung von der Elternrolle als Laien abgelöst, zumindest um neue Einsichten ergänzt. Eltern werden zu therapeutischen Helfern angeleitet.

Es kann nun in der pädagogischen Praxis immer wieder beobachtet werden, daß Eltern sehr schnell eine große Sicherheit und „Geschicktheit" im Umgang mit ihrem Kind erwerben, daß sie auf der Grundlage von Anleitung und eigener Beobachtung therapeutische Elemente, die sie im Kindergarten oder in einer Therapie kennenlernen, gut übernehmen können.

Manchmal allerdings entwickeln sie einen Übereifer, in der Absicht, ihrem Kind mit viel eigenem therapeutischem Einsatz am besten helfen zu können. Sehr leicht kann es dabei zu einem Handlungsdruck kommen, von Schuldgefühlen oder der vermeintlichen Pflicht begleitet, noch viel mehr tun zu müssen. Eine solche psychische Belastung wird auch als *Therapeutisierung oder Pädagogisierung der Elternrolle* bezeichnet (WEISS 1989, S. 75ff., S. 87). Erziehende müssen diese Gefahr bei ihrer Anleitung oder „Anweisung" der Eltern bedenken. Sie müssen wissen, „daß es für Eltern eine große Verantwortung, ja, Belastung darstellen kann, nicht mehr nur Eltern sein zu dürfen, sondern als Mit-Therapeuten agieren zu müssen. Der psychische Druck, ob denn auch ausreichend und gut genug geübt wurde, kann groß sein, die physische Anforderung enorm" (TIETZE-FRITZ 1993a, S. 14).

Wenn die integrative Förderarbeit jedoch dabei behilflich ist, daß Eltern die Natürlichkeit und Selbstverständlichkeit ihres Elternseins unter dem Zwang, mitfördern und mitbehandeln zu müssen, nicht verlieren, wenn sie Belastungsgrenzen und die jeweilige Lebenssituation einer Familie bei allen Anweisungen und Anleitungen mitbedenkt, können therapeutische Anteile durchaus in den Umgang mit dem Kind einfließen. Dies geschieht etwa unter Einbeziehung des sogenannten *handlings*[17] in den Familienalltag und in das gemeinsame Spiel mit dem Kind.

---

[17] Das sogenannte *handling* hat sich aus der Behandlung bewegungsgestörter Kinder entwikkelt als ein Teil therapeutischen Handelns und der Anleitung der Eltern darin. Es sind damit Hinweise für den täglichen Umgang und die Handhabung des Kindes gemeint, z. B. dann, wenn in der häuslichen Entwicklungsförderung auf gute Bewegungsmuster beim Spielverhalten des Kindes geachtet wird. In Erweiterung und Modifizierung des therapeutischen Anteils hat das *handling* Eingang in die Frühpädagogik gefunden: Eltern erhalten für die Kontaktaufnahme mit ihrem Kind und für eine förderliche Erziehung genaue Verhaltensanweisungen.

Als Folge und Konsequenz der aufgezeigten möglichen Konflikte wird immer häufiger in Ablösung vom kotherapeutischen Ansatz versucht, das *Kooperationsmodell* zu praktizieren, und die Einbindung der Eltern in die Integrations- und Förderpraxis wird auch in der Kindergartenarbeit gewünscht: „Die Eltern sind aus einer ehemals häufigen Position des Co-Therapeuten herausgenommen und werden als Eltern mit einer elternspezifischen Kompetenz anerkannt. In dieser Elternrolle sind sie gleichberechtigte und wesentliche Mitglieder..." (MAASZ 1995, S. 78). Eltern haben Erwartungen an die Erzieherinnen ihrer Kinder. Kontaktaufnahme, förderliche Gespräche, Kommunikation und Beziehungen sind ihnen wichtig. Dies muß im Aufbau des Verhältnisses zwischen Erziehenden und Eltern berücksichtigt sein: „Als nächste Bezugspersonen des betroffenen Kindes und durch eine schicksalhafte innige Bindung stehen die Eltern in einem sehr engen Beziehungssystem mit starker gegenseitiger Abhängigkeit zu ihrem Kind... Die Eltern suchen das Gespräch und die Auseinandersetzung um die Probleme mit ihrem Kind. Sie wollen die Situation abklären und lassen sich auf einen gemeinsamen Prozeß des Suchens nach Antworten und Sicherheiten ein... Sie verlangen nach Unterstützung und konkreten Hilfen. Sie suchen einen Weg, um die Entwicklung ihres Kindes als Eltern zu begleiten" (a. a. O.).

Unter Beachtung des Kooperationsmodells muß nach einem solchen Verständnis die integrative Erziehung dem Ziel gerecht werden, „... Eltern zu ermutigen, über sich selbst und ihre persönlichen Anliegen und Probleme zu sprechen. Wenn sich zunehmend eine gegenseitige Vertrauensbasis entwickelt, wird Mitteilung möglich" (TIETZE-FRITZ 1993a, S. 15).

1.6.5 Das Achten der Selbstgestaltungskräfte: ein Empowerment-Konzept

Die integrative Erziehung muß in ihrer Arbeit die *eigene Kompetenz* der Familie anerkennen und damit die Eltern als mündige und selbstverantwortliche Menschen.

Ein neues Paradigma vertritt die Ansicht, daß institutionelle Erziehung und Fachförderung Familien lediglich begleiten „und ein Stück weit einen Weg gemeinsam mit ihnen" gehen können. Die *Autonomie der Eltern* im sozialen System Familie gilt es zu akzeptieren. Eine „Elternbildung" im erzieherischen Handlungsfeld ist *autonomiebestimmte Selbstbildung,* die angeregt und begleitet wird (SPECK u. PETERANDER 1994). „Nicht Interventionen sind ihre Pflicht. Intervenieren heißt, sich in etwas einmischen, und genau dazu hat Frühförderung kein Recht" ... „Professionalität muß reduziert werden zugunsten des Ernstnehmens elterlicher *Selbstgestaltungskräfte.* So gesehen ist es dann auch vertretbar, Förder-Kenntnisse an die Eltern weiterzugeben, sie in Methoden und Techniken einzuführen und sie zu beraten. Jede Früherzieherin, die sich darauf einläßt, wird selbst von den Eltern erzieherisches Handeln lernen können – und in vielen Fällen auch das Annehmen, die Bewältigung eines Lebensschicksals, einer Lebensaufgabe erfahren" (TIETZE-FRITZ 1993a, S. 16).

Unter dieser Betrachtung begründet sich Elternarbeit in der integrativen Erziehung nicht mehr nur aus Problemen, Nöten, Mängeln, sondern verstärkt auch aus der „Rechte-Idee" heraus. Ein *Empowerment-Konzept*[18] läßt sich darauf ein, daß Familien Rechte und Bedürfnisse haben. „... sie haben ihre eigenen positiven Fähigkeiten, Stärke und Kraft, zu tragen und auch verändern zu können" (a. a. O., S. 17).

Das Verhältnis zwischen Erziehenden und Eltern muß demnach so gestaltet werden, daß mitgeholfen wird, für Familien die Möglichkeit zu erweitern, ihr Leben selbst zu bestimmen.

Integrative Erziehungstheorie und -praxis hat einen Schwerpunkt in der Suche nach dem Wohl des Kindes. Sie stellt sich dann die Frage: Wie und unter welchen Bedingungen, in welchen Lebenszusammenhängen gelingt es einer Familie, mit der Aufgabe, ein behindert genanntes oder entwicklungsgefährdetes Kind zu haben, zurechtzukommen?

Hilfe zu empowerment befaßt sich mit den verschiedenen Lebenswelten, in denen Menschen ihre Alltagsprobleme selbst bewältigen. Integrative Erziehung muß lernen, auf welche Weise jede Familie dies anders tut, und ihre institutionelle Arbeit auch nach unterschiedlichen Lebenszusammenhängen ausrichten. Sie muß versuchen, ihr pädagogisches Konzept, in das die brauchbaren Elemente *aller* beschriebenen Modelle des Verhältnisses zu den Eltern münden können, in die unmittelbare Lebenswelt eines Kindes und seiner Familie zu integrieren. Mit einem dynamischen Konzept kann sie sich dann in Erziehung und Therapie im einzelnen an individuelle familiale Strukturen anpassen.

---

[18] Die Idee eines *Empowerment-Konzeptes* kommt aus der amerikanischen Gemeindepsychiatrie und wendet sich gegen einen Ansatz, der behindert genannte Menschen nur aus der „Bedürftigkeits-Perspektive" sieht und ihre vorhandenen Kompetenzen übersieht (to empower: [sich] ermächtigen, [sich] befähigen). Bedürftigkeitsperspektive und Kompetenz- bzw. Rechte-Perspektive sollen sinnvoll miteinander verbunden werden. Früherziehung/Elternarbeit sieht viele unterschiedliche Lebenswelten, in denen Menschen ihre eigenen Alltagsprobleme bereits bewältigen. Erziehung hat zunächst die Aufgabe, zu lernen, wie Menschen das tun. Institutionelle integrative Erziehung begleitet Familien. Ihr Ziel kann dann sein, für Menschen die Möglichkeit zu erweitern, ihr Leben zu bestimmen (vgl. Rappaport, J.: Ein Plädoyer für die Widersprüchlichkeit: Ein sozialpolitisches Konzept des empowerment anstelle präventiver Ansätze. In: Verhaltenstherapie und psychosoziale Praxis Nr. 20, 1985).

1.7 Auf der Suche nach dem pädagogischen Konzept oder: Kinder verstehen lernen

Die pädagogische Arbeit erfordert, daß die Kindergartengruppe für alle Kinder so gestaltet wird, daß optimale Förderung für ein jedes Kind entsprechend seinen individuellen Voraussetzungen möglich werden kann. Das gruppenpädagogische Vorgehen sieht eine *gemeinsame Förderung* und eine allgemeine Erziehung für alle Kinder vor, läßt darin aber Raum für die *besonderen Förderbedürfnisse* eines jeden Kindes.

Im Kindergarten, dessen Konzeption auf einer integrativen Sichtweise beruht, werden Erziehung und Förderung auf jedes Kind abgestimmt, und mit den zur Verfügung stehenden pädagogisch-therapeutischen Methoden werden seine körperlichen genauso wie seine geistig-seelischen Bedürfnisse beachtet. Jedes einzelne Angebot an das Kind ist ein ganzheitliches. Förderliche Erziehung ist Unterstützung seiner Fähigkeiten und Aktivierung seiner Selbstgestaltungskräfte.

Kinder brauchen einen Erziehungsraum, der Geborgenheit und Sicherheit vermittelt. Eine Atmosphäre der Ruhe, aber auch der Wechsel zu Aktivität und viel Bewegungsraum gehören zur rhythmischen Gestaltung des Tages, der Woche, des Jahres. Spielen und Spielzeug sind Anregung der Phantasie und der Sinnesentwicklung. Die Kinder als Gruppenmitglieder müssen einander gut kennen. Das Bildungsprinzip der Nachahmung wird als wesentliches Element begriffen und zu einem Mittelpunkt heilpädagogischen und integrativen Handelns.

1.7.1 Das Konzept der Selbstgestaltung

Immer aber bleibt inmitten aller Bemühungen um die richtige Unterstützung letztendlich das Kind selbst der „Akteur seiner Entwicklung" (KAUTTER 1995). Dem Kind muß „Selbstgestaltung" ermöglicht werden, die auf der Interaktion mit der Umwelt beruht und die ihm gestattet, „sich und seine Umwelt schöpferisch zu verändern" (a. a. O., S. 131).

In diesem Sinne ist für die Früherziehung das *Konzept der Selbstgestaltung* als ein innovativer pädagogischer Ansatz erprobt worden. Es eröffnet neue Perspektiven und führt zu pädagogischen Einstellungen hin, die manchem traditionellen Denken widersprechen müssen. Leitgedanken sind die Betrachtung des Kindes als Subjekt seiner Entwicklung, das zu einem kooperativen Problemlösen und Lernen geführt wird und dem eine fördernde Umwelt bereitgestellt werden soll (KAUTTER 1995, S. 47). Erzieherinnen verzichten darauf, „das Kind durch Erstellung von Förderplänen und Curricula mehr oder weniger zum Objekt der Förderung zu machen; statt dessen bemühen sie sich, das pädagogische Feld so zu gestalten und sich den Kindern gegenüber so zu verhalten, daß sich das Kind als Subjekt seiner Entwicklung erfahren und spontane Entwicklungsaktivität entfalten kann" (KAUTTER 1995, S. 53).

Orientierungshilfen

Lernpsychologische Aspekte, in das Erziehungskonzept einbezogen, bedenken diejenigen Faktoren, die das Kind zum Lernen motivieren. Seine Lernfähigkeiten sind immer wieder neu zu erfassen und auszuschöpfen. Das ist etwa der Fall, wenn an ein Kind Lernstoff oder Fördermaßnahmen so herangebracht werden, daß es sie auf der Grundlage seiner Möglichkeiten verarbeiten kann. Gilt dies für alle Kinder, so handelt es sich nicht mehr um eine besondere, sondern um eine *individualisierte* und kindzentrierte Pädagogik[19].

Als Kennzeichnung neuer Denkansätze für ein zur Umsetzung geeignetes pädagogisches Konzept der gemeinsamen Erziehung und Förderung können einige von KAPLAN (1993) vorgestellte Begriffe als Orientierungshilfen herangezogen werden.

Hiernach ist ein Konzept *„bedürfnisorientiert-kindzentriert"*, wenn es individuell zugeschnittene Förderansätze wählt und sich bewußt macht, „daß das Kind mit allen seinen Bedürfnissen als Person ernst zu nehmen ist".

Ein Konzept ist *„handlungsorientiert-ganzheitlich"*, wenn gemeinsames Handeln im Förderprozeß praktiziert wird und diagnostische und therapeutische Ziele Teil einer pädagogischen Sichtweise sind.

Die *„familienorientiert-ökologische* Sichtweise" betont noch einmal „die Bedeutung einer Einbeziehung des Gesamtsystems Familie und deren Lebenswelten in die integrativen Bemühungen".

Mit der *„prozeßorientierten-dynamischen* Sichtweise" sind auch die langfristigen Lernziele herausgestellt und die Erkenntnis, daß Erziehung sich als ein offener Prozeß in einem interaktionalen Feld darstellen muß (KAPLAN u. a. 1993, S. 120-128; vgl. auch SPECK 1988).

---

[19] Feuser hat in seinen „Thesen zur gemeinsamen Erziehung und Bildung behinderter und nichtbehinderter Kinder" (Feuser, G., Universität Bremen, o. J.) die Kategorie der *Individualisierung* betont und „individualisierte" Curricula für Erziehung und Förderung gefordert, dies im Rahmen einer „kindzentrierten, basalen allgemeinen Pädagogik". Spezialisiert und in einer inneren Differenzierung der Lerninhalte, wenn dies nötig ist, sollen Kinder gefördert, aber nicht „besondert" werden (vgl. auch Feuser, G. 1988).

Die integrative Kinderpraxis kann verschiedene erzieherische Formen wählen und damit in sehr unterschiedlichen Bezügen gestaltet werden. Es können Schwerpunkte gesetzt werden, ein bewährtes pädagogisches Modell kann favorisiert, innovative Ansätze können erprobt werden. Pädagogisch-therapeutische und fördernde Konzepte werden dabei in sinnvoller Auswahl herangezogen. Eine vorgefertigte integrationspädagogische Form mit curricular festgelegter Didaktik oder Methodik und die Fixierung auf *ein* Modell darf es jedoch, um der Pluralität der kindlichen Entwicklungsbedürfnisse und der Offenheit und freien Gestaltungsmöglichkeit willen, nicht geben.

Wird das pädagogische Konzept in der Umsetzung seiner grundlegenden Inhalte so ausgerichtet, daß Begegnungsmöglichkeiten geschaffen werden, die ein natürliches Neben- und Miteinander in einer Gruppengemeinschaft gewährleisten, sind wir auf dem richtigen Weg.

1.7.2 Das Erkennen der Bedürfnisse des Kindes und seiner Handlungsfähigkeiten

Es ist das wesentlichste Prinzip elementarpädagogischer Förderung, nicht die jeweilige Störung oder Schwierigkeit eines Kindes primär zu beachten, sondern dessen eigene Handlungsfähigkeiten zu erkennen und dem Kind in seinen Handlungen zu folgen.

Erzieherische „Aktivitäten" müssen im Hintergrund bleiben zugunsten des Wahrnehmens und Beachtens der kindlichen Aktionen und des Aufgreifens derjenigen Spiel- und Lernvorschläge, die Kinder uns aus sich heraus machen. Ein jedes Kind trägt sie in sich. Erzieherischer Auftrag ist es, diese Vorschläge aufzugreifen und zusammen mit dem Kind zu entfalten.

Die Haltung der Erzieherinnen

Die Haltung der Erzieherinnen, und damit sind auch die am Förderprozeß beteiligten Therapeutinnen gemeint, und der Einfluß, der von ihnen selbst ausgeht, entwickeln demnach die Persönlichkeit des Kindes entscheidend mit. Eine Erzieherin muß viele Eigenschaften besitzen, um jedem Kind gerecht zu werden. Sie muß lernen, sich auf jedes Kind einzustellen. Gerade die Vielfalt der kindlichen Bedürfnisse, der jeweiligen Lernmöglichkeiten und des ganzen kindlichen Verhaltens erfordert von ihr, ebenso vielfältig zu sein. Sie muß flexibel sein, dynamisch reagieren und in jeder Phase ihres Umgangs mit den Kindern ihr Konzept zusammen mit ihnen modifizieren können. Die Besonderheiten der Entwicklungsvoraussetzungen bei den Kindern muß sie immer wieder neu beachten. Dafür ist eine gute Beobachtungsgabe notwendig. Manch ein Kind braucht mehr unterstützende Hilfen als ein anderes, und die richtigen Ansatzstellen zur Begleitung seiner Entwicklung und zur Hilfestellung bei der Weiterentwicklung seiner Fähigkeiten müssen herausgefunden werden.

1.8 Verschiedene erzieherische Ansätze in der vorschulischen Integrationspädagogik

Aus theoretischen Überlegungen, aber auch aus praktischen Erkenntnissen heraus haben sich unterschiedliche pädagogische Konzepte entwickelt. Sie sind aus der Auseinandersetzung mit Grundfragen zur kindlichen Entwicklung entstanden und orientieren sich an sehr verschiedenen lerntheoretischen, individual- und sozialtheoretischen Standpunkten. Ihre Wurzeln sind in jeweils gesellschaftlichen Zusammenhängen zu begreifen und auch in erziehungswissenschaftlichen, psychologischen und sozialpolitischen Positionen begründet. Ethische Grundgedanken und das damit zusammenhängende Menschenbild sind eng damit verbunden.

Die verschiedenen Leitgedanken des praktischen Handelns haben sich immer wieder den Gegebenheiten und den aktuellen Forderungen angepaßt. Sie unterliegen im übrigen, wie Theorienbildung insgesamt, einem fortlaufenden Veränderungsprozeß.

Manche Einrichtungen zur Elementar- und Vorschulerziehung verständigten sich für ihre Praxis auf ein bestimmtes, im Umgang mit den Kindern erprobtes Konzept, dem eine theoretisch-pädagogische Position zugrunde liegt und das sich nach Meinung und Erfahrung der Fachkräfte in der konkreten Umsetzung bewährt hat.

Andere Kindereinrichtungen, wohl die meisten, stellen das tägliche Erleben mit den Kindern vor Ort und ihre eigenen und immer wieder neuen Erfahrungen in den Mittelpunkt ihrer pädagogischen Planung. Im Sinne eines kindorientierten und dynamischen erzieherischen Handelns entscheiden sie sich für die *Vernetzung* erprobter pädagogischer Ansätze.

Überschauen und vergleichen wir die kinderpädagogische Praxis, so stellen wir fest, daß in der Tat nur in einzelnen, ausgewählten Einrichtungen didaktisch und methodisch vorgegebene pädagogische Konzepte und Modelle in ihrer „reinen" Form verwendet werden. Wir erfahren vielmehr, daß in den meisten Kindertagesstätten die Mitarbeiterinnen versuchen, ihr eigenes Arbeitsmodell zu finden, ein weiter als die Modellvorgaben gefaßtes Konzept, das den Bedürfnissen der zu betreuenden Kinder, den Wünschen der Eltern, der Erzieherinnen und Therapeutinnen und des Trägers entspricht und das die eigenen Rahmenbedingungen und die Individualität der jeweiligen Einrichtung und ihrer Mitarbeiterinnen darin mitbedenkt.

Für die gemeinsame Erziehung sehr verschiedener Kinder, wie sie das Anliegen dieser Schrift ist, bietet sich unter dem Ansatz einer solchen Vernetzung der differenzierten Denkstrukturen erarbeiteter Programme, ihrer Abwägung und den entsprechenden Erfahrungen damit die pädagogische Chance: Nur aus einer offenen, pluralistischen Sichtweise ergibt sich die Möglichkeit, unmittelbaren Einfluß zu nehmen und bedürfnisgerecht nach den jeweiligen Erfordernissen eines Gruppenzusammenhanges Verbesserungen und Ergänzungen vorzunehmen.

Erfolgreiche Integrationspraxis muß also offen sein. Sie sollte sich durchaus ihren *Schwerpunkt* setzen, den sie lebt und der ihre Arbeit grundlegend trägt, darf sich aber nicht von einem alleinigen pädagogischen Ansatz abhängig machen. Lebendig wird sie, wenn es ihr gelingt, auch unter der von ihr vertretenen Schwerpunktsetzung und der Favorisierung ihres pädagogischen Handlungsmodells die Elemente verschiedener Denk- und Handlungsansätze individuell zu nutzen.

1.8.1 Der Situationsansatz

Der Situationsansatz legt seinen Schwerpunkt auf das *soziale Lernen.* Viele unserer Kindergärten orientieren sich an ihm. Seine Ziele sind – im Gegensatz zu einem leistungsorientierten Lernen – auch als ein Gegenpol zu stark an schulischen Lernzielen orientierten Programmen zu verstehen. Sie beinhalten das Erlangen von *Autonomie, Kompetenz* und *Solidarität.* Gemeint ist damit, Kinder verschiedener sozialer Herkunft zu befähigen, in Situationen ihres gegenwärtigen und künftigen Lebens möglichst autonom und kompetent denken und handeln zu können. Autonomie und Kompetenz entwickeln wollen, bedeutet die Verbindung von sozialem und instrumentellem Lernen zu suchen. Kinder sollen erfahren und üben, als Handlungsziele diese Fähigkeiten miteinander zu verbinden.

Um sozial lernen zu können, werden den Kindern ganzheitliche Entwicklungsangebote gemacht, die eben dieses soziale Lernen vordergründig beachten. Das Zusammenleben der Kinder zielt auf eine größtmögliche Selbständigkeit jedes einzelnen Kindes ab, aber auch auf viel Verständnis aller füreinander.

Wenn nun *Autonomie* bedeutet, sich mit der Umwelt auseinanderzusetzen und weitgehende Selbstbestimmungsmöglichkeiten zu entwickeln, eignet sich gerade der Situationsansatz für die integrative Erziehung. Wenn Kinder vieles selbst bestimmen dürfen, entspricht dies der Idee eines *„Independent living"*[20], die in der Heilpädagogik aktuell an Beachtung zunimmt.

---

[20] Die *Independent-Living-Bewegung* gewinnt insbesondere für die Behindertenarbeit in ihrem Wert für behinderte Menschen zunehmend an Bedeutung. Sie stellt die Behindertenselbsthilfe und das Recht auf Selbstbestimmung und auf ein autonomes Leben in ihren Mittelpunkt.

Kompetenz bedeutet das Erwerben und Entwickeln von Fähigkeiten in Lebenszusammenhängen. Jedes Kind kann seinen Gaben und Fähigkeiten entsprechend *Ich-, Sach- und Sozialkompetenz*[21] entwickeln. Dabei ist die individuelle Verantwortlichkeit bei der Nutzung der Fähigkeiten zu beachten. Das Lernen im Lebenszusammenhang nimmt in der integrativen Erziehung einen wichtigen Stellenwert ein, denn die Kinder können hier die Erfahrung machen, daß es unterschiedlichste Fähigkeiten gibt, auf die entsprechend reagiert werden muß und die gerade mit ihrer Verschiedenheit für das gemeinschaftliche Spielen eingesetzt werden können.

Solidarität basiert auf den Fähigkeiten der Autonomie und Kompetenz. Sie kann etwa zur gemeinsamen Gestaltung oder Veränderung der Lebensumstände eingebracht werden. Konkret für die Kindergartenarbeit bedeutet das, daß nicht ein fertiges Produkt in den Mittelpunkt gestellt wird, sondern daß Erziehungswege *zusammen* aufgezeigt und erarbeitet werden.

Zur Umsetzung des Situationsansatzes in die Kindergartenpraxis sind Flexibilität und Offenheit notwendig. Das früher übliche festgelegte Schema des Tagesablaufs wird durch lange Freispielphasen ersetzt. Die Planung der pädagogischen Arbeit beginnt mit einer exakten *Situationsanalyse*, die dazu dient, *Projektthemen* festzulegen, die für die Kinder wichtig sind. Daraus ergeben sich dann gezielt angeleitete Angebote zu dem aktuellen ausgewählten Projektthema, und es werden insbesondere Fragen, Ideen und Anregungen der Kinder aufgegriffen. Mit dem Curriculum *Soziales Lernen* entstehen auch Anstöße zu Kontakten über den Kindergarten hinaus. Bei einem Projektthema etwa „Wir machen einen Besuch" oder „Wir gehen zum Eisessen" ist Gemeinwesenorientierung angestrebt, und der drohenden Isolation behindert genannter Kinder und ihrer Familien kann entgegengewirkt werden (vgl. MIEDANER 1991).

Im Praktischen stellen sich die Pädagoginnen im Kindergarten bei der Auswahl der projektbezogenen Themen und den dazugehörenden Spielen, Geschichten oder Liedern auf die Bedürfnisse, Interessen und individuellen Probleme der Kinder ein. Kinder, die dies benötigen, erhalten dabei für ihre „Handhabung" eine auf ihre persönlichen Entwicklungsmöglichkeiten bezogene Hilfestellung. Während der täglichen Situation „Tee trin-

---

[21] Der Erwerb von *Ich-, Sach- und Sozialkompetenz* ist Leitgedanke des von Kiphard verbreiteten psychomotorisch orientierten Erziehungskonzeptes zur Persönlichkeitsbildung über motorische Lernprozesse als Motopädagogik (vgl. hierzu die Arbeiten Kiphards, insbesondere Psychomotorische Entwicklungsförderung Band 1, 2 und 3: Motopädagogik, Dortmund 1992; Mototherapie I, Dortmund 1995; Mototherapie II, Dortmund 1994).

ken" können den Kindern etwa Mengen- oder Gewichtsverhältnisse besser als über lehrhafte Vorgaben nahegebracht werden. Das *Bewegungshandeln* ist dabei besonders wichtig. Im handelnden Umgang mit einem offen zur Verfügung gestellten Spiel- und Bewegungsangebot, etwa im Bewegungsraum des Kindergartens, lernen Kinder, ihre praktische Intelligenz[22] zu entfalten.

Es sind zwar bestimmte Lernziele angestrebt, jedoch nicht programmiert und nicht nach einem Zeitplan vordiktiert. Lernen „von Fall zu Fall" und von einem aktuellen Anlaß zum anderen steht vielmehr im Mittelpunkt. Im Rahmen solcher Anlässe werden dann die didaktischen Erziehungs- und Bildungsziele verwirklicht. Dies eröffnet, wie etwa bei einem Herbstspaziergang, die Möglichkeit, gerade auch kognitive Lernziele durch die Verkoppelung mit situativen Empfindungen gut zu vermitteln.

Insgesamt ist die pädagogische Arbeit auf die *Gesamtgruppe,* die in der Regel altersgemischt ist, bezogen. Es werden aber oft *Differenzierungen* für Kleingruppen oder sogar für ein einzelnes Kind nötig. Eine solche inhaltliche Differenzierung orientiert sich am Entwicklungsstand der Kinder und ist meistens auch mit einer räumlichen Differenzierung, vielleicht in einer Funktionsecke mit unterschiedlichen Tätigkeitsangeboten, verbunden. Auf diese Weise möchte der Situationsansatz gewährleisten, daß auf viele kindliche Bedürfnisse und Fähigkeiten adäquat reagiert werden kann:

„– Das einzelne Kind wird in seinen speziellen Bedürfnissen und Interessen gesehen.
– In der Analyse der Situation fließt das Merkmal 'Behinderung' als eines von vielen ein.
– Die Bedeutung des 'sozialen Lernens' tritt durch die erweiterte Erfahrungsmöglichkeit von Gemeinsamsein und Anderssein verstärkt in den Vordergrund.
– Durch *differenzierte* Gruppenarbeit wird sowohl den kindlichen Bedürfnissen wie auch dem Erleben der Gesamtgruppe Rechnung getragen.
– Durch den *situationsbezogenen* Tagesablauf wird flexibel auf die Bedürfnisse des Kindes reagiert.
– Durch ein *verbreitertes* Materialangebot ergeben sich vielfältige Erfahrungsmöglichkeiten für das einzelne Kind.

---

[22] Die Beschreibung von der *praktischen Intelligenz* verdanken wir Piaget (vgl. Literatur 1972, 1975, 1976). Auch die Aussage „Begreifen kommt von Greifen" weist in diesem Zusammenhang auf die Bedeutung der Entwicklung kognitiver Fähigkeiten in ihrer Abhängigkeit von der sensomotorischen Entwicklungsphase, d. h. den kindlichen Handlungen in seinen ersten Lebensjahren, hin.

– Durch die Erzieher vorgenommene Analysen der Situation führen aufgrund *verstärkter* Beobachtungstätigkeit zu adäquatem Erzieherverhalten" (GARDE 1993, S. 61).

Einige Überlegungen

Nach der Idee des Situationsansatzes wird jedes Kind mit seinen Bedürfnissen gesehen, und die Vorzüge des sozialen Lernens sind durch Erfahrungsmöglichkeiten von Gemeinsamkeit und Verschiedenheit auch gerade in der differenzierten Gruppenarbeit gut nachvollziehbar. Eine gemeinsame Erziehung „will nicht die bessere Therapierung der Beeinträchtigung, sondern sie legt den Schwerpunkt auf jene Lernprozesse, die notwendig sind, damit ein Zusammenleben zustande kommt, in das sich jeder nach seinen Möglichkeiten einbringen kann" (DICHANS 1987). Die Lebensbedingungen des einzelnen Kindes, seine Möglichkeiten, Fähigkeiten und Interessen sowie die Gruppensituation sind der Ausgangspunkt für die pädagogischen Überlegungen und Anregungen, und alle Kinder sind bei der Planung mit einbezogen.

Aus diesem Anspruch – Gruppenkinder mit ganz verschiedenen Begabungen haben – ergibt sich zwangsläufig der Gedanke des Vorranges elementarer Sozialerziehung vor kognitivem Lernen, und der Entwicklungsquotient, Intelligenzquotient oder Motorikquotient eines Kindes (gern benutztes Maß kindlicher Fähigkeiten) ist dabei von geringer Bedeutung. Die für ein behindert genanntes Kind notwendige Förderung seiner Fähigkeiten, auch eine spezielle Therapie, soll nicht isoliert angeboten werden, sondern möglichst mit den Aktivitäten der Gesamtgruppe und mit der allgemeinen Gruppensituation der Kinder verbunden bleiben.

Der Situationsansatz kann eine wichtige theoretische Hilfe bei der Suche nach dem pädagogischen Konzept für integrative Arbeit sein. Der Kindergarten wird zum Lebensraum für *alle* Kinder eines Wohnbereichs. Die integrative Gruppe wird als eine *Situation* aufgefaßt, in der Kinder mit unterschiedlichsten Voraussetzungen und Bedürfnissen Erfahrungen mit sich selbst, mit dem Zusammenleben mit anderen und mit ihrer Sachwelt machen können.

Durch sein spontanes Eingehen auf Kinder und ihr Verhalten ist das Situationskonzept ein dynamisches. Allerdings muß darauf geachtet werden, daß Kinder durch ein allzu frei gewähltes Spiel- und Beschäftigungsangebot nicht reizüberflutet werden. Es muß Sorge dafür getragen werden, daß durch Offenheit und Freiraum keine Orientierungslosigkeit entsteht und daß Kinder dennoch eine kindgerechte Grenzsetzung und Regelmäßigkeit im Alltag erfahren, die sie für ihr Entwicklungslernen benötigen.

1.8.2 Integrative Kindergartenpädagogik nach der Aneignungstheorie

Ein anderer Ansatz der Kindergartenpädagogik ist als ein *bewußt* integratives Modell in den letzten Jahren erprobt worden. Auch er beinhaltet die Idee, das pädagogische Geschehen in der Gruppe so zu gestalten, daß jedes Kind entsprechend seinen momentanen Handlungsfähigkeiten am Spiel- und Lernprozeß beteiligt sein kann.

Diese pädagogische Absicht mit ihrer theoretischen Vorstellung auf der Grundlage der *Aneignungstheorie*[23] (vgl. FEUSER 1984; FEUSER 1988; JANTZEN 1987) hat also einige deutliche Übereinstimmungen mit der curricularen Idee des sozialen Lernens im Situationsansatz, darüber hinausgehend stärker noch eine *primär* integrative Absicht.

So ist die Zielsetzung die Förderung der Gesamtpersönlichkeit des Kindes unter Berücksichtigung seiner Lebensbedingungen, und *jedes* Kind ist nach diesem Verständnis integrierbar, keines braucht eine Sonderbetreuung.

Niemals findet ein statisch geplantes Lernen statt, und Förderung ist kein reines defizitorientiertes Funktionstraining. Vielmehr wird auf die momentanen Bedürfnisse des Kindes eingegangen, und Erziehungsziele integrativer Arbeit sind *Selbstbestimmung*, *Selbsttätigkeit* und *Emanzipation* für jedes Kind.

Segregation (Ausschluß sogenannter Behinderter) und *Selektion* der Kinder (nach Leistung) hingegen sind in diesem Ansatz abgelehnt, und *Behinderung* wird „als Ausdruck jener gesellschaftlichen, ökonomischen und sozialen Prozesse (verstanden; Einfügung d. V.), die auf einen Menschen hin zur Wirkung kommen, der durch soziale und/oder biologisch-organische Beeinträchtigungen gesellschaftlichen Minimalvorstellungen und Erwartungen hinsichtlich seiner individuellen Entwicklung, Leistungsfähigkeit und Verwertbarkeit in Produktions- und Konsumtionsprozessen nicht ent-

---

[23] *Aneignungsprozesse* basieren auf dem Prinzip der Selbstorganisation und -regulation lebendiger Systeme im Kontext und durch deren permanente Austauschverhältnisse mit ihrer Umwelt. Sie können integratives Lernen begründen dadurch, daß auf der Basis der „Sensibilität" gegenüber der Umwelt das Individuum über die „Brücke der Wahrnehmung" Informationen von außen aufnimmt, speichert und integriert. Nach der Aneignungstheorie erkennt *Therapie* im integrativen pädagogischen Arbeitszusammenhang die als „pathologisch" und „gestört" erscheinende Tätigkeitsstruktur eines Menschen als eine von ihm unter den gegebenen Entwicklungsbedingungen optimal herausgearbeitete Aneignungsstrategie. Therapie versucht zu helfen, unter Einbezug der einem Kind eigenen Struktureigenheiten, neue Tätigkeitsstrukturen für es zu entfalten (vgl. die Veröffentlichungen Feusers).

spricht. Sie definiert folglich einen sozialen Prozeß..." (FEUSER 1988, S. 170).

Als Gegenpol zur traditionellen Trennung zwischen *allgemeiner Pädagogik* als „Regelfall" für „nichtbehinderte" Kinder und der *Heil- oder Sonderpädagogik* in ihrer Anwendung für „beeinträchtigte" Kinder zeichnet FEUSER ein konsequentes Bild integrativer didaktischer Prinzipien:

Gegen das Prinzip der „Selektion" ist das Prinzip der *Kooperation* gesetzt. Gegen das Prinzip der „Segregation" und der „äußeren Differenzierung" in der Pädagogik ist die zentrale Kategorie der *inneren Differenzierung* gesetzt.

Um den unterschiedlichen Entwicklungs-, Denk- und Handlungsniveaus der Kinder nicht mit „individuellen Curricula" zu begegnen, soll die zentrale Kategorie der *Individualisierung* im Rahmen eines gemeinsamen Curriculums zum Einsatz kommen (vgl. Fußnote 19 unter 1.7). Das Prinzip der „Parzellierung" der Bildungsinhalte in einem additiven, nebeneinander existierenden Lernkatalog soll durch die zentrale Kategorie der *Projektarbeit* und der Kooperation am gemeinsamen Gegenstand ersetzt werden (a. a. O., S. 171).

Integration braucht jedoch eine entwicklungsbezogene Didaktik, und sie pädagogisch zu realisieren heißt dann, daß *alle* Kinder, ohne Ausschluß irgend eines behindert genannten Kindes wegen Art und/oder Schweregrad einer vorliegenden Behinderung,

„– in Kooperation miteinander
– an/mit einem gemeinsamen Gegenstand (Inhalt / Thema / Vorhaben u. a.)
– auf ihrem jeweiligen Entwicklungsniveau spielen / lernen / arbeiten".

Im Lernen bedeutet die Begründung einer so verstandenen basalen kindzentrierten Pädagogik

„– 'gewähren' anstatt 'vorenthalten'
– 'handeln' anstatt 'behandeln'".

Pädagogisches Handeln heißt dann „'spezialisieren' anstatt Kinder ... 'besondern'" (FEUSER, o. J.).

Die Begriffe „Kooperation" oder „gemeinsamer Gegenstand" sind weit gefaßt. Gemeinsamer Gegenstand kann schon der Geruch eines Kindes sein, der Kooperation ermöglicht, oder auch, wenn ganz unterschiedliche Kinder zusammen auf einer großen Turnmatte liegen, sitzen oder stehen. Spiel- und Lerngegenstände sollen entwicklungsfördernd sein und werden nach ihrem Bildungsgehalt und unter Einbeziehung der Zugangsmöglichkeiten des Kindes ausgewählt.

Nach einem solchen integrativen Verständnis werden also Pädagogik und Therapie nicht getrennt, sondern als *eine Einheit* verstanden. Das Therapiekonzept wird auf der Basis lern- und entwicklungspsychologischer Aspekte erstellt, und die Erkenntnisse vor allem PIAGETs sind dazu herangezogen, ein Kind auf der Grundlage menschlicher Entwicklung und des allgemeinen Lernens zur Stabilisierung seiner eigenen Identität zu führen, damit es die ihm nächste Entwicklungszone erreicht. Alle therapeutischen Maßnahmen, die für manche Kinder notwendig sind, sind Teil des kindlichen Alltagsgeschehens, sinnvoll in den Kindergartentag der Gruppe eingebunden und werden *nicht in gesonderte Therapieräume* verlegt.

„Aus dem Verständnis heraus, daß therapiebedürftig nicht nur der ist, der körperlich oder geistig behindert ist, sondern daß Therapie nur in integrativen pädagogischen Zusammenhängen, d. h. in regulären sozialen Lern- und Lebenszusammenhängen stattfinden kann, sind Therapie und Pädagogik nicht zu unterscheiden" (GARDE 1993, S. 45).

Vor der Aufnahme einer Förderung findet eine umfassende Analyse des Kindes und seiner Situation statt, um danach an den Fähigkeiten und Fertigkeiten eines Kindes das pädagogisch-therapeutische Handeln ansetzen zu können. Diese *Handlungsstrukturanalyse* baut auf den vorhandenen Fähigkeiten des Kindes auf und hat eine Weiterführung zur nächsten Entwicklungszone zum Ziel. Pädagoginnen und Therapeutinnen müssen nun diese Zielvorstellungen sowohl für die ganze Gruppe als auch für jedes einzelne Kind im Sinne konkreter Tätigkeiten formulieren, das heißt auch, daß eine sehr enge Kooperation und immer neue Absprache zwischen Therapeutinnen und Pädagoginnen unerläßlich sind. In einem sorgfältigen *Beobachtungsverfahren* sind dabei drei verschiedene Aspekte zu berücksichtigen: Im diagnostischen Sinne werden der Entwicklungsstand der Kinder und die Situation der Gruppe als *Tätigkeitsstrukturanalyse* ermittelt. Curricular können auf dieser Basis Spiel- und Lernangebote geplant werden, die dann im didaktisch-methodischen Vorgehen in der Gestaltung des Gruppenalltags und der Wahrnehmung von Erziehungsaufgaben praktisch werden.

Pädagoginnen und Therapeutinnen arbeiten demnach sehr eng zusammen, und die praktizierte Therapie wird dem Anliegen integrativer Erziehung gerecht, „d. h., daß der Kompetenztransfer von Therapeut und Pädagoge und umgekehrt gewährleistet ist, z. B. daß das richtige ‚handling' eines Kindes auch in der Alltagssituation praktiziert wird und so Therapieerfolge nicht wieder zerstört werden" (a. a. O., S. 45 u. 46).

Damit auf die Förderbedürfnisse sehr unterschiedlicher Kinder eingegangen werden kann, sollte neben Erzieherinnen und Therapeutinnen eine behindertenpädagogisch qualifizierte Fachkraft[24] zum Betreuungsteam gehören und auch gruppenübergreifend tätig sein. Eine solche Fachkraft muß hochspezialisiert sein mit Fachkenntnissen im medizinisch-neuropsychologischen, im diagnostischen, im didaktisch- und methodisch-pädagogischen und im neurophysiologisch-therapeutischen Bereich.

Die integrative Kindergartenpädagogik nach der Aneignungstheorie ist das konsequenteste Konzept gemeinsamer Erziehung. Mit seiner Überzeugung stellt es hohe Ansprüche an alle im integrationspädagogischen Handlungsfeld Tätigen. Die pädagogischen Erwartungen erfordern einen intensiven Einsatz und können nur unter Bezug auf die Gleichwertigkeit aller Kinder erfüllt werden. Diese pädagogische Botschaft sollte als Praxiskonzept in der Umsetzung gemeinsamer Erziehung verstärkt aufgegriffen werden.

1.8.3 Die Montessori-Pädagogik

Die Pädagogik Maria MONTESSORIs, eine Pädagogik „vom Kinde aus", hat die Praxis der Kindererziehung maßgeblich beeinflußt und mitgeprägt. In Deutschland gestalten derzeit etwa 250 Kindergärten und *Kinderhäuser* (so die Namensgebung nach Montessori) ihr pädagogisches Konzept nach den theoretischen und praktischen Vorgaben MONTESSORIs (Aktionsgemeinschaft Deutscher Montessori-Vereine e. V.). Davon arbeiten etwa 60 Vorschulerziehungsstätten ausschließlich integrativ. Es gibt eigens für die Anwendung der Montessori-Pädagogik ausgebildete Erzieherinnen.

Der Montessori-Ansatz hat die Entwicklung der integrativen Früherziehung insgesamt entscheidend beeinflußt, seit HELLBRÜGGE in Pionierarbeit bereits 1968 dem Kinderzentrum München einen Montessori-Kindergarten, in dem behindert und nichtbehindert genannte Kinder gemeinsam erzogen werden, angliederte. HELLBRÜGGE, der als der Begründer der internationalen Montessori-Pädagogik in integrativen Zusammenhängen gilt, entdeckte und verwirklichte unter der Gründung der Aktion Sonnenschein

---

[24] Bei Feuser sind die qualifizierten Integrationsfachkräfte auch als *Stützpädagogen* bezeichnet. In der Integrationsarbeit des Stadtstaates Bremen, die als modellhaft bekannt geworden ist, sind sie seit Jahren bewährt. Auch in Berlin werden jetzt Stützpädagogen im Rahmen eines neuen Integrationsprogramms der Senatsverwaltung zur heilpädagogischen Förderung von Kindern in Kindertagesstätten eingesetzt.

e. V. sein besonderes Konzept der *Entwicklungsrehabilitation*[25] in der *Sozialpädiatrie*. Dieses ist mit einer eigens dafür konzipierten Frühdiagnostik und Frühbehandlung bekannt geworden (HELLBRÜGGE 1973; 1978): Nach seinen Studien über das Deprivationssyndrom bei Säuglingen und Kleinkindern stellte HELLBRÜGGE die Bedeutung der Sozialentwicklung heraus. Aus sozialpädiatrischer Sicht dient die gemeinsame Erziehung der Kinder in erster Linie der Förderung *sozialer Lernprozesse*, also der Entwicklung zu Selbständigkeit und Kontaktfähigkeit.

Hierfür griff HELLBRÜGGE nun das pädagogische System der Montessori-Erziehung auf. Er hält es für die integrative Erziehung und frühe soziale Eingliederung von Kindern als ideal geeignet. Auch in diesem Konzept ist *eine allgemeine Pädagogik* für alle Kinder, die es zu differenzieren gilt, integrationspädagogische Grundlage. Leitfaden für das pädagogische Handeln sind die *sensiblen Phasen*, die ein Kind durchläuft und die ihre eigenen Möglichkeiten haben. So gibt es jeweils sensible Perioden für körperliche, geistige, soziale oder moralische Fähigkeiten, deren entwicklungsfördernde Ausnutzung in direkter Weise von den Lernangeboten abhängig ist, die ein Kind in seiner Umgebung wiederfindet. Die ersten sechs Lebensjahre des Kindes werden als die *schöpferische Phase* verstanden, und das Kind nimmt besonders in den ersten drei Jahren alle Umwelteindrücke unbewußt in sich auf.

Die grundlegenden Gedanken zum pädagogischen Umgang mit den Kindern resultieren nun aus einem allen Überlegungen zugrunde liegenden Menschenbild, einem besonderen Verständnis der menschlichen Entwicklung und auch aus der Bedeutung, die der Umwelt im Entwicklungsprozeß zukommt.

Jede kindliche Entwicklung wird nach MONTESSORI „von der spontanen Aktivität des Kindes getragen, durch die es die Fähigkeiten seines nicht determinierten Leibes ausbildet, indem es sich seiner Umgebung zuwendet und sich mit ihr auseinandersetzt" (KLEIN 1995, S. 133). So ist das Kind als ein Wesen zu verstehen, das von Anfang an mit einer aktiv wir-

---

[25] Hellbrügge ging bei seinen Überlegungen zur ärztlichen und therapeutischen Frühuntersuchung über eine somatische und neurologische Untersuchung (über Reflexe und Reaktionen) hinaus. Zusätzlich zur kinesiologischen Diagnostik hat er die Beobachtung der kindlichen Verhaltensweisen als Grundlage einer ethologischen *Entwicklungsdiagnostik* innerhalb der von ihm begründeten *Sozialpädiatrie* herausgestellt. Damit hat er wegweisende Möglichkeiten zur Früherkennung sensomotorischer Auffälligkeiten bei Säuglingen und Kleinkindern aufgezeigt. Die von ihm konzipierte *Münchener Funktionelle Entwicklungsdiagnostik* MFED ist ein in der Kinderpraxis gern eingesetztes Verfahren. Sie orientiert sich an einem auf Entwicklungsnormen basierenden Entwicklungsmodell und wird dem Konzept der *Entwicklungsrehabilitation* vorgeschaltet.

kenden Kraft ausgestattet ist, die seine Entwicklung erweitert. Nicht äußere Ursachen sind es primär, die kindliche Fähigkeiten entwickeln, sondern die seelisch-geistige Entwicklung entspricht einem *„inneren Bauplan"*, den es zu entfalten und weiterzuführen gilt, für den das Kind allerdings die ersten Anregungen durch Umwelteindrücke erhält.

Gerade in der Kindergartenzeit sind *Sinnestätigkeit* und *motorisches Handeln* als außerordentlich bedeutsam für die kindliche Entwicklung angesehen. Das Kind kommt über Bewegung und sinnliche Erfahrung zu motorischen Erfahrungen, aber auch zu Ordnung in Geist und Psyche. „Sensivitäten", wie die Verfeinerung des Bewegungssinnes, etwa von großräumigen Bewegungen zu feinen Bewegungen kommend, selbständiges Handeln in täglichen Handlungen und Geschicklichkeit lassen sich bei Kindern beobachten. Mit der Vervollkommnung dieser Fähigkeiten wird auch der Kontakt zu anderen Kindern aufgebaut, und es wird *Willensbildung* geübt (vgl. PÄD EXTRA 1992, S. 8-10).

Die Montessori-Pädagogik orientiert sich nicht an Altersnormen. Sie bietet vielmehr dem Kind auf seiner momentanen Entwicklungsstufe Anregungen und Hilfen. Kinder werden ihren Interessen entsprechend individuell gefördert, und ihre Handlungsfähigkeit und -freiheit gilt es zu unterstützen. Kinder brauchen eine strukturierte, geordnete Umgebung, und das kindliche Vertrauen in einen geordneten Alltag wird als Voraussetzung aller Erziehung verstanden. Der als ganzheitlich verstandene Förderansatz will jedem Kind helfen, sich selbständig, kreativ, konzentriert und sozial eingestellt zu entwickeln.

Die Erziehenden helfen den Kindern, ihre Eigenaktivität zu entwickeln. „Der Erzieher muß seine steuernde Aktivität zurücknehmen und sich freimachen von der Vorstellung, es sei seine Aufgabe, ein Kind zu ganz bestimmten Tätigkeiten zu veranlassen oder gar zu drängen, um so Lernprozesse des Kindes in Gang zu setzen" (KLEIN 1995, S. 141).

Für die Förderung von Kindern und die Durchführung von Therapien hat diese Sichtweise Konsequenzen, und das „Eingreifen" muß äußerst sensibel sein: „Die Hilfe, die wir zu geben vermögen, liegt in der äußeren Welt. Dies erfordert vom Erwachsenen eine weise Zurückhaltung..." (MONTESSORI 1968, S. 8). Die Erzieherinnen lassen demnach das Kind seine Handlungen frei wählen. Sie greifen nicht korrigierend ein.

Die vorbereitete Umgebung und das Material

Ein Charakteristikum ist die *vorbereitete Umgebung*. Den Kindern stehen spezielle und strukturierte Materialien zum Spielen und zum aktiven Lernen zur Verfügung (vgl. HELLBRÜGGE 1977). In dieser vorbereiteten Umgebung finden die Kinder die besonderen *Montessori-Materialien*, als didaktische Lerngegenstände geordnet, in offenen Regalen im Gruppenraum vor. Durch die gemeinsame Pflege der Umgebung wird das Gemeinschafts- und Verantwortungsgefühl gefördert. Kinder können sich selbständig einer Gruppe zuordnen. Großer Wert wird auch auf eine ausreichende Bewegungsfläche für das Kind gelegt, und so finden wir in Montessori-Einrichtungen genügend freie Bodenflächen, die Kinder für ihren natürlichen Bewegungsdrang benötigen.

Grundsätzliches Kriterium für das pädagogische Konzept ist die *didaktisch-materielle Kontinuität*. Die Materialien bilden in ihrer Ganzheit ein System, innerhalb dessen die einzelnen Dinge aufeinander aufbauen. Es gibt Lernstufen, und jedes Material vermittelt einen Lernschritt, vom Einfachen zum Komplexen. Die Berücksichtigung der Interessen des Kindes, die Einfachheit und Überschaubarkeit des Angebotes, das Prinzip der Ordnung (jeder Gegenstand hat seinen Platz und wird auch dorthin nach Gebrauch zurückgestellt) gehören dazu. Es wird Wert darauf gelegt, daß alle Materialien und Gegenstände, auch die Möbel im Raum, an kindliche Proportionen im Hinblick auf Maße und Gewicht angepaßt sind.

Wenn das einzelne Kind Anregungen und Hilfen braucht, erhält es diese durch eine Einführung in den Umgang mit dem Material, das es sich auswählt und für das es sich interessiert zeigt. Die Auswahl weiterer Materialien aber und die Dauer seiner Tätigkeit damit bestimmt das Kind selbst. Dem Motto der Montessori-Pädagogik *„Hilf mir, es selbst zu tun"* entsprechend, soll so das Kind zu Selbständigkeit, Selbsterziehung und Freiheit geführt werden.

HELLBRÜGGE hat betont, daß das spezifische Material gut von den Kindern gemeinsam benutzt werden kann und sich fördernd auf die Fähigkeiten aller Kinder auswirkt (1988). Indem das nichtbehindert genannte Kind die gleichen Übungen mit dem gleichen Material vollzieht wie das behindert genannte, entstehen neben den kognitiven Lernprozessen kontinuierlich auch soziale Lernprozesse, die für die Persönlichkeitsentwicklung aller Kinder so bedeutsam sind (a. a. O., S. 194).

Die Übungen mit dem Montessori-Material

Übungen des *täglichen Lebens* umfassen ausgewählte Tätigkeiten aus der häuslichen Umwelt des Kindes. Sie sollen helfen, seine Bewegungen zu ordnen und sich mit alltäglichen Bewegungsabläufen zurechtzufinden. So werden etwa bei Übungen zur Pflege der eigenen Person, zur Pflege der Umgebung und bei Übungen des sozialen Lebens Materialien benutzt, die dem Alltag entsprechen und die gerade auch als Gruppenübungen sozialen Umgang miteinander schulen. Zu den praktischen Übungen gehört etwa das Händewaschen, Vorbereiten von Mahlzeiten, Pflanzenpflege, aber auch Übungen des Umgangs, der Handgeschicklichkeit, rhythmische Übungen und anderes gemeinsames Tun. Die Übungen und die dazu benutzten Materialien können gut auf geistig, motorisch oder sinnesbeeinträchtigte Kinder übertragen werden.

Übungen der Stille haben als ein personaler Prozeß eine besondere Bedeutung. Äußeres und inneres Stillwerden beansprucht alle Sinne und erfordert vom Kind Aufmerksamkeit und Wachheit, Konzentration und Offenheit.

Mit dem *Sinnesmaterial* werden Sinnes- und Wahrnehmungserfahrungen geübt. Ausgewählte Dinge, die jeweils einen Sinn schulen sollen, führen zu Ordnung auch in der Psyche. Erfahrungen sammeln mit Sinnesmaterial, das aufeinander aufbaut, wird auch zur Grundlage für spätere Lernprozesse. Die Schulung des Gesichtssinnes, Geruchs- und Geschmackssinnes, des Farbsinnes, Gehörsinnes, Form- und Muskelsinnes, des Tastsinnes und des stereognostischen Sinnes[26] soll mit besonderem Übungsmaterial entwickelt werden.

So gibt es etwa die charakteristischen *Geräuschdosen*[27] für die Schulung der auditiven Wahrnehmung, und es gibt für jeden der Sinne ausgewählte Materialien, auch solche, die mehrere Sinne zugleich ansprechen, taktile Unterscheidungen üben oder gleichzeitig die Sprache anregen:

„Die Beschäftigung mit dem Sinnesmaterial hilft dem Kind zu begreifen, was es sieht, hört und tastet. Es verarbeitet – behindert oder nicht – auditive, visuelle, Geschmacks-, Tast- und Geruchseindrücke. Die Kompensationsmöglichkeiten für motorisch behinderte oder sinnesgestörte Kinder liegen wie in keiner anderen Pädagogik auf der Hand" (HELLBRÜGGE 1988, S. 194).

Ein besonderes Material, das auch als *mathematisches* oder *didaktisches* Material bezeichnet wird und zum Beispiel Würfel verschiedener Größe, Stäbe unterschiedlicher Länge und vieles mehr zum Anfassen und Kombi-

---

[26] Der stereognostische Sinn meint hier die Fähigkeit, Gegenstände allein mit Hilfe des Tastsinnes zu identifizieren.

[27] Jede *Geräuschdose* enthält eine kleine Anzahl von Perlen, Sand, Bohnen oder anderes Material. Sobald das Kind die Dosen schüttelt, entstehen Geräusche. Da jeweils in parallelen Büchsen gleiche Inhalte sind, muß das Kind nun diese parallelen Büchsen durch die Unterscheidung der Geräusche herausfinden. Macht es einen Fehler und die Geräusche passen nicht zusammen, wird dies unter den Büchsen durch ein Symbol angezeigt.

nieren enthält, läßt vor allem auch später in der Schule Mengen und das Operieren mit Zahlen anschaulich und begreifbar werden, anderes Material wird zum Schreiben- und Lesenlernen eingesetzt. Typisch ist etwa der *rosa Turm*[28].

„Mit dem didaktischen Material lernen wie auch immer behinderte Kinder leichter die pädagogischen Grundtechniken als über jede andere Methode. In der Mathematik greifen und damit begreifen behinderte und nichtbehinderte Kinder beispielsweise eine Goldene Perle als Punkt... 10 Goldene Perlen aneinandergereiht als Linie... Das Nachziehen der Sandpapierbuchstaben als Koordinationsübung prägt als kinästhetisches Lernen (von Maria Montessori 'Muskelgedächtnis' genannt) dem Großhirn die Buchstabenmuster ein, wodurch wiederum motorisch gestörte, sinnesgeschädigte, auch mental retardierte Kinder erhebliche Schreib- und damit Lesehilfen erfahren" (a. a. O.).

Allen Montessori-Materialien zu eigen ist die Fehlerkontrolle. Jedes Ding ist so konzipiert, daß das Kind Fehler selbst bemerken kann. Das Kind soll so weitgehend unabhängig von den Erzieherinnen sein.

Für die integrative Erziehung wird das didaktische Material auch besonders als *Sprachmaterial* eingesetzt. Durch die Verknüpfung des kindlichen Bewegungsdranges mit seiner Fähigkeit, Zeichen und Bilder zu erkennen und auch zu benennen, soll die Sprachentwicklung des Kindes gefördert werden.

Auch das Geschichtenerzählen dient der Spracherziehung, und die *Lesestunde* dient der Stille, darin auch der konzentrierten Wahrnehmung einzelner Geräuschquellen und der Entwicklung der Aufmerksamkeit auf Gesprochenes.

HELLBRÜGGE erklärt eindringlich die Vorteile der Montessori-Pädagogik für die gemeinsame Erziehung. Er sieht sie in der Gewährleistung notwendiger Prinzipien:

Das Prinzip des *aktiven Lernens* erklärt sich durch aktives Handeln mit dem Montessori-Material. Das Prinzip der *vorbereiteten Umgebung* wird dadurch erreicht, daß die Kinder alle didaktischen Prozesse als Gegen-

---

[28] Der *rosa Turm* besteht aus zehn Würfeln in rosa Farben, die in bezug auf Länge, Breite und Tiefe verschieden sind. Ihre Größe nimmt entsprechend einer algebraischen Reihe zu. Die Erzieherin stellt den größten Turm auf den Boden, den nächstkleineren auf den vorigen und ganz gleichermaßen alle Würfel übereinander. Das Kind soll lernen, daß es am besten aussieht, wenn ihre Seiten und die Ecken miteinander korrespondieren, und es wird angeregt, selbst den Turm aufzustellen. Es lernt verschiedene Größen und Gewichte kennen, und Perzeption und Bewegungsordnung werden als Vorbereitung des mathematischen Denkens geübt.

stände geordnet in offenen Regalen vorfinden. Durch die gemeinsame Pflege der Übungsmittel werden das Gemeinschafts- und Verantwortungsgefühl gefördert, aber auch Ordnungsprinzipien gelernt. Die Kinder sollen sich frei bewegen können, sie können frei von einer Gruppe in die andere übergehen. Diese *freie Bewegung* stärkt den Bewegungsdrang des Kindes als eine der entscheidenden Voraussetzungen für das Wachstum und gibt behindert und nichtbehindert genannten Kindern die Möglichkeit, motorische Störungen selbstverständlich zu akzeptieren. Lernen ist am eigenen Tisch, auf der Matte auf dem Fußboden, im Freien, in der Nachbarschaftsgruppe ... möglich. Solche *heterogenen* Lerngruppen ermöglichen Lernen voneinander. Einem Montessori-Prinzip entsprechend ist „der Weg, auf dem die Schwachen sich stärken, der gleiche wie der, auf dem die Starken sich vervollkommnen" (HELLBRÜGGE 1988).

Die soziale und kognitive Förderung begründet HELLBRÜGGE folgendermaßen: „Indem das intelligente Kind dem weniger intelligenten Kind hilft, wächst es in seiner Selbständigkeit, wodurch auch seine kognitiven Prozesse maßgeblich gefördert werden. Indem das geistig behinderte Kind voller Freude den Rollstuhl des schwer körperbehinderten Kindes schiebt, erlebt es das Glück des Helfens, womit es in seiner Selbständigkeit und in seiner Kommunikationsfähigkeit gefördert wird. Da geistig behinderte Kinder − in gleicher Weise auch sinnesgeschädigte, einschließlich blinder Kinder − von anderen behinderten Kindern Hilfe erfahren, läßt sie Helfen und Helfenlassen erfahren, was wiederum nicht nur ihre Sozialentwicklung maßgeblich fördert, sondern auch ihre Lernprozesse verstärkt" (a. a. O., S. 192 u. 193).

Einige Überlegungen

Heute wird das Montessori-Material mit seinem typischen Übungscharakter auch sehr kritisch betrachtet und bewertet. Die Kritik betrifft die Vernachlässigung des freien Spiels, die Überbetonung der Nützlichkeit der Übungen, die Vernachlässigung der kindlichen Phantasie des Spiels, der Fröhlichkeit und des sozialen Verhaltens (OY, von 1988, S. 94). Das Spiel bestehe vornehmlich aus Muskel- und Sinnesübungen zum Erwerb von „technischen Fertigkeiten", und es bestehe die Gefahr der Hinführung zur „Perfektion" (a. a. O., S. 94 u. 95).

In der kinderpädagogischen Integrationspraxis wird daher heute die Montessori-Pädagogik häufig durch andere pädagogische Konzepte ergänzt. Viele Kindergärten haben auch herkömmliches Spielzeug wie Puppen und Stofftiere und benutzen das Montessori-Material nur ergänzend oder zusätzlich, jedoch nicht ausschließlich. Oft sind es nur Elemente, die übernommen werden, und sehr oft wird das Material verändert oder anders angewendet und den Fähigkeiten und Bedürfnissen eines Kindes eher angepaßt, oder es wird ein in den Funktionen ähnliches Material zum Üben selbst und sehr viel preiswerter als das Original hergestellt.

Unter integrativen Aspekten brauchen viele der betreuten Kinder unter der Beachtung der genannten Prinzipien und der Forderung nach strukturierter Vorgehensweise individuelle Hilfen, und Kinder mit mehrfachen und komplexen Entwicklungsproblemen können das besondere Material nicht oder nur schwer benutzen. Manch ein behindert genanntes Kind kann nach der klassischen Methode Maria Montessoris das Material in freier Selbsttätigkeit nicht übernehmen und verarbeiten. Hier ist dann Führung und Hilfe durch eine Erzieherin nötig, damit die Beschäftigung mit den Dingen der Entwicklung eines Kindes entgegenkommen kann.

Es sind im übrigen meistens die Kinder selbst, die uns eine *modifizierte Anwendungsmöglichkeit* lehren, wenn ihre Handlungsfreiheit geachtet wird, wenn das entwicklungsgefährdete Kind Anregungen zum Selbsttun erhält: „Montessori-Pädagogik ist mit dem Material verbunden und doch nicht mit ihm identisch. Das nichtbehinderte Kind verwendet es in einer ganz anderen Weise als das geistig behinderte. Schon das Kleinkind im 'Casa dei Bambini' (gemeint ist eine der Stätten, in denen Maria Montessori ihre Pädagogik praktizierte und erforschte, Anm. d. V.) wählte instinktiv das Material, das es für seine geistige Entwicklung brauchte. Es erkannte die im Material verborgen liegende Aufgabe aus eigenem Antrieb oder fand sie probierend und konnte sie ohne Hilfestellung des Erwachsenen lösen. Das Material wurde dem Kind zum Mittel der Spontanbildung. Es weckte seine Selbständigkeit, die bis zu einer außergewöhnlichen und freiwilligen Aufmerksamkeitsleistung (Konzentration) anstieg und als Montessori-Phänomen bekannt wurde" (OY, von 1994, S. 93 u. 94).

Wenn Möglichkeiten, Grenzen und Ergänzungen ausgewogen bedacht und berücksichtigt sind, können die Gedanken MONTESSORIs und auch die von ihr vorgeschlagenen didaktischen Mittel als eine wichtige Hilfe für die Findung eines integrationspädagogischen Konzeptes begriffen werden (weiterführende Literatur z. B. MONTESSORI 1971; 1972; OY, von 1993; Oy, von u. A. SAGI 1994).

1.8.4 Die Pädagogik der Spielgaben nach Fröbel

Von FRÖBEL ist *das kindliche Spiel* als die erste entscheidende Bildungsform und als höchste Stufe der Kindesentwicklung bezeichnet worden. Während bei Maria MONTESSORI das Spiel eher „übenden" Charakter hat, will FRÖBEL die freie Entfaltung und Phantasie der Kinder ansprechen.

Früher schon als MONTESSORI, vor mehr als hundert Jahren, begründete FRÖBEL sein besonderes System der *Spielgaben* und entwickelte eine Spieltheorie, die gerade für den Kindergarten Impulse gab. Er gilt im übrigen als der Begründer des Kindergartens (1840) und hat diese Institution als Ausgangsstufe für das Bildungswesen betrachtet.

Kindliche Entwicklung ist bei ihm als *Einheit* von *Körper*, *Geist* und *Seele* begriffen, und die Entwicklung vollzieht sich aus dieser Einheit heraus hin zur differenzierten Vielfalt der Möglichkeiten in einer *tätigen Auseinandersetzung* mit der Umwelt. Diese Auseinandersetzung ist der spielende Umgang des Kindes mit seiner Umgebung. Im Spiel nimmt das Kleinkind seine Umwelt in sich auf, und es entsteht ein lebendiger Prozeß des dauernden Gebens und Nehmens, des Austausches zwischen dem Kind und seiner es umgebenden Welt.

Spielgaben und Beschäftigungen

FRÖBEL unterscheidet zwischen *Gaben* für das Kind (Bälle, Kugel, Walze, Würfel, Baukästen) und *Beschäftigungen* (Täfelchen legen, Stäbchen und Erbsen legen, Perlen aufreihen, Papier flechten oder Papier falten). Das Spiel mit den Gaben „führt zergliedernd von den Körpern über Flächen und Linien zu den Punkten, und dann von den Punkten zurück zu den Körpern". Kindliche Phantasie und geistige Produktivität sollen sich gleichzeitig entwickeln, und die damit verbundenen Bewegungsspiele des Kindes haben vor allem eine soziale Funktion (OY, von 1994, S. 84).

In seiner Spieltheorie hat FRÖBEL den *Ball* als eine wichtige Spielgabe für das Kind herausgestellt. Seiner Vorstellung, kindliche Spiele müßten von dem möglichst Einfachen (wie die Pflanze aus dem Kern, das Tier aus dem Ei) ausgehen, entspricht, so sieht er es, der Ball an erster Stelle, weil er „den Trieb des Kindes: in jedem Ding Alles zu schauen und aus jedem Dinge Alles zu machen" befriedigt:

„Schon das Wort Ball in unserer in und aus sich deutsamen Sprache ist ausdrucks- und bedeutungsvoll, anzeigend, daß der B-all gleichsam ein Bild vom ALL, ein Bild des ALL ist." FRÖBEL bevorzugt einen wollenen, „möglichst springkräftigen Ball von irgend einer der sechs wesentlichen Farben: rot, gelb, blau, grün, violett, orange" (BLÄTTNER 1973, S. 199).

Als weitere Spielgaben nennt FRÖBEL die Kugel und den Würfel. Das Kind erlebt in ihnen „das mehr Feste, das Festgestaltete, Besondere; gleichsam zum Anfangs- und Ausgangspunkte, wie zum Stoffe für die künftigen Erzeugnisse und Gestaltungen seines schaffenden Tätigkeits- und Bildungstriebes im Spiele und durch das Spiel". Der „einmal in jede Raumrichtung geteilte Würfel" ist der Schlüssel zum ganzen System. Teilwürfel und Täfelchen lassen sich in verschiedenen Formen benutzen, und das Kind wird in der „Dreifachheit seines Wesens", als fühlendes und empfindendes, als denkendes und erkennendes, als schaffendes und gestaltendes Wesen angesprochen (a. a. O.).

FRÖBEL benutzt als eine spieltheoretische Grundlage den *Symbolismus* und nimmt eine genetische Ordnung kindlicher Kraftentfaltung an. Er spricht von der Entwicklung der Dreiheit und differenziert in Lebens- oder Bauformen, Schönheits- oder Bildformen und Erkenntnis- oder Lernformen. Mit seiner Erfahrung durch die elementaren Materialien, die er vorschlägt, kommt das Kind langsam auch zu Erkenntnissen von Raum-, Zahl-, Zeit- und Bewegungsverhältnissen, und seine Welt strukturiert sich allmählich als *Erfahrung*.

Für das spielerische Schaffen des Kindes hat FRÖBEL die pädagogische Bedeutung des *Bauens* herausgestellt. Mit der Baukiste und verschiedenen Bauklotzarten hat das Kind die verschiedensten Möglichkeiten, seine räumliche Umwelt als Raum zu erleben. Dem Bauen voraus aber geht die Erkundung der Umgebung. Wie das kleine Kind seinen eigenen Körper benutzt, um seine Umwelt zu entdecken, gebraucht das etwas ältere auch Gegenstände, um den Raum um sich herum zu erkunden. „Es fährt den Fußboden ab mit seinen Fahrzeugen, es rollt ihn ab mit Kugel und Reifen, und es durchfährt die Luft mit Ball, Schwalbe, Drachen und Flugzeug. Mit dem eigenen Körper und mit den Dingen erlebt es den Raum in allen drei Dimensionen" (TPS-extra 1991, S. 9). Im Bauen und im Spiel mit dem Bauklotz als Symbol geht es nun um eine besondere, intensivere Form der kindlichen Erforschung des Raumes, „indem das Kind dabei den Raum nicht nur mit seinen Gliedern oder mit Dingen durchmißt, sondern indem es selber *Raum schafft*. Es 'begreift', 'erfaßt' den Raum, indem es ihn mit den Händen schafft" (a. a. O.). Zugleich gestaltet es den Raum spielend und nimmt „seine Umwelt, den Raum und die Dinge, in sich auf, indem es sie umformt, umgestaltet, aus sich herausstellt. Bauen ist eine spielende Raumgestaltung für das Kind, und wie bei allem Spiel ist es auch beim Bauen mit Körper, Seele und Geist in gleicher Intensität aktiv beteiligt" (a. a. O.). Der einzelne Bauklotz soll in seiner Form einfach und schlicht sein, damit die Bezogenheit des ganzen Bauwerks auf seinen Ausgangspunkt und Ursprung, auf den Bauklotz, spürbar bleibt. „Klarheit und Einheitlichkeit des Bauwerkes zeigen die Klarheit und Einheitlichkeit des kindlichen Wesens und wirken zugleich klärend und ordnend auf dasselbe zurück" (a. a. O., S. 10).

Einige Überlegungen

Obgleich gerade in den neueren pädagogisch-therapeutischen Förderkonzepten Körpererfahrung und Erkundung der Umwelt für die Entwicklung des Kindes bewußt angesprochen werden, wie es längst schon dem Denkansatz FRÖBELs entspricht, erscheinen heute die Fröbelschen Spielgaben oft als zu einfach und als zu anspruchslos, vor allem im Vergleich mit dem in Fülle zur Verfügung stehenden industriell gefertigten und „pädagogisch wertvollen" Spielzeug. Dennoch sind sie glücklicherweise nicht in Vergessenheit geraten. Wir können in den Kindergärten viele anregende Elemente Fröbelscher Ideen und auch die von ihm vorgeschlagenen Spielgaben als selbstverständlich vorhandenes Beschäftigungsangebot finden.

Die grundsätzlichen pädagogischen Prinzipien können sicherlich gut in das integrationspädagogische Konzept der gemeinsamen Erziehung der Kinder hineingenommen werden. Sie stimmen mit der Basis vieler aktueller spiel- und bewegungsorientierter Förderkonzepte überein.

„Die Spiel- und Beschäftigungsgaben FRÖBELs vermitteln dem Kind in spielerischer Weise erste Grundbegriffe. Die einzelnen Entwicklungsschritte vom Leichten zum Schweren, vom Einfachen zum Umfassenden ... werden im Aufbau und bei der Verwendung der Fröbelschen Gaben durchschaubar... So werden z. B. Form- und Farbbegriffe gebildet, die Eigenschaften von Körpern und Material vermittelt und konstruktive Zusammenhänge beim Bauen erfaßt" (OY, von 1994, S. 84).

Im freien Spielangebot wird das Kind nach dem Ganzheitsprinzip sowohl im motorischen als auch im kognitiven, kreativen, sozialen und emotionalen Bereich angesprochen. Je nach den Bedürfnissen des Kindes kann in der integrativen Erziehung das Spiel- und Beschäftigungsmaterial teilweise oder modifiziert angewendet werden, und da ja „das wirksamste Lernen über das unmittelbare Tun" erfolgen soll, wie das dem Grundsatz FRÖBELs entspricht, brauchen entwicklungsgefährdete Kinder hierzu eine Unterstützung, als konkrete und auch geführte pädagogische Hilfen, damit gelenkte Eigentätigkeit, Nachahmung und Selbständigkeit gebahnt und entfaltet werden können (a. a. O.).

1.8.5 Die Waldorfpädagogik

Das Konzept der Waldorfpädagogik beruht auf dem von Rudolf STEINER begründeten anthroposophischen Menschenbild, und Pädagogik und Heilpädagogik auf *anthroposophischer Grundlage*[29] orientieren sich an den von STEINER beschriebenen Entwicklungsgesetzen (vgl. STEINER 1978). Der erste Waldorfkindergarten wurde 1925 in Stuttgart eröffnet, inzwischen gibt es weltweit über tausend Kindergärten, nicht wenige davon arbeiten integrativ oder sind auf dem Wege dahin. Viele sind aus Elterninitiativen entstanden, die Tendenz ist steigend. Es gibt eigens für die Anwendung der Waldorferziehung und der anthroposophischen Heilpädagogik ausgebildete Erzieherinnen, Kindergärtnerinnen und Heilpädagoginnen genannt.

In der Erziehung des Kindes soll, gegen eine zu frühe Intellektualisierung angehend, bis zum siebenten Lebensjahr weitgehend auf kognitive Lernprozesse verzichtet werden. Im Vordergrund stehen vielmehr *physische Wachstums- und Gestaltungsprozesse*, und das Kind soll Gelegenheit haben, sich durch viel *Nachahmung* zu entwickeln. Den Kindern wird deshalb in ihren altersgemischten Gruppen eine Atmosphäre geschaffen, die sie als *gestaltend* erleben können.

Nach STEINER haben die ersten sieben Lebensjahre eines Kindes differenzierte Entwicklungsaufgaben. Bis zum siebenten Lebensjahr erobert das Kind seine Welt im tätigen Spiel und nicht durch kognitive Lernprozesse. Es lernt in dieser Lebensphase viel durch Nachahmungen seiner täglichen Erlebnisse, die es in Spiel umsetzt.

In der ersten Entwicklungsphase, die bis zum dritten Lebensjahr reicht, ist die motorische Entwicklung vorrangig. Das Kind lernt gehen und sprechen, und ein „anfänglich bildhaftes Denken" entwickelt sich. In der zweiten Phase „motiviert die erwachende Kraft der Phantasie das Kind, nachahmend die Welt im Spiel zu erfahren". Der dritte Abschnitt ist durch eine starke Verinnerlichung geprägt. „Das Spiel läuft nun auch nach einem vorgefaßten Plan ab; die Wahrnehmungen können vom Kinde als innere Vorstellungen wieder heraufgeholt werden..." (KÜGELGEN 1991, S. 42).

---

[29] *Anthroposophische* Pädagogik und Heilpädagogik, ebenso die Medizin orientieren sich an den fundamentalen Erkenntnissen aus den Darstellungen Rudolf Steiners über die Wesensglieder der Menschen. In seiner grundlegenden Schrift „Die Erziehung des Kindes vom Gesichtspunkte der Geisteswissenschaft" spricht Steiner davon, daß der Entwicklung des Kindes in den ersten sieben Lebensjahren eine besondere Bedeutung zukommt. Für die Früherziehung hat die Kenntnis dieser Entwicklungsgesetze zur Folge, daß dem Kind in diesen Jahren keine intellektuelle Schulung zugemutet und nicht in seine körperliche oder leiblich-seelische Organisation eingegriffen werden soll. Die Erkennung von Entwicklungsstörungen beim Kind basiert auf der Kenntnis der gesunden kindlichen Entwicklung, und fördernde Hilfen müssen so behutsam angesetzt sein, daß sie nicht eingreifen, sondern dem Kind bei der Verwirklichung seiner Ich-Entfaltung behilflich sind. (Weitere Basis-Literatur: Steiner, R.: Heilpädagogischer Kurs. Rudolf Steiner Verlag, Dornach; König, K.: Heilpädagogische Diagnostik. Natura-Verlag Arlesheim.)

76

Die Kraft der Nachahmung und das nachahmende Tun

In allen drei Phasen der ersten sieben Jahre lernt das Kind also nachahmend, und diese Nachahmungsprozesse wirken nachhaltig in alle Entwicklungsvorgänge hinein. Da Kinder in diesem Alter äußerst sensibel für ihre Umgebung sind, nehmen sie über die Sinne auf, und die Atmosphäre ihrer Umgebung prägt die kindliche Entwicklung entscheidend mit. „Jeder Sinneseindruck wirkt unmittelbar gestaltend auf das Kind. Jedem äußeren Eindruck wird eine innerlich nachahmende Gebärde entgegengebracht, und so gestaltet sich das Kind in seiner Leiblichkeit nach der Art der Sinneseindrücke, die an es herankommen" (FISCHER 1981, S. 16).

Die *Kraft der Nachahmung*, die als die bestimmende Kraft der ersten sieben Jahre bezeichnet wird, kann im kindlichen Spielverhalten gut beobachtet werden. In der durch Nachahmung geprägten Lebensphase steht „die leibliche Entwicklung" des Kindes im Vordergrund, und durch „sinnvolles Tätigsein" werden „alle körperlichen Funktionen in gesunder Weise angeregt und ausgebildet" (GLÖCKLER 1991, S. 216). Nach STEINERschen Erkenntnissen zeigt sich darin auch, daß das Kind von der Geburt bis zur Schulreife vor allem damit beschäftigt ist, „seinen Willen im Erkunden und Erfassen der Umwelt tätig einzusetzen und zu entwickeln" (TPS-extra 1992, S. 7). „Das Kind spielt, was es sieht, d. h. was an Handlungen und Bewegungen in seiner Umgebung stattfindet. Die Nachahmung ist für das Kind die Möglichkeit, seine Umwelt zu begreifen. Es nimmt etwas wahr, und durch das nachahmende Tun verleibt es sich den Vorgang ein, wird er begreifbar. Das Kind lernt also in diesem Alter durch das Tun... Dieses Lernen über das Tun gibt der Erfahrung durch die Gliedmaßen einen erheblich höheren Stellenwert als dem Kopf" (a. a. O.).

Aufgrund des Entwicklungsgesetzes der Nachahmung wird im Waldorfkindergarten so gearbeitet, daß ganz konkrete *Tätigkeiten* wahrgenommen und ausgeführt werden können. „Dabei ist der Tageslauf um so 'gelungener', je mehr er dem Alltag einer kinderreichen Familie gleicht, wo das *Leben selber* mannigfaltige Anregungen bietet: Waschen, Kochen, Backen, Putzen, Tischdecken, Essen, Abräumen. Dabei wird ein besonderer Wert auf *regelmäßige* Wiederholung gelegt, wie dies den Bedürfnissen des Vorschulkindes entspricht: Wie oft sagt das Kind 'noch mal', wenn ihm ein Spiel gefallen hat. Das *vertraute* Spielzeug, die *bekannten* Geschichten sind die schönsten – nicht ständiger Wechsel" (GLÖCKLER 1991, S. 215).

Die Waldorfpädagogik betont daher auch den Wert der guten menschlichen *Vorbilder*, und für die Erzieherin gilt es stets zu bedenken, daß die Art und Weise, wie sie ihre Arbeit verrichtet, mit Menschen umgeht und das Kind umsorgt und erzieht, der Mittelpunkt ihres erzieherischen Auftrags ist.

Ihr erzieherisches Handeln wird zum nachgeahmten Handeln des Kindes. Sie beachtet daher die entsprechenden Prinzipien, die für das Handeln des Kindes von großer Bedeutung sind, und setzt sie in praktische Erziehungsarbeit um: Im *Miterleben* einer Handlung wird direkt der Wille angesprochen. Im *Wiederhervorbringen* der Handlung im Spiele findet ein gefühlsmäßiges Sichverbinden mit der Handlung statt. „Das *Aufleuchten von Interesse* für die Handlung, Aufsteigen von Fragen über dieselbe, das Ins-Bewußtsein-Treten der Beobachtungen führt zuletzt zu Vorstellungen und Begriffen" (KÜGELGEN 1991, S. 31f.).

Mit seiner Fähigkeit der *Phantasie* kann das Kind schöpferisch tätig werden, wenn diese Fähigkeit unterstützt wird. Dem Kind hilft zum einen die Erfahrung, die es machen kann, und zum anderen helfen ihm die zur Verfügung gestellten *Dinge aus dem Alltag*, damit es sie in sein Spiel einbauen kann. Die Gesetzmäßigkeit, nach der das Kind in seinem Spiel nun vorgeht, gilt es behutsam zu unterstützen. „In der phantasievollen Welt des Kindes ... gelten eigene Gesetze. Das Kind sieht einen Gegenstand und wird dadurch angeregt zu spielen. Nach einer Weile sieht es einen zweiten, und das Spiel nimmt eine andere Richtung. Einfälle, die sich an konkreten Sinneswahrnehmungen entzünden, bestimmen den Spielablauf" (TPS-extra 1992, S. 7).

Die Einrichtung des Kindergartens und die Erziehungsmethoden darin

Aus der Überlegung heraus, wie tief alle Eindrücke aus der Umgebung auf ein Kind wirken können, werden die Räume im Waldorfkindergarten so ausgestattet, daß eine Atmosphäre entsteht, die einerseits frei läßt und andererseits harmonisch in ihrer Farb- und Formgestaltung wirkt. Der Raum ist einfach und praktisch, aber von ästhetischer klarer Schönheit und strahlt Wärme aus. Diese Wärme und der Eindruck einer Natürlichkeit wird besonders auch durch die Verwendung von viel Holz, etwa für den Fußboden oder die Decke eines Raumes, für die Tische und Stühle, vermittelt. Reizüberflutung, die durch allzu bunte Tapeten oder viel buntes Kunststoffspielzeug in den Regalen oder auf dem Boden, das Kinder leicht überfordert und verwirrt, hervorgerufen werden kann, finden wir in keinem Waldorfkindergarten.

Architektur und Ausstattung sind darum bemüht, den Kindern „eine Hülle, eine 'Behausung' zu geben, die als Atmosphäre freundliche Geborgenheit, nicht kühle Sachlichkeit ausstrahlt. In dieser Weise ist auch die Farbgebung zu verstehen. In den Kindergärten wird meist ein Rosa gewählt, das, in Lasiertechnik aufgetragen, duftig zu atmen scheint. Rosa deswegen, weil das Rot als aktive, warme Farbe im mehr zurückhaltendem Rosa die

Wärme beibehält, aber in unaufdringlicher, harmonischer Weise die Kinder frei läßt, nicht attackiert..." (TPS-extra 1992, S. 11).

Spiele und Spielzeug

Der Gruppenraum hat viel Platz und lädt durch einfach geformtes, phantasieanregendes Spielzeug zum Spielen ein (a. a. O., S. 11). Wir finden in ihm so wenig „fertiges" Material wie möglich, dafür viele *Naturmaterialien*, wie Steine, Tannenzapfen, Kastanien, Muscheln, Holzstücke und verschieden geformte und unterschiedlich große Holzklötze. „In einer Ecke stehen ein paar Körbe mit Holzklötzen, Rindenstücken und eigenartig geformten Wurzeln, in Regalen liegen bunte Tücher, Wäscheklammern, kleine Kissen und Flokati-Vorleger sowie einfach geformte Puppen und gestrickte Tiere. In kleinen Puppenecken gibt es Knotenpuppen und Puppenkleider sowie Schüsselchen und Löffelchen aus Holz. Im Kaufladen stehen Körbe voll Kastanien..." (a. a. O., S. 4). Einige schlichte, aber formschöne Spielsachen, auch Stifte und Kreide, Farben und Pinsel, Modellierton, Pappe, Wolle und Garn vervollkommnen die Ausstattung und können gerade in ihrer Einfachheit und Klarheit auch behindert genannte Kinder gut ansprechen. Sie können Tasterlebnisse vermitteln und daher gut zur taktilen und haptischen Wahrnehmungsanregung, zur Förderung des Tastsinnes, benutzt werden.

Kunststoff- und Plastikmaterialien, die im übrigen keine taktile Differenzierung zulassen, werden nicht verwendet.

Vieles, was im Waldorfkindergarten gemeinsam getan wird, läßt sich dem *künstlerisch-musischen* Bereich zuordnen. Marionettenspiele, das Tischpuppenspiel, Fingerspiele, Malen mit Aquarellfarben, Plastizieren, Handarbeiten, Singen und Bewegungsaktivitäten, auch als Eurythmie[30], wenn ausgebildete *Eurythmistinnen* zum pädagogischen Team gehören, stehen als regelmäßige, in einem ausgewogenen Rhythmus wiederkehrende Spiel- und Entwicklungsangebote immer wieder im Mittelpunkt.

„Im Freien wird balanciert, auf Stelzen gegangen, gewippt, und Seilspringen, Sing- und Reigenspiele werden gemacht – drinnen auch Handwerk-

---

[30] Die *Eurythmie* ist eine von Rudolf Steiner entwickelte Bewegungskunst. In der Erziehung des Kindes will sie helfen, die kindlichen Bewegungsmöglichkeiten auf drei Ebenen, nämlich leiblich, seelisch und geistig, zu entfalten. In der Eurythmie wird seelisch-geistige Bewegung mit Sprache und Tönen in Gestalt körperlicher Bewegung zum Ausdruck gebracht in einer Kunst, die aus dem Seelisch-Geistigen kommt und den Menschen mit diesen Sphären verbindet. In der Arbeit mit Kindern werden Gebärden, die aus der Bewegung kommen und eine jeweilige Bedeutung haben, von den Kindern nachgeahmt und aufgenommen und wirken so harmonisierend auf den ganzen Organismus.

lich-Kunstgewerbliches wie Malen, Fingerweben und Basteln" (GLÖCK-LER 1991, S. 214).

Fingerspiele, als Fördermöglichkeit gerade für Kinder mit Entwicklungsproblemen, insbesondere für Kinder mit fein- oder sprechmotorischen Schwierigkeiten, gehören zum täglichen Spielen und beinhalten immer auch ein rhythmisches Sprechen und *Lernen durch Wiederholungen*. Durch diese Spiele sollen besonders auch Kinder mit einer Sprachentwicklungsverzögerung angesprochen werden, da die Sprachentwicklung in engem Zusammenhang mit der Entwicklung der Handgeschicklichkeit und Fingerfertigkeit, also der Feinmotorik, betrachtet wird.

Im *Tischpuppenspiel* werden einfache Stehpüppchen als Vater, Mutter, König und andere Personen erkennbar und zunächst in Verbindung mit einer Geschichte benutzt, die von der Erzieherin erzählt wird.

Für das *Malen* werden Wasserfarben (Aquarellfarben und feuchtes Papier, die sogenannte Naß-in-Naß-Technik) oder Wachsblöcke benutzt. Beim Malen mit den Wasserfarben werden die drei Grundfarben Rot, Blau und Gelb ausgewählt, und die Kinder können erleben, wie neue Farben entstehen, wenn sich die Grundfarben auf dem Papier vermischen. „Mit einem kleinen Ruflied holt die Kindergärtnerin die einzelnen Kinder zum Malen und legt ihnen ein nasses, auf ein Brett gezogenes Blatt Papier auf den Platz. Es gibt kein Thema, jedes Kind darf malen, was es möchte... Dieses schöpferische Umgehen mit den Farben tut den Kindern sehr gut... Völlig an die Farbe hingegeben, probieren sie aus, was passiert, wenn eine Farbe zur anderen kommt..." (TPS-extra 1992, S. 15). Während ihres Freispiels malen die Kinder mit Wachsblöcken, und auch hier wird kein Thema vorgegeben und jedes Kind kann „sein" Bild malen.

Ein anderer wichtiger Schwerpunkt der pädagogischen Arbeit ist das Erzählen von *Märchen*. Die Kinder erfahren die bildliche Darstellung von Persönlichkeiten und ihren Eigenschaften. Sie lernen Begriffe kennen, und „gut" und „böse" erhalten eine Bedeutung. Märchen schulen anschauliches Denken, und der Wortschatz der Kinder wird bereichert, für behindert genannte Kinder oftmals erst entfaltet. Die immer wieder erzählten Märchen werden auch von den Kindern gespielt. In diesen *Darstellungen* wird das Erlebnisvermögen angesprochen, und die Kinder leben mit den Märchenbildern und handeln mit den lebendigen Märchengestalten.

Einen besonderen Stellenwert hat auch der *Reigen*, der das Kindergartengeschehen das ganze Jahr hindurch begleitet. Mit dem Reigen soll ein Stück Leben, ein Stück von dem, was sich jahreszeitlich in Umwelt und Natur ereignet und ändert, an das Kind herangebracht werden. Auch hiermit haben Kinder eine gute Anregung, über Nachahmung das, was sie wahrnehmen, aufnehmen zu können.

Die Verbindung zwischen Kind und Natur kommt im Miterleben des *Jahreslaufes* zum Ausdruck, und das Feiern der Jahresfeste, auch mit ihren *religiösen Inhalten* und Bezügen, ist fester Bestandteil der Aktivitäten im Kindergarten. Hierzu gehört vor allem die Vorbereitung auf ein Fest, etwa auf das Erntedankfest. Vorbereitung und Gestaltung haben *erlebnispädagogische Elemente.* Sie sind dem Entwicklungsstand der Kinder angepaßt, und etwa das Sammeln von Fallobst bei einem Spaziergang, das Einholen von Herbstzweigen für den gemeinsamen Tisch wird auch und gerade für Kinder, die für ihre Entwicklung besondere Hilfen brauchen, zu einer Methode des Lernens im freien Erleben.

Der Tagesablauf

Der gesamte Tagesablauf im Kindergarten ist geprägt von den grundlegenden Elementen des *Rhythmus* und der *Wiederholung*. Er ist klar strukturiert und beginnt mit einer *Freispielphase*. Die Erzieherinnen greifen hierbei möglichst wenig ein, und die Kinder können dadurch ganz ihren eigenen Impulsen folgen. In der integrativen Erziehung werden behindert genannte Kinder ihren Bedürfnissen entsprechend unterstützt, und es werden *alle Kinder* in die Aktivitäten der Gruppe einbezogen. Im Anschluß an das Freispiel erfolgt das gemeinsame Aufräumen, das spielerisch gestaltet wird; d. h., es findet eine Orientierung an den vorausgegangenen Spielen statt, indem ein Bäcker nach der „Arbeit" seine Ware wegräumt, die Puppenmütter ihre Püppchen ins Bett bringen und das Haus aufräumen.

Der darauf folgende *Morgenkreis* bietet noch einmal Gelegenheit für eine gemeinsame Begrüßung. Zu ihm gehört der Reigen mit Liedern, Versen, Gedichten und Fingerspielen.

Nun schließt sich das gemeinsame *Frühstück* an, das von einer Erzieherin und einigen Kindern am Ende der Freispielphase gemeinsam zubereitet wird. Auch hier läßt sich leicht die Sinnhaftigkeit einer Tätigkeit vermitteln, und das möglichst im Gruppenraum bereitete Frühstück ist ein wichtiger Bestandteil der pädagogischen Arbeit.

Nach dem Frühstück beginnt die *Spiel- und Beschäftigungszeit*, die vielleicht für einen Spaziergang oder für das Spiel im Garten genutzt wird. Häufig finden in dieser Zeit auch verbindliche Aktivitäten wie Bewegungserziehung, Schwimmen oder Aquarellieren statt.

Der Vormittag endet mit dem *Märchenkreis*, der sich in zwei Teile gliedert. Der erste Teil besteht immer aus dem Sprechen eines Verses, der die

Bedeutung der Sinne erklärt. Im zweiten Teil wird zunächst eine Woche lang eine *Geschichte* erzählt, die dann in der zweiten Woche mit Naturmaterialien dargestellt und in der dritten Woche von den Kindern gespielt wird.

Auch beim darauffolgenden gemeinsamen Mittagessen am liebevoll gedeckten Tisch wird auf die Selbständigkeit der Kinder und auf ein angenehmes Verhalten bei der Mahlzeit geachtet. Einzelne Kinder erhalten bei Bedarf eine Hilfestellung, die in integrativen Bezügen zugleich eine mundmotorische Förderung, aber auch eine sozialintegrative Übung werden kann.

Elternarbeit

Die *Elternarbeit* nimmt im Waldorfkindergarten einen bedeutenden Raum ein. Elternseminare ermöglichen den Eltern einen vertiefteren Einstieg in die besondere Pädagogik. Ausgewählte Themen zur Kindererziehung werden aufgegriffen, und es ist Gelegenheit gegeben, zu einer besonderen Elterngemeinschaft zusammenzuwachsen. Zusätzliche informative Gespräche mit den Eltern informieren über den Entwicklungsverlauf ihres Kindes und ermöglichen einen Austausch, vor allem dann, wenn es um wichtige Bedürfnisse und Erlebnisse des Kindes geht.

Einige Überlegungen

Bisher gibt es nicht viele integrative Waldorfkindergärten. Über ihre Ausweitung wird aber nachgedacht. Viele Elemente dieses Ansatzes, die auf Selbstbestimmung, Handeln, Wiederholung, intensives Erleben und ganzheitliche Förderung hinzielen, erweisen sich als sehr geeignet für die integrative Erziehung. Das pädagogische Konzept enthält in sich eine Reihe therapeutischer Elemente. Auch dann schon, wenn keine als Therapie ausgewiesenen Behandlungen angewendet werden, bietet der Waldorfkindergarten mit seiner Ausstattung, seinen pädagogischen Ideen und Prinzipien eine Fülle therapeutischer Wirkungen.

Die Förderung der seelenpflegebedürftigen Kinder

Für Kinder, die in der anthroposophisch orientierten Pädagogik im übrigen als *seelenpflegebedürftige* Kinder[31] bezeichnet werden, bietet die Waldorf-

---

31 Von Rudolf Steiner wurde für die in ihrer Entwicklung verzögerten oder behindert genannten Kinder der Begriff *seelenpflegebedürftig* geprägt. Das Geistige wird als unversehrt anerkannt, auch wenn der betroffene Mensch eine organisch oder hirnorganisch verursachte „Behinderung", ein besonderes Handicap oder eine „Mehrfachbehinderung" hat. Besondere Therapien wie Heileurythmie, Sprachgestaltung, Maltherapie oder Chirophonetik basieren auf anthroposophischem Verständnis und sind Bestandteil einer besonderen Heilpädagogik bzw. Therapie.

pädagogik viel Wahrnehmungsförderung und die Unterstützung ihrer sprachlichen Fähigkeiten in der Gruppe. Ruhe, Besinnung und rhythmisches Gleichmaß können in ihrer harmonisierenden Auswirkung positiv sein für entwicklungsgefährdete und behindert genannte Kinder, insbesondere auch für sogenannte verhaltensauffällige und für sozial benachteiligte Kinder. Hier werden sie nicht überfordert oder durch ein Zuviel von Eindrücken verwirrt. Sie finden eine Umgebung der Entspannung und Geborgenheit und einen Ort des Sich-Wohlfühlens, aber auch einen Ort der basalen Anregungen, die gut verstanden und aufgenommen werden können.

Durch die Betonung des handelnden Umgangs mit den Dingen kann die praktische Intelligenz entwickelt werden, und mit den Angeboten im Reigen und in den Sing- und Fingerspielen wird in einem hohen Maße rhythmische Erziehung und psychomotorische Förderung gegeben. Die therapeutischen Maßnahmen berücksichtigen stets die „Entwicklungsrhythmen" des Kindes, und schon die alltäglichen pflegerischen Maßnahmen wiederholen sich rhythmisch.

Die Frühförderung, gestaltet auf anthroposophischer Grundlage, verzichtet auf ein direktes Üben intellektueller Fähigkeiten und wirkt statt dessen indirekt und vorbereitend auf diese ein, durch die „Schulung der unteren Sinne": „Wir nennen das eine *basale Sinnespflege*. Dabei spielt zum Beispiel die passive Tastempfindung der Haut eine große Rolle: das Berühren, Baden, Duschen, Frottieren, Ölen, Wärmung, Kühlung. Ja, es kann sich tatsächlich unter Umständen um Kühlung handeln, zum Beispiel als Reiz im Lippenbereich, wenn nicht gesaugt oder artikuliert werden kann" (SCHULZ 1991, S. 24).

Die vorgeschlagenen pädagogisch-therapeutischen Aktivitäten entsprechen in ihrem Sinn unseren aktuellen heilpädagogischen Forderungen. Sie haben mit anderen körperzentrierten und basalen sensomotorisch ausgerichteten Konzepten eine enge Beziehung.

Kritisch gesehen werden kann allerdings die Tatsache, daß eine „konzentrierte" Waldorfpädagogik anderen konzeptionellen Inhalten nicht ohne weiteres Raum bietet. Manche Einrichtungen stehen Ergänzungen, etwa beim Umgang mit modernem Spielzeug, eher ablehnend gegenüber. Will die Waldorfpädagogik sich als integrationspädagogischer Ansatz bewähren, sollte sie ihre bewährten, aber auch weiterführende und innovative didaktische und methodische pädagogische Hilfen in ihre Arbeit einfließen lassen. Um der gegenseitigen Bereicherung willen muß sie sich öffnen und ihr Erziehungshandeln erweitern, ohne ihr grundlegendes Konzept zu verlassen oder auch nur einzuschränken.

1.8.6 Der offene Kindergarten

Als innovativ werden Kindergärten beschrieben, die vor dem Hintergrund eines Prozesses des Umdenkens in der erzieherischen Haltung ausgewählte *Modellprojekte* erproben. Solche Modelle der gemeinsamen Erziehung von Kindern mit und ohne sogenannte Behinderungen bemühen sich um eine integrative Kinderpädagogik, die unter veränderten inhaltlichen und organisatorischen Bedingungen im „Regelkindergarten" praktiziert wird. Eines der Modelle wird als *„offene Arbeit"* bezeichnet. Es gilt in bezug auf die tradierte Elementarerziehung eher als „alternativ", bewährt sich in einer Reihe von Einrichtungen, die eine offene pädagogische Praxis konsequent verfolgen, jedoch schon seit einigen Jahren.

Die Selbstbestimmung der Kinder

Als theoretischer Grundsatz gilt die Überzeugung, „daß alle Kinder grundlegende Fähigkeiten zur Selbstbestimmung, zum Nachdenken über sich selbst, zur Begründung ihrer Handlungen und zur sprachlichen und nichtsprachlichen Kontaktaufnahme haben und demzufolge über die Annahme oder Ablehnung von Entwicklungsimpulsen selbst entscheiden" (NIEHAUS-OSCHÉE 1994).

Die Aufgabe der Erzieherinnen besteht zunächst darin, den Entwicklungsweg eines Kindes zu verstehen und zu akzeptieren, und zwar in einer eher beobachtenden Begleitung des Kindes, nicht als „Macher" von Entwicklung. Erziehung wird keinesfalls als einseitiger Anpassungsprozeß an von Erwachsenen vorgegebenen Normen verstanden, „sondern als Begleitung der individuellen Wege und als Förderung im Sinne von Herausforderung" (a. a. O.). Kinder sind keine „Objekte" erzieherischer oder therapeutischer Maßnahmen, sondern „Gleichberechtigte in einem Prozeß der gegenseitigen positiven Beeinflussung". Die pädagogische Sichtweise erfordert viel Vertrauen in die Entwicklungspotentiale von Kindern mit dem Kerngedanken, „daß jeder Mensch, also auch jedes Kind, zunächst alles lernen kann, was es will, wenn es will" (a. a. O.).

Für entwicklungsgefährdete und behindert genannte Kinder kann eine besondere Förderung notwendig sein, die ihnen unter einem Erklärungsmodell, das diesen Kindern die gleichen grundlegenden Fähigkeiten zuspricht wie allen anderen Kindern, gegeben wird. Wegweisend für das erzieherische Handeln ist stets das *Selbstbestimmungsrecht* der Kinder. Mit der Förderung sollen nicht die Kinder geändert werden. Es sind vielmehr Bedingungen zu schaffen, die den Entwicklungsmöglichkeiten *aller Kinder* förderlich sind.

Die inhaltlichen und organisatorischen Bedingungen nach diesen Modell-vorgaben haben in den verschiedenen damit befaßten Kindergärten unter-schiedliche Formen, gleichen sich jedoch in der Grundstruktur: Die Kinder sind in „Stammgruppen" aufgeteilt, darüber hinaus sind mehrere *Aktions-räume* gruppenübergreifend vorhanden, als Angebot für den gesamten Kindergarten. Sie erweitern die Handlungsräume der Kinder und kommen ihren jeweiligen Bedürfnissen entgegen. Beliebte Aktionsräume sind:

– der Bewegungsraum, der mit seiner Ausstattung vielfältige Bewegungs-anreize bietet,
– ein Ruheraum zur Entspannung,
– ein Musik- und Spielraum, der Kommunikation, rhythmische, musikali-sche und psychomotorische Anregungen ermöglicht,
– eine Werkstatt, in der kreative Aktivitäten aufgegriffen werden können.

Die Kinder der „Stammgruppen" besprechen morgens mit ihren Erzieherin-nen den Tagesablauf, können ihre Befindlichkeiten und Wünsche mitteilen, auch Verabredungen treffen. Ansonsten können sie die durch die beson-dere Strukturierung des Kindergartens gegebene größere Freiheit nach ihren Bedürfnissen nutzen: Nur ein Drittel der täglichen Kindergartenzeit wird für angeleitete Gruppenangebote genutzt, in der übrigen Zeit können sich alle Kinder *in allen Räumlichkeiten frei bewegen*. Sie können ihr Frei-spiel selbst gestalten. Erzieherinnen beschränken Eingriffe auf die absolu-ten Notwendigkeiten. Sie reagieren weitestgehend nur auf die Aufforderun-gen zum Handeln, die von den Kindern ausgehen.

Nach den Erfahrungen der im offenen Kindergarten tätigen Erzieherinnen, die sich im übrigen täglich zu regelmäßigen Planungsrunden und Reflexi-onsgesprächen treffen, bedeutet die offene Arbeit gerade für behindert genannte Kinder, „daß ihnen im Hinblick auf die Fähigkeit zur Selbstbe-stimmung viel mehr zugetraut wird als vorher und daß Entwicklungsimpul-se vielfältigster Art und Weise genutzt werden können", daß Aggressionen ausgelebt und abgebaut werden können (NIEHAUS-OSCHÉE 1994).

Der offene Kindergarten mit seinem räumlich erweiterten Anregungspoten-tial kann Kindern viele Anregungen geben, zum Beispiel für den motori-schen und sprachlichen Entwicklungsbereich. Er kann ganz verschiedene Kinder leichter zueinander führen und Fähigkeiten wie die Selbständig-keitsentwicklung fördern helfen, muß dabei jedoch diejenigen Kinder för-derlich unterstützen, die einer gezielten Hilfe bedürfen. Dies geschieht stets im Blick auf das erweiterte Umfeld der Kinder. Unter der Zielsetzung einer *ökosystemischen* Integrationspädagogik ist es auch Anliegen, die jeweiligen Unterstützungsbedürfnisse auch in Abhängigkeit von den Umweltbezügen zu sehen und die Kind-Umwelt-Beziehung insgesamt zu verbessern (vgl. HEIMLICH 1995, S. 64ff.).

Die von den Erziehenden zu leistenden Anforderungen, darin auch ihre Beobachtungsfähigkeiten, müssen als besondere gewichtet werden. Nur unter einer großen und vielseitigen Fachkompetenz, einer Leistungsfähigkeit und einem unermüdlichen pädagogischen Einsatz können diejenigen verläßlichen Strukturen erhalten bleiben, die Kinder für ihre Entwicklung brauchen. Keinesfalls dürfen Freiräume und allzu große Offenheit planlos sein und „chaotische" Wirkungen auslösen. Sie dürfen auch nicht dazu führen, daß einzelne Kinder benachteiligt werden, weil ihre Individualität es nicht zuläßt, offene Angebote zu nutzen, oder weil ihnen die Überlegenheit anderer individuelle Entfaltungen verwehrt.

1.8.7 Die psychomotorische Erziehung im Bewegungskindergarten

Eine weitere modellhafte, der offenen Arbeit verwandte Sonderform innovativer Kinderpädagogik wird in einigen wenigen Kindergärten praktiziert, die eine betont *psychomotorische* Ausrichtung haben. Ihre *kooperativ-integrative Erziehungsrichtung* ermöglicht eine *gemeinwesenorientierte* und *situationspädagogisch* begründete offene Gestaltung des Kindergartenalltags.

Die Psychomotorik gilt hier als erstes Erziehungsprinzip und will in ihrer Zielsetzung den Umgang mit Menschen ermöglichen, der als die wichtigste Voraussetzung für jede kindliche Entwicklung betrachtet wird. In der theoretischen Vorstellung ist Psychomotorik als die menschliche Fähigkeit zur selbstbestimmten, eigenverantwortlichen, innengeleiteten, psychisch gesteuerten Bewegungstätigkeit begriffen. Argumentiert wird, daß heutigentages viele Kinder in ihrem Umfeld kaum Platz für ihre Bedürfnisse nach Bewegung und Abenteuer finden und daß sie sich statt dessen auf „konfektionierte Spielräume und Lernorte" in einer „vermauerten Kindheit" zurückziehen (LOLEY u. KIPP 1995): „Einer sensorischen Überstimulierung (Reizüberflutung) steht heute ein motorischer Umsetzungsentzug (Bewegungsaskese) gegenüber", und die „möglichst freie Entfaltung der eigenen 'Psychomotorik' stößt immer wieder an die Grenzen der Realität, seien es z. B. die Interessen der anderen Menschen oder die Widerstände der materiell-gegenständlichen Umwelt" (TREESS 1990, S. 22 u. 23).

Die psychomotorische Ausrichtung und Ausgestaltung des Kindergartens wendet sich *gegen* die Praxis der Beschäftigung von Kindern, *in der Gesamtgruppe an Tischen* sitzend: Polster, Schaumstoffteile und Bälle gehören vielmehr und als „bewegter" Gegenpol zum eher „statischen" Sitzen zum Sitz- oder Liegeinventar. Die pädagogische Idee fordert eine Abkehr von „traditioneller Kindergartenarbeit mit ihren Jahreszeitenritualen, festgelegten, für alle verbindlichen Tagesabläufen, den Bastelarbeiten mit Schablone und den Beschäftigungen für die Gesamtgruppe". Die Räume sollen „keine künstliche Kinderwelt" sein und mehr bieten als Platz zum Essen und Schlafen sowie eine Mal- und Puppenecke. „Notwendig sind vielmehr optisch abgetrennte Funktionsbereiche, Rückzugsmöglichkeiten und vor allem ausreichend Platz für vielfältige Bewegungserfahrungen" (DE CLAIR u. KIPP 1995).

Bewegungslandschaften und Bewegungsbaustelle

Psychomotorische Erziehung in einem solcherweise konsequenten Bewegungskindergarten stellt den Kindern günstige räumliche und soziale Bedingungen bereit, die Bewegungsanreize bieten und die ihnen ermöglichen, die Bewegungserfahrungen zu machen, die sie für ihre Persönlichkeits- und Intelligenzentwicklung brauchen (TREESS 1990, S. 35). Spielen und Sich-Bewegen als die grundlegenden kindlichen Bewegungs- und Ausdrucksformen sollen nicht auf festgelegte Zeiten reduziert werden (vgl. ZIMMER 1993, S. 145). Durch bewegungsmotivierende Einbauten, durch Bewegungslandschaften in der Turnhalle als ein „Spielplatz im Raum" oder eine „Bewegungsbaustelle" sollen die Kinder großräumige Bewegungserfahrungen nicht durch vorgefertigte starre Geräte, sondern durch einfache mobile Großmaterialien wie zum Beispiel Bretter, Balken, Kisten, Autoreifen machen können. Sie sollen Ich-, Sach- und Sozialkompetenz erwerben, zu Bewegungs- und Rollenspielen angeregt werden, die ihnen Freude machen. Im Umgang mit den Materialien können sich die Kinder Bewegungsanlässe nach ihren eigenen Ideen selber schaffen. ... „Es gibt keine Riegen, keinen Zwang, keine Wettkämpfe und keine vorgegebenen Übungsabläufe" (LOLEY u. KIPP 1995).

Die Kinder müssen sich nicht auf ihren Gruppenraum beschränken, sondern können auch andere Räumlichkeiten wie den Flur, die Empfangshalle oder den Turnraum aufsuchen. Ein solches *halboffenes System* beinhaltet zwar noch das Vorhandensein fester Gruppenstrukturen, gibt den Kindern jedoch auch den Freiraum, sich zu jeder Zeit im Kindergarten zu bewegen.

Psychomotorische Förderung ist, so die Grundidee, nicht defizitorientiert. Jedes, auch das behindert genannte Kind bringt sich nach seinen Fähigkeiten ein und tut das, was es kann und möchte. Nur wenn es das wünscht, erhält es pädagogische Unterstützung, und die Kinder selbst sorgen für die Integration aller. Kinder, für die es notwendig ist, erhalten aber eine spezifische Förderung, und ein Förderschwerpunkt für entwicklungsgefährdete Kinder kann die Teilnahme an einer psychomotorischen Spielgruppe sein, die von einer Fachpädagogin, vielleicht einer Motopädin, geleitet wird. Für die Erzieherinnen bedeutet das Prinzip der Kooperation „ein Sich-Einlassen auf eine gemeinsame Sache mit den Kindern – das heißt, sich als Erwachsener zurückzunehmen, zu beobachten und nicht direktiv anzuregen oder zu helfen" (LOLEY u. KIPP 1995).

Psychomotorik im Kindergarten ist ein integratives Konzept und eignet sich prinzipiell für die gemeinsame Erziehung. Elemente der Psychomotorik finden zunehmend Eingang in alle Kindergärten oder sind auch traditionell zumindest ansatzweise längst in ihnen zu finden. Der Bewegungskindergarten und das Einbringen seiner Entwicklungsideen in die erzieherische Arbeit sollte allgemein verstärkt aufgegriffen werden und ist gewünscht und erforderlich, um Kindern die für sie nötigen Entwicklungsräume zu geben. Psychomotorik kann auch den Raum bieten für individuelle Förderung, wenn es gelingt, bei aller Bewegungsoffenheit *dennoch kein Kind* unter der Öffnung der Gruppenstrukturen *orientierungslos werden zu lassen* oder gar hilflos im Nutzen-Wollen der Möglichkeiten und Angebote. Die interdisziplinären und personellen Bedingungen müssen einer hohen pädagogischen Kompetenz in der Begleitung aller Kinder entsprechen und dazu geeignet sein, diejenige Unterstützung zu geben, die auch in ihrer Bewegung beeinträchtigten Kindern psychomotorisches Handeln und gemeinsame Erlebnisse möglich macht.

1.8.8 Psychotherapeutisch orientierte Ansätze

Konzeptionen, die sich psychotherapeutisch orientieren, meinen im wesentlichen zwei große Ansätze: das *verhaltenstherapeutische* Vorgehen und das *psychoanalytisch* begründete Vorgehen.

Es ist allerdings sehr selten, daß eine pädagogische Kindergartenkonzeption sich allein auf eine dieser beiden Theorie- und Handlungsrichtungen stützt. Vielmehr ist es so, daß einzelne Denk- und Handlungsmuster dieser psychotherapeutisch begründeten Richtungen in die praktische Arbeit einfließen. Das gilt vor allem für die mehr therapeutischen Bereiche der Kindererziehung im integrationspädagogischen Kontext.

Verhaltenstherapeutische Aspekte und Erziehung

Die *verhaltenstherapeutische* Sichtweise erklärt sich aus den Grundsätzen der Verhaltenspsychologie. Sie geht davon aus, daß kindliches Verhalten gelernt ist und es somit auch Möglichkeiten geben muß, *Verhalten zu modifizieren*. In ihrem Vorgehen versucht sie, erwünschte Verhaltensweisen bei einem Kind aufzubauen, unerwünschte Verhaltensweisen aber zu reduzieren oder ganz auszuschalten und abzubauen. Insgesamt also bemühen sich die Erzieherinnen darum, einem Kind zu helfen, sein Verhalten zu ändern und sogenannte Verhaltensauffälligkeiten in ein für das Kind und seine Umgebung günstigeres Verhalten umzuwandeln. Durch „Lernen am Modell" können völlig neue Verhaltensweisen erworben werden, etwa durch den Einsatz von Sinnes-, Aufmerksamkeits- und Nachahmungsleistungen beim Beobachtungslernen und die Nachahmungsreaktionen beim Imitieren, und kindliche Verhaltensweisen sind *durch positive und negative Verstärkungen* zu steuern.

In nahezu allen Bereichen der üblichen Erziehungsformen fließen Elemente der „Verstärkung" aus der Verhaltenstherapie ein. Ein alltägliches Beispiel dafür ist der Einsatz von Lob und Tadel in der Familienerziehung, im positiven Beispiel etwa die Belohnung für ein Kind, wenn es etwas besonders gut gemacht hat.

Für die vorschulische Erziehung wird als wichtig erachtet, die *Lern- und Veränderungsbereitschaft* bei einem Kind anzusprechen und mit ihm gemeinsam diesen Weg zu versuchen, soweit ein Kind dies verstehen kann. Grundlage für das erzieherische Vorhaben ist eine gute Beobachtung des Kindes, damit sein Verhalten eingeordnet und bewertet werden kann. „Negativ auffälliges Verhalten" bei einem Kind, das sehr leicht auch als „unangepaßtes" Verhalten gesehen und verstanden wird, kann, verhaltenstherapeutischer Sichtweise folgend, nicht nur für die Umgebung, sondern auch für das Kind selbst belastend sein. Mit einem eigens dafür ausgearbeiteten methodischen Ansatz, in therapeutischen Bezügen auch mit ausgewählten *Trainingsprogrammen*, versucht das verhaltenstherapeutisch ausgerichtete Erziehungskonzept gezielt dagegen anzugehen.

In Therapie und Integrationspädagogik werden verhaltensändernde Erziehungsansätze nicht nur bei sogenannten verhaltensgestörten Kindern angewendet, sondern auch bei entwicklungsretardierten, lern- und kognitiv beeinträchtigten Kindern. Es muß allerdings immer daran gedacht sein, Verhaltensänderungen zu planen, die *vom Kind akzeptiert* und mitgetragen werden. Keinesfalls darf eine „Idee" erzwungen sein. So kann für sogenannte geistigbehinderte Kinder eine pädagogisch-therapeutische Förderung mit einem Trainingsprogramm hilfreich sein, sich in der sozialen Gemeinschaft mit anderen besser zurechtzufinden. Dies kann für ein Kind sehr angenehm und hilfreich sein. Sie kann dazu führen, daß ein Kind in bestimmten Dingen und Verrichtungen des Alltags, etwa beim Essen oder Sich-Anziehen, selbständiger wird und dadurch in seiner gesamten Entwicklung Fortschritte macht, die es sich selbst gewünscht hat und die ihm nützlich sind.

Wird ein solcher verhaltenstherapeutisch begründeter Erziehungsansatz systematisch angewendet, muß im Umgang mit einem behindert genannten Kind immer darauf geachtet werden, den Handlungsablauf einzelner Übungen so in einzelne Teile zu zerlegen, daß eine gestellte Aufgabe als Handlungsanweisung auf dem Weg der kleinen Schritte auch von diesem Kind bewältigt werden kann. Als methodische Maxime gilt, daß alle Anweisungen überschaubar sein müssen, damit es versteht, was von ihm erwartet wird. Aufgabenstellungen müssen wiederholbar sein, und nur ein Verhalten, das *bekräftigt* wurde und dadurch subjektive Bedeutung für das Kind erlangen konnte, wird bei Vorliegen einer vergleichbaren Situation und Motivation wieder dargestellt werden (vgl. BANDURA 1976; KANFER u. GOLDSTEIN 1977; TRAPMANN u. a. 1994).

Psychoanalytische Aspekte und Erziehung

Auch *psychoanalytisch* orientierte Konzeptionen finden wir eher in Einrichtungen, deren Schwerpunkt die Therapie ist, zum Beispiel dann, wenn eine Kindertagesstätte in eine psychiatrische Institution integriert ist.

Aus der Sicht der Psychoanalyse werden Pädagogik und Therapie als eine Einheit betrachtet, und es gehört zum methodischen Vorgehen in einer pädagogisch-therapeutischen Erziehungsarbeit, daß Kinder ihre *Wünsche und Konflikte* im spielerischen Verhalten *darstellen und ausleben dürfen*. Dieses kindliche Spiel wird nicht bewertet, sondern soll beobachtet und verstanden werden. Die Erzieherin greift so wenig wie möglich in das Handeln der Kinder ein, damit diese lernen können, ihre Bedürfnisse und ihr Zusammenleben weitgehend selbständig zu regulieren. Kindzentrierte, nondirektive *Mal- und Spieltherapien*, die über spielpädagogische Anregungen hinaus ihre Aufgabenstellung in psychologischen Bezügen sehen, haben hier einen besonderen Platz (vgl. AXLINE 1972).

Wesentliches Kriterium psychoanalytischen Denkens ist das Wissen um die *Grundbedürfnisse* eines Kindes, die nach der (Trieb-)Lehre Siegmund FREUDs aus den Phasen der oralen, analen und ödipalen Entwicklung des Kindes heraus verstanden werden (FREUD 1970; DÜHRSSEN 1969). Diese Grundbedürfnisse müssen befriedigt werden, damit ein Kind sich entwickeln kann ohne einen seelischen Schaden zu nehmen.

In der integrativen Erziehung können Elemente einer psychoanalytisch orientierten Pädagogik durchaus genutzt werden und hilfreich sein. So kann daran gedacht werden, aus der Lehre der Psychoanalyse elementare Bedürfnisse und Grundprozesse der kindlichen Entwicklung, die für alle Kinder gelten, abzuleiten und methodisch aufzugreifen. Daraus ergibt sich manchmal auch zugleich ein Ansatz der Förderung für behindert genannte oder entwicklungsverzögerte Kinder, um sie in ihrem Verhalten oder in ihren Entwicklungsbeeinträchtigungen besser zu verstehen.

So sollte aus der Kenntnis, daß nach der psychoanalytischen Lehre der *orale* Partialtrieb bezeichnend ist für das Bedürfnis nach *Zuwendung* und *Geborgenheit*, darauf geachtet werden, daß den Kindern Vertrauen, Sicherheit und Wärme vermittelt wird. Für den Kindergarten heißt das, es sollten zum Beispiel räumliche Schutzbereiche vorhanden sein, es sollte Körperwärme vermittelt werden.

Der *anale* Partialtrieb ist, auf die Lebenspraxis von Kindern umgesetzt, bezeichnend für das Bedürfnis nach *Aktivität* und *Aggression*. Die pädagogische Konzeption müßte daher die Vermittlung von Erfolgs- und von Ich-Erlebnissen beinhalten, aber auch das Erlernen von Frustrationstoleranz.

Wichtig ist für Kinder, daß sie urwüchsig und ausagierend mit Material umgehen dürfen, wie zum Beispiel durch *Schmieren und Matschen* in eigens dafür eingerichteten Räumen, die in manchen Kindereinrichtungen vorhanden sind.

Durch das Bereitstellen von unfertigem und erlebbarem Spiel, wie von sehr einfachen Bastel- und Mal-Utensilien und Dingen zum Kneten und Formen, können auch geistig und körperlich beeinträchtigte Kinder gut angesprochen und zu einer lustvollen Aktivität aufgefordert werden.

Aus dem *ödipalen* Partialtrieb läßt sich im Kindergartenalltag das Grundbedürfnis nach *zwischenmenschlichen Kontakten*, nach Aufmerksamkeit, nach Rivalitäten, nach menschlicher Nähe und Distanz ableiten. Tanz- und Rhythmusspiele können mit diesem Trieb verbundene egozentrische und narzißtische Bedürfnisse befriedigen und sind auch für geistig oder körperlich benachteiligte Kinder wichtig. Über *Rollenspiele* können die Kinder etwa eine begehrte Prinzessin oder ein mächtiger König sein. Damit kann auch für behindert genannte Kinder Selbstbewußtsein entfaltet werden, das sie wie alle Kinder für ihre Entwicklung brauchen.

Im weiteren ist in der psychoanalytischen Theorie die *Ich-Bildung* bedeutsam. Zur Entwicklung der *Ich-Stärke* gehören die Schulung der motorischen Kontrolle, der Wahrnehmung, der Gefühle und des Denkens.

Um solche Ich-Funktionen entwickeln zu können, sind physische und psychische Förderung und viele Erfahrungen im psychomotorischen Bereich nötig. Hier kann die Schulung des Körperbewußtseins (vgl. FROSTIG 1975; FROSTIG u. a. 1974), die Wahrnehmungs- und Bewegungserziehung, wie sie in vielen neuen Förderkonzepten beschrieben ist, bedeutsam sein.

Die kinästhetischen Erfahrungsaspekte sind unter dieser Sicht gerade für integrative Erziehungsprozesse unverzichtbar, weil bei vielen entwicklungsgefährdeten Kindern die Wahrnehmung des eigenen Körpers stark eingeschränkt ist. Die Entdeckung des eigenen Körpers, durch Bewegungsspiele vermittelt, ist dann auch die Voraussetzung für die Bildung weiterer Ich-Funktionen, letztendlich auch für die Denkfähigkeiten, und ein weiterer wichtiger Erfahrungsaspekt sind Nachahmung und Identifizierung. Wesentlich ist dabei die Kenntnis darüber, daß das Bereitstellen von Gegenständen und Spielmaterial, auch die Betrachtung eines Bilderbuches oder die Zusammenstellung einer Bildergeschichte symbolische Inhalte nahebringen können und daß dem Kind im Spielen auch symbolisches Handeln ermöglicht wird.

Für Erzieherinnen kann das Wissen um die *Bedeutung der ganz frühen Kindheit* und die Auswirkungen frühkindlicher Ereignisse, Erlebnisse, Frustrationen oder Ängste auf den Entwicklungsgang eines Kindes sehr wichtig sein. Sie sollten krankmachende Faktoren gut kennen, und die Eruierung einer kindlichen Biographie kann zu einem besseren Verständnis kindlichen Verhaltens und kindlicher Entwicklungsbeeinträchtigungen führen. Insbesondere können Behinderungen, die durch bestehende soziale Belastungen oder ungünstige Interaktions- und Kommunikationsbedingungen und Beziehungsprobleme verursacht wurden, besser verstanden werden (vgl. RICHTER 1967; FREUD, A. 1973).

Die psychoanalytisch-prozeßorientierte Sichtweise

Auch dieser (modellhaft versuchte) Ansatz geht von psychoanalytischen Theorievorstellungen aus und meint eine Konzeption, die auf die Vielschichtigkeit integrativer Prozesse eingehen möchte. Der Begriff „Behinderung" wird abgelehnt, er ist kein Personmerkmal, und es wird von behinderten Kindern nur dann gesprochen, wenn diese „von den Kindergärten als behindert aufgenommen werden" (KLEIN, KREIE u. a. 1987, S. 18).

Integration wird als *Einigungsversuch* verstanden, und die innerpsychische Ebene von Integrationsprozessen beinhaltet die Beziehungen zwischen allen Beteiligten und die gegenseitige Akzeptanz (vgl. REISER u. a. 1986).

Als positiv können wir die Bedeutung der Interaktionen zwischen allen Beteiligten werten, und die eher theoretischen Elemente können in jede Praxis-Konzeption von Kindergärten eingebunden werden: „Integrationspädagogik nach psychoanalytisch-prozeßorientiertem Verständnis beinhaltet demnach in der Hauptsache ein Interaktionsgeschehen zwischen Erziehenden und Kindern, in dessen Verlauf Emotionen offen zutage treten sollen und in der Folge Nähe und Distanz zwischen allen Beteiligten jeweils neu zu bestimmen sind, um auf diesem Weg gegenseitige Akzeptanz trotz aller Verschiedenheit zu ermöglichen" (HEIMLICH 1995, S. 63).

1.9 Das pädagogisch-therapeutische Förderkonzept: Integrative Förderung von Kindern

Die Erziehungsarbeit in einer Kindergruppe wird auf der Grundlage der gewählten pädagogischen Konzeption gestaltet. Sie findet ihre Schwerpunkte, und ihr Vorgehen richtet sich im einzelnen nach dem für die Gruppe erstellten *integrativen Förderkonzept*[32]. Werden in der Gruppe behindert genannte und nichtbehindert genannte Kinder gemeinsam erzogen, sind differenzierte und spezialisierte Förderungs- und Behandlungsangebote für manche der Kinder nötig. Das Förderkonzept kann deshalb auch ein *pädagogisch-therapeutisches* genannt werden.

Ein Förderkonzept zu entwickeln, ist immer ein *Prozeß*, an dem alle Erziehenden beteiligt sind und mitwirken. Zusammen sind sie Planende und Handelnde, und die Kinder selbst sind gleichermaßen Beteiligte, ja, *sie* sind es, die gestalten, und die „Idee und Praxis der Selbstgestaltung" (KAUTTER 1995, Buchtitel) geht von ihnen aus und wird von den Erziehenden aufgegriffen.

Dieser Prozeß, *gemeinsam* auf der Grundlage der Handlungshinweise, die Kinder geben, und der Handlungsangebote, die sie uns machen, *ein ganzheitliches Förderkonzept zu erarbeiten*, ist ein zentraler Punkt der pädagogischen und therapeutischen Arbeit. Dabei hilft den Erzieherinnen nicht eine abstrakte Theorie, sondern die Fähigkeit, beim Umgang mit den Kindern aus Bedürfnissen einzelner Kinder heraus *ein Konzept für die ganze Gruppe* zu entwickeln.

Wir wissen, daß entwicklungsgefährdete und behindert genannte Kinder auch ausgewählte Hilfen brauchen. Hier hilft das Förderkonzept, diese Förderung auf das einzelne Kind hin auszurichten. Alle unterstützenden Anteile des Förderkonzeptes sollen so weit wie möglich in den pädagogi-

---

[32] Das *Förderkonzept* wird interdisziplinär und kooperativ zwischen den beteiligten Fachdisziplinen abgestimmt und gemeinsam mit den Eltern erstellt. Notwendige differenzierte Hilfen, auf einzelne Erscheinungsformen von „Behinderung" abgestimmt, sind in das Konzept zu integrieren. Für die integrationspädagogische Arbeit kommt ihm die Aufgabe zu, in einer ganzheitlichen Konzeption die Entwicklung der Gesamtpersönlichkeit eines Kindes zu fördern, Sozialisationsdefiziten, Entwicklungsgefährdungen und Entwicklungsverzögerungen entgegenzuwirken, den Einsatz therapeutischer Hilfen zu unterstützen und zu ergänzen sowie auf die Eingliederung des Kindes in das soziale Umfeld und in die Gemeinschaft einzuwirken. (Die maßgebliche Interessenvertretung zur Ausgestaltung der Früherziehung/Frühförderung und zur wissenschaftlichen und fachpraktischen Weiterentwicklung der Frühförderung in Deutschland ist die *Vereinigung interdisziplinäre Frühförderung e. V.* mit ihren verschiedenen Landesvereinigungen. Sie hat sich federführend auch mit der Gestaltung des Förderkonzeptes für entwicklungsgefährdete Kinder beschäftigt.)

schen Rahmen der Gruppenaktivitäten integriert sein. Die Interessen einzelner Kinder müssen, auch wenn sie ein stark *individualisierendes Vorgehen* erfordern, mit denen der *Gesamtgruppe* verbunden werden. Lernziele und Lernmethoden müssen definiert werden, und die am Erziehungs- und Förderprozeß Beteiligten bemühen sich darum, alle methodischen Überlegungen immer wieder abzuwägen und zu reflektieren. Nur so können entwicklungsbereichernde Lernprozesse für die ganze Gruppe entstehen und wirksam werden.

1.9.1 Das interdisziplinäre Team

Die Erzieherinnen

Das alltägliche erzieherische Handeln in der Kindergruppe obliegt den Erzieherinnen[33]. Sie gestalten auch die *förderliche Erziehung* der ihnen anvertrauten Kinder in eigener, von ihnen selbst zu verantwortender Kompetenz. Um ihre vielfältigen Erziehungsaufgaben in einem integrativen Rahmen erfüllen zu können, benötigen sie eine breite Qualifikationsbasis und vielumfassende (heil-)pädagogische und psychologische Kenntnisse. Zu ihrem erzieherischen Handeln gehören auch pflegerische Tätigkeiten, wenn hierfür ein Hilfebedarf für einzelne Kinder der Gruppe besteht. Aus diesem Auftrag heraus gehört die *Förderpflege* zur alltäglichen pädagogischen Praxis in integrativen Bezügen.

Das *Team der Erzieherinnen* im Kindergarten trifft sich zu regelmäßigem Gesprächsaustausch. Diese Teambesprechungen sind zeitaufwendig, aber notwendig, wenn Gespräche, ausgewählte Themenstellungen und die regelmäßige und intensive *Reflexion* der Erziehungspraxis eine weitreichende Berücksichtigung in der gesamten Arbeit finden sollen.

Um unter integrationspädagogischer Zielsetzung fördern zu können, sind auch die im Kindergarten tätigen „internen" Therapeutinnen in alle Gespräche einbezogen. Auf jeden Fall gehören sie mit zum *unmittelbar* mit der

---

[33] Die Rahmenbedingungen zur „gemeinsamen Förderung behinderter und nichtbehinderter Kinder in Tagesstätten" enthalten auf Länderebene festgelegte Richtlinien zur *personellen Besetzung.* Danach muß die Betreuung und Förderung der Kinder durch geeignete Erzieherinnen in ausreichender Zahl gesichert sein. Die Leitung von Gruppen darf nur Fachkräften, wenn möglich mit einschlägiger Ausbildung bzw. Zusatzausbildung, übertragen werden. Den pädagogischen Mitarbeiterinnen soll Gelegenheit gegeben werden, sich beruflich fortzubilden, und es ist dringend erwünscht, daß sie an geeigneten sozial-, heil- und behindertenpädagogischen Fortbildungen sowie an praxisbegleitenden Beratungsangeboten teilnehmen. Die in der integrativen Erziehungsarbeit tätigen Fachleute sind in der Regel als (Heil-)Erzieherinnen, Diplom-Sozialpädagoginnen, (Diplom-)Heilpädagoginnen, Früherzieherinnen (Schweiz) oder Sonder-Kindergärtnerinnen (Österreich) ausgebildet, manche sind auch Diplom-Rehabilitationspädagoginnen oder Diplom-Pädagoginnen und Sonderpädagoginnen.

Kindergruppe verbundenen *engeren Team*. Darüber hinausgehend und von Fall zu Fall verlangt die gemeinsame Erziehung von Kindern die *interdisziplinäre Zusammenarbeit* mit den an der Erziehung und Förderung der Kinder beteiligten Menschen, die außerhalb des Kindergartens tätig sind. Um die richtigen Ansatzstellen für die Förderung und Behandlung eines Kindes im Rahmen einer individualisierten Erziehung überhaupt finden zu können, sind Erzieherinnen auf Kooperation angewiesen. Auch „externe" Fachkolleginnen sind deshalb als unterstützende Mitarbeiterinnen in der integrativen Arbeit zu betrachten. Man könnte sie auch als Kolleginnen im *erweiterten Team* bezeichen.

Die einzelnen Kompetenzen

Pädagogische und therapeutische Fachleute haben durch ihre verschiedenen Ausbildungen, durch ihre Forschungs- und Arbeitsrichtungen unterschiedliche Kompetenzen. SPECK (1988, S. 415) hat ihre Tätigkeitsstrukturen und -felder als „professionelle Teilsysteme" mit jeweils maßgebenden „Handlungsleitnormen" bezeichnet. Ein Kind mit seinen Bedürfnissen innerhalb der Gruppe wird aus differenten Blickwinkeln betrachtet. Integrative Erziehung kann dann viele Dimensionen erhalten und lebendig werden. Aus multidisziplinären Meinungen und Ergebnissen entsteht *interdisziplinär orientierte Arbeit* (vgl. TIETZE-FRITZ 1996a, S. 16-22). Die Inhalte aus sehr spezifischen Verfahrensweisen fügen sich zu einem „Ganzen", und es entsteht die Chance zu einem *ganzheitlich* gestalteten integrativen Erziehungshandeln im gemeinsam besprochenen und erstellten Förderkonzept (vgl. hierzu die Ausführungen unter 1.4).

Dies wird um so leichter möglich, je mehr *grundlegendes gemeinsames Fachwissen* herangezogen werden kann. Alle Teammitglieder benötigen daher zunächst gemeinsame pädagogisch-psychologische *und* medizinisch-therapeutische *Basis-Kompetenzen* in bezug auf die Entwicklungsvorgänge des frühen Kindesalters. Die differenzierten und disziplinorientierten Fachkompetenzen kommen als wichtige Handlungsinstrumente hinzu. Sie müssen aus den jeweils eigenen Disziplinen heraus immer transparent sein, und es ist gut, wenn fachbezogene Förderansätze und das jeweilige berufliche Selbstverständnis gegenseitig bekannt sind, damit auch voneinander gelernt und profitiert werden kann (vgl. TIETZE-FRITZ 1993b).

Die Zusammenarbeit mit den Ärztinnen

Einen erheblichen Stellenwert hat die Zusammenarbeit mit den *Hausärztinnen* und *Kinderärztinnen*, auch mit anderen Fachärztinnen und mit Fachkliniken, in erster Linie mit Kinderkliniken, mit den neuropädiatrischen

Fachabteilungen und den Zentren für Sozialpädiatrie. Ärzte sind für die Früherkennung von Entwicklungsstörungen und Krankheiten verantwortlich, und in vielen Fällen kennen sie ein Kind von seiner Geburt an und haben das Vertrauen seiner Familie. Wenn eine Behandlung erforderlich wird, leiten sie die richtige Therapie ein. Das Erstellen einer *ärztlichen Entwicklungsdiagnose* beim entwicklungsgefährdeten Kind und die damit verbundene Befunderhebung und Begutachtung eröffnen für manche der Kinder erst die Aufnahme in eine als integrativ ausgewiesene Gruppe, wenn eine „(drohende) Behinderung" (vgl. BSHG) diagnostiziert worden ist.

Eine gute medizinische Begleitung der Kinder ist auch hilfreich für die elementarpädagogische Lern- und *Förderdiagnostik,* und die Erzieherinnen erhalten wichtige Daten bezüglich der Entwicklungsgeschichte eines Kindes. Sie erfahren Einzelheiten darüber, was im Umgang mit einem Kind im Hinblick auf bestimmte Erscheinungsformen von Krankheit oder „Behinderung" aus medizinischer Sicht zu beachten ist, und auch, was dem Kind an Belastung zugemutet werden kann. Sie werden auf eine medikamentöse oder eine andere therapeutische Notwendigkeit hingewiesen und erhalten Informationen über Ursachen und Symptomatologie oder den zu vermutenden Verlauf eines kindlichen Entwicklungsganges.

Das alles sind wichtige Hinweise für die pädagogische Arbeit. Erzieherinnen sollten deshalb auch die Ergebnisse aus den ärztlichen *Vorsorgeuntersuchungen*[34] kennen und, in Übereinkunft mit den Eltern, einen engen Kontakt und Erfahrungsaustausch mit den medizinischen Fachleuten suchen. Diejenigen Kinder aus der Gruppe, die als *Risikokinder*[35] bekannt sind, sollten auch im Kindergartenalter noch gut beobachtet werden.

---

[34] Zweck der *Kinder-Vorsorgeuntersuchungen* (Früherkennungsuntersuchungen), eingeführt als kostenfreie Leistungen der gesetzlichen Krankenkassen, ist die ärztliche Früherkennung derjenigen Krankheiten, „die eine normale körperliche oder geistige Entwicklung des Kindes in besonderem Maße gefährden". Es sind 9 Untersuchungen vorgesehen, „U 1" bis „U 9", von der Neugeborenen-Erstuntersuchung bis zur Untersuchung im sechsten Lebensjahr reichend. Bei auffälligen Befunden soll eine weiterführende Diagnostik veranlaßt werden.

[35] Der Begriff *Risikokind* umfaßt alle diejenigen Kinder, bei denen vor der Geburt (den Schwangerschaftsverlauf betreffend), zum Zeitpunkt um die Geburt oder kurz nach der Geburt gravierende *Risikofaktoren* vorlagen oder vorliegen. Es wird von einem *prä-, peri- oder postnatalen* Risiko und von einer Gefährdung der Entwicklung bei einem Kind gesprochen. Als Entwicklungsrisiko müssen auch vorübergehende Entwicklungsbelastungen (z. B. operative Eingriffe) und vor allem psychische und *psychosoziale* Faktoren bedacht werden. Risikokinder müssen besonders im ersten Lebensjahr, aber auch noch in der Vorschulzeit, gut beobachtet werden.

Ärztliche Mitteilungen sind also eine wichtige Grundlage bei der Findung des richtigen Förderkonzeptes für die Gruppe und die einzelnen Kinder darin. Sie werden fortlaufend so lange und immer wieder benötigt, wie ein Kind Mitglied der Kindergruppe bleibt. Neben der Beachtung somatischer Krankheitsfaktoren und den organischen oder hirnorganischen Verursachungen für die Entstehung von Entwicklungsauffälligkeiten sind auch besonders die krankmachenden psychosozialen – etwa familialen – Belastungen und Benachteiligungen zu bedenken, und psychische Entstehungszusammenhänge sind mit den Ärztinnen zu besprechen. Im Wissen um das Ineinandergreifen physischer und psychischer Faktoren und die Wechselbeziehungen geistig-seelischer Vorgänge und psychomotorischer Fähigkeiten baut die integrative Erziehung auf der Beobachtung und Einschätzung der Gesamtentwicklung eines Kindes auf. Das erfordert die Zusammenarbeit mit den medizinischen Fachleuten auch und gerade im erzieherischen Kontext.

Wünschenswert für die Erziehungspraxis ist eine *regelmäßige*, mindestens aber tage- oder stundenweise Begleitung der pädagogischen Arbeit durch ärztliche Kolleginnen *im Kindergarten selbst*. Ist dies nicht machbar, sollten die betreuenden Ärztinnen eingeladen werden, eine Kindergruppe und „ihre" Kinder darin kontinuierlich in kürzeren Abständen zu besuchen.

Eine so enge Kooperation muß von beiden Seiten als eine unumgängliche Notwendigkeit verstanden werden, damit durch die *Beobachtung* kindlicher Verhaltensweisen *im Gruppengeschehen* Förderung umfassend möglich wird und medizinisch-therapeutische und pädagogische Eindrücke sich verbinden können.

Die Therapeutinnen

Ärztlich verordnete Behandlungen werden von den *Fachtherapeutinnen* durchgeführt, und es ist nicht denkbar, integrative Erziehung ohne ihre Mithilfe zu leisten. Sie sind entweder als Kolleginnen im Kindergarten selbst tätig oder, häufiger noch, als niedergelassene Therapeutinnen in eigener Praxis oder in einer therapeutischen Gemeinschaftspraxis anzutreffen. Manchmal haben sie ihren Arbeitsplatz auch in einer Frühförderstelle oder im klinischen Bereich, zum Beispiel in einem Sozialpädiatrischen Zentrum (SPZ), seltener auch in einer sozialpsychiatrischen Praxisgemeinschaft. Therapeutinnen erstellen einen *Behandlungsplan*, und eine eigene fachspezifische Befunderhebung hilft ihnen dabei, die für das einzelne Kind angezeigte Behandlungsmethode auszuwählen und sie in möglichst enger Anbindung an die gruppenpädagogischen Prozesse im Kindergarten einzusetzen (vgl. TIETZE-FRITZ 1996a, S. 55-91).

Physiotherapeutinnen (Krankengymnastinnen) wenden eine bewegungstherapeutische Förderung an, wenn ein Kind motorische Hilfen benötigt, manchmal werden sie durch Gymnastiklehrerinnen, die in der pflegerischen Gymnastik ausgebildet sind, ergänzt.

Der Tätigkeitsbereich der *Logopädinnen* umfaßt die Diagnostik und Therapie bei allen Problemen, die ein Kind mit der Sprechentwicklung und mit seiner Sprache hat.

Ziel der Behandlung durch die *Ergotherapeutin* (Beschäftigungstherapeutin) ist die Befähigung eines Kindes zur Ausübung möglichst selbständiger alltäglicher Verrichtungen. Ihre fördernde Behandlung ist insbesondere mit der fein- und handmotorischen Förderung verbunden.

Sehr selten sind auch *Orthoptistinnen* in der Kinderpädagogik tätig. Ihre Arbeit umfaßt die Übungsbehandlung bei kindlichen Seh- und Augenmuskelstörungen.

In einigen wenigen Kindergärten arbeiten *Mal- und Musiktherapeutinnen* mit und geben Kindern besondere, auf ihr Fach bezogene Entwicklungshilfen; in Waldorfkindergärten können auch *Heileurythmistinnen*[36] und vereinzelt auch andere Therapeutinnen (Sprachgestalterinnen, Chirophonetik-Therapeutinnen oder Eurythmistinnen) fachspezifisch tätig sein.

Die Motopädinnen

In manchen Kindergärten gehören *Motopädinnen* zum engeren Team der Mitarbeiterinnen. Häufig ist es auch so, daß sie zu bestimmten Zeiten in den Kindergarten kommen, um die pädagogische Arbeit der Erzieherinnen durch ihren bewegungserzieherischen und -therapeutischen Förderungsansatz zu unterstützen. Ihr Aufgabengebiet ist die *motopädagogische und mototherapeutische* Arbeit, die aus der Weiterentwicklung der psychomotorischen Übungsbehandlung entstanden ist (vgl. KIPHARD 1992; 1994; 1995).

---

[36] Die *Heileurythmie* ist eine ärztlich verordnete bewegungstherapeutisch ausgerichtete Heilkunst auf anthroposophischer Grundlage. Die Bewegungen der Eurythmie (Kurzbeschreibung unter 1.8.5, Fußnote 30) sind in der Heileurythmie umgewandelt, intensiviert und in bestimmte rhythmische Abläufe gebracht. Im Nachahmen der Bewegungen haben Laute einen bestimmten physiologischen Angriffspunkt und eine differenzierte Wirkung im kindlichen Organismus. Die mit einem Kind durchgeführten Übungen sind auf einzelne Krankheits- und Behinderungsformen zugeschnitten. Zur richtigen Gestaltung eines Lautes müssen körperliche Hemmnisse überwunden werden, und es soll auf die Lebenskräfte des Kindes eingewirkt werden.

Als ein Ansatz, der zwischen Pädagogik und Therapie angesiedelt ist und ein eigenes motodiagnostisches Vorgehen beinhaltet, soll Kindern mit bewegungsorientierten spielerischen Aufgaben in der Kleingruppe bei ihrer Persönlichkeitsentwicklung geholfen werden (vgl. 1.8.1, Fußnote 21 u. 1.8.7). In der integrativen Erziehung eignet sich die Motopädagogik gut für alle Kinder, und sie kann für entwicklungsgehemmte und psychomotorisch beeinträchtigte Kinder besonders hilfreich sein. Viele Gruppenerzieherinnen in ganz unterschiedlich konzipierten Kindergärten beziehen alltäglich Elemente der psychomotorischen Förderung als selbstverständlich in ihr pädagogisches Handeln ein, und auch die meisten Physiotherapeutinnen und Gymnastiklehrerinnen sind in der Psychomotorik ausgebildet; eine Motopädin kann dieses Handeln fachqualifiziert vertiefen.

Die Psychologinnen

Psychologinnen wirken in der integrativen Erziehung vor allem dann mit, wenn für ein Kind eine *fachpsychologische Diagnostik und Behandlung* erforderlich wird. Sie beschäftigen sich meistens mit einem Kind allein, können aber auch zeitweise in die Gruppenarbeit einbezogen sein, wenn Eltern oder Erzieherinnen um ihre Unterstützung, zum Beispiel um eine Verhaltensbeobachtung, bitten. Manchmal scheint auch eine entsprechende ärztliche Verordnung zur Durchführung einer psychologischen *Begutachtung* oder *Therapie* für ein Kind angezeigt, und es sollte auch in einem solchen Fall versucht werden, die notwendige „Therapiesituation" nicht isoliert, sondern im Kindergarten selbst zu gestalten.

Sehr oft geht es in einer solchen gutachterlichen Mitarbeit darum, die kognitiven und perzeptiven Entwicklungsmöglichkeiten und Lernfähigkeiten eines Kindes einschätzen zu können, etwa wenn Fragen zur „Schulreife" des Kindes, zur Einschulung und zum Finden der für das Kind geeigneten Schule zu beantworten sind.

Psychologinnen benutzen für ihre Untersuchungen auch ausgewählte *Beobachtungsverfahren* oder *psychometrische* und *projektive* Verfahren aus der *Testdiagnostik*. Kolleginnen mit einer klinisch-psychologischen Ausbildung oder mit lernpsychologischer Ausrichtung übernehmen *psychotherapeutische* Aufgaben und wenden hier vorzugsweise die systemische Familientherapie und -beratung, eine analytische Familientherapie und Gestalttherapie, eine Logotherapie, eine Verhaltenstherapie oder die *kindzentrierte Spieltherapie* an. Mit besonderen Techniken der Gesprächsführung können sie die pädagogische Arbeit im Kindergarten sinnvoll ergänzen, Erzieherinnen bei einzelnen psychologischen Fragestellungen kollegial beraten oder auch für das Team eine bei Problemen und in der Konfliktbewältigung helfende *Supervision* anbieten (vgl. BRACK 1986).

Die Frühförderinnen

Wenn Kindergärten besondere Fragen zur heilpädagogischen oder therapeutischen Förderung in der Gruppe haben, können sie sich an eine regionale Frühförderstelle wenden und die „heilpädagogische Fachberatung" der im Einzugsbereich liegenden Einrichtung in Anspruch nehmen (vgl. hierzu Fußnote 7 unter 1.2.1). Es kann vereinbart werden, daß eine dort tätige Frühförderin (Früherzieherin, Frühtherapeutin, manchmal auch „Frühbetreuerin" genannt) die Kindergruppe besucht, um mit den Kolleginnen vor Ort das Förderkonzept für ein Kind zu besprechen, um über besondere Förderschwerpunkte zu informieren oder auch um eine Kollegin ganz konkret zu unterstützen. Dies ist besonders dann sinnvoll, wenn ein Kind vor seiner Aufnahme in den Kindergarten in der Frühförderstelle betreut worden ist und die dort begonnenen Frühfördermaßnahmen nun, in das pädagogische Gruppengeschehen eingebunden, fortgesetzt werden sollen. Frühförderinnen haben besondere heilpädagogische oder therapeutische Qualifikationen. Ihre beratende Mithilfe ist immer dann zu begrüßen, wenn die Erzieherinnen um eine *fachspezifische Anleitung* für den Umgang mit entwicklungsauffälligen oder behindert genannten Kindern bitten.

Die Eltern

Zum Selbstverständnis einer guten Teamarbeit in der integrativen Erziehung gehört die Einbeziehung der Eltern in alle Überlegungen um das Förderkonzept, und die elterliche *Autonomie* ist als wegweisendes Element beachtet. Eltern sind die für die Erziehung ihres Kindes verantwortlichen Ansprechpartner und tragen die integrative Erziehung aktiv mit (vgl. die Ausführungen unter 1.5 und 1.6). An der Erstellung des Förderkonzeptes und der Reflexion des Förderprozesses sind sie *mehr als gleichberechtigt mitbeteiligt*. Sie sind zu den Teambesprechungen einzuladen, und ihre Vorstellungen von Erziehung und Förderung müssen grundlegend berücksichtigt sein. Die Reflexion des Förderprozesses mit den Eltern muß als selbstverständlich betrachtet werden, und die Gedanken der Gleichberechtigung von Eltern und Fachkräften und der Autonomie des einzelnen in seiner Fachlichkeit unter Einbeziehung der Eltern müssen einer der Schwerpunkte integrativer Erziehung sein.

Das Kind in der Gruppe: das Entdecken seiner Kompetenzen

Aber auch jedes einzelne Kind in der Gruppe wirkt an der Erstellung des Förderkonzeptes mit. Immer sollten die *Mitteilungen der Kinder* beachtet sein, wenn Fördervorschläge zu formulieren sind. Erzieherinnen orientieren sich an den Bedürfnissen ihrer Kinder in der Gruppe und bewerten kindliche Wünsche als wichtige Ziel- und Leitkonzepte für ihr pädagogisches Handeln.

Das Kind ist der eigentliche „Akteur seiner Entwicklung" (KAUTTER u. a. 1995), und das integrative Förderkonzept hat den Auftrag, kindliche Äußerungen wahrzunehmen und kindliche Aktionen zu unterstützen. Erziehung in der Kindergruppe ist eine *interaktive Lernhilfe*, vor allem dann, wenn Lernen bei einem Kind aus irgendeinem Grunde gehemmt ist.

Von diesem Ansatz der unbedingten Einbeziehung des Kindes her müssen sich alle Ziele, die in einem Förderkonzept benannt werden, als „Entdeckung und Entwicklung kindlicher Kompetenzen" (GRÖSCHKE 1986, S. 83) darstellen, und eine „kompetente Erzieherin" trägt dafür Sorge, „daß das Kind sich selbst als aktiv Handelnden erlebt – erleben lernt" (TIETZE-FRITZ 1990, S. 259).

Der Kontakt mit den Lehrerinnen

Zu den Aufgaben der Erziehung im Kindergarten gehört auch die Vorbereitung des Kindes auf den nachfolgenden *Schulbesuch*. Auch dieser Auftrag muß im Förderkonzept bedacht sein.

Aus integrationspädagogischen Überlegungen heraus stellt sich für Eltern behindert genannter Kinder die Frage, ob eine Einschulung in die regionale Grundschule möglich gemacht werden kann, das Kind vielleicht zunächst eine Vorklasse besuchen soll oder ob eine sonderschulische Förderung, auch die Aufnahme in eine Förderklasse, eher zu erwägen ist. Am Ende der Kindergartenzeit muß der Kindergarten beratend helfen und auch schulpädagogische Empfehlungen in seinem Förderkonzept und für einzelne Kinder berücksichtigen.

Lehrerinnen werden in den Kindergarten eingeladen, und Gruppenkinder besuchen auch die Schulen, um sich frühzeitig vertraut zu machen und erste Kontakte zu knüpfen. Eine solche „gegenseitige" Kooperation ist wichtig. Besonders wünschenswert ist der mehrmalige Besuch der zukünftigen Klassenlehrerin eines Kindes in dessen Kindergartengruppe, um pädagogisch richtige Entscheidungen treffen zu können, aber auch, damit die Lehrerin ein künftiges Schulkind und seine Bedürfnisse kennenlernen kann, schon bevor es in die Schule geht. Hier kann am besten ein Eindruck vom Kind gewonnen werden, und durch die unmittelbare Erfahrungs- und Austauschmöglichkeit der Schulpädagogin mit dem Erziehungsteam des Kindergartens vor Ort kann der für manche Kinder schwierige Übergang vom Kindergarten zur Schule erleichtert werden.

1.9.2 Sozialintegrative Erziehung und ganzheitliche Förderung für alle Kinder

Wenn Kinder zusammen sind, werden *soziale Prozesse* angeregt, und gemeinschaftliches Miteinander wird zu einem selbstverständlichen und alltäglichen Erleben. Die sozialen Prozesse zwischen sehr verschiedenen Kindern, „miteinander umgehen, einander verstehen, einander in seinem Anderssein akzeptieren, aneinander lernen und wachsen", entstehen in der Gruppe, müssen aber besonders unterstützt und gefördert werden (KAPLAN u. a. 1993, S. 57).

Kinder, die sich *frühzeitig* aneinander gewöhnen können, zeigen eine natürliche Spontaneität im Aufeinander-Zugehen. Eigenheiten, wie sprachliche Einschränkungen oder eine sogenannte Körperbehinderung bei einem Kind, werden meistens nur wenig und nicht als eine negative Besonderheit beachtet. Sie werden, sofern die Erzieherin die Fragen der Kinder beantwortet und das zunächst nicht Verständliche und Fremde in einem Verhalten oder in einer Körperlichkeit erklärt, als Gegebenheiten, die einem Kinde eigen sind, verstanden und angenommen. Kinder werden einander vertraut.

Der Umgang miteinander ist aber auch ein *Entwicklungsprozeß*, und *soziales Lernen* muß darin geübt werden. „Viele der Drei- bis Vierjährigen, die neu in die Gruppe kommen, scheinen Behinderung bei sich oder bei anderen Kindern zunächst noch nicht als bedeutsame Besonderheit zu bemerken. Wird sich ein Kind im Laufe seiner Entwicklung allmählich bewußt, daß sein Altersgefährte z. B. nicht laufen kann oder gefüttert werden muß, gerät dies in Widerspruch zu seinen bisherigen Erfahrungen, in denen Wachsen und Älter-Werden z. B. auch Laufen und selbständig Essen-Können bedeuten. Die Spannung von vertrauten und dazu widersprüchlichen Erlebnissen kann eine Erweiterung der Vorstellungswelt des Kindes nach sich ziehen, in die realitätsgerecht beide Erfahrungen integriert werden können" (KRON 1988, S. 125).

Der Aufbau selbstverständlicher Kontakte wird besonders gut möglich, wenn auch ein äußerlich deutlich erkennbares Handicap bei einem Kind nicht zu einem Hinderungsgrund für gemeinsame Aktivitäten wird. Es obliegt deshalb der Erzieherin, dafür Sorge zu tragen, daß jedes Kind in eine Spielhandlung *auf seine individuell mögliche Weise* einbezogen wird, so zum Beispiel, daß auch ein schwerstbehindert genanntes Kind da, wo etwas Gemeinsames geschieht, dabei sein kann.

Erzieherinnen müssen daran denken, daß behindert genannte Kinder besondere Belastungen und Probleme haben, die über ihre physischen

Schwierigkeiten oder ihre körperlich-geistigen Einschränkungen hinausgehen. „Vielen wird der Unterschied – und das heißt oft: die eigene Einschränkung – im Zusammenleben mit den anderen Kindern schmerzlich deutlich. Die Auseinandersetzung damit ist ein wesentliches Moment für die Identitätsbildung der Kinder. Sie kann Trauer oder Scham über das eigene 'Unvermögen' einschließen, Wut auf sich selbst oder auf die anderen, Verbergen von 'Schwäche' oder Besinnung auf seine Stärken und Fähigkeiten" (KRON 1988, S. 125).

Alle Kinder machen *die Erfahrung der Toleranz* und erkennen sie zunehmend als eine Basis für Gemeinschaft. In den Beziehungen zueinander erlernen sie wechselseitige Akzeptanz. Sie lernen mit vielen unterschiedlichen Fähigkeiten, aber auch mit Einschränkungen umzugehen. Ein mehrfach beeinträchtigtes Kind kann vielleicht nur im Wagen sitzen und nicht gehen, aber es ist ein aufmerksamer Zuhörer und hat Freude daran, wenn ihm ein anderes Kind ein selbstgedichtetes Lied vorsingt. Gleichzeitig erlebt dieses andere Kind aber nun Anerkennung und Zuwendung. Sein Selbstbewußtsein wird größer im teilnehmenden psychomotorischen Handeln. Es stärkt sich weiterführend für dieses Kind, etwa dann, wenn es den Wagen seines Freundes im immer geschickteren Umgang zu lenken lernt und ihn auf dem Gelände des Spielplatzes steuern kann.

Die integrative Kindergruppe ist besser *altersgemischt*. Schließlich sollen in der Erziehungssituation nicht bevorzugt kognitive Lernprozesse ermöglicht werden, wie es etwa dem Auftrag schulischen Lernens mit homogenen Gruppenbildungen entspricht. Gewünscht sind ja hingegen emotionale und soziale Lernprozesse, und die ganzheitliche Förderung steht im Mittelpunkt des pädagogischen Interesses; dies ist die Zielsetzung integrativer Erziehungsarbeit. Die heterogene Gruppe hilft hierbei, und zusammen entsteht eine Vielfalt sehr unterschiedlicher Erfahrungs- und Lernmöglichkeiten.

Dabei spielt das *Imitationslernen* eine große Rolle, und viele Lernschritte bei einem Kind können mit einem nachahmenden Verhalten erfolgen. Der Sorge mancher Eltern, ihr Kind könne negatives „behindertes" Verhalten imitieren, kann entgegengesetzt werden, daß Lernen durch Nachahmung stets ein unverzichtbarer Bestandteil menschlicher Entwicklung ist, der kritische, aber auch verstehenlernende Beobachtung möglich macht und immer wieder Auseinandersetzung mit Verhaltensvariationen in zwischenmenschlichen Bezügen bietet. Letztendlich wird doch durch die Erfahrungen eines anderen, ungewohnten und auch schwierigen oder schwer, ja sogar nicht ohne weiteres zu verstehenden Verhaltens der Erwerb von Kritikfähigkeit und Autonomie, aber auch von Rücksichtnahme aufeinander und Verständnis füreinander überhaupt erst angebahnt und geprägt.

Persönlichkeitsmerkmale einzelner Kinder bieten Lernanreize in Fülle, und die Orientierung an Leistungsnormen tritt in den Hintergrund. Selbständiges und kooperatives Handeln üben sich leicht. Großzügigkeit und Sensibilität werden im Umgang mit dem Anderssein geschult. Fürsorglichkeit und Verantwortungsgefühl werden in einer sich zunehmend stabilisierenden Gruppenbeziehung zur besonderen Größe herausgebildet.

Um dem Anliegen *sozialer Integration* gerecht werden zu können, wird das Verhalten einzelner Kinder *nicht als defizitär* eingestuft. Niemand orientiert sich an normierten Vorgaben und an Wertvorstellungen der nichtbehindert genannten Kinder. Dafür werden „vorhandene Interessen und Fähigkeiten vor dem Hintergrund augenblicklicher Befindlichkeiten" ausgebaut (RÜCKERT 1993, S. 74).

Alle Angebote und Aktivitäten werden als Entwicklungsanreize für den einzelnen verstanden und setzen deshalb eine entsprechende Vielfalt und die Möglichkeit unterschiedlicher Reaktionsweisen voraus. „Jedes Gruppenmitglied kann sich jeweils mit *der* Aktivität beteiligen, die ihm möglich ist" (a. a. O.).

Die Gruppenarbeit muß, folgt sie diesen Gedanken, in allen ihren konzeptionellen Erwägungen und im praktischen Planen solche Handlungsmuster aufgreifen, die dem einzelnen Kind förderlich sind und ihm auch trotz einer Beeinträchtigung seinen eigenen Freiraum lassen. „Je selbständiger die Kinder ihr Zusammensein ... meistern können, desto besser gelingt – neben dem Sorgen für die Befriedigung eigener Bedürfnisse – auch ein Wahrnehmen des anderen mit seinen Gefühlen, Wünschen und Hilfsbedürftigkeiten, seiner Freundlichkeit und seinem Ideenreichtum u. v. a. m. *Durch gegenseitiges Wahrnehmen wird soziale Integration mit der Verantwortlichkeit füreinander auf alle Beteiligten verteilt.* Das Einbeziehen von Behinderten oder auch einzelne Hilfestellungen für diese sind dann nicht mehr eine personzentrierte Angelegenheit des Pädagogen, sondern im Rahmen selbständigen Mitdenkens und Mitmachens genauso die der Gruppe" (a. a. O., S. 76).

Kindorientiertes Lernen als Handlungsprinzip und der Weg der kleinen Schritte

Von wesentlicher Bedeutung für die Erziehung behindert oder nichtbehindert genannter Kinder in der Gruppe ist der pädagogische Handlungsgrundsatz, daß jedes Kind lernen kann und möchte und „durch die Angebote des Kindergartens dort abgeholt werden (sollte), wo es mit seinem Interesse und Vermögen, sich weiterzuentwickeln, gerade steht" (RÜCKERT 1993, S. 73). Diese Forderung einzulösen, ist nicht einfach, und nur durch die „Kunst" genauer Beobachtung kindlichen Verhaltens und intensiven Eingehens auf alle Kinder wird dies für alle gelingen. Die Beachtung einiger methodischer Grundsätze kann hilfreich sein:

1. Die Erzieherin muß „pädagogisch geschickt" vorgehen. Auf der Grundlage dessen, was Kinder uns *signalisieren,* sind die *Lerninhalte effektiv* und *doch kindgerecht* an die Kinder heranzutragen, und zwar *von einfach zu komplex, von leicht zu schwer, von bekannt zu unbekannt, von ausreichend Lernhilfe bis wenig Lernhilfe* (so wenig wie möglich, aber so viel wie nötig).

2. Die Erzieherin muß *unterschiedliche Lernarten* berücksichtigen und abwägen, so das Lernen *durch Versuch und Irrtum,* das Lernen *durch Nachahmung und Beobachtung,* das Lernen *durch Selbstbeobachtung und zunehmende Sicherheit* und auch das Lernen *durch eigene Überzeugung.*

3. Wenn die Erzieherin das Prinzip der *graduellen Annäherung* beachtet, dann ist sie auf dem *Weg der kleinen Schritte* – dem integrationspädagogischen Weg, der gut gangbar ist.

4. Die Erzieherin sollte dabei an das Prinzip der *Passung* denken und darauf achten, daß bei der Auswahl gemeinsamer Spiele und gemeinsamer Erziehungs- und Förderinhalte alle Angebote in einem solchen Schwierigkeitsbereich liegen, daß auch benachteiligte Kinder das geplante Vorhaben bewältigen können. Die *Erfolgserwartung* eines jeden Kindes muß erfüllt werden. Ein Kind, das mitmachen und seine Aufgabe lösen kann, erfährt gleichzeitig eine *motivierende* Lernanregung.

5. Es ist sehr wichtig, *Nahziele und Fernziele* zusammen mit den Kindern festzulegen. Ein *Fernziel* sozialintegrativer Erziehung und Förderung ist immer die Erziehung zur Selbständigkeit im Handeln, gemessen an den individuellen Möglichkeiten des Kindes. Dieses Gesamtziel ist nur zu erreichen, wenn die Erzieherin – wiederum nach dem *Prinzip der kleinen Schritte* – zunächst *Nahziele* absteckt und die jeweiligen Aufgaben im Erziehungsprozeß zum Erreichen des nächsten Zieles entsprechend und gemeinsam mit den Kindern angeht. Die Formulierung einer Zielsetzung bedarf dabei immer wieder der *Reflexion.* In ihr muß kritisch nach dem Machbaren, nach Über- oder Unterforderungen des Kindes und nach seinen Bedürfnissen gefragt werden.

Bedingungen, die das Lernen erleichtern

Zu den Bedingungen, die sozialintegrative Erziehung und das ganzheitliche Lernen erleichtern, gehört eine *fördernde, aber nicht fordernde* Verhaltensweise der Erzieherinnen. Immer sollte die Atmosphäre fröhlich sein, und die Kinder sollten durch die eigene Spiele-Auswahl motiviert werden. Dies gelingt jedem Kind leichter, wenn es die nötige emotionale Zuwendung erhält und wenn es Erziehenden gelingt, ebenso „spielerisch" auf seine Bedürfnisse einzugehen.

Bei allen Förder- und Erziehungsangeboten muß auf einen ausgewogenen Wechsel von Ruhe und Dynamik geachtet werden, und Kinder lernen schnell, darin ihren eigenen Gütemaßstab zu finden. Es ist wichtig, Frustrationen da, wo es möglich sein kann, zu vermeiden, und es ist unumgänglich, darauf zu achten, daß Mißerfolge unterbleiben. Keinesfalls darf an „Schwachstellen" angesetzt werden, um so mehr aber an den „Stärken". Das, was gelernt werden soll, um die Benachteiligung bei einem Kind zu verringern, auszugleichen oder auch eine Schwierigkeit durch eine Fähigkeit in einem anderen Bereich zu kompensieren, muß ganz behutsam und erst allmählich in die Förderung einbezogen werden.

Handlungsprinzip Spiel

Jedes Kind setzt sich spielerisch mit seiner Umwelt auseinander, und alle gruppenpädagogischen Aktivitäten im Kindergarten orientieren sich an den von den Kindern gewünschten Spielen. Kinder spielen miteinander und lernen dabei voneinander. Viele Kinder sind kreativ und selbständig, andere müssen unterstützt und geführt werden. Es ist keine leichte erzieherische Aufgabe, Kinder in ihren jeweiligen Ausdrucksmöglichkeiten verstehen zu lernen und wenn nötig förderlich zu unterstützen, Spielabläufe derart mitzugestalten, daß Aktivitäten nicht nur für einen Teil der Kinder, sondern für alle „mitspielbar" sind.

In der integrativen Gruppe sind es viele und eine Reihe ganz unterschiedlicher Spielformen, die Kinder benutzen und die aufgegriffen werden können. Für manche Kinder werden Spielmöglichkeiten zusammen mit ihnen erst entfaltet. Für sie müssen alle Spielmittel so angeboten werden, daß sie den momentanen Handlungsfähigkeiten entsprechend gebraucht werden können, und die Erzieherin orientiert sich an diesen von ihr gut beobachteten Fähigkeiten (vgl. HUNDERTMARCK 1981).

Das bedeutet zum Beispiel beim Umgang mit Bauklötzen, daß einige Gruppenkinder vielleicht ein Haus damit konstruieren, ein Kind damit einen Turm bauen kann und ein anderes Kind, das komplex beeinträchtigt ist, einen der Bauklötze ertastet oder in seinen Händen hin und her bewegt.

Spielen ist ein Lebenselement – Spielen ist Bewegung

Spielen ist ein Handlungswunsch des Kindes und immer mit Bewegung verbunden. In seinem freien Spiel übt das Kind lebensnotwendige Fähigkeiten und bedient sich dabei seines wichtigsten Spielelementes, der Bewegung. Dieser Erkenntnis Rechnung tragend, ist das *zweckfreie Spielen* ein wichtiges pädagogisches Angebot innerhalb des kindlichen Spielalltages. In ihm zeigt sich die Darstellung von Aktivität, von Initiative und Nachahmung, von Bewegungsmöglichkeiten und Bewegungsformen, und immer ist das dann ein kindgemäßes Handeln. Auch das behindert genannte Kind möchte zweckfrei spielen, und Erzieherinnen müssen für ihre Gruppe dieses zweckfreie, integrative Spielen möglich machen, damit sich weitere Aktivitäten entwickeln können. Sie müssen herausfinden, welche freigewählte Spieltätigkeit auch für ein in seinen Handlungsmustern eingeschränktes Kind möglich sein kann, wenn ihm die dafür nötige Hilfestellung gegeben wird.

Spielen ist Entwicklungsförderung

Manche Kinder brauchen fördernde Anregungen, damit sie Entwicklungsschritte machen können. Das Zusammensein in einer Gruppe ist hierfür besonders wertvoll. Es ermöglicht allen Beteiligten viel Beobachtung in der konkreten Handhabung von Spielmaterial und dadurch *Lernen voneinander*. Im übenden Umgang mit den Dingen und in gemeinsamen Spielhandlungen erfährt jedes Kind Kenntnisse, Fertigkeiten, Funktionen und soziale Verhaltensweisen. Manche Übungssituation ist zunächst von der Erzieherin vorbereitet, und Spielvorhaben und Spielmittel können auch innerhalb der Gruppe *differenziert* sein. Durch die Integration seines Spiels in die gemeinsamen Aktivitäten der Gruppe aber erhält das Kind Anregungen zum Transfer und übt mittels „*Lernen im Spiel*" und mit Hilfe der Gruppe, sein Handeln auf Alltagssituationen zu übertragen. HEIMLICH (1995) hat die „Praxis integrierter Spielförderung" ausführlich beschrieben und macht auf die „sozialstrukturelle Dimension von Spielpädagogik" aufmerksam (S. 178): „SpielpädagogInnen sind insofern auch als Anwälte der Kinder zu betrachten, die Verantwortung für die Gestaltung einer Spielsituation übernehmen..."

Ein Kind übt sich in jeder Spielhandlung, und die Erzieherin greift die von den Kindern benutzten Spielformen auf. Je nach den Bedürfnissen einzelner Kinder und ihrer pädagogischen Planung wird sie Spielvorhaben und Spielmittel den Möglichkeiten einzelner Kinder anpassen. Sie wird geeignetes Spielmaterial anbieten und auch gezielt einsetzen. Das „Üben" kann hier unter einer bestimmten pädagogischen Zielsetzung geschehen, unter einem individuellen Förderschwerpunkt und gerade in der integrativen Erziehung auch mit *therapeutischen Inhalten*, behält aber immer die *Handlungsfreiheit* des Kindes.

So wird ein gemeinsames Spiel, vielleicht der Baukasten, für das Spiel in der Gruppe herangezogen: Für ein *in seinen Handbewegungen beeinträchtigtes Kind* wird dieses spielerische Tun dann zu einem *geplanten Lernmittel* und zu einer dosierten Lernhilfe, denn seine feinmotorischen Fähigkeiten sollen verbessert werden. Hier und für diese Situation hat sich die Erzieherin die Aufgabe gestellt, ein Kind bei einer für es schwierigen, für sein Entwicklungslernen in manueller und handmotorischer Geschicklichkeit aber notwendigen und *vom Kind gewünschten* Aufgabenstellung zu führen.

Spielen ist Ausdruck von Erlebnisinhalten

Wenn Kinder spielen, ist das auch ein *Ausdruck* ihrer Befindlichkeit, und kindliches Spielverhalten kann *Symbolwert* haben. Welches Spielmittel ein Kind benutzt, welche Spielpartner es sich wählt, wie es mit einem Material umgeht oder Spiele bevorzugt und zwischen ihnen wechselt, all das kann psychisches Empfinden und Erleben aufzeigen. Wünsche und Konflikte können sich im Spiel ausdrücken, Aggressionen können in persönlichkeitsstabilisierende Elemente umgesetzt und kanalisiert werden. Sehr oft ist es einzig allein die Spielhandlung, die einem Kind hilft, Erfahrenes auszudrücken und zu verarbeiten. In seinen Darstellungen, in seinem spielerischen Schaffen bildet sich seelisch Empfundenes ab. Spielen hilft einem Kind beim verbinden und verstehen vieler Eindrücke. Spielen ist Kommunikation. Es kann *eine Botschaft* an die Erziehenden sein, die etwas mitteilt. Es kann ein Signal des Kindes sein, mit dem es auf ein Problem aufmerksam machen möchte.

In der Erziehungspraxis sollten daher Erzieherinnen gut überlegen, welche praktischen Hilfen geeignet sein können, damit auch ein behindert genanntes Kind in seinen Spielen agieren kann, Signale und Botschaften „senden" kann. Kinder bieten uns an, ihre Bedürfnisse im Spiel mitzuteilen, ihr „Selbst" darin auch zu entwickeln. Das Deuten von spielerischen Aktivitäten oder die Interpretation der Zeichnung eines Kindes können hilfreich sein, wenn es uns um das Verständnis für kindliches Verhalten bei reaktiven Äußerungen und um das Verstehen sogenannter Verhaltensstörungen geht.

In der gemeinsamen Erziehung müssen Erzieherinnen den Spielhandlungen entwicklungsgefährdeter und in ihrem psychomotorischen Handeln beeinträchtigter Kinder eine besondere Beachtung schenken. Sie sollten auch daran denken, daß die Möglichkeit des spielerischen Ausdrucks für ein Kind den Umgang mit seiner eigenen schwierigen und hemmenden Situation und deren Bewältigung erleichtern kann.

1.9.3 Bedürfnisorientierte heilpädagogische Hilfen und die besonderen Therapien

Behindert genannte und entwicklungsgefährdete Kinder im Kindergarten haben einen Anspruch auf individuelle Hilfen. Diese müssen bedürfnisorientiert angeboten werden, das heißt, *ganz auf ein Kind bezogen* sein. Bei manchen Kindern liegt eine Entwicklungsgefährdung vor, andere sind in ihrer gesamten Entwicklung langsamer als die meisten Kinder, oder ihre „Entwicklungsschritte" in einem einzelnen Bereich scheinen zögerlich. Wieder andere Kinder zeigen ein Verhalten, das nach einer heilpädagogischen Hilfe verlangt. Nicht wenige Kinder haben organisch oder hirnorganisch bedingte Krankheiten und sogenannte Behinderungen, die ärztlich diagnostiziert und benannt sind. Sie benötigen deshalb eine Förderung, die ganz auf sie selbst und auf das Bild ihrer Symptomatik eingeht. Einige Kinder gelten als mehrfachbehindert und brauchen eine mehrfach abgestimmte Förderung.

Die Formen von Entwicklungsgefährdungen und „(drohenden) Behinderungen", die uns im Kindergarten begegnen, sind folglich sehr vielfältig, und damit jedes Kind in der integrativen Erziehung seine Entwicklungschancen nutzen kann, darf eine *spezifische Fördermaßnahme* für keines der Kinder unterbleiben, wenn ein Kind sie benötigt.

Die (heil-)pädagogischen Fördermethoden

Alle Lern- und Erziehungsbereiche stehen in einer vielfältigen Wechselbeziehung zueinander und sind in der Kinderpädagogik nicht voneinander zu trennen (vgl. SPECK 1977, S. 17ff.). Aus dieser Kenntnis heraus haben sich einige eigens für die Früherziehung entwickelte Konzepte und *Fördermethoden*[37] als *pädagogisch ausgerichtete Ansätze* etabliert. Sie werden im Kindergarten dann angewendet, wenn die Erzieherin sich mit einem oder mehreren Kindern und unter einer ausgewählten Schwerpunktsetzung besonders intensiv beschäftigen möchte. Unter einem heilpädagogi-

---

[37] Als Fördermethoden, die in der integrativen Erziehung ihren Platz finden, sind neben anderen Früherziehungs- und Frühförderkonzepten vorzugsweise das *Affolter-Konzept* der Wahrnehmungsverarbeitung, das Programm zur Bewegungs- und Wahrnehmungsförderung nach *Frostig*, die *heilpädagogische Übungsbehandlung (HPÜ)*, die psychomotorische Übungsbehandlung *(Motopädagogik* und *Mototherapie)*, das *heilpädagogische Reiten*, die *sensorische Integrationsförderung (SI)*, die *Massage*, die heilpädagogische *Rhythmik* und die *rhythmisch-musikalische Erziehung*, die *basale Stimulation und Kommunikation*, die *Aufmerksamkeits-Interaktionstherapie (AIT)*, das *Festhalten (FT)*, das *modifizierte Festhalten (MFT)* und das *Snoezelen* bekannt. Viele von ihnen gelten als bewährt in der Anwendung, werden in pädagogischen Zusammenhängen aber auch kritisch verglichen und diskutiert. Einzelne Methoden gelten als pädagogisch bedenklich, als nur unter Vorbehalten anwendbar oder werden von Fachleuten gänzlich abgelehnt.

schen Anspruch sind Methoden beispielsweise für die Förderung sogenannter verhaltensauffälliger, wahrnehmungs- und psychomotorisch beeinträchtigter, sinnes- und sprachentwicklungsgestörter, mehrfach- und
schwerstbehinderter Kinder bekannt geworden. Vorzugsweise sind sie der
Heilpädagogik zugeordnet, manche der Methoden sind allerdings von „therapeutischen" Aufgabenstellungen und Zuordnungen kaum oder nicht abzugrenzen. Einige davon sind als Einzelförderung angelegt, manche aber
auch für die (reduzierte) Kindergruppe gedacht oder führen zu einem gruppenpädagogischen Vorgehen hin. Gerade die letztgenannten scheinen für
die integrative Elementarerziehung geeignet, besonders dann, wenn ihre
methodischen Vorgaben nicht unkritisch als Konzept oder gar als „Rezept"
übernommen werden, sondern wenn positive Anregungen daraus in die
ganzheitliche Förderung *aller* Kinder integriert werden.

Die besonderen Therapien

Für viele der Kinder aber sind auch ärztlich verordnete *Therapien*[38] notwendig, die aufgrund einer besonderen Indikation von den dafür zuständigen Fachtherapeutinnen durchgeführt werden. Jede Behandlung soll mit
den pädagogischen Anteilen des Erziehungs- und Förderkonzeptes eng
verbunden sein, und alle „Handlungen" müssen sich *ergänzen*. Die Auswahl geeigneter Methoden in einer Therapie obliegt der Behandlerin, sollte
aber im Team besprochen werden. Keinesfalls ist eine vorgeschlagene
Therapie mit „manipulativer Technik" und „Therapeutisierung" gleichzusetzen, und auch die „praktische" Behandlung muß *Dialog und Gruppenbezü-
ge* ermöglichen.

Je nach der vorliegenden Beeinträchtigung erarbeitet die Fachtherapeutin
ihr ganz auf das zu behandelnde Kind zugeschnittenes Therapiekonzept.
Die Therapeutinnen stimmen sich untereinander ab, und jedes Kind erhält
seine Therapie. Dabei muß nun darauf geachtet werden, daß kein Kind
therapeutisch überfordert wird. Es ist besser, *eine* Behandlung, die ver-

---

[38] In der therapeutischen Kinderarbeit sind es vorwiegend Behandlungen auf einer neurophysiologischen Grundlage, die in Frage kommen. Bekannt sind die *Bobath-Therapie* und
die *Vojta-Therapie*, von Physiotherapeutinnen durchgeführt, die *Hippotherapie*, die *Do-
man-Therapie* und zunehmend die *konduktive Bewegungspädagogik nach Petö*. Eine
besondere *Mund-, Eß- und Trink-Therapie* wird von Logopädinnen und Ergotherapeutinnen durchgeführt, manchmal eine *Spieltherapie* von Psychologinnen, eine *Heileurythmie*
oder eine *Chirophonetik* von Fachleuten in Waldorfeinrichtungen. Manche der Therapie-
methoden gelten als bewährt in der Anwendung, werden in pädagogisch-therapeutischen
Zusammenhängen aber auch kritisch verglichen und diskutiert. Einzelne Methoden gelten
als pädagogisch-therapeutisch bedenklich, als nur unter Vorbehalten anwendbar oder
werden von Fachleuten gänzlich abgelehnt.

110

schiedene Förderaspekte umfaßt, für ein Kind vorzuschlagen, als es mit mehreren Behandlungen neben- oder nacheinander „zu therapieren".

Einzelförderung im Gruppengeschehen

Therapien sind oft als *Einzelbehandlungen* von den Ärzten verordnet. So kann für ein Kind eine Sprachtherapie notwendig sein, für ein anderes eine krankengymnastische Behandlung, die sich ganz auf die bei ihm vorliegende Form einer Bewegungsstörung bezieht. Aus einer solchen Aufgabenstellung heraus kann es auch für sinnvoll erachtet werden, ein Kind für die Zeitdauer seiner Behandlung aus der Kindergruppe herauszuführen, und im Praktischen erhalten manche Kinder ihre Einzelförderung in einem dafür eigens ausgestatteten Raum. Es liegt im Ermessen der verantwortlichen Therapeutin, abzuwägen, wann im Einzelfall eine therapeutische Förderung in einen besonderen Behandlungsraum verlegt werden muß, und therapeutisch notwendige Bedingungen zu prüfen.

Dennoch sollte versucht werden, „Einzelförderung" und „Gruppengeschehen" möglichst eng zu verbinden, und in der interdisziplinären heilpädagogischen Arbeit, auf der Suche nach möglichen Ansätzen pädagogisch sinnvollen Handelns sind Ergänzungen und Verzahnungen möglich, und die Integration von Fördermaßnahmen in das Gruppengeschehen sollte immer wieder angestrebt werden: „Es gilt nun, einen Mittelweg zu finden, der sowohl die spezifischen Bedürfnisse des einzelnen Kindes als auch die der gesamten Gruppe angemessen berücksichtigt. Die Grundforderung könnte hier lauten: *Soviel Gemeinsamkeit wie nur irgend möglich, soviel Differenzierung wie im Einzelfall nötig*" (KAPLAN 1993, S. 148).

Pädagogisch-therapeutische Gemeinsamkeit

Erzieherinnen und Behandlerinnen arbeiten am besten *„Hand in Hand"*, und fachtherapeutische Arbeit erfordert die erzieherische Zusammenarbeit vor Ort. Gerade wegen der zahlreichen *Berührungspunkte der therapeutischen und der pädagogischen Disziplinen* ergänzen sich Einzelaufgaben in vielen Bereichen und sind oft nicht voneinander abzugrenzen. Diese Tatsache ermöglicht ein fruchtbares Miteinander-Arbeiten, das dennoch auf dem Vertrauen in gegenseitige Integrität und auf der Achtung vor der fachlichen Kompetenz der anderen Kollegin beruhen muß.

Besonders gut kann dem integrationspädagogischen Anliegen entsprochen werden, wenn es einer Therapeutin gelingt, ihre *Behandlung in die Spiel- und Alltagssituationen der Gruppe einzubetten* und das Kind dort zusammen mit den Erzieherinnen in seiner Entwicklung therapeutisch zu *unterstützen*. Diese kollegiale Zusammenarbeit hat den Vorteil, daß auch die therapeutische Förderung nicht nur einseitig beim entwicklungsgefährdeten oder behindert genannten Kind ansetzt. Es ist viel besser, wenn fördernde Vorhaben „... sich nicht auf behinderte Kinder beschränken. Von Behinderung bedrohte Kinder, sprachauffällige oder verhaltensgestörte Kinder sowie Kinder mit allgemeinen Entwicklungsrückständen bedürfen intensiver Fördermaßnahmen in für diese Aufgabe geeigneten Gruppen. Wegen der größeren Anzahl von Kindern gleicher oder ähnlicher Symptomatik empfiehlt sich hier die bewußte Einbeziehung von Spiel-, Sprachförderungs- und Bewegungsförderungsprogrammen in die Planung der Aktivitäten der Gesamtgruppe sowie die gezielte Vertiefung in entsprechend gebildeten Kleingruppen" (KAPLAN 1993, S. 146).

Auch für die bedürfnisspezifische Förderung muß demnach der Orientierungsrahmen das *gemeinsame Handeln aller* bleiben. Das individuelle Förderkonzept setzt sich Schwerpunkte, die therapeutischen Charakter haben können und einem Kind helfen werden, seine Fähigkeiten zu bahnen und zu entwickeln, Schwierigkeiten zu kompensieren oder auch ein Handicap auszugleichen. Wird es so weit, wie dies nur möglich ist, in den Gruppenalltag integriert, bleibt es kein einseitiges Konzept, und es kann am ehesten gewährleistet werden, daß auch „die Förderung der nichtbehinderten Kinder" und der „nicht beeinträchtigten Bereiche" bei einem Kind nicht vergessen werden. Für die Erzieherinnen wird es leichter, „... statt ständig nach Mängeln und Schwächen Ausschau zu halten, die Stärken und Interessen der Kinder zu entdecken. So können erzählerische, darstellerische, musikalische Begabungen durch ein Eingehen auf die Kinder und eine entsprechende Gestaltung der Gruppensituation geweckt, verstärkt und entfaltet werden..." (KAPLAN 1993, S. 147), so wie es (heil-)erzieherischen Zielen im Umgang mit Kindern entspricht.

Das handling

In der integrativen Zusammenarbeit von Therapeutinnen und Erzieherinnen kann das *handling* sehr hilfreich sein (vgl. die Erklärung unter 1.6.4 in Fußnote 17). Erzieherinnen erhalten fachliche Informationen und konkrete Hinweise für die tägliche *Versorgung*, *Handhabung* und *Fördererziehung* eines Kindes in ihrer Gruppe. Sie erfahren und lernen, wie sie am besten mit einem Kind umgehen können, zum Beispiel mit dem Ziel, das Kind bei seinem Sitzen oder Gehen, in seinen Spielhandlungen oder bei den Mahlzeiten förderlich zu unterstützen.

Richtiges *handling* kann zu einem Teil therapeutischen Handelns im Rahmen des erzieherischen Förderkonzeptes werden und im Tagesablauf die Entwicklung eines Kindes besonders gut unterstützen. Bei einer guten kollegialen Kooperation und unter der Bedingung einer qualifizierten praktischen Erfahrung in der Wahrnehmung förderlicher Aufgaben durch die Erzieherin im Gruppenalltag, kann für manche der zu betreuenden Kinder auf eine tägliche „Therapie" sogar verzichtet werden. Dies kann für Kinder entlastend sein und erspart manch einem Kind den häufigen Wechsel von „Hand zu Hand": Die Erzieherin in der Gruppe bleibt *seine* Bezugsperson.

In Absprache mit den Fachtherapeutinnen können gemeinsam formulierte *Schwerpunkte frühtherapeutischer Maßnahmen*, etwa entsprechend der Zielsetzung einer bewegungstherapeutischen oder logopädischen Therapie, in das alltägliche *handling* ganzheitlich integriert werden. Es können „... Wege aufgezeigt werden, auch therapeutische Ansätze in den Alltag mit dem Kind einzubinden". Wenn Erzieherinnen im Miteinander Kenntnisse darüber gewonnen haben, „... welche Bewegungspositionen das Kind beim Spiel einnehmen soll oder welche Form der Handhabung beim Trinken aus mund-, trink- oder eßtherapeutischer Sicht gefordert ist", gewinnen sie nicht nur erzieherische, sondern auch entwicklungstherapeutische und -diagnostische Kompetenzen (TIETZE-FRITZ 1996a, S. 178).

Aber auch über die therapeutischen Anteile hinaus kann die im *handling* praktizierte konkrete Kontaktaufnahme mit der vertrauten Bezugsperson den kindlichen Bedürfnissen insgesamt gut entgegenkommen: *handling* vermittelt immer Körperkontakte und bewirkt damit eine förderliche Unterstützung der taktilen, vestibulären und kinästhetischen Fähigkeiten beim Kind; eine unabdingbare Voraussetzung zur heilpädagogischen Förderung seiner gesamten psychomotorischen Entwicklung.

Psychologische und sozialpädagogische Aspekte
und die Therapiemaßnahmen

Die Forderung nach möglichst umfassender Einbindung aller Fördermaßnahmen für ein Kind in Gemeinsamkeiten macht deutlich, daß eine besondere Therapie keinesfalls als eine Einheit verstanden werden darf, die für sich steht und die isoliert eingesetzt werden kann. Wie immer sie im einzelnen gestaltet wird, bleibt sie doch stets *Teil des gesamten Förderkonzeptes*. So kann auch die *Einzelbehandlung* eines Kindes nur sinnvoll wirksam werden, wenn sie für jedes Kind aus der Gruppe auch *Sozialisationsbedingungen* berücksichtigt, die beabsichtigte und unbeabsichtigte Einwirkungen aus der Umwelt auf die kindliche Entwicklung umfassen (vgl. GROND 1985).

Die emotionale und soziale Entwicklung des Kindes vollzieht sich durch die Einflüsse seiner sozialen Welt. Diese das Kind umgebende Welt ist vom Aufbau sozialer Beziehungen geprägt, in dessen Mittelpunkt alle Interaktivitäten stehen. *Erziehung ist Dialog*, und die Bezugspersonen als primäre *Sozialpartner* haben eine besondere Verantwortung (vgl. RAUH 1982). Damit ist leicht zu begründen, daß sich auch der therapeutische Prozeß im Feld der Erziehung in Begegnungen, Kontakten und Kommunikations- und Interaktionssituationen vollzieht. Jede Behandlung „am Kind" muß letztendlich in diese Situationen hineingestellt sein.

Entwicklung und Lernen

Auch *entwicklungs- und lernpsychologische* Aspekte müssen in das Therapieangebot für ein Kind einfließen. Für die pädagogische Konzeption und ihre Angebote innerhalb der Kindergruppe ist es wichtig, den bisherigen *Entwicklungsverlauf aller* Kinder zu beachten und ihre Fähigkeiten richtig einzuschätzen. Kein Kind darf über- oder unterfordert werden, und es müssen die jeweils passenden Entwicklungs- und Lernschritte erkannt werden, entsprechend der *Entwicklungszone*, die jedes Kind gerade jetzt erreicht hat. Dies gilt ganz besonders für die „zu behandelnden" Kinder und muß in jedem Therapievorschlag bedacht und verankert sein. Dazu sind entwicklungspsychologische Grundsätze einzubeziehen, damit die Verhaltensweisen und Reaktionen eines Kindes in bestimmten Situationen besser verstanden werden.

Für die integrative Arbeit ist dabei zu beachten, daß das Verhalten eines Kindes in seiner Gruppensituation nicht immer leicht zu verstehen oder gar zu „messen" ist und daß das, was ein Kind tut oder an Verhalten zeigt, nicht leichtfertig als ein „Fehlverhalten" bewertet werden darf. Vielmehr eröffnet jedes Verhalten eines Kindes, das es für sich allein und in seiner Gruppe zeigt, positive Ansatzstellen für eine Förderung, die *seine* Fähigkeiten unterstützt.

Lernen und die Wechselwirkungen

Den Aspekt des Lernens betrachtend, müssen möglichst viele Faktoren gesehen werden, die das Lernverhalten eines Kindes beeinflussen können. Lernfähigkeiten und Lernstrategien bei einem Kind sind sehr individuell, und die Dynamik der *Lerneigenart* ist unterschiedlich. Jede *Therapie und Förderung muß dosiert sein* und in ihrem Ansatz berücksichtigen, daß Verhalten bei einem Kind mit der Verarbeitung seiner Umwelterfahrungen in einem engen Zusammenhang steht. Sie muß so aufgebaut werden, daß in ihrem methodischen Vorgehen die Lernfähigkeit des Kindes differenziert berücksichtigt ist und die beim Kind vorhandenen Lernmöglichkeiten angebahnt und ausgeschöpft werden. Wird etwa ein bewegungsgestörtes Kind behandelt, muß bedacht werden, daß das Erlernen von entwicklungsgerechten Bewegungen nicht nur im „sensomotorischen System" wirkt, son-

114

dern in allen anderen Entwicklungsbereichen Lernprozesse auslöst, abhängig davon, in welchen Beziehungen das Kind steht und wie es begleitet wird. Jede Schwierigkeit, die in einem Entwicklungsbereich sichtbar wird, genauso aber auch jeder Fortschritt im Entwicklungsverlauf, sind als ein Zusammenspiel zu begreifen, als eine *Wechselwirkung* zwischen Leib, Seele und Sozialem.

Gestaltende Kräfte

Für Kinder ist es nützlich, wenn die Erzieherinnen *gestaltpsychologische* Grundsätze in ihre Arbeit mit einbeziehen. Die Gestaltpsychologie zeigt grundsätzliche menschliche Eigenschaften der Wahrnehmung und des Erlebens auf, und alle Handlungen und das Erleben werden ganzheitlich als Vorgänge in einem Feld verstanden. Das Feld ist der Lebensraum, in dem Kind und Umgebung als Kräfte aufeinander einwirken. Ansätze, die Kindern helfen, *ihr Lebensfeld besser zu gestalten*, müssen in der Gruppenarbeit aufgegriffen und geübt werden, besonders dann, wenn Kinder im subjektiven Erkennen und Reagieren Schwierigkeiten zeigen. Manche Kinder können nur schwer Einzelheiten erkennen, und die Fähigkeit, Gegenstände und Gegebenheiten konstant und differenziert wahrzunehmen, muß zusammen mit ihnen herausgebildet werden.

Solche Aspekte des *ganzheitlichen Erlebens* und der *gestalterischen Möglichkeiten* müssen auch in einer Therapie berücksichtigt sein. Behindert genannte Kinder sind in ihren persönlichen Fähigkeiten besonders zu bestärken und zu aktivieren. Ziel muß der *Aufbau ihres Selbstvertrauens* sein, das ein Kind ermutigt, auch seine beeinträchtigten Fähigkeiten gestalterisch einzusetzen. Die ausgewählte Therapie setzt dann methodisch so an, daß etwa ein geistig schwächeres Kind eher über die Motorik und über sein Gefühl angesprochen wird als über seine Kognition, und Bewegung muß für dieses Kind dann als ein Ausdrucksmittel verstanden werden, mit dem es seine vielleicht sprachlichen Erschwernisse ein Stück weit ausgleichen kann. Wenn die Erarbeitung und die Stärkung der gestaltenden Kräfte als ein Schwerpunkt in eine mit dem Kind durchzuführende Therapie einbezogen sind, kann ihm damit geholfen werden, *seine persönlichen* psychomotorischen Fähigkeiten zu finden und auszudrücken.

Die Auswahl der Methode

Die Beschäftigung mit psychologischen und pädagogischen Aspekten in ihrer Bedeutung für den Einsatz besonderer Therapien im Kindergarten macht deutlich, welch unmittelbare Rolle die *Auswahl der für ein Kind richtigen* und angemessenen *Behandlungsmethode* spielt. Auch bei vorgegebener Schwerpunktsetzung in einem physiotherapeutischen, logopädischen oder ergotherapeutischen Therapieansatz muß sich jedes methodische Vorgehen am Kind orientieren. Keine Methode, die als geeignet gilt, darf kindliches Handeln einschränken, Entwicklungsräume einengen oder Entwicklungen gar blockieren. Alle „gängigen" Behandlungen müssen immer wieder darauf überprüft werden – und darauf, ob sie ganzheitlichen und integrativen Ansprüchen genügen. Ganzheitlich ist eine Methode nur dann, wenn sie mit Hilfe des Kindes Einzelaufgaben als „Bausteine" so zusammensetzen kann, daß daraus ein ganzes „Gebäude" entsteht. Jede Erzieherin und jede Therapeutin muß im Umgang mit einem Kind Grundlagen, Techniken und Schwerpunkte beachten. Alle daraus entstehenden Sichtweisen aber muß sie zu einer eigenen heilpädagogischen „Methode", die bei jedem Kind eine andere sein wird, zusammenfügen und verbinden.

1.9.4 Der diagnostische Prozeß oder: die pädagogische Diagnose

Die Erzieherinnen und Therapeutinnen in der Kindergruppe stellen sich immer wieder neu auf jedes Kind ein. Sie sind mit den Kindern gut vertraut. Sie achten auf Ausdrucksformen und Äußerungen der Kinder und lernen ihre Begabungen kennen. Sie nehmen Botschaften und Signale ihrer Kinder wahr.

In diesem heilpädagogischen Rahmen spielt die *Beobachtung* eine große Rolle und wird zu einem integrierten pädagogischen Diagnostikum. Ganz alltäglich trägt sie auch dazu bei, auf *Entwicklungsrisiken* aufmerksam zu werden, und sie ist aus ihrem Selbstverständnis heraus notwendig, um *Entwicklungsgefährdungen* bei Kindern früh zu erkennen. Erzieherinnen haben einen „besonderen Blick" für ihre Kinder.

Der integrative Umgang mit Kindern ist immer auch ein Stück *Prävention* und hat eine große Bedeutung in der Mitwirkung zur *Früherkennung von „(drohenden) Behinderungen"*. Bedürfnisse, Fähigkeiten, Schwierigkeiten und Nöte bei einem Kind zu sehen, ist eine erzieherische Aufgabe.

Heilpädagogische Diagnostik

Die gemeinsame Erziehung von Kindern, in deren Feld uns die unterschiedlichsten kindlichen Verhaltensweisen begegnen, ist also auch ein diagnostisches Handeln. Verbunden mit dem pädagogischen und therapeutischen Können, verlangt der Umgang mit den Kindern von den Erziehenden *diagnostische Kompetenzen*. Diese Kompetenzen sind Teil des Erziehungsauftrags und darin enthalten. Erzieherinnen und Therapeutinnen müssen fachliche Kenntnisse zur Verfügung haben, damit sie im Umgang mit der Kindergruppe und den einzelnen Kindern darin auch ihrem Auftrag einer *heilpädagogischen Diagnostik* gerecht werden können.

Sie bemühen sich darum, *auf Notsituationen* von Kindern und Familien einzugehen. Um die Multidimensionalität von Entstehungsbedingungen und Erscheinungsformen von Störungen bei einem Kind verstehen zu lernen, ist jede pädagogisch integrierte Diagnostik auf die Wahrnehmung von Lebenszusammenhängen ausgerichtet.

Sie bemühen sich darum, zu erkennen, wie Kinder handeln, und ihre *Handlungsfähigkeiten* zu unterstützen. Gutes Beobachten und ein diagnostisches Verständnis für situative Bedingungen helfen, „am für das Lernen bedeutsamen Entwicklungsstand des Kindes die Ansatzstellen für seine Lernförderung, aber auch fortlaufend die Veränderungen im Lernen und die Ergebnisse von pädagogischen Interventionen" festzuhalten und die weitere Entwicklung eines Kindes zu verfolgen (SPECK 1977, S. 33).

Eine interdisziplinäre Diagnostik

Das diagnostische Vorgehen in der Kinderpädagogik umfaßt viele Dimensionen und ist daher niemals die Aufgabe nur einer Person oder einer Instanz. Die Beteiligung der Erzieherinnen und Therapeutinnen und ihre *Aussagen über ein Kind* sind unmittelbar. Andere *fachdiagnostische* und *fachspezifische* Diagnoseelemente müssen dem Kindergarten vorgeschaltet sein, manche sind ergänzend. *Alle* in den integrativen Erziehungsprozeß einbezogenen Bezugspersonen sollten zu einer vielumfassenden und vervollständigenden (heil-)pädagogischen Diagnosefindung ihren persönlichen Beitrag leisten.

Zusammenzutragen sind also die diagnostischen Ergebnisse verschiedener Fachleute, wenn eine Meinung über die Bedürfnisse und Fähigkeiten eines Kindes entstehen soll, die neben subjektiven Eindrücken auch objektive Daten und Erkenntnisse liefern kann. Diese *interdisziplinäre Diagnose* kann dann als eine Basis für die Erstellung des Förderkonzeptes und die daran orientierte erzieherische und förderliche Arbeit mit dem Kind und der Gruppe herangezogen werden: „Einzelergebnisse aus den verschiedenen Fachdisziplinen, die am diagnostisch-pädagogischen Prozeß beteiligt sind, ... führen zu einer Gesamtdiagnose. Sie werden wie Puzzle-Teile zu einem ganzen Bild zusammengefügt, und alle Lerninhalte und Erziehungsteile, die wir als frühpädagogisch-didaktisches Anliegen formulieren, haben wir miteinander zu verbinden. Sie gelten dann sowohl für das eine als auch für das andere, für diagnostisches *und* pädagogisches Handeln. In diesem ganzheitlichen Rahmen betrachten wir das 'Bild', kann Erziehung verstanden werden als umfassende Entwicklungsbegleitung und besondere Lernhilfe" (TIETZE-FRITZ 1996a, S. 13).

Nach diesem Verständnis haben differenzierte diagnostische Befunde keinesfalls das Ziel, Defizite bei Kindern diagnostisch „auszudifferenzieren", sondern die Aufgabe, *Verbindendes herzustellen*, das die *Entdeckung und Förderung kindlicher Kompetenzen* erlaubt (vgl. GRÖSCHKE 1986).

Detailliertes muß „in sinnvolle Tätigkeitszusammenhänge für das Kind eingebaut sein", und Diagnostik versteht sich dann „als Dienst im Sinne einer intensiveren Beschäftigung mit den Entwicklungs- und Handlungsansätzen des Kindes... Entscheidend für seine wirkliche Entwicklung bleibt die interaktionale Qualität des pädagogischen Erfahrungsfeldes, also die Gesamtsituation, in der ein vielfältiges und lebendiges Entdecken und Konstruieren der Wirklichkeit möglich und sinnvoll wird" (SPECK 1988, S. 287).

Fachspezifische diagnostische Anteile, die für die integrative Erziehungsarbeit unerläßlich sein werden, sind zunächst *die medizinischen Untersuchungen*, die von den Haus- und Kinderärzten übernommen werden. Fast immer ist es so, daß den Erzieherinnen bei der Aufnahme eines Kindes in den Kindergarten ein Arztbericht übergeben wird, dem sie Informationen über den Gesundheitszustand des Kindes und Anhaltspunkte für seine Betreuung entnehmen können. Für „behinderte" oder „entwicklungsgefährdete" Kinder wird regelmäßig ein ärztliches Gutachten erstellt, wenn ein Kind „offiziell" in eine integrative Gruppe aufgenommen wird. Je enger die Kooperation zwischen Ärztinnen und Erzieherinnen ist, desto besser kann auch im diagnostischen Prozeß auf individuelle kindliche Bedürfnisse eingegangen werden.

Auch die „internen" und „externen" therapeutischen Fachkräfte führen auf der Grundlage der medizinischen Diagnostik und der ärztlichen Verordnung einer Fachbehandlung für ein Kind eine eigene Befunderhebung durch, ebenso Psychologinnen, Motopädinnen und andere Kolleginnen, die mit im Kindergarten oder mit der ambulanten Förderung von Kindern außerhalb des Kindergartens betraut sind. Ihre Befunderhebung ist eine wertvolle Ergänzung derjenigen heilpädagogisch-ganzheitlichen Beobachtungen, für die alle in der Kindergartengrupe tätigen *pädagogischen Teammitglieder in eigener Kompetenz* verantwortlich sind.

Erziehung und Prozeßdiagnostik: die begleitende Beobachtung

Das diagnostische Handeln durch die Erzieherin im Gruppenprozeß und in der gemeinsamen Erziehung geht über die ersten Eindrücke weit hinaus. Diagnostik ist ein *interaktionales* Geschehen und kann niemals in einer „Informationssammlung" und einer „Beobachtungsreihe" abgeschlossen sein. Sie vollzieht sich immer wieder und in jeder Begegnung mit dem zu betreuenden Kind. Alle Beobachtungsergebnisse, die eine Erzieherin zu formulieren oder zu fixieren sucht, sind nur vorläufige und müssen aus der Sicht der *dynamischen Entwicklung* des Kindes immer wieder neu durchdacht und modifiziert werden. Die Erzieherin bezieht *ihre Überzeugung von der Entwicklungsfähigkeit* eines jeden Kindes, das sie in der Gruppe begleitet, in alle ihre Überlegungen ein.

In einem solchen Sinne werden nicht schwerpunktmäßig Merkmale erfaßt und etwa in einer Prognose festgeschrieben. *Prozeßdiagnostik* setzt vielmehr Veränderungsprozesse in Gang und ist darauf bedacht, Lernprozesse auszulösen. Dazu gehören natürlich die Beobachtung und Beschreibung der „Lernausgangslage", die Suche nach Anknüpfungsmöglichkeiten und die Entdeckung von Lernwegen (BUNDSCHUH 1985). Die entscheidende diagnostische Aufgabe der Erzieherin aber besteht „in der begleitenden Beobachtung der Interaktionen aller am Prozeß, speziell am Erziehungsprozeß Beteiligten", und „der gesamte Prozeß wird als Handlungsfeld aufgefaßt, in dem Menschen agieren" (a. a. O., S. 221).

Die Erzieherin begleitet den Entwicklungsgang eines Kindes, solange es ihr in der Gruppe anvertraut ist. Damit werden alle Beobachtungen, die der Früherkennung und der zu planenden und gestaltenden Förderung innerhalb der Gruppe und mit dem einzelnen Kind dienen, zu einer pädagogischen *Verlaufsdiagnostik*, und es gilt, den Lebensgang und den Lebens-(ver)lauf eines Kindes in seinen Veränderbarkeiten zu sehen und positiv zu unterstützen.

Erziehung und Förderdiagnostik: das Sich-Einstellen auf das Handeln des Kindes

Um einer Selektionsdiagnostik mit ihrer Gefahr der isolierten Anwendung von medizinisch-diagnostischen und psychodiagnostischen Verfahren und ihrer einseitigen Aussagekraft vorzubeugen, wurde für die pädagogische Arbeit der *Begriff der Förderdiagnostik* entwickelt und seine Idee in praktisches Handeln umgesetzt. Förderdiagnostisches Handeln will niemals nur einen Zustand und seine Bedingungsfaktoren erfassen und erklären, sondern auch praktische Hinweise zu Veränderungen und Hilfen geben.

Mit diesem pädagogischen Anliegen ist die Förderdiagnostik daher ein theoretisch und praktisch angemessener Bezugsrahmen für alle diagnostischen Aufgaben in integrationspädagogischen Bezügen. Sie zielt immer auf pädagogische Prozesse und ist „insofern Situationsdiagnostik und zugleich Lernprozeßdiagnostik. Eine so verstandene Diagnostik hat nicht mehr den einmaligen Charakter einer Querschnittserhebung, einer normorientierten Statusdiagnose; sie beinhaltet auch den Entwicklungsaspekt. Pädagogische Diagnostik berücksichtigt die Biographie und den Sozialisationshintergrund ... ebenso wie sein Lernverhalten, individuelle Lernstrategien, emotionale und soziale Gesichtspunkte. Sie geht generell von Lernwillen und von Förderbedürfnissen ... aus. ... Etikette wie 'lernbehindert', 'aggressiv', 'konzentrationsschwach' oder 'verhaltensgestört' beinhalten ... keinerlei Handlungsperspektiven..." (BELUSA u. EBERWEIN 1988, S. 212).

In der Erziehung bemüht sich die in das pädagogische Handeln eingebundene Förderdiagnostik darum, das Kind mit seiner Vergangenheit (Biographie) und in seiner Gegenwart (Existenz, Erziehungswirklichkeit) zu erfassen, damit eine „subjektiv bedeutsame Zukunft (Sinngebung)" erreicht werden kann (FALTERMEIER 1990). Es ist nützlich, wenn die Erzieherin in ihrer förderdiagnostischen Arbeit die nachfolgend aufgelisteten Dimensionen beachtet (a. a. O.):

- die pädagogische Dimension
  (Erfassen der Gesamtpersönlichkeit des Kindes),
- die anthropologische Dimension
  (Frage nach den Fähigkeiten der Entwicklung, Wandlung und Entfaltung des Kindes),
- die soziale Dimension
  (Frage nach dem psychosozialen Funktionsnetz und nach Interaktionsprozessen),
- die didaktische Dimension
  (Aufzeigen des Verhältnisses von Diagnostik und Didaktik: Überdenken von Lern- und Förderplänen),
- die therapeutische Dimension
  (Therapieformen, die sich an den Bedürfnissen und Möglichkeiten des Kindes orientieren).

Förderdiagnostik achtet die Selbstbestimmung und Eigentätigkeit des Kindes

Die Förderdiagnostik betrachtet jedes Kind als eine wertvolle Person. Sie darf deshalb nicht falsch verstanden und angewendet werden. Wenn sie Lern- und Veränderungssituationen aufzeigen und Entwicklungsprozesse unterstützen will, somit die Beobachtung in ihren Mittelpunkt stellt, muß sie *auf das Handeln eines Kindes achten* und seine *selbstbestimmte Eigentätigkeit* darin akzeptieren. So versteht sie sich eben *nicht*, wie sie manches Mal fälschlich erklärt ist, als ein Förderwegweiser mit dazugehörigen didaktisch-therapeutischen Handlungsstrategien: Nicht die Diagnostik bestimmt das Handeln, sondern die beobachteten Handlungen und Verhaltensweisen der Kinder müssen die Diagnostik bestimmen. Die Verknüpfung des diagnostischen Sehens mit den pädagogischen Ideen muß eine unmittelbare und *vom Kind ausgehende* sein, und Förderdiagnostik wird dann zu einer *Integrationsdiagnostik*.

Mit den Augen des Kindes wahrnehmen

Für die Erzieherin stellt sich die Aufgabe, herauszufinden, auf welcher Basis Lernprozesse für das jeweilige Kind in seiner Gruppe zu entwickeln sind. Dies setzt ein Verständis für die spezifischen Probleme des einzelnen Kindes voraus, „das seine Andersartigkeit und personale Eigenständigkeit achtet. Wenn es ... gelingt, hinter der 'Störfassade' die tieferliegenden Probleme und Schwierigkeiten des Kindes zu erkennen und diese als Verursachungsmomente für bestimmte Verhaltensweisen zu deuten, erhält (es) die Chance, jenes Vertrauen und Verständnis zu erfahren, das als Voraussetzung für Verhaltensänderungen und Lernerfolge notwendig ist." Statt sich auf die „von der Norm abweichende Störung" zu konzentrieren (BELUSA u. EBERWEIN 1990, S. 215), muß die Erzieherin bereit sein, „die jeweilige Situation mit den Augen des Kindes wahrzunehmen". Sie sollte „dessen Gefühle und Handlungen als begründet ansehen und versuchen, dessen 'Normalität' wahrzunehmen" (a. a. O.).

Die Verstehens-Diagnose

Insbesondere zur Erfassung psychosozialer Auffälligkeiten, von „psychischen Störungen" bei Menschen mit einer geistigen Behinderung hat THEUNISSEN (1995) den Begriff der „Verstehens-Diagnose" vorgeschlagen. Sie orientiert sich an der Lebensgeschichte und der aktuellen Situation Betroffener, interessiert sich für ein „auffälliges Verhalten" *als soziales Phänomen* und Resultat „zirkulärer Interaktionsmuster" (a. a. O., S. 13). Eine derart vorgeschlagene „verstehende Perspektive" bietet auch „die Chance für ein differenziertes Verständnis von Verhaltensproblemen" (S. 12) bei Kindern. Die Verstehens-Diagnose mit ihrer primär pädagogischen Intention sollte auch von der integrativen Kinderpädagogik aufgegriffen werden. Sie macht auf die gute Möglichkeit aufmerksam, Verhaltensmuster auch als *Problemlösungsmuster* zu erkennen.

Anamneseerhebung und die Gespräche mit den Eltern

Erzieherinnen versuchen, die kindlichen Bedürfnisse möglichst ganzheitlich zu erfassen. Sie sind für ihre pädagogische Beurteilung immer auch auf Informationen und *anamnestische Daten* angewiesen. Diese gewinnen sie als Vorinformationen aus Protokollen und diagnostischen Erhebungen der Kolleginnen, vor allem aber aus den Gesprächen mit den Eltern und den Familien ihrer Kinder.

Eine *eigene Anamneseerhebung* hilft der Erzieherin, die Lebensgeschichte eines Kindes und seiner Familie transparent zu machen. Dazu gehört auch die Erhebung objektiver Daten über alle für den Erziehungsprozeß wichtigen Vorgänge um das Entwicklungsgeschehen eines Kindes. Um mit der Anamnese Daten und Fakten fixieren zu können, benutzen manche Kindereinrichtungen *Frage- und Erhebungsbögen* als *Anamneseschemata*, und ihre Handhabung kann der besseren Orientierung dienen. Solche Bögen können wichtige Aufgaben- und Fragestellungen um das Kind herum beinhalten. Sie können den Vorteil haben, daß wichtige Daten und Eindrücke nicht vergessen werden, ersetzen aber niemals das individuelle Gespräch mit den Eltern und selbstverständlich auch nicht das mit den Kolleginnen im Team.

Die *Elterngespräche* sind besonders wichtig, denn nur in Gesprächen erfährt eine Erzieherin, wie Eltern ihr Kind und seine Situation erleben und auch, welche Ereignisse in der bisherigen Entwicklungsgeschichte des Kindes bedeutsam waren oder welche Faktoren in seiner häuslichen Umwelt zum besseren Verständnis seines Verhaltens zu betrachten und zu berücksichtigen sind.

Erziehung und Familiendiagnostik

Um die Beziehungen zu erweitern, ist es hilfreich, wenn Erzieherinnen auch die häusliche Situation eines Kindes in ihrer Prozeßhaftigkeit wahrnehmen können. Dies ist möglich, wenn eine gute Vertrauensbildung gelingt. In der Aufgabenstellung einer solchen *Familiendiagnostik* lernt die Erzieherin, die Einstellungen der Eltern und ihre besondere Situation besser zu verstehen. Das ist diagnostisch äußerst bedeutsam, auch ... „weil die Einstellung zum Kind oder auch zu seiner etwaigen Behinderung Wechselwirkungen auf sein Verhalten hat" (REMSCHMIDT 1989, S. 159).

Für die Diagnostik der familiären Situation nennt REMSCHMIDT einige leitende Gesichtspunkte und Prinzipien, die in jedem Beratungsgespräch und „für alle Formen der Frühförderung gültig sind" und die in der Kinderpädagogik Bedeutung haben (a. a. O., S. 168 u. 169):

Erzieherinnen sollten sich am Kräftereservoir der Eltern ausrichten. Sie sollten einseitige Identifikationen vermeiden und zu einer Urteilsbildung über die ganze Familie kommen. Sie sollten helfen, Eltern zu entlasten, und an einer ständigen Rückkoppelung interessiert sein. „Auskünfte" über die Entwicklung oder die sogenannte Behinderung eines Kindes geben Erzieherinnen aber nur, soweit das eigene Wissen reicht, und sie gehen dabei vorsichtig mit prognostischen Hinweisen um. Niemals aber dürfen sie vergessen, sich an den Bedürfnissen des Kindes und an den Sorgen seiner Eltern zu orientieren.

Erziehung und Verhaltensbeobachtung: das Entdecken der Wirklichkeit

Die *Beobachtung* des Kindes für sich allein und in seiner Gruppe ist die *Basismethode der heilpädagogischen Diagnostik.* Sie vollzieht sich ständig wiederkehrend in jeder Interaktion mit den Kindern und an jedem Tag.

Immer, wenn die Erzieherin mit den Kindern zusammen ist, erfährt sie Neues, und jedesmal erhält sie somit auch neue diagnostische Erkenntnisse. Aus Begegnungen, die immer wiederkehren, in denen sich Beziehungen formen und verändern, erwächst dann eine sich stetig erweiternde Erfahrungswelt und das *Entdecken der Wirklichkeit* (SPECK 1988).

Kinder lassen sich beobachten. In ihrer Natürlichkeit und in ihrem freigewählten alltäglichen Spielen und Sich-Bewegen können wir sie am besten erleben. Fähigkeiten von Kindern, aber auch Verhalten, das der förderlichen Unterstützung bedarf, zeigen sich in allen kindlichen Aktivitäten, im „Zeitvertreib" des Kindes als vielgestaltigem Zusammenspielen der kindlichen Handlungsfähigkeiten.

Die spontane Aktivität des Kindes in seinen Spiel- und Bewegungshandlungen hat eine große Aussagekraft über alle kindlichen Bedürfnisse und darüber, wie einem Problem, einer Einschränkung und einem Handicap begegnet werden kann. Ein solches diagnostisches Vorgehen wird als *Verhaltensbeobachtung in einer freien*, nicht gelenkten *Situation* bezeichnet.

Manchmal ist es für die Erzieherin aber auch wesentlich, ein bemerkenswertes kindliches Verhalten besonders zu beobachten. Kinder senden gerade in einem „besonderen" Verhalten *Botschaften* und geben *Signale.* Das können für die Erzieherin Hinweise auf notwendige Hilfen sein. Sie muß vielleicht, um einem Kind, so wie es für es erforderlich ist, helfen zu können, typische Situationen, in denen dieses sein Verhalten verstärkt zeigt, sehen und erfahren. Dazu kann es angebracht sein, bestimmte Spielsituationen, in denen wiederkehrende Verhaltensweisen des Kindes zu erwarten sind oder in denen das Kind mit vorgegebenen Materialien umgeht, gezielt einzurichten. Dieses Vorgehen entspricht dann einer *Verhaltens-, Spiel- oder Bewegungsbeobachtung in einer gelenkten Situation* (vgl. TIETZE-FRITZ 1996a, S. 112ff.).

Erziehung und der Einsatz von Beobachtungs- und Untersuchungsverfahren

Unter einer förderdiagnostischen Fragestellung können von einer Erzieherin auch Diagnose- und Untersuchungsverfahren benutzt werden. Einzelbeobachtungen können mit ihrer Hilfe schriftlich festgehalten werden. Beobachtungsbögen erleichtern es auch, *Basiskompetenzen* im Sinne einer qualitativen Bewegungsdiagnostik mit Aufgabenstellungen, die Alltagshandlungen entnommen sind, besser zu erfassen (vgl. EGGERT 1995).

Die Testverfahren

In der psychologischen Diagnostik unterscheiden wir *projektive* Testverfahren und *psychometrische* Tests. Ein *projektives Verfahren* ist ein diagnostisches Mittel, das Einblicke in die Persönlichkeit eines Kindes gewähren will. Von Projektion wird gesprochen, wenn ein Kind ein Verhalten zeigt, das auf emotionale und psychische Probleme hindeutet, und es wird davon ausgegangen, daß sich Gefühle, Frustrationen und Bedürfnisse beim Kind vor allem im Spielverhalten ausdrücken können. Deshalb haben projektive Verfahren einen hohen Aufforderungscharakter, und „durch das Aufbauen von Szenen, das Erstellen von Zeichnungen, das Hantieren mit Spielmaterial und bestimmten Figuren, das Vorlegen von Bildern" oder durch die lebendige Gestaltung einer Spielhandlung wird die Abbildung der psychischen Befindlichkeit beim Kind erwartet. Geschulte Psychologinnen können ein Verhalten des Kindes deuten, analysieren und auswerten (vgl. TIETZE-FRITZ 1996a, S. 120ff.). Projektive Verfahren werden also dann eingesetzt, wenn beim Kind eine Entwicklungs- und Verhaltensauffälligkeit gesehen wird, die eher auf seelische Einflüsse zurückzuführen sein wird, und die Durchführung solcher Verfahren sollte immer den Psychologinnen überlassen bleiben.

Psychometrische Verfahren hingegen wollen abgrenzbare Merkmale eines Kindes erfassen. Sie „messen" Fähigkeiten beim Kind und haben den Anspruch, den Entwicklungsstand in einem oder mehreren Entwicklungsbereichen zu ermitteln. In vielen Tests kann ein Intelligenzquotient (IQ) als das Maß der kognitiven Leistungen, ein Motorikquotient (MQ) als das Maß der Bewegungsfähigkeiten oder ein Entwicklungsquotient (EQ), der Aufschluß darüber geben kann, wie weit ein Kind überhaupt schon entwickelt ist, errechnet werden, in einigen Verfahren ist ein Sozialquotient (SQ) möglich.

Ein psychometrisches Testverfahren orientiert sich an *Entwicklungsnormen*, und die Verwendung von Normenskalen, die eine Aussage darüber machen, was Kinder im zu überprüfenden Bereich „durchschnittlich" können sollten, ist sehr gebräuchlich. Auch die psychometrischen Tests gehören insgesamt in die Kompetenz der Psychologin. Solche Testverfahren beanspruchen „Gütekriterien" für sich, die ein eindeutiges, *objektives, zuverlässiges* und *gültiges* Ergebnis erwarten lassen sollen.

124

An einer so eindeutigen Qualität von Gütekriterien bestehen allerdings in jüngster Zeit erhebliche Zweifel, aus pädagogischer, aber auch aus psychologisch-fachkundiger Sicht. Es vollzieht sich ein Wandel von der Annahme einer konstant bleibenden Aussage bezüglich der Fähigkeiten eines Kindes, wie sie ein Test behauptet, hin zur *Veränderungsannahme:* „Der Wechsel von der Konstanz- zur Veränderungsannahme ist als übergeordnetes Moment des Paradigmenwandels zu sehen, d. h. die Überwindung der Annahme, daß eine Behinderung ein letztlich unveränderbarer Defekt sei, der in umweltunabhängiger Weise die Lebenschancen eines Individuums andauernd begrenzt *(Konstanzannahme)*. Zur *Veränderungsannahme* gehört dagegen die Annahme, daß z. B. auch eine geistige Behinderung genauso wie eine körperliche Behinderung nur individuelle Bedingungen setzen kann, deren tatsächliche spätere Wirkung auf die Entwicklung jedoch nicht ohne weiteres im voraus bestimmbar ist – Entwicklung ... ist ein in seinem Ergebnis letztlich nicht vorhersagbarer Prozeß" (EGGERT 1995, S. 136).

Das Handhaben eines Tests erfordert demnach Bedacht und Zurückhaltung, auch unter dem Anspruch einer *Qualitätssicherung* im psychologischen Fach- und Handlungsfeld. „Insgesamt spricht zur Zeit nur wenig für die Anwendung quantitativer psychometrischer Verfahren" (a. a. O., S. 141).

Entwicklungstests und Kinderpädagogik

Ausgewählte *Entwicklungstests*[39] werden auch in der therapeutischen und pädagogischen Kinderarbeit eingesetzt und von Erzieherinnen und Therapeutinnen angewendet, die darin ausreichend geübt sind. In vielen kinderpädagogischen Einrichtungen werden dementsprechend gute Kenntnisse in der Testdiagnostik erwartet.

Fast alle entwicklungsfrühdiagnostischen Verfahren für das Kindesalter haben das Ziel, ein Gesamtentwicklungsmaß zu erhalten. Gebräuchlich sind *Entwicklungsskalen*, die zur anschaulichen Einordnung kindlicher Fähigkeiten herangezogen werden, auch *Screeningverfahren* werden in der pädagogischen Arbeit eingesetzt. Ihr Schwerpunkt ist eine erste „Auslese" von Kindern, wenn bei einem Kind ein Verdacht auf eine Entwicklungsver-

---

[39] Interessierte Leserinnen erhalten einen Überblick über diejenigen Testverfahren, die in der Kinderpädagogik angewendet werden können, im einzelnen beschrieben und erklärt in: Brack, U. B. (Hrsg.): Frühdiagnostik und Frühtherapie. Psychologische Behandlung von entwicklungs- und verhaltensgestörten Kindern. München/Weinheim 1986. Ebenfalls in: Tietze-Fritz, P.: Handbuch der heilpädagogischen Diagnostik. Konzepte zum Erkennen senso- und psychomotorischer Auffälligkeiten im frühen Kindesalter. Dortmund 1996.

zögerung oder ein Rückstand der Entwicklung als Retardierung vorliegt oder vermutet wird. Einige Verfahren machen die *Erstellung eines Entwicklungsprofils* möglich, und Erzieherinnen können eine unter- oder überdurchschnittliche Entwicklung bei einem Kind, einen Entwicklungsrückstand oder Entwicklungsvorsprung im Vergleich zu anderen gleichaltrigen Kindern ablesen. Einige Testverfahren, die gerade in der (integrativen) Elementar- und Vorschulerziehung angewendet werden, sind der *Wahrnehmungs-* und *Motodiagnostik* zugeordnet.

Vom kritischen Umgang mit einem Test

Wenn Erzieherinnen sich dafür entscheiden, selbst ein Testverfahren anzuwenden, sollten sie dies nur unter einer förderdiagnostischen Einstellung tun. KAUTTER u. a. warnen vor der „Objektivität" herkömmlicher Kleinkindertests. Diese sind nur begrenzt brauchbar, und „die geforderten standardisierten Situationen" sind „nur begrenzt herstellbar" (1995, S. 200f.).

„Objektive" Testsituationen setzen die Fähigkeit und Bereitschaft bei Kindern voraus, „sich von anderen Personen Handlungsziele setzen zu lassen und deren Handlungspläne auszuführen". Dies fällt jedoch kleinen Kindern, die noch „in ganzheitlichen Bedeutungszusammenhängen" leben, sehr schwer, denn sie können „die sozialen, emotionalen und kognitiven Aspekte des Erlebens" noch nicht voneinander trennen (KAUTTER u. a. 1995, S. 205).

Sinnvoller als die Durchführung einer Testreihe ist es deshalb, diagnostische Aufgaben in den aktuellen Bedeutungszusammenhang einzubringen, in die alltägliche Spielsituation von Kindern. Für die Beobachtung von Kindern genügt es, wenn nur wenige, im einzelnen ausgewählte Aufgaben aus einer Testreihe gegeben werden, und „empfohlene" Testaufgaben können auch umgestaltet werden. Mit Sorgfalt ausgewählt, können Erzieherinnen mit ihrer Hilfe Eindrücke über die kindliche Entwicklung erhalten. Sie können das ungefähre *Entwicklungsalter* bei einem Kind ermitteln und erfahren, welche Entwicklung ein Kind in verschiedenen Bereichen genommen hat und wie wohl die nächste *Zone seiner Entwicklung* (WYGOTSKI 1964) zu erreichen ist und aussehen wird.

In vielen Fällen aber kann die Erzieherin auf die mehr oder weniger standardisierten Testverfahren *gänzlich verzichten.* Niemals kann ein Test ein vielversprechendes Aussagemittel sein, „... wenn es darum geht, eine Förderung einzuleiten oder die nächsten Schritte der Förderung zu bestimmen. Zahlenförmige Resultate können nicht aufzeigen, welche Bedingungen für sensomotorische Störungen verantwortlich waren oder unter welchen Bedingungen und Umständen eine Auffälligkeit hervortritt (TIETZE-FRITZ 1995, S. 142 u. 143). Einzelbeobachtungen sind nie ausreichende Grundlage für eine Beurteilung des kindlichen Verhaltens oder gar des Kindes selbst. „Die Gefahr einer vorschnellen Verallgemeinerung punktueller Beobachtungen ist sehr groß. Deshalb sollte man generell mit Wertungen und Beurteilungen äußerst zurückhaltend sein... Das kindliche Verhalten soll möglichst durch verschiedene Beobachter in unterschiedlichen Situationen (z. B. beim Freispiel, im Gesprächskreis, beim Bauen, Malen, Essen, in Alleinbeschäftigung und beim Spiel mit anderen usw.) ... beschrieben werden (KAPLAN 1993, S. 134 u. 135).

Glücklicherweise sind es immer mehr Fachkräfte, die in der Kinderpädagogik für eine Diagnostik plädieren, die von der Eigentätigkeit des Kindes ausgeht. Immer häufiger wird einer „quantifizierenden Testdiagnostik" eine „qualitative, ganzheitlich orientierte Diagnostik" gegenübergestellt (KAUTTER u. a. 1995, S. 200f.), denn der Umgang mit Kindern bleibt stets ein *subjektiver*, ist eine Interaktion in einer lebendigen Situation. „Diese Logik widerspricht den Grundbedingungen der Objektivität im Sinne der klassischen Testtheorie..." Jede „Aufgabenbeantwortung ist das Ergebnis einer oft sehr persönlichen Interaktion mit Personen und Aufgaben in einer ganz bestimmten Situation. Es gibt kein situationsunabhängiges Verhalten von Kindern, genausowenig wie es die gewünschte Konstanz von Persönlichkeitsmerkmalen ... in befriedigendem Umfang gibt" (EGGERT 1995, S. 139).

Gruppenpädagogik und Diagnostik: Handlungsräume öffnen und gestalten helfen

Beobachtende Diagnostik ist *niemals nur Betrachtung von Einzelgeschehen,* sondern ein gruppendynamischer Prozeß. Diagnostik ist Lernen in und mit der Gruppe. In der integrativen Gruppe müssen die Erziehungs- und Förderbedingungen den Bedürfnissen und Fähigkeiten vieler Kinder angepaßt sein, und jede Erzieherin in der Integrationsgruppe wird darum bemüht sein, diagnostische Erkenntnisse in pädagogisches Handeln *für ihre ganze Gruppe* umzusetzen. Bei allem Beobachten muß sie daher gut darauf achten, daß die *positiven* Verhaltensmerkmale erfaßt werden und daß keines der Kinder benachteiligt oder zurückgesetzt wird.

Beobachtungen sollten sich möglichst auf einen gesamten Verhaltensverlauf im Gruppenalltag erstrecken. „Durch Fragen wie 'Was ging dem Verhalten des Kindes voraus?', 'Welche Reaktionen löste das Verhalten des Kindes aus?' werden die Interaktionen mit den Gruppenmitgliedern und den Erziehern/Fachkräften mit in die Überlegungen einbezogen, die das

Verhalten des Kindes verständlich machen sollen" (KAPLAN 1993, S. 134).

Diagnostik als sozialer Prozeß beachtet *Kontexte* und Strukturen. Das, was als gruppendynamische Beziehungen zwischen Kindern so wertvoll ist, kann in keinem Testverfahren erfaßt werden, und kindliches Verhalten ist immer durch ein entsprechendes Umfeld mitbedingt, durch „die Aktivitäten der Spielgefährten und der Erzieher/innen, die situativen Bedingungen der Gruppe, der Institution und der häuslichen Umwelt, die bisherige Lern- und Entwicklungsgeschichte" (a. a. O., S. 133).

Keine Erzieherin im Kindergarten darf sich auf die Sicht von „Problemen" beschränken. Es ist vielmehr das Wesen und die Chance einer gemeinsamen Erziehung, sich mit der Kompetenz eines jeden einzelnen Kindes in der Gruppe intensiv auseinanderzusetzen: Diagnostik ist *Beziehung* und *einfühlendes Verstehen.* Sie ist *situativ.* Sie sieht kleinste Entwicklungen, überläßt dem Kind eine Entscheidung, kann abwarten und greift nur ein, wenn Hilfe nötig ist. Sie hat das Ziel, *Handlungsräume öffnen und gestalten zu helfen.* Und: „Diagnostik kann Spaß mit den Kindern zusammen machen in einem gewohnten Umfeld, wenn sie nicht festlegt, sondern zur Förderung gehört und viele Fördervorschläge möglich macht und wenn sie Vergangenheit, Gegenwart und Zukunft miteinander verknüpft" (EGGERT 1995, S. 138).

Zweiter Teil

Entwicklungsgefährdete, bewegungs-
gestört und behindert genannte Kinder
und ihre Fähigkeiten

2. Psychomotorisch handelnde Kinder

Die *Psychomotorik*[40] des Kindes wird durch viele Faktoren entwickelt. Neben organischen und neurophysiologischen Funktionen, die dem Kind helfen, aus sich heraus seinen Wünschen und Bedürfnissen entsprechend zu handeln, sind es die sozialen und emotionalen Bedingungen, die es zum Handeln motivieren. Sie nehmen einen großen Einfluß auf seine physische, neuropsychische und psychosoziale Entwicklung, und alle psychomotorischen Fähigkeiten und Tätigkeiten, die ein Kind uns zeigt, sind also abhängig von mehreren und ganz verschiedenen Bedingungen, immer aber von Umwelt- und Beziehungsereignissen und von den Erfahrungen, die ein Kind damit macht.

Für die erzieherische Begleitung des Kindes ist es bedeutsam zu wissen, daß sich sein *psychomotorisches Verhalten* und darin auch die *psychomotorischen Schwierigkeiten*, die es haben kann, als ein Ausdruck von vielfältigen Entwicklungsbedürfnissen darstellen können. Jedes Kind braucht die ihm gemäßen Entwicklungsbedingungen, und niemals sind „Auffälligkeiten" allein in organisch-körperlichen, sondern stets auch in seelischen Bezügen zu begreifen.

Psychomotorische Begabungen, die ein Kind hat, aber auch seine Probleme fallen oft erst im Kindergarten auf, während sie im Säuglings- und Kleinkindalter, in der *sensomotorischen Entwicklungsphase*[41], eher noch

---

[40] *Psychomotorik* können wir als Bewegungshandeln unter perzeptiv-kognitiven, affektiven und sozialen Aspekten definieren. Psychomotorisches Handeln beim Kind ist immer Zusammenspiel und Wechselwirkung von Wahrnehmungs- und Bewegungsfähigkeiten und seelischem Erleben. Das Verhalten des Kindes muß daher als Ausdrucksform seines Empfindens und als Abbild seiner physisch-psychischen Befindlichkeit betrachtet werden.

[41] Die durch Bewegung und Wahrnehmung geprägte Form der Auseinandersetzung des Kindes mit seiner Umwelt in den ersten Lebensjahren hat Piaget sensomotorisches Handeln genannt (vgl. u. a. Piaget 1975). In der *sensomotorischen Phase*, die sich auf das Säuglings- und Kleinkindalter bezieht, entdeckt das Kind sich und seine Umwelt durch den gleichzeitigen Gebrauch von Sinnesorganen und Motorik.

unauffällig waren. Besonders Handlungen, die eine *Gefährdung seiner motorischen Entwicklung* signalisieren können, sind nicht leicht erkennbar oder gar sicher einzuordnen. Manchmal werden sie für eine Entwicklungsvariante gehalten, und Meinungen, wie, „das wächst sich noch aus" oder „das verwächst sich noch", sind nicht selten zu hören und keinesfalls immer zutreffend. Bei einem motorischen Verhalten aber, das auf eine Beeinträchtigung des kindlichen Entwicklungsganges hinweisen könnte, wird meistens zunächst nach einer Unebenheit in der Entwicklung *beim Kind selbst* gesucht.

Eine solche Suche nach eventuellen entwicklungsverzögernden oder -störenden hirnorganischen Bedingtheiten oder nach einer Krankheit ist (auch für erfahrene Ärzte) nicht einfach, wenn nicht eine eindeutige Symptomatik die (hirn-)organische Bedingtheit einer kindlichen Entwicklungsstörung vermuten oder als sicher erkennen läßt. Eine Diagnostik ist deshalb oft schwierig, und in vielen Fällen können organische oder hirnfunktionelle Bedingtheiten zunächst nur vermutet werden, nicht aber als gesichert gelten, wenn ein Kind sich „psychomotorisch auffällig" verhält.

Selten wird als ein erstes überlegt, welche Wirkungen *entwicklungsfördernde* oder *entwicklungshemmende* psychosoziale Bedingungen auf die psychomotorische Entwicklung eines Kindes haben können und daß Entstehungszusammenhänge *Wechselbeziehungen* sind und sich gegenseitig bedingen.

Primäre, vielleicht tatsächlich funktionell bedingte Einschränkungen können sekundär seelische Schwierigkeiten bedingen, seelische Beeinträchtigungen aber ebenso eine organisch-funktionale Störung verstärken oder gar auslösen.

Jede kindliche Auffälligkeit sollten wir also auch *psychosomatisch*[42] betrachten. Bereits Säuglinge und Kleinkinder reagieren auf einen Mangel des Eingehens auf die seelischen und physischen Bedürfnisse, die für ihre Entwicklung notwendig sind, und das Handeln eines Vorschulkindes ist mit den Erfahrungen, Entwicklungen und Erlebnissen, die es bisher machen konnte, in einen engen Zusammenhang zu bringen.

---

[42] Die *Psychosomatik* ist eine Richtung der Medizin, die den Einfluß des Seelischen auf körperliche Erkrankungen verfolgt. Körperliche Beeinträchtigungen können aus ihrer Sicht ohne faßbaren pathologischen Organbefund durch seelische Probleme entstehen, und die Behandlung erfolgt dann durch Einbeziehung des Seelischen. Die psychosomatische Betrachtung des Verhaltens eines Kindes beachtet dementsprechend *psychisch-körperliche Wechselwirkungen* und geht auch davon aus, daß durch seelisches Wohlbefinden körperliche Probleme positiv beeinflußt werden können.

Die kindlichen Selbstgestaltungskräfte

Glücklicherweise entwickeln Kinder eine eigene „Gefahrenabwehr", und viele Kinder setzen die ihnen eigenen *Selbstgestaltungskräfte* ein. *Protektive Faktoren* werden als Schutzfaktoren wirksam und üben eine schützende Wirkung gegenüber physisch-seelischen Gefahrenmomenten aus. Dazu gehören eine hohe Aktivität der Kinder und ihre Fähigkeit zur Selbstorganisation, Selbsthilfe und Selbständigkeit. Kinder sind „kompetent" (DORNES 1994), sie sind in der Lage zu kompensieren, vor allem dann, wenn sie eine gute erzieherische Unterstützung zur Entwicklung ihrer Aktivitäten erfahren.

2.1 Gefährdende Einflüsse

Manche Kinder jedoch reagieren auf psychomotorische Gefährdungen, wenn „Unebenheiten" ihren Entwicklungsgang stören, wenn sie keine Hilfe erfahren und fortlaufenden Frustrationen ausgesetzt bleiben. Einige der sehr frühen markanten Einflüsse seien daher hier genannt:

Von großer Bedeutung sind alle *Beziehungen,* die das Kind erfährt. Seine Entwicklung wird entscheidend durch die *Bezugspersonen* geprägt, und die Intensität der Beziehungen zu Mutter, Vater und anderen Bezugspersonen beeinflußt auch seine psychomotorische Entwicklung. Das Gefühl, sich verlassen zu können, die Erfahrung der positiven Zuwendung und des Angenommenseins, die Sicherheit darüber, daß Eltern um Bedürfnisse wissen, erlebt das Kind aus den taktil-kinästhetischen Empfindungen, die es in der *körpernahen Zuwendung* erfährt. Fehlendes schadet dem Kind und kann sein motorisches Handeln beeinträchtigen.

Ein häufiger Wechsel in der Betreuung des Kindes kann sein Bedürfnis nach einem natürlichen *Lebensrhythmus* stören, und eine sichtbare Bewegungsunruhe und Auffälligkeiten bei der Entwicklung des Gleichgewichtsempfindens und der Koordination können daraus genauso erwachsen wie auditorische oder visuelle Schwierigkeiten.

Manche der psychomotorischen Entwicklungshemmungen sind mit einer längeren *Trennung des Kindes von seinen Eltern* und Bezugspersonen zu begründen, wenn das Kind bereits die Erfahrung einer sozial-emotionalen Bindung gemacht hat, die nun verlorengehen kann. Ein Kind, das sich über einen längeren Zeitraum in einer Klinik aufhalten muß, oder ein Kind, das in einem Heim aufwächst, ist immer dann gefährdet, wenn es in seiner Umgebung eine *unsichere emotionale Zuwendung* erhält oder ein sensorisches und kommunikatives Angebot, das seine Erwartungen nicht erfüllen kann (vgl. TIETZE-FRITZ 1995, S. 62-67).

Jedes Kind braucht sich erweiternde psychomotorische Erfahrungen. Es sucht mit zunehmendem Entwicklungsalter Kontakte nicht nur zu seinen Eltern, sondern auch zu anderen Menschen, und die *Ausweitung seines Beziehungs- und Erfahrungsbereiches* sollte ihm nicht verwehrt oder vorenthalten werden.

Bedeutsam für seine Entwicklung ist auch der *Lebensraum* des Kindes. Räumliche Enge, aber auch eine zu große räumliche Weite können die Psychomotorik gefährden: Fehlende Rückzugsmöglichkeiten verhindern das Finden von Ruhe und können auch motorisch beunruhigen. *Ein Kind braucht die Geborgenheit* eines Raumes, der es umschließt und in dem es „sich findet". Es *braucht Weite,* in der es sich entfalten und größere Räume erfahren kann.

Das Kind tut aus sich heraus sehr viel, aber es braucht auch *Entwicklungsimpulse* von außen. Manchmal werden sie ihm unbewußt und unbeabsichtigt, lediglich aus Streßhandlungen heraus, verwehrt. Das Kind braucht für sein eigenes Tun *Erkundungsmöglichkeiten* und *Bewegungsräume*, es braucht *keine Reizüberflutung*, aber *Spielimpulse* in Sicht- und Reichweite und auch darüber hinaus. Es braucht *Entwicklungszeiten* („alles hat seine Zeit"), Regelmäßigkeiten und Rhythmus im Tagesgeschehen, um Sinnesreize verstehen und miteinander verbinden zu lernen.

Das *erzieherische Verhalten*, Einstellungen zum Kind und Erwartungen an es beeinflussen seine seelische Entwicklung. Sie prägen auch sein psychomotorisches Verhalten. Handeln, vom Kind als *autokratisch* empfunden, kann angstvoll und unsicher machen und sich in einer ängstlichen, gehemmten Psychomotorik, aber auch in überschießenden aggressiven motorischen Reaktionen abbilden. *Überbehütung* kann die Selbständigkeitsentwicklung des Kindes hemmen und die Identitätsfindung erschweren. Eine Entwicklungsverzögerung beim Kind kann ihren Anfang nehmen, wenn der Prozeß der inneren Ablösung nicht allmählich gelingt, wenn Eltern ihrem Kind alle gewünschten eigenen Handlungen abnehmen, ihm eigenes Handeln verwehren. Eine *inkonsequente* Erziehungshaltung, hin- und herschwankend zwischen Verwöhnen, Einschränken und Befehlen, kann dem Kind Unsicherheit vermitteln und zu Orientierungslosigkeit führen, die ein Kind immer wieder aus dem Gleichgewicht bringt. Dies kann sich in „schwankenden" kinästhetischen und vestibulären Leistungen abbilden und die Entwicklung koordinativer Fähigkeiten erschweren. Gleichgültige, unstrukturierte *Erziehung ohne Verläßlichkeit* kann vernachlässigend wirken. Sie kann überfordern, sie kann Angst und Unsicherheit auslösen. Ein „Mangel an äußerer Ordnung" kann einen „Mangel an innerer Ordnung" bedingen. Dieser kann sich auch in der Psychomotorik mit einer gestörten Koordination von Eindrücken spiegeln. Das Fehlen eines äußeren Haltes kann einen Mangel an innerem Halt auslösen, und eine unstabile und unsichere Statomotorik, als „Fehlhaltungen" und „Haltungsschwächen" sichtbar, kann auf solche Wirkungen aufmerksam machen.

Manche Eltern haben *hohe Erwartungen an die Entwicklung* ihres Kindes. Ihre Vorstellungen und Wünsche können ein Kind beunruhigen. Es kann überfordert werden, wenn es den an seine Entwicklung gestellten Anforderungen etwa eines „Bewegungstrainings" oder „Intelligenzprogrammes" entsprechen soll. Derart Unvereinbares mit seinem natürlichen Entwicklungsgang und mit *seiner* Individualität kann motorische Unsicherheit auslösen, und das Bewegungsverhalten wird vielleicht als „gehemmt, tapsig und unausgewogen" beschrieben. Dieses Kind kann Freude und Motivation für seine Aktivitäten verlieren und gewinnt dann kein Zutrauen zu sich selbst: „An seinen Bewegungen können wir sehen, daß es sich ‚nicht traut', den nächsten Entwicklungsschritt zu machen, und seine Traurigkeit erleben wir in seiner schlaffen Muskulatur und seiner unaufgerichteten, zusammengekauerten und bedrückt-gebückten Haltung" (vgl. TIETZE-FRITZ 1995, S. 66).

2.2 Entwicklungserschwerende Bedingungen und kindliches Verhalten

Wenn ein Kindergartenkind in seinem Verhalten eine Schwierigkeit zeigt, die seine *Psychomotorik* betrifft, spricht seine Umgebung im allgemeinen von *psychomotorischen Entwicklungsauffälligkeiten,* und es gibt tatsächlich solche, die sich erst im Vorschulalter, oftmals erst kurz vor der Einschulung entwickeln, zeigen oder manifestieren. Bis zu diesem Zeitpunkt hin haben sich bereits viele individuelle motorische Möglichkeiten ausgebildet, psychomotorisches Handeln ist ein Stück weit geprägt. Kinder haben bereits Lernerfahrungen gemacht, und sie reagieren längst auf Einflüsse, die sie erreicht haben und die sie umgeben.

Psychomotorisches Handeln bei einem Vorschulkind muß immer als seine individuelle Möglichkeit **und** als seine Reaktion auf Beziehungen und Umfeld gesehen und bewertet werden. Jedes Kind empfindet, verarbeitet und reagiert anders. Es zeigt **sein** reaktives Verhalten auf seine jeweils individuelle Weise. Seine Verhaltensweisen sind Signale und Botschaften an uns, und psychomotorische Auffälligkeiten sollten auch psychosomatisch bedacht werden.

Erzieherinnen im Kindergarten sind wichtige Bezugspersonen und kennen ihre Kinder gut. Aus den Interaktionen im Gruppengeschehen heraus können sie auf eine kindliche Entwicklungsgefährdung im Psychomotorischen aufmerksam werden. Sie sehen etwa, daß ein Kind Schwierigkeiten in manchen Handlungen hat oder sich „besonders" verhält, wenn sie sein Verhalten mit dem anderer, gleichaltriger Kinder vergleichen, in der Spielgruppe im Raum oder auf dem Spielplatz draußen. In der natürlichen Beobachtung und im erzieherischen Umgang zeigen sich dort Bedürfnisse und Besonderheiten sehr oft eindrucksvoller und deutlicher als im häuslichen Umfeld der Eltern mit ihrem Kind.

> Viele der kindlichen Probleme, die, wenn sie unbeachtet bleiben, im *Schulalter* als *Entwicklungs-, Verhaltens- und Lernstörungen* beschrieben werden, können durch eine gute Beobachtung des Kindes in seiner Kindergartengruppe gesehen werden. Im Bemühen um Verständnis für seine Bedürfnisse sind Folgeprobleme zu vermeiden.

Psychomotorische Schwierigkeiten bei einem Kindergartenkind zeigen sich für uns in seinem Sich-Bewegen, in seiner Wahrnehmung und in seiner Körperhaltung. Manche Kinder sind in ihrem Entwicklungsgang ganz oder bezüglich einzelner Fähigkeiten verzögert. Andere Kinder haben eine organisch bedingte Entwicklungsstörung oder eine zerebrale Bewegungsstörung, wieder andere zeigen ein autistisches Verhalten, und es gibt Kinder, die mehrfache Probleme haben. Sie werden manchmal „mehrfachbehindert" genannt und – wenn sie ganz auf Hilfen angewiesen sind, ein Leben lang – auch „schwerstbehindert", „komplexbehindert" oder „intensivbehindert". Kein Kind zeigt eine „isolierte" Auffälligkeit, und die psychomotorischen Anteile sind kaum zu differenzieren: Psychomotorik ist vielmehr ein komplexes Handeln und Verhalten des Kindes, das auch als sein *perzeptives* und *apperzeptives* Handeln[43] bezeichnet werden kann, Grundlage zu seiner Persönlichkeitsentwicklung, seiner unteilbaren „Leib-Seele-Geist-Einheit" (HÜNNEKENS u. KIPHARD 1975).

Das motorische Lernen

Das *motorische Lernen* ist die Basis für alle Handlungszusammenhänge. Es hängt von *elementaren Bedingungen* ab: Durch die Funktionen des peripheren und des zentralen Nervensystems werden Bewegungsantwor-

---

[43] Das Kind lernt mit der Entwicklung des Zentralnervensystem (ZNS) das Aufnehmen und Verarbeiten von Sinneseindrücken. Mit einer sinnvollen Verarbeitung und Umsetzung des Wahrgenommenen (*Perzeption*) wird dann eine Reaktion (z. B. eine motorische Handlung) möglich. Wenn das Kind gelernt hat, Bedeutungen zu verstehen und kommunikativ zu handeln, wenn sein emotionales Empfinden dazukommt, ist das eine physisch-psychische Fähigkeit (*Apperzeption*).

ten ermöglicht, wenn das Kind die ihm angemessene Zuwendung erfährt. In den ersten Lebensmonaten zeigt der Säugling *frühkindliche Reaktionen*, die weitgehend *reflexhaft* ablaufen und die sich mit zunehmender motorischer Selbständigkeitsentwicklung wieder verlieren. Viele dieser einfachen Handlungsmuster sind als elementare Schutz- und Hilfsreaktionen für das Kind zu verstehen und haben so eine Zeitlang ihre entwicklungsunterstützende Bedeutung. Die Gesichts- und Mundregion des Kindes wird durch die *oralen Reflexe* beeinflußt, der ganze Körper, besonders die Extremitäten, durch Körperreaktionen, die auf einen entsprechenden Reiz hin ausgelöst und unwillkürlich sichtbar werden.

Der kompetente Säugling[44] – das kompetente Kind

Allmählich zeigt das Kind eine Vielzahl von Aktionen, die *zunehmend willkürlich* sind. Mit ihnen löst das Kind im eigenen und von ihm gewählten motorischen Handeln die zuvor reflexhaften Bewegungsmuster des Säuglingsalters ab und überwindet sie. Die kinästhetischen Empfindungen und die motorischen Möglichkeiten des Kindes werden immer komplexer, und bis zum beginnenden Schulalter hin hat sich sein Bewegungshandeln in Körperhaltung und Motorik differenziert und koordiniert. Das Unwillkürliche verliert sich, wird aktiv überlagert, und das Kind gewinnt an psychomotorischen Kompetenzen. Mit der Ausbildung seiner *Stellreaktionen*, die in einem zu erwartenden Entwicklungs-Zeitraum entstehen und eingesetzt werden können, hat das Kind aktiv gelernt, aus sich heraus Bewegungspositionen zu wechseln, sich zu drehen, zu setzen, zu kriechen, aufzurichten und sich fortzubewegen, zu gehen, zu laufen, zu springen und zu klettern. Seine *Gleichgewichts- und Koordinationsfähigkeiten* und insgesamt seine *Grob- und Feinmotorik* geben ihm nun die Sicherheit, Fertigkeiten adäquat zu nutzen[45].

---

[44] „*Der kompetente Säugling*" ist der Titel eines Buches (Dornes 1994), das sich mit neueren psychoanalytischen Forschungen beschäftigt, die gezeigt haben, daß bereits Säuglinge „ihren körperlichen Bedürfnissen keineswegs passiv ausgeliefert sind, wie früher angenommen worden ist", und daß sie ihre Umwelt weit *kompetenter* wahrnehmen, als dies vermutet wurde.

[45] Eine detaillierte Beschreibung der *sensomotorischen Entwicklung*, der Entwicklungskomplexe *reflexhaften* und *aktiven* motorischen Verhaltens findet sich bei Tietze-Fritz, P.: Wahrnehmungs- und Bewegungsentfaltung. Heilpädagogische Förderung des Kindes in seinen ersten 24 Monaten. Heidelberg 1995. Hier sind alle diejenigen frühkindlichen Reaktionen im einzelnen beschrieben und erklärt, die für das Verständnis des psychomotorischen Handelns im Kindesalter von erzieherischer Bedeutung sind.

135

Frühkindliche Reaktionen können als Reflexe über den vorgesehenen Zeitraum hinaus bestehenbleiben und das Handeln eines Vorschulkindes hemmen. Wenn Erzieherinnen vermuten, daß sich kindliche Fähigkeiten deshalb verzögern oder gar nicht entwickeln können, daß einzelne davon „blockiert" erscheinen, kann das auf eine Entwicklungsgefährdung hindeuten, die mit der hirnorganischen Reifung zusammenhängt. Eine fachärztliche Beobachtung kann klären und weiterhelfen.

Das Kindergartenkind

Die Entwicklungsereignisse beim Kindergartenkind sind komplex. Organische und körperliche Voraussetzungen, Disposition und Konstitution sind wichtige Handlungsfaktoren, und vom Wesen des Kindes, aber auch von seiner momentanen Kondition wird die kindliche Psychomotorik beeinflußt. Von besonderem Einfluß aber sind die Umgebung des Kindes und seine Bewegungs-, Erlebnis- und Erfahrungswelt, der Umgang des Kindes mit seinen Bezugspersonen zu Hause und in der Kindergartengemeinschaft und den Menschen, denen es begegnet. Es sind letzten Endes und eigentlich die Beziehungen und die darin enthaltenen kommunikativen Anteile, die seine Psychomotorik benötigt.

Wenn Voraussetzungen und Bedingungen fehlen, wird das Handeln des Kindes beeinträchtigt. In der heilpädagogischen Früherziehung wird in diesem Zusammenhang auch von einer *Entwicklung unter erschwerenden Bedingungen* gesprochen, und manchmal treffen wir auch auf die Bezeichnung *psychomotorische Verhaltensstörungen des Vorschulalters*, weil Motorik, Sinneswahrnehmung und gefühlsmäßige Verarbeitung eng zusammenwirken.

Seelische Bedürfnisse, wenn sie von anderen nicht verstanden werden, und Schwierigkeiten, wenn die Signale des Kindes nicht erkannt werden, erschweren seinen Entwicklungsgang. Das kann sich als eine Auffälligkeit in der kindlichen Motorik und als *„Bewegungsstörung"* abbilden – Bewegungseinschränkungen und motorische Störungen können das psychische Empfinden des Kindes beeinflussen und sich als eine *„Verhaltensstörung"* zeigen.

136

3. Das haltungsschwach genannte Kind

Nach ärztlichen Beobachtungen sind bei jedem zehnten Kind, das einge-schult werden soll, sogenannte Fehlhaltungen, Haltungsschwächen oder Haltungsschäden zu beobachten. Sie werden auch als *statomotorische Auffälligkeiten* oder „Haltungsfehler" bezeichnet.

Fassen wir die Erfahrungen der Erzieherinnen in Kindergärten und Vor-klassen zusammen, kann tatsächlich bei jedem dritten Kind eine Auffällig-keit in seiner Körperhaltung, eine Schwäche seiner Muskulatur oder seines Bindegewebes bemerkt werden.

Mit *„statomotorisch"* ist das Zusammenspiel von Körperhaltung und Bewe-gungen gemeint, während der Terminus *„psychomotorisch"* eher das Zu-sammenspiel von kindlichem Verhalten und seinen Bewegungsfähigkeiten beschreibt. Beim Zusammenwirken von Sich-Bewegen und Körperhaltung als Statomotorik ist das gesamte Skelett beteiligt, und wenn die Haltung des Kindes und sein „Haltemechanismus" betrachtet werden, ist die Wir-belsäule ihr Mittelpunkt, aber es sind auch die Gelenke, die Bänder, das Bindegewebe und die Muskulatur in ihren einzelnen und komplexen Funk-tionen beteiligt.

Insgesamt verläuft die statomotorische Entwicklung im Kindesalter mit eini-gen Regelmäßigkeiten (Gesetzmäßigkeiten), die für die zunehmenden Haltungs- und Bewegungsfähigkeiten von Kindern kennzeichnend sind. Diese Entwicklungsvorgänge umfassen aufeinander aufbauende und in-einander verzahnte Fähigkeiten der Statik, des Gleichgewichts- und Lage-empfindens, des Muskelempfindens und der Koordination. Alle diese Fä-higkeiten dienen der Entfaltung und Koordinierung des *Körperbewußt-seins*.

Die Trennung in Begrifflichkeiten wie *statomotorisch* und *psychomotorisch* kann allerdings nur eine künstliche sein und dient eher als ein Hilfskon-strukt zur medizinisch-therapeutischen Definition und Klassifikation, und nur aus Gründen einer lehrmäßigen Übersicht nehmen wir sie hier vor. Aus einer entwicklungspsychologischen und pädagogischen Sichtweise, die ganzheitlich bestimmt ist, ist psychomotorisches Handeln *nicht* aufteilbar, und statomotorische Schwierigkeiten, die ein Kind hat, sind immer auch psychomotorische, das heißt auch, daß wir bei einem als psychomotorisch auffällig benannten Kind immer auch Gefährdungen oder Probleme mit seiner Körperhaltung sehen können.

3.1 Haltungsprobleme und die Entstehungs-
zusammenhänge

Das statomotorische Erscheinungs- und Verhaltensbild bei einem „hal-
tungsschwachen" Kind scheint unharmonisch und wenig stabil. Die Ursachen für sehr verschiedene Probleme, die ein Kind mit seiner Haltung
haben kann, sind vielschichtig: Die Disposition, der Körperbau und -typ
und die mitgebrachte Konstitution spielen eine Rolle, und auch organische
und hirnorganische Faktoren führen manchmal zur Entstehung einer für
das Kind nur schwer zu harmonisierenden Körperhaltung. Bei manchen
Kindern liegt eine Körperbehinderung, vielleicht ein orthopädisches Krankheitsbild, zum Beispiel eine angeborene Fehlbildung, vor.

Die markanten Verursachungen sind jedoch verhältnismäßig selten, und
bei den meisten Kindergartenkindern, die Haltungsauffälligkeiten haben,
sind es *viel häufiger die äußeren Bedingungen*, wie Bewegungsmangel,
räumliche Beengtheit oder eingeschränkte Spiel- und Bewegungsräume,
nicht kindgerechte Lebens- und Entwicklungsräume oder unausgewogene
Ernährung, durch die sie gefährdet sind und beeinträchtigt werden können.
Reaktionen auf Unverstandenheit ihrer seelischen Bedürfnisse, besondere
seelische Probleme oder die natürliche Reaktion eines Kindes auf ein
falsches Erziehungsverhalten kommen nicht selten hinzu, und wir können
bei unseren Vorschulkindern „Haltungen" sehen, die das Abbild ihrer seelischen Befindlichkeit sind.

Ein den kindlichen Bedürfnissen entsprechendes Erziehungsverhalten,
die Sorge für das seelische Wohlbefinden der Kinder, die sinnvolle
Auswahl von Entwicklungsangeboten durch die Erzieherinnen, das Bereitstellen kindgerechter Spiel-, Beschäftigungs- und Lernmittel, ein
Umfeld mit *„Bewegungsräumen"* und *„Beziehungsräumen"* fördern motorisches Lernen und helfen Haltungsschwächen zu vermeiden.

Ärztliche Vorsorge

Erzieherinnen sollten mit den Eltern über die Ergebnisse aus den *ärztlichen Vorsorgeuntersuchungen* sprechen, sie auch daran erinnern, die entsprechenden medizinischen Angebote bei einer Kinderärztin ihres Vertrau-
ens rechtzeitig wahrzunehmen. Neben der U 8 am Ende des vierten Lebensjahres ist die „Fünfjahresuntersuchung" U 9 sehr wichtig. Gerade in
diesem Alter können Haltungs- und andere senso- und psychomotorische
Störungen und ihre Entstehungszusammenhänge festgestellt werden, und
das vor der Einschulung, damit dem Kind noch vor dem Schulbeginn eine
gute Hilfestellung gegeben werden kann.

Wenn Kinder Probleme haben, die als Haltungsschäden *angeboren* und in Zusammenhang mit bestimmten Erkrankungen, Anomalien des Haltungsapparates oder (Körper-)Behinderungen entstanden sind, bedürfen sie immer einer fachärztlichen, meistens orthopädischen Behandlung. Wichtig ist natürlich gerade dann der Kontakt zu den medizinisch-therapeutischen Fachkräften, damit „Förderliches" besprochen und abgestimmt, eine notwendige Therapie erzieherisch unterstützt werden kann.

Probleme erkennen und bewegungspädagogisch helfen

Erzieherinnen und Eltern aber können einem Kind selbst helfen, wenn sie seine – vielleicht erst anfänglichen – Probleme erkennen. Im Alltag und in der Gruppe können sie

- *Fehlhaltungen und Muskeltonusveränderungen[46] bemerken,*
- *Asymmetrien[47] und „Verbiegungen" in der Haltung und beim Bewegen sehen,*
- *bemerken, daß ein Kind Mühe hat, wenn es sich gerade aufrichten will,*
- *daß es eine „Stütze" beim Sitzen braucht (sich anlehnt, den Kopf auf Hand und Arm abstützt),*
- *daß es Schwierigkeiten hat, sein Gleichgewicht zu finden,*
- *daß es eine für geschickte Bewegungen und koordinative Handlungen ungünstige Haltung hat (sich zum Beispiel nicht gerade auf ein Fahrrad setzen kann),*
- *daß es in manch einer Fähigkeit verzögert wirkt,*
- *daß seine Sinneswahrnehmungen (zum Beispiel taktil, visuell, auditiv) sich nicht so gut entfalten, wie es zu erwarten wäre,*
- *daß das Kind ein Verhalten zeigt (besondere Symptome), das nicht gut zu erklären ist.*

---

[46] Unter *Muskeltonus* verstehen wir den Spannungszustand der gesamten Muskulatur oder einzelner Muskelgruppen. Muskeln können „verspannt" oder „fest" sein, so daß ein Kind sich nicht locker und anmutig bewegen kann. Muskeln können auch zu „schlaff" sein, so daß ein Kind sich nicht gut aufrichten kann.

[47] *Asymmetrien* sind Ungleichheiten. Es kann auffallen, daß ein Kind sich seitenungleich verhält, zum Beispiel wenn es eine Körperseite beim Gehen besonders belastet, die andere aber wenig, oder wenn es auffällig nach nur einer Seite geneigt auf seinem Stuhl sitzt.

Für alle haltungsschwach genannten Kinder bietet der Kindergarten, wenn entwicklungsfördernde Bewegungselemente in seinem Alltagskonzept enthalten sind, eine wichtige pädagogische Hilfe. Förderliche Erziehung ist die richtige *Prävention*, um Schwächen vorzubeugen und ihre Entstehung überhaupt zu verhindern. In einem *bewegungsorientierten Kindergarten* entfalten die Kinder aus sich heraus Handlungsfähigkeiten, wenn sie Ermutigung hierzu erhalten, und „Haltungsschwächen" können zu „Haltungsstärken" werden.

3.2 Körperhaltungen und ihre Erscheinungsformen

Es ist für Erzieherinnen nützlich, die verschiedenen Erscheinungsformen von kindlichen Haltungen zu kennen. Der Kindergarten kann sich dann besser auf ein Kind einstellen und „Förderliches" planen und bedenken.

Jede Körperhaltung beim Kind hat sehr unterschiedliche Abhängigkeiten, und „Fehlhaltungen" gehen meistens mit anderen Problemen, die ein Kind hat, einher. Kinder haben viele Fähigkeiten, eine Einschränkung oder gar ein organisch bedingtes Handicap zu kompensieren, und doch ist manch ein Haltungsproblem eine Erschwernis für das Kind und seine Entwicklung. Ob allerdings eine (auch organisch bedingte) Fehlhaltung sich verstärkt oder das Kind bei seinem Entwicklungsgang gehindert wird und die ihm eigenen Möglichkeiten verhindert werden, hängt in einem hohen Maße von den Menschen ab, die das Kind begleiten.

Kein Kind muß wegen einer organischen Gegebenheit behindert werden, sogenannte „Haltungsanomalien" sind keine Einschränkung seiner Persönlichkeitsentfaltung, wenn das Kind förderliche Bedingungen antrifft.

3.2.1 (Fehl-)Haltungen aus orthopädischer Sicht

Der Rücken

Der *Rundrücken* (die *Kyphose*) ist eine bei Kindern häufig zu sehende Fehlhaltung der Wirbelsäule, oft nur eine Gewohnheitshaltung. Viele Kinder haben eine vorgebeugte Haltung beim Sitzen, ihre Schultern sind nach vorne geschoben, ihre Brustwirbelsäule ist gerundet. Es fällt ihnen schwer, sich gerade aufzurichten.

Wenn der Rücken im Bereich der Lendenwirbelsäule übermäßig gerundet ist, sprechen wir von einer *Sitzkyphose*. Eine solche sehen wir bei Säuglingen und Kleinkindern, wenn sie frei zu sitzen beginnen und wenn sie lernen, sich zum Sitzen aufzurichten, und in dieser Phase gehört die frühkindliche Sitzkyphose eine Zeitlang zum physiologischen Entwicklungsweg. Bei Vorschulkindern hingegen ist sie den Haltungsschwächen zuzuordnen. Sie kann auch mit einer sich verzögerten Entwicklung insgesamt verbunden sein.

Manche Kinder haben einen *Flachrücken*. Ihr Rücken ist recht unbeweglich, und diese Haltungsauffälligkeit ist häufig in Verbindung mit einer Trichterbrust (sie wird nachfolgend erklärt) zu sehen.

Das *Hohlkreuz* (die *Lordose*) ist eine nach vorne konvexe[48] Verbiegung der Wirbelsäule, meistens im Lendenbereich und sehr oft eine angeborene Entwicklungsstörung, auch in Verbindung mit einer Hüftgelenksanomalie. Als eine gewohnheitsmäßige Haltungsschwäche ist das alleinige Hohlkreuz bei Kindergartenkindern sehr selten.

Diejenige Haltungsschwäche der Wirbelsäule, die wir im Vorschulalter am häufigsten sehen können, ist der *hohlrunde Rücken*, der durch eine kyphotische Haltung im Bereich der Brustwirbelsäule, verbunden mit einer Lordosehaltung der Lendenwirbelsäule, gekennzeichnet ist. Die Kinder sind stets muskel- und bindegewebsschwach (typisch ist der vorgeschobene Bauch beim Gehen durch die recht schlaffe Bauchmuskulatur zusammen mit vorgeneigten Schultern), und sie zeigen gleichzeitige Fußschwächen.

Die *seitliche Verbiegung* der Wirbelsäule, die meistens auch mit einer Verdrehung von Wirbelsäule und Brustkorb einhergeht, wird als *Skoliose* bezeichnet. Sie kann nach einer Seite verkrümmt sein (links- oder rechtskonvex) oder auch S-förmig in Erscheinung treten. Skoliosen können angeborene Fehlformen sein, entstehen auch nicht selten auf der Grundlage eines rachitischen Erscheinungsbildes oder einer anderen Primärerkrankung. Statische Skoliosen können durch Längendifferenzen der unteren Extremitäten (eines Beines) oder durch Veränderungen im Bereich des Beckens (Hüftluxation) entstehen; sehr selten sehen wir auch das Bild einer *Kyphoskoliose*. Als Haltungsschwäche kann sich eine *skoliotische Fehlhaltung* durch eine ungünstige und unsichere Gewohnheitshaltung, die instabil ist, durch Beckenschiefhaltungen (einseitige Belastung einer Körperseite, zum Beispiel durch einseitiges Tragen von Lasten) bei meist schlaffer Muskulatur zeigen. Wir finden diese einseitige Haltung nicht selten bei jungen und wenig muskelstabilen Schulkindern, wenn sie ihre Bü-

---

[48] *konvex* meint hier, daß die Wirbelsäule nach außen (beim stehenden Kind nach vorne) gewölbt ist (Gegensatz: konkav – nach innen gewölbt).

cher nicht im Ranzen auf dem Rücken, sondern eine schwere Büchertasche tragen.

Asymmetrien, Brustkorb und Gelenke

Bei manchen Kindern fällt uns eine *unsichere Haltung* auf, die sich als eine einfache *Schiefhaltung* oder insgesamt als *Asymmetrie* der Körperhaltung zeigen kann. Auch die Fehlhaltung des Kopfes, nach einer Seite geneigt, kann durch eine einseitige Körperhaltung mit schlaffer oder auch einseitig verspannter Muskulatur entstehen, während der „echte" *muskuläre Schiefhals* eine angeborene Erkrankung ist.

Fehlhaltungen der Wirbelsäule können auch mit Deformierungen des kindlichen Brustkorbes zusammen auftreten oder auf solche zurückzuführen sein, wie die *Trichterbrust,* die mehr als eine Haltungsschwäche ist. Es findet sich bei ihr eine trichterförmige und muldenförmige Einziehung der vorderen Brustwand unter Beteiligung des Brustbeines und der angrenzenden Rippenpartien. Diese, manchmal auch Schusterbrust genannte Veränderung ist immer auch mit einer Schwäche der Wirbelsäule verbunden und häufig familiär anzutreffen. Nicht selten steht sie in einem Zusammenhang mit Atemwegs- oder organischen Erkrankungen des Kindesalters, und immer wieder ist sie mit Erkrankungen und angeborenen Mißbildungen kombiniert. In ausgeprägter Form kann sie eine schwere Entwicklungsstörung sein und die Herz- und Lungenfunktion beeinträchtigen, so daß für manche Kinder auch eine operative Behandlung erforderlich wird.

Bei einer anderen Brustkorbveränderung, auch *Hühnerbrust* genannt, fällt die Vortreibung des Brustbeines mitsamt den angrenzenden Rippenpartien auf. Man spricht daher auch von einer Kielbrust. Als angeborene Entwicklungsstörung ist sie selten, jedoch eine typische Deformität durch Rachitis[49]. Sofern die Rachitis früh behandelt wird, hat die Hühnerbrust eine gute Prognose, und ein betroffenes Kind kann im Rahmen einer ganzheitlichen Bewegungserziehung gut unterstützt und gefördert werden.

> Wenn ein Kind Brustkorb- und andere Skelettdeformitäten zeigt, muskelschwach wirkt und häufig unruhig ist, sollten Erzieherinnen auch an das Vorliegen einer vielleicht nicht beachteten rachitischen Erkrankung denken.

---

[49] *Rachitis* ist eine Vitamin-D-Mangel-Erkrankung. Die im Vordergrund stehende Skelett-Symptomatik erscheint meistens im zweiten Lebenshalbjahr eines Kindes (Muskelhypotonie, Thoraxdeformitäten, Verformung am Kopf und an anderen Skelettteilen). In der letzten Zeit ist eine Zunahme von Rachitis-Symptomen bei Kindern zu sehen, die vorzugsweise durch eine vernachlässigte Rachitis-Prophylaxe verbunden mit einem Ernährungsfehlverhalten, vor allem aber auch im Zusammenhang mit alternativen entwicklungspsychologischen Sichtweisen erklärt werden kann.

Bei allen Asymmetrien, die in der Körperregion des Beckens oder der Hüftgelenke bei einem Kind auffallen, muß an angeborene oder erworbene *Gelenkfehlstellungen* gedacht werden. Wenn ein Kind sich bewegt, als sei es „blockiert" oder „eingeschränkt", sollte den Eltern dazu geraten werden, mit der Kinderärztin Kontakt aufzunehmen. Bei kleineren Kindern ist die *Hüftdysplasie* eine nicht seltene Entwicklungsstörung. Dabei ist die Pfanne des Hüftgelenkes abgeflacht, und es besteht (unbeachtet und unbehandelt) die Gefahr einer Luxation (der Hüftkopf tritt hier aus der Pfanne). Manchmal haben aus einem solchen Grund oder nachwirkend auch Kinder im Kindergarten noch Schwierigkeiten, ihre Beine zu spreizen (sie können nur schwer oder gar nicht im Schneidersitz sitzen), oder sie können nicht gut laufen oder springen. Ein besonderes, seltenes Krankheitsbild tritt vorwiegend bei Jungen auf, die Perthes-Krankheit, meist ab dem fünften Lebensjahr; sie kündigt sich mit Schmerzen beim Bewegen und dem zu beobachtenden Nachziehen eines Beines beim Gehen an. Bei manchen Kindern sehen wir auch recht verschiedene *Kontrakturen* (Gelenksteife, Bewegungseinschränkungen in einem Gelenk, meist im Hüftgelenk, Knie- oder Fußgelenk). In den genannten Fällen und bei anderen ähnlichen Auffälligkeiten, die nicht ohne weiteres erklärt werden können, ist immer die Kenntnis der ärztlichen Diagnose und Behandlung wichtig oder das Einleiten einer entsprechenden Diagnostik mit den Eltern zu besprechen.

Die unteren Extremitäten: Beine und Füße

Das sogenannte doppelseitige *X-Bein* kann zwischen dem vierten und dem sechsten Lebensjahr recht ausgeprägt sein, und es ist praktisch immer mit einem doppelseitigen X-Fuß, auch Knick-Fuß genannt, verknüpft. Wenn aber beim kindlichen X-Bein keine besonderen Umstände, wie etwa angeborene Störungen des Wachstums oder eine verschleppte Rachitis vorliegen, ist es ein Zeichen des individuellen Wachstumsgeschehens und damit eine Haltungsschwäche, die sich im förderlichen Umgang mit dem Kind gut bessert und auch ganz verschwindet.

Anders ist es beim sogenannten doppelseitigen *O-Bein* des Vorschulkindes. Eine solche Beinstellung ist beim Kleinkind im Rahmen der natürlichen Haltungs- und Bewegungsentwicklung normal, beim älteren Kind aber deutet sie auf eine nicht rückgebildete Erscheinung nach einer durchgestandenen Rachitis oder auf andere Ursachen einer Fehlbildung hin und bedarf auf jeden Fall einer ärztlichen Behandlung.

Das sollten Erzieherinnen wissen: Leichte „O-Beine" sind bei Säuglingen physiologisch, im zweiten Lebensjahr nach Gehbeginn und mit dem immer sicherer werdenden Gehen und Laufen des Kindes verschwinden sie allmählich ganz.

Auch hieran sollten Erzieherinnen denken: Das doppelseitige „X-Bein" ist im dritten und vierten Lebensjahr des Kindes völlig physiologisch. Es ist wachstumsbedingt und bei der Mehrzahl aller Kinder diesen Alters zu sehen, nicht mehr aber bei den Schulkindern.

Der *kindliche Fuß* ist kein starres Gewölbesystem, er ist vielmehr elastisch gegliedert und braucht für seine natürlichen Funktionen die federnden Bewegungen des ganzen Körpers. Es gibt natürlich eine ganze Reihe angeborener oder im Zusammenhang mit bestimmten Krankheitsbildern stehende Fußschäden, wie den *Spitzfuß* bei Kindern mit zerebralen Bewegungsstörungen oder schlaffen Lähmungen, den *Hohlfuß*, den *Hackenfuß* und den *Sichelfuß* als angeborene, selten als erworbene Fehlstellung, aber auch als Folge von Erkrankungen des Nervensystems und den *Klumpfuß* als angeborene Entwicklungsstörung auf erblicher Grundlage und oft mit anderen (zerebralen) Entwicklungsstörungen verbunden. Einige Kinder zeigen auch Auffälligkeiten, die *ihre Zehen und die Zehenstellung* betreffen.

Sehr viele Kinder aber haben Fußschwächen, die zu den Haltungsschwächen insgesamt zu zählen sind. Sie entstehen praktisch immer durch funktionelle Fehlbelastungen und Fehlbedingungen, die den Bedürfnissen der Formung und Leistung des wachsenden Kinderfußes nicht entsprechen. Hierzu gehört vor allem der *Knick-Senk-Fuß* oder *Knick-Senk-Spreizfuß*. Bei diesen Kinderfüßen ist die natürliche Fußwölbung abgeflacht, der Fuß gesenkt, die Ferse in Knickstellung, und die gesamte Fußmuskulatur ist schwach, bei besonderer Ausprägung sprechen wir von einem *„Plattfuß"*, auch vom *„Knick-Plattfuß"*. Stets ist es so, daß die Beanspruchung der Füße das Tragvermögen übersteigt, es kommt dadurch zu Ermüdungserscheinungen, die sich in ungünstigen Belastungen (der Füße, des Rükkens) beim Sitzen oder Stehen und in der gesamten Körperhaltung des Kindes abbilden.

3.2.2 Kindgerechte Haltungs-Bedingungen

Es gibt keine „isolierten" Schwächen. Kindliche Haltungsschwächen der Wirbelsäule und der Füße bedingen sich und sind oft das Ergebnis einer nicht bedürfnisgerechten und nicht förderlichen Umgebung: Fehlhaltungen der Wirbelsäule können durch *nicht kindgerechte Fußbedingungen* entstehen, die zu Fußschwächen geführt haben. *Nicht kindgerechte Wirbelsäulenbedingungen* bewirken Rückenschwächen bei Kindern und können zu Fußschwächen führen, und für die möglichen Entstehungszusammenhänge kann niemals das Kind verantwortlich sein.

Wenn Erzieherinnen den Kindern geeignete Anregungen geben möchten, sollten sie auf Schwierigkeiten, die ein Kind mit seiner Körperhaltung hat, eingehen. Dies erfordert längst nicht immer eine aufwendige Diagnostik: Sehr oft genügt es schon, auf ein kleineres oder größeres Problem aufmerksam zu werden, wenn die Erzieherin ihre Kinder *bei der Fortbewegung und im Spiel* betrachtet: Asymmetrien, Hypo- und Hyperdynamik und vieles mehr lassen sich in den Bewegungen des ganzen Körpers erkennen. Fußschwächen, die beim ruhig stehenden Kind nicht gleich eingeschätzt werden können, können beim langsamen oder schnellen Gehen oder beim Rennen sehr deutlich werden.

Erzieherinnen müssen auch wissen, daß Bewegungsaktivitäten für manche der Kinder nicht einfach sind und daß auch liebgewonnene Spielhandlungen sie überfordern können: Ein muskel- und bindegewebsschwaches Kind ist leichter als andere Kinder „müde" und „schlapp", wenn Anforderungen in ihrer Dosierung seine statomotorischen *Leistungsmöglichkeiten* übersteigen. Es braucht keine besondere Therapie, aber eine Anregung seiner *Leistungsfähigkeiten* durch motivierende Angebote.

Die wenigsten Haltungsschwächen müssen „von außen" korrigiert werden: Das tuen viele Kinder selbst, wenn ihnen eine gute räumliche, sächliche, emotionale und soziale Umwelt angeboten wird.

Haltungen sind individuell

Es ist für Erzieherinnen hilfreich, auch daran zu denken, wie individuell die momentane *Kondition* bei Kindern ist und daß auch die augenblickliche und augenscheinliche Haltung eines Kindes von den Rahmenbedingungen und von sozialen Gegebenheiten abhängig ist. Auch die körperliche Veranlagung von Kindern muß bedacht werden und daß Kinder sich schon in ihrem *Körperbau* anlagemäßig erheblich unterscheiden:

Das alles muß im täglichen Ablauf bedacht werden, und alle Tagesvorhaben müssen variabel bleiben und – die verschiedenen Kinder betrachtend – in ihren Aufgaben und Schwierigkeitsgraden abwechslungsreich sein: Es gibt Kinder, die eher asthenisch, andere, die athletisch oder pyknisch wir-

ken[50]. *Kinder sind kräftig, adipös, groß, gedrungen, muskulös oder dünn, schmal, zart, zerbrechlich... Kinder haben Unter- oder Übergewicht, Kinder sind belastbar oder auch nicht.*

Das asthenisch genannte Kind hat einen grazilen Muskel- und Knochenbau und neigt haltungsmäßig am leichtesten zu Schwächen. Von seiner Anlage her wird es bindegewebig und muskulär oft nicht gut „gehalten" und braucht daher angemessene äußere Bedingungen.

4. Bewegungshemmnisse und Entwicklungs-verzögerungen

Es gibt Kinder, die sehr bewegungsfreudig sind, sich am liebsten im Freien aufhalten und für die Springen, Rennen und Tollen und die damit verbundenen spielerischen Aktivitäten elementare Bedürfnisse sind.

Andere Kinder verhalten sich eher ruhig, sie sitzen gerne und haben vielleicht Freude an feinmotorischen Betätigungen oder „beschaulicheren" Spielbeschäftigungen. Sie bewegen sich „gemäßigt" und haben keinen großen Bewegungsdrang, dafür aber andere Handlungsinteressen.

Das Bewegungsverhalten von Kindern im Vorschulalter ist sehr individuell, und Erzieherinnen sollten viele Variablen zulassen und als persönliche Fähigkeiten akzeptieren. Es gibt Kinder, die aus sich heraus „Motoriker" sind, andere sind es nicht. Individualität darf nicht mit Auffälligkeit verwechselt werden.

Wenn allerdings die Bewegungsbedürfnisse eines Kindes, durch welche Bedingungen auch immer, eingeschränkt werden, gilt es, die Erschwernisse zu erkennen, die seine Entwicklung hemmen könnten. Um einem Kind die von ihm gewünschte förderliche Hilfe geben zu können, erscheint es sehr sinnvoll, für „Hindernisse" sensibel zu sein und auf ursächliche Faktoren und Bedingungen einer psychomotorischen Erschwernis aufmerksam zu werden.

---

[50] Es sind verschiedene sogenannte *physiologische Konstitutionstypen* bekannt. Als asthenischer (leptosomer) Typus gilt ein Mensch, der eher mager, schmal, aufgeschossen ist. Beim athletischen Typus ist an breite, ausladende Schultern, sportliche Trainiertheit gedacht. Als pyknischer Typus wird ein Mensch mit eher gedrungener Figur angesehen, der dysplastische Typus bezeichnet einen eher zart entwickelten, dysharmonisch wirkenden Körperbau. Diese Gruppeneinteilung (nach Kretschmer) ist natürlich nur ein ungefähres „Raster", in der Betrachtung und in der Beobachtung von Kindern ist sie eher nur ein Hinweis und ein kleiner Anhaltspunkt für die Einschätzung ihrer Körperlichkeit.

4.1 Psychomotorische Eigenheiten

Bei manchen Kindergartenkindern können wir Bewegungsabläufe sehen, die uns nicht gut aufeinander abgestimmt, vielleicht unharmonisch oder insgesamt wenig koordiniert erscheinen, und ihre Körpermotorik wirkt nicht so „sicher" und „selbständig" wie die der meisten Kinder des Vorschulalters.

Solche und andere psychomotorischen Eigenheiten eines Kindes sind nicht immer spontan zu sehen oder in den kindlichen Handlungen als „besonders" zu beobachten, vor allem dann nicht, wenn ein Kind sich in seiner eigenen Spiel- und Bewegungsplanung *entsprechend seines ihm zur Verfügung stehenden Bewegungsrepertoires* recht dosiert verhält. Manchmal wird dem Kind „seine" Psychomotorik erst dann bewußt und vielleicht zum Problem, wenn es um gemeinsame Spiel- und Bewegungsaktivitäten geht, die in der Kindergruppe aufgegriffen werden und denen es dann nur schwer folgen kann. Es kann nicht gut „mitmachen" und hält sich daher auch in vielem zurück.

Sehr oft kann seine Psychomotorik für uns ein *Signal* sein, und mit dem ihm eigenen Verhalten sendet es uns *Botschaften*, die wir beachten sollen. So kann es sein, daß ein Kind beim Ballspielen eine Ungeschicklichkeit zeigen muß, die ihm selbst hinderlich ist, oder es erlebt auf dem Spielplatz, daß es sich im Umgang mit Klettergeräten und Fahrzeugen schwertut, obgleich es sich sehr darum bemüht.

Es sind die folgenden grobmotorischen oder auch feinmotorischen Verhaltensweisen, die es erforderlich machen können, in der erzieherischen Unterstützung von Kindern auf sie zu achten:

Eine *psychomotorische Ungeschicklichkeit* kann sich darin zeigen, daß ein Kind Schwierigkeiten beim Balancieren hat. Manchmal werden seine körpermotorischen Aktivitäten durch *assoziierte*[51] Mitbewegungen von einzelnen Körperteilen, die unwillkürlich und unkontrolliert erscheinen, erschwert. Manche Kinder haben visuo-motorische Schwierigkeiten: Wenn sie sich fortbewegen möchten (zum Beispiel rennen, klettern oder balan-

---

[51] Wir sprechen von *assoziierten Bewegungen,* wenn Mitbewegungen verknüpft mit einer Bewegungshandlung und gemeinsam mit ihr auftreten, obwohl sie nicht gewünscht und dem Kind in diesem Moment, in einer konkreten Situation, nicht nützlich, sondern hinderlich sind: Wenn ein Kind an einer Spielhandlung „ein Hindernis überwinden" beteiligt ist, können sich im Falle assoziierter motorischer Reaktionen fahrige „Mitbewegungen" der Arme und Hände zeigen, die für das Kind seine für dieses Spiel notwendige gesamte Koordinationsfähigkeit beeinträchtigen. Wenn ein Kind eine Perlenkette auffädeln möchte, „arbeitet der ganze Körper mit", und dies kann das Kind in seiner feinmotorischen Betätigung erheblich stören.

cieren), haben sie Probleme, ihre Motorik zu kontrollieren und mit den Augen zu steuern. Schwierigkeiten im geschickten Verhalten können sich auch in der fein- und handmotorischen Betätigung zeigen, und es fällt manchen Kindern schwer zu malen, zu basteln oder auch „geschickt" zu essen.

Wenn die kindliche Spontaneität der Bewegungen fehlt und ein Kind ängstlich, eher steif und in manchen Situationen verkrampft wirkt, wird das häufig als *psychomotorische Gehemmtheit* bezeichnet. Die so beschriebenen Kinder haben meistens Haltungsschwächen und lieben es nicht, großräumige Bewegungsabläufe auszuführen, so zum Beispiel beim Rennen und beim Ballspielen. Manches Kind ist von Bewegungsspielen deshalb verständlicherweise wenig begeistert und möchte sich zum Zeitpunkt der „Turnstunde" eher zurückziehen.

Andere Kinder haben demgegenüber einen großen Bewegungsdrang, sie wirken eher ungestüm, ihre Motorik ist wenig gehemmt und allzu spontan, und das Kind kann sie nicht gut „beherrschen". Ein solches Verhalten wird häufig als *psychomotorische Unruhe* bezeichnet, und das Kind scheint insgesamt unkonzentriert, trotz mancher Mühe, die es sich macht, sind seine Bewegungen „überschießend" und wenig kontrolliert.

Einige Kinder scheinen kein gutes „Gefühl" für ihre Muskeln und den Umgang damit zu haben, und ihr *kinästhetisches Empfinden* scheint gering zu sein.

Bei manchen Kindern kann beobachtet werden, daß sie ihren Bewegungshaushalt nicht so gut dosieren können und daß sie manchmal *Gefahrenmomente* nicht richtig einschätzen oder ein Bewegungsrisiko, etwa die Höhe einer Mauer und die Fähigkeit, mit einiger Sicherheit von ihr herunterzuhüpfen, nicht ohne weiteres abschätzen können.

Als allgemeine *psychomotorische Koordinationsschwierigkeit* kann ein Verhalten angesehen werden, wenn das Kind Probleme mit seinem *Gleichgewicht* hat, nicht so leicht seine Balance findet und wenn es ihm schwerfällt, viele Bewegungsabläufe komplex zu koordinieren und harmonisch aufeinander abzustimmen. Ein Kind mit geringeren Gleichgewichts- und Koordinationsfähigkeiten tut sich nicht leicht bei motorischen Wettspielen oder beim Erlernen des Radfahrens und des Schwimmens, und es ist nur allzu verständlich, daß es sich gerne zurückzieht, wenn ihm motorische „Künste" abverlangt werden sollten.

4.2 Hand- und feinmotorische Aktivitäten und mögliche Schwierigkeiten darin

Je mehr feinmotorische Fähigkeiten ein Kind entwickelt, desto selbständiger kann es in seinen alltäglichen Handlungen sein. Das Zusammenspiel der Hände, das Greifen-Können und das aktive Erfühlen und Ertasten dabei *(haptische Wahrnehmung)*, seine Augenbewegungen und die Koordination von Augen und Hand *(Augen-Hand-Kontrolle)* sind wichtige feinmotorische und visuelle Aktivitätsbereiche.

Handeln können, in der Kindergruppe spielen, malen und etwas gestalten können ist leichter mit einer guten Handmotorik, und *lernen können* und *verstehen können* sind leichter, wenn es dem Kind möglich ist, geschickt zu hantieren.

4.2.1 Die Beobachtung der Greifentwicklung beim Kind

Beobachten wir die Greifentwicklung beim Kind vom Säuglingsalter an bis in die Kindergartenzeit hinein, sehen wir deutlich, daß Handbewegungen zuerst ein Teil eines generalisierten Bewegungsmusters sind, daß die Einzelbewegungen (Hand-Finger-Daumen) sich erst allmählich aus Totalbewegungen verselbständigen und daß für das sichere kontrollierte aktive Hantieren des Kindergartenkindes immer auch die Koordination von Augen und Hand bedeutsam ist.

Exkurs: Die allmähliche Steuerung beim Greifen

In den ersten Lebenswochen sind die *Greifreflexe* der Hände vorherrschend. Das Kind gebraucht seine beiden Hände gleichzeitig, und es kann seine Hände öffnen und schließen. Aktives Greifen ist dem Kind nicht möglich, solange der Greifreflex besteht, und erst mit der Symmetrie von Kopf- und Körperhaltung, etwa im 4.-5. Monat, können beide Hände zusammengebracht werden. Allmählich lernt das Kind dann das einhändige Festhalten und Loslassen, es entwickelt sein Hand-Augen-Bewußtsein immer besser und steckt Gegenstände gerne in den Mund, um sie zu erfahren. Das Kind greift zuerst im *Fingergriff*, zwischen dem zweiten und dritten oder dem dritten und vierten Finger, kurze Zeit später mit der ganzen Hand im *Faustgriff* und beteiligt seinen Daumen dabei. Wenn es einen Gegenstand erblickt, erfolgt eine beidseitige Annäherung mit den Händen. Das Kind lernt bald, Gegenstände von einer Hand in die andere zu geben, und es nimmt Gegenstände gezielt auf und gibt sie auch ab. Dinge, die für es interessant sind, werden gerne mit Händen und Mund befühlt, es greift zuerst im *Scherengriff*, bald aber, oft schon mit einem Jahr, kann es im *Pinzettengriff* mit gestreckten Fingern (auch

149

Krümelphase genannt) Dinge ergreifen. Wenig später kann das Kind schon überlegt hantieren und manipulieren, es greift im *Spitzgriff* mit gebeugtem Finger und Daumen. Die Augen-Hand-Kontrolle des Kindes wird nun immer perfekter, und ein Blick genügt zur Erfassung der Größe und Form eines Gegenstandes, die Augen wenden sich dabei schon wieder ab, während die Hand den Gegenstand ergreift.

Das Kindergartenkind hat also bereits eine große Strecke auf seinem feinmotorischen Entwicklungsweg bewältigt. Während im Säuglingsalter die natürlichen Greifreflexe aktives Zugreifen, Loslassen und Hantieren noch nicht möglich machten, beherrscht das Kind nun schon komplexe Schulter-Arm-Hand-Finger-Bewegungen, wenn es malt, wenn es graphomotorisch und spielmotorisch agieren möchte. Am Ende der Kindergartenzeit wird von einem Kind die „reife Funktion" in der Steuerung des Hantierens erreicht, und nun beginnt sich auch eine Handdominanz schon recht deutlich abzuzeichnen (vgl. die ausführlichere Darstellung bei ZINKE-WOLTER 1994, S. 83; TIETZE-FRITZ 1995, S. 39 u. 40).

Manche Kinder sind von sich aus feinmotorisch und handwerklich geschickter als andere. Erzieherinnen müssen sich daher auf unterschiedliche Begabungen und „Handhabungen" einstellen.

4.2.2 Wenn Kinder sich mit dem Greifen schwertun

Wenn Kinder sich im geschickten Greifen schwertun, kann das an *fehlenden Einübungsmöglichkeiten* und an *fehlenden Gelegenheiten* zum Hantieren liegen, denn gerade Geschicktheit und Geschicklichkeit üben Kinder im Spiel und in den von ihnen gewünschten oder gewählten Tätigkeiten. Es kann sein, daß ein Kind bisher nicht genügend Freiraum erfahren hat, um sich zu betätigen, oder daß ihm Handlungen abgenommen wurden, weil ihm ein selbständiges Hantieren nicht zugetraut wird, zum Beispiel aus Ängstlichkeit, eine Kaffeetasse könnte zerbrochen werden. Für dieses Kind bietet der Kindergarten eine gute Chance, in Gemeinsamkeit versäumtes Üben schnell nachzuholen und *„Handlungs-Erfahrungen"* zu machen.

Manche Kinder zeigen mit ihren Spielhandlungen, daß sie sich mit ihrer hand- und feinmotorischen Entwicklung noch in einer eher *„frühkindlichen"* Entwicklungsphase befinden. Das kann besonders beim Ergreifen von kleinen Gegenständen, da, wo die Beherrschung des Greifens, etwa des sogenannten Pinzettengriffes, erforderlich wird, auch beim Malen, beim versuchten Schneiden mit der Schere oder zum Beispiel beim Frühstück deutlich werden.

Manchmal hindert ein *Persistieren frühkindlicher Reflexmuster*[62] ein Kind daran, seine nächsten und aufbauenden Entwicklungszonen schnell und entwicklungsgerecht zu erreichen, und dieses Kind braucht dann eine gezielte, manchmal auch fachspezifische förderliche Unterstützung.

Auch Kindern mit Schwierigkeiten in der *taktilen Wahrnehmung* fällt das Erlernen feinmotorischer Fähigkeiten schwer, und sie brauchen eine Hilfe zur besseren Ausbildung ihres Berührungssinnes, ihrer taktilen und haptischen Wahrnehmungsfähigkeiten, damit perzeptives Handeln ermöglicht wird.

Vor allem aber Kinder mit Beeinträchtigungen bei der *visuellen (optischen) Wahrnehmung* haben es nicht leicht, handmotorische Fertigkeiten zu entwickeln, und besonders schwer hat es natürlich ein *sehgestörtes* oder ein *blindes* Kind, das keine Augen-Hand-Verbindung entwickeln kann. Es ist im übrigen durchaus nicht selten, daß visuelle Schwierigkeiten, Sehschwächen und organische Störungen der Augenfunktionen erst im Kindergarten entdeckt werden, und es ist für Erzieherinnen wichtig, den feinmotorischen Tätigkeiten ihrer Kinder, dabei aber auch immer *den Tätigkeiten der Augen* eine besondere Beachtung zu schenken.

Wenn ein Kind Schwierigkeiten mit dem Greifen hat und wenn ihm seine Augen-Hand-Kontrolle nicht leicht gelingt, ist eine *fachärztliche* Beratung angezeigt. Erzieherinnen können sich auch an eine sie beratende *Orthoptistin* wenden, wenn sie eine visuelle (optische) Beeinträchtigung beim Kind vermuten.

4.3 Das Problem mit der Lateralität

Unter *Lateralität* verstehen wir das Vorherrschen, die *Dominanz* einer Körperseite in ihren handlungsorientierten und kinästhetischen Funktionen, die Rechts- oder Linksseitigkeit. Eine Rechts- oder Linksdominanz bezieht sich nicht nur auf die Bevorzugung der rechten oder der linken Hand, und wir sprechen daher nicht nur von Händigkeit; es gibt vielmehr die „Seitig-

---

[62] Wenn die im Säuglingsalter natürlichen frühkindlichen Reaktionen, durch die hand- und feinmotorisches Handeln beeinflußt wird, bei einem Kind länger als vom Entwicklungsablauf her erwartet bestehenbleiben und nicht durch aktive Bewegungsmöglichkeiten abgelöst werden, sprechen wir von *persistierenden Reflexmustern*. Sie stehen stets im Zusammenhang mit den Reifungs- und Koordinationsprozessen des zentralen Nervensystems (ZNS) und können manchmal auch noch ein Kindergartenkind beim gewollten Hantieren hindern, wenn es seine Arme bewegen, die Hände zur Körpermitte hin zusammenführen, Gegenstände in den Händen auswechseln und insgesamt geschickte und komplexe hand- und feinmotorische Tätigkeiten ausführen möchte.

keit", die Betonung einer Körperseite, eine *„Händigkeit"* und eine *„Beinig- keit"*.

Viele Kinder haben ihre „Lieblingsseite", und so sind zum Beispiel auch schon Kindergartenkinder auf einem Bein besonders „standfest".

Dominanz ist eine *angeborene Disposition* beim Menschen, und hirnphy- siologisch betrachtet, ist sie das Überwiegen einer Gehirnhemisphäre über die andere. Die dominante Hemisphäre ist vorwiegend verantwortlich für sensomotorische und feinkoordinative Leistungen der führenden Hand, aber auch eines Beines, eines Ohres oder eines Auges.

Rechts- und Links-Händigkeit und -Seitigkeit sind aber nicht schon bei der Geburt eines Kindes ausgeprägt, sondern bilden sich *allmählich* aus.

Diese Ausbildung und Differenzierung hängt mit der Spezialisierung der beiden Hirnhälften zusammen, und viele Wissenschaftler vermuten einen engen Zusammenhang zwischen Sprach- und Intelligenzentwicklung und der Ausbildung der Seitigkeit, insbesondere der Händigkeit.

Die Psychologin und Therapeutin Marianne FROSTIG etwa hat die Not- wendigkeit der Entwicklung einer Seitendominanz für die Entwicklung des Körperbewußtseins betont (vgl. u. a. 1975). Ihrer Meinung nach geht ein gutes Körperbewußtsein mit der Entwicklung der Rechts-Links-Orientie- rung an sich selber und im Raum einher: Die Unterscheidung zwischen der rechten und der linken Körperseite ist an die Bevorzugung einer Seite gebunden und wird damit eine wichtige Voraussetzung für schulisches Lernen, zum Beispiel beim Erkennen und Differenzieren von sich ähneln- den Buchstaben wie die beiden Buchstaben „p" und „b". FROSTIG und andere Therapeutinnen haben immer wieder auf eine mangelhafte Latera- litätsentwicklung als mögliche Ursache bei Kindern mit *Lernstörungen* wie *Lese-Rechtschreib-Schwächen* und anderen „Teilleistungsstörungen" hin- gewiesen und damit auf die Wichtigkeit der entsprechenden frühzeitigen Beobachtung und fördernden Erziehung von Kindern im Vorschulalter.

Jean AYRES (vgl. 1979 u. 1992) hat darauf aufmerksam gemacht, daß der Entwicklung der *Lateralität* des Kindes stets eine gute *Bilateralintegration* vorausgeht, das heißt, eine gute symmetrische Funktion und Beherr- schung der *beiden* Körperseiten, bevor eine Seitenbetonung sichtbar wird, die dann zu Dominanz-Fähigkeiten hinführt.

Aus diesen Ansichten ist eine Fülle von Übungsvorschlägen und Therapie- konzepten entstanden, die als zielgerichtetes Bewegungslernen in der Kin- derpädagogik Beachtung gefunden haben. So sollte in der Früherziehung darauf geachtet werden, daß die Handmotorik vor dem Auftreten der Seitendominanz *beidseitig unterstützt wird* und das Kind *seine Seite* finden kann. Es soll ihm Gelegenheit gegeben werden, mit beiden Händen (und Beinen, und Füßen) zu agieren und sich darin zu üben, „damit das Kind später seine Händigkeit unter unverfälschten Bedingungen finden kann und nicht nur die vermeintlich bessere Hand benutzt werden muß" (ZINKE-WOLTER 1994, S. 81).

4.3.1 Händigkeitsentwicklung

Die Bevorzugung der rechten oder der linken Hand steigt vom 18. Lebensmonat des Kindes bis ins dritte Lebensjahr auf über 90 Prozent an, und erst vom achten bis zum zehnten Jahr ist die Händigkeit beim Kind dann endgültig festgelegt.

Die Händigkeitsentwicklung ist also dem kindlichen *Entwicklungsalter* zuzuordnen und braucht bei dem einen Kind mehr Zeit als bei einem anderen. Für die erzieherische Praxis ist die Tatsache von großer Bedeutung, daß die Händigkeit in den ersten Lebensmonaten eines Kindes *noch nicht* nachweisbar ist, sondern ein vermeintlich dominantes Greifen und Festhalten eher ein Verdachtsmoment für eine Entwicklungsverzögerung, aber auch für eine Hirnfunktionsstörung, zum Beispiel ein erstes Anzeichen für eine beginnende hemiparetische Entwicklung, sein kann.

Wenn ein Kind in den ersten Lebensmonaten nahezu ausschließlich *eine* Hand (einen Arm) beim Hantieren benutzt und *eine* Seite (rechts oder links) sehr auffällig bevorzugt, ist das keine Entwicklungsvariante, sondern gibt Anlaß zu einer kinderärztlichen Untersuchung. Im Kindergartenalter hingegen ist eine Dominanz entwicklungsgerecht.

Exkurs zur Händigkeitsentwicklung. *Eine Übersicht (vgl. in TIETZE-FRITZ 1995, S. 41).*

6 Monate: Es herrscht Symmetrie vor: Kopf in Mittelstellung. Beide Hände werden gleichzeitig gebraucht und bis zur Körpermittellinie geführt.

18 Monate: Die Bevorzugung einer Hand zeichnet sich schon ab. Viele Aufgaben werden noch beidhändig gelöst. Beidhandaufgaben zeigen noch keine Rollenverteilung in führende und assistierende Hand.

23 Monate bis 3 Jahre: Zunehmend tritt eine führende Hand hervor. Die Aufgabenerledigung wird immer händiger: mit dem Löffel essen, aus dem Becher trinken, malen, mit Klötzen bauen.

3 bis 4 Jahre: Gemeinsam mit der Fähigkeit, eine einfache, aber mehrphasige Handlung zu planen (Öffnen des Schrankes, Entnehmen von

Tassen und Tellern, Verteilen derselben auf dem Frühstückstisch) und motorisch auszuführen, wird die führende Hand geschickter und ausschließlicher.

6 Jahre: Sichere Händigkeit mit gleichzeitig entwickelter Fähigkeit, rechts und links an sich selbst zu unterscheiden.

Rechts- oder Linkshändigkeit und ihre Bedeutung

Rechts- oder Linkshändigkeit bedeutet, feine koordinierte Bewegungen, die Geschicklichkeit erfordern, leichter und besser mit der rechten oder mit der linken Hand auszuführen. Die bevorzugte Hand wird intensiver und häufiger als die andere benutzt. Bei Tätigkeiten, für die beide Hände zu benutzen sind, übernimmt sie den schwierigeren Teil. Wir wissen nicht genau, warum die Händigkeit meistens rechts zu finden ist, aber es ist sicher, daß die meisten Menschen die rechte Seite bevorzugen, „und zwar unabhängig davon, ob in dem jeweiligen Kulturkreis von rechts nach links, von links nach rechts oder von oben nach unten geschrieben wird" (ZINKE-WOLTER 1994, S. 81).

Wie weit eine vermehrte Rechtshändigkeit auf die Erziehung zurückgeführt werden kann, ist sehr unklar. Als sicher gilt, daß beim Neugeborenen oft eine bevorzugte Kopfhaltung beobachtet wird, und zwar meistens zur rechten Seite hin. Das kann schon eine angeborene „Tendenz" sein. Es wird aber auch vermutet, daß dadurch die Hand der Gesichtsseite die „bewußtere" wird, weil sie wohl zuerst wahrgenommen wird (vgl. a. a. O.).

Ob ein Kind sich rechts- oder linkshändig entwickelt, ist also *seine Individualität,* und im natürlichen Entwicklungsgang sollte sie akzeptiert werden. Es gibt daher auch keinen Anlaß, ein Kind in die Rechtshändigkeit „umzuerziehen", um eines gesellschaftlich passenderen Verhaltens willen.

Ein Kind, das die linke Seite eindeutig bevorzugen möchte, zur Rechtshändigkeit umziehen zu wollen, würde einen gravierenden Eingriff in seinen Entwicklungsgang bedeuten und könnte seine Persönlichkeitsentfaltung erheblich blockieren.

4.3.2 Dominanz und Präferenz

In der Beobachtung der Händigkeit muß zwischen der *Seitendominanz* und der *Seitenpräferenz* unterschieden werden. Im Vergleich zur Dominanz als der angelegten Rechts- oder Linksbetonung bedeutet die Seitenpräferenz die *Bevorzugung* einer Hand, die entstehen wird, wenn ein Kind seine dominante Körperseite nicht gut benutzen kann, etwa wenn die dominante Hand bewegungseingeschränkt ist aufgrund einer zentral bedingten Koordinations- oder Bewegungsstörung. Es handelt sich dann um eine *erworbene Präferenz*, die zwangsläufig sein kann oder für das kind eher „der Not gehorchend".

Erzieherinnen müssen daher beim „Hantieren" mit den Kindern wissen, daß Seitendominanz und Seitenpräferenz nicht immer identisch sind und daß sie ein Kind in *seiner* Festlegung unterstützen können. „Es leuchtet jedem ein, daß ein Kind mit rechtsseitiger Bewegungsstörung seine Präferenz auf der linken Seite suchen wird, wenn die geschädigte Seite nicht in der Lage ist, feinmotorische Aufgaben zu bewältigen. Dies sagt aber noch nichts über eine ursprünglich angelegte Dominanz aus" (ZINKE-WOLTER 1994, S. 82).

„Unechte Rechtshänder" finden sich bei Kindern, die doch und ohne einsichtigen Grund umerzogen worden sind. „Unechte Linkshänder" finden wir bei Kindern mit einer „diskreten feinmotorischen Störung", die ihre Rechtsgeschicklichkeit einschränkt, und Erzieherinnen sollten gerade einem solchen Kind (und im übrigen jedem Kind) einen Entwicklungsfreiraum geben, der es ihm ermöglicht, „seine Seite" und damit die ihm eigene Seitigkeit und Händigkeit zu finden. Sie sollten ihm helfen, so zu hantieren, wie das Kind dies für sich beschlossen und als praktikabel und sinnvoll erachtet hat.

4.4 Die Bedeutung von Handlungs-Erfahrungen

„Handlungs-Erfahrungen" sind für die Persönlichkeitsentwicklung von Kindern von größtem Wert, und ein jedes Kind kann sie seinen jeweiligen Möglichkeiten entsprechend machen. Sie sind mehr, als etwas mit den Händen schaffen zu können, und mehr als das Gebrauchen der Hände als Greifwerkzeuge.

ZINKE-WOLTER (1994, S. 79 u. 80) hat auf ihre weiterreichende Bedeutung hingewiesen und den Zusammenhang von „Spüren-Bewegen-Lernen" umfassend herausgestellt: „Hände können umarmen und umfassen, aber auch abwehren und wegstoßen", und „das 'Fingerspitzengefühl' ist..., wie im Sprachraum bekannt, nicht nur das Gefühl in den Fingerspitzen, sondern es wird durch das sensorische Lernen auch unser Feingefühl im erweiterten Sinne entwickelt." Die Hand ist auch „ein wichtiges Kommunikationsmittel, zunächst allein durch die Gestik, später als Begleitung der Sprache", und: „Wir sollten Kindern die Chance geben, sich in die Welt 'einzufühlen', damit sie Fingerspitzengefühl für sich, ihre Mitmenschen und ihre Umwelt erfahren und erlernen".

4.5 Die Retardierung
oder: das sich langsamer entwickelnde Kind

Wenn die Entwicklung eines Kindes auffallend langsamer verläuft als bei Kindern vergleichbaren Alters, sprechen wir auch von einer *Entwicklungsverzögerung* oder *Entwicklungsretardierung*.

Ein Kind kann in seiner gesamten psychomotorischen Entwicklung noch nicht so weit sein wie die meisten anderen Kindergartenkinder, so zum Beispiel beim Treppensteigen noch die Sicherheit eines Haltes brauchen und dabei langsamer und eher zurückhaltend sein oder sich „zögerlich" verhalten.

Ein Kind kann auch nur *in einem einzigen Bereich* verzögert erscheinen, so zum Beispiel in der Bewegungskoordination beim Klettern oder beim Radfahren, nicht aber in seinen anderen alltäglichen psychomotorischen Handlungen.

Viele „Verzögerungen" eines sich langsamer als andere entwickelnden Kindes sind *vom Kind selbst aufholbar*, wenn es die richtigen Anregungen erhält und sein Entwicklungsgang aufmerksam begleitet wird. Im übrigen verläuft keine kindliche Entwicklung wie eine andere, und jedes Kind hat das Recht, sich langsamer als ein anderes zu entfalten.

Frühgeborene Kinder

Eine regelmäßig langsamere Entwicklung sehen wir *bei frühgeborenen Kindern*, und es kann leicht sein, daß ihr *Entwicklungsalter* nicht mit dem Lebensalter übereinstimmt. Nicht nur in ihrem ersten Lebensjahr dauert es bei ihnen länger, bis sie, bei motorischen Fertigkeiten angelangt, die nächste Entwicklungszone erreichen, sondern bis hinein in das Vorschul- und erste Schulalter brauchen sie mehr Zeit für sich und ihre Psychomotorik als die meisten anderen Kinder.

Ein Vorschulkind, das frühgeboren war, braucht in erster Linie Zeit und sollte nicht zum motorischen Aufholen „gedrängt werden". Es bestimmt das Erreichen seiner nächsten Entwicklungszone selbst, hat *sein eigenes Entwicklungstempo* und erwartet lediglich Verständnis und eine behutsame Begleitung.

Ein eigenes Entwicklungstempo, das Zeit braucht, ist nicht selten auch bei Kindern nach einer langen *Erkrankung* zu beobachten, auch besonders dann, wenn die Krankheit mit einem Klinikaufenthalt oder mit orthopädisch angezeigten Bewegungseinschränkungen (Fixierungen) verbunden sein mußte. Motorisches Handeln kann für dieses Kind verständlicherweise eine Zeitlang recht mühsam sein, und dieses Kind sollte im Kindergarten eine gute Beobachtung und eine besondere Ermunterung beim Ausprobieren seiner motorischen Fähigkeiten erhalten.

Benachteiligte und vernachlässigte Kinder

Einen nicht unbedeutenden Entwicklungsrückstand erfahren leider viele Kinder, die *sozial benachteiligt* oder *vernachlässigt* werden, und solche Kinder, die nur wenig Zuwendung haben oder wenige Sinnesangebote (Stimulationen) erhalten, aber auch Kinder, die vielleicht zu viele und unpassende Eindrücke in ihrer Umgebung erleben und überfordert sind. Für diese Kinder ist es die wichtigste erzieherische Aufgabe, herauszufinden, welche Zuwendungen sie entbehren und benötigen, und auch, wieviel oder wie wenig sie annehmen oder ablehnen möchten. Der Kindergarten kann für die Kinder ein Ort des Ausgleichs sein und sie mit sozialintegrativen Anregungen entwicklungsfördernd bereichern.

5. Kindliche Verhaltensweisen in Wahrnehmung und Perzeption

Das psychomotorische Handeln eines Kindes ist ohne Wahrnehmungsfähigkeiten nicht denkbar. Jedes Kind nimmt Informationen auf und verarbeitet sie, seinen Fähigkeiten und Möglichkeiten entsprechend.

Motorik und Sensorik stehen in einer ständigen Wechselbeziehung zueinander, und wir wissen, daß schon das ungeborene Kind im Mutterleib fühlen und erfahren kann und daß das kindliche Fühlen und Lernen hier schon seinen Anfang nimmt. „Durch die Tast- und Gleichgewichtswahrnehmungen strukturiert sich das kindliche Gehirn schon intrauterin... Das Kind erfährt das Bewegtwerden durch die Bewegungen der Mutter. Daran gewöhnt es sich, und Gewohntes vermittelt Sicherheit" (ZINKE-WOLTER 1994, S. 50).

5.1 Das Kind und seine Sinneserfahrungen

Für das Kind in den ersten Lebensjahren sind alle *Informationsverarbeitungsprozesse* ein Austausch zwischen ihm selbst und seiner Umgebung. Seine Perzeption umfaßt viele Mechanismen, die bei der Weiterleitung von äußeren Eindrücken eingesetzt werden. Ganz verschiedene sensorische Eindrücke, zentrale Organisations- und Speichersysteme und Wiedererkennungsvorgänge wirken zusammen und ermöglichen so dem Kind, daß es handeln kann. Alle seine perzeptiven Handlungen im Vorschulalter sind von diesen Aufnahme- und Speicherungsmöglichkeiten des kindlichen Gehirns und seinen zentralen Wiedererkennungsprozessen, genauso aber auch *von den Angeboten,* die das Kind erhält, abhängig.

Jedes Kind empfindet viele *Sinneseindrücke* und signalisiert uns seine Antwort darauf als *seine Reaktion im Handeln.* Dieses komplexe Handeln, das wir *Perzeption* nennen, ist eine sehr bedeutende Voraussetzung für Interaktionen und *Beziehungen*, die Kinder miteinander und mit ihren Bezugspersonen suchen und haben können. Es wird zur Kommunikation, wenn das Kind gelernt hat, Bedeutungen von dinglichen und sozialen Wahrnehmungseindrücken zu verstehen und zu erfassen.

Kinder können durch äußere und innere Sinnesreize Informationen gewinnen (Rezeption). Sie werden mittels der Rezeptoren, die über den ganzen Körper verteilt sind, aufgenommen und weitergeleitet. Viele Sinneswahrnehmungen sind sehr eng miteinander verbunden und für ein Kind selten einzeln erfahrbar. Die nachfolgend aufgeführte Einteilung ist daher nur als Übersicht zu verstehen:

Die Oberflächensensibilität
Kinder erfahren Sinnesreize, die von außen kommen *(Exterozeption).* Über die Haut fühlen sie durch ihr Tast- und Berührungsempfinden Berührungen, wie Druck, Temperatur und Schmerz. Diese eher passiven Empfindungen werden auch als *Oberflächensensibilität* und als *taktile Wahrnehmung* bezeichnet. Wenn ein Kind aktiv tastet und erfühlt, wird dies der *haptischen Wahrnehmung* zugeordnet und ist schon mit hand- und feinmotorischen Fähigkeiten verbunden.

Das Riechen und Schmecken
Kinder sind bereits früh zu ersten taktilen Wahrnehmungen durch Mund und Lippen fähig. Aus dieser *oralen Sinnesaufnahme* entwickelt sich das *Geruchs- und Geschmacksempfinden* (*olfaktorische* und *gustatorische* Wahrnehmung). Kinder riechen und schmecken. Sie empfinden mit der Nase, dem Mund und mit ihrer Zunge und entfalten so ein Feingespür für Gerüche und Geschmacksrichtungen und sehr bald Vorlieben und Abneigungen gegenüber Dingen und Personen.

Die visuelle und die auditorische Wahrnehmung
Kinder lernen, ihre Informationen mit *visuellen* (optischen) und *auditorischen* (akustischen) Eindrücken zu verknüpfen. Mit ihren Augen als Sin-

nesorganen können sie wahrnehmen und verarbeiten, eine der Vorausset-zungen für die anschaulichen und anderen Denkleistungen und insgesamt für das Erfassen der Umwelt. Die *auditorischen* Fähigkeiten entwickeln sich aus der allerersten basalen Wahrnehmung kleinster Schwingungen *(akusto-vibratorische Wahrnehmung)*. Körpernahe vibratorische Reize, rhythmisches Vibrieren und Bewegen haben eine enge Verbindung zu den akustischen Fähigkeiten und bahnen sie an. Kinder lernen, mit ihren Oh-ren als Sinnesorganen zu lauschen, zu hören und zu verstehen, und Hö-ren und auditorische Wahrnehmung haben eine große Bedeutung für ihre emotional-soziale Entwicklung und stellen die Basis der *Sprachentwick-lung und des Verstehens* dar.

Bewegungs- und Gleichgewichtsempfindungen

Kinder erfahren Sinnesreize, die nicht allein von außen, sondern vornehm-lich von innen kommen (*Propriozeption* und *Interozeption*). Mit den Rezep-toren im Innenohr, in seinen Gelenken, Muskeln, Sehnen und über die Haut kann ein Kind sein *Gleichgewichts- und Lageempfinden* entwickeln. Durch seinen Gleichgewichtssinn (die *vestibulären Funktionen*), mit sehr engen Verbindungen zu den Augen und zum Gehör, und das Lageempfin-den (die *Körperselbstwahrnehmung*), die als das erste sensorische Sy-stem gelten, erhält das Kind seine Informationen zu seiner eigenen Schwerkraft und zu seiner Umgebung. Alle diese Empfindungen sind eng mit der *Muskel- und Bewegungsempfindung* verbunden, die aus der Spür-fähigkeit der gesamten Körperoberfläche (der *somatischen Wahrnehmung*) entsteht und natürlich auch taktile und vibratorische Anteile enthält. Kinder lernen über den Körper- und Muskelsinn (die *Tiefensensibilität*) und über ihren Bewegungssinn (die *Kinästhesie*) viele Empfindungen über kleine und große Bewegungen und über ihren Muskeltonus. Alle diese Impulse führen ein Kind über Bewegungserfahrungen zu psychomotorischen Fä-higkeiten hin. Zielgerichtete koordinative Handlungen haben hier ihren Ur-sprung.

Vegetative und innere Empfindungen

Kinder erleben auch *Organ- und innere Empfindungen* aus den Sinnesor-ganen ihres viszeralen Systems *(viszerale Wahrnehmung)*. Sie werden durch das Fließen des Blutes und durch die Aktivitäten der inneren Orga-ne ausgelöst. Hierzu gehören der Pulsschlag, die Atmung, die Darmbewe-gungen und alle Impulse, die durch das Ineinandergreifen von durch das *vegetative Nervensystem* gesteuerten Funktionen spürbar werden. Visze-rale Impulse werden aber auch durch äußere Einflüsse ausgelöst: So wird zum Beispiel durch Bewegungsaktivitäten die Atmung beschleunigt, durch ein psychomotorisches Entspannungsangebot kann sie beruhigt werden.

Das Verbinden-Lernen von Eindrücken

Wahrnehmung und Perzeptionshandeln sind ein komplexer physischer und psychischer Prozeß und stets ganzheitlich verknüpft. Wenn ein Kind entwicklungsgerechte Anregungen und genügend Freiraum zu seiner Entfaltung erhält, werden nach dem eher selektiven Wahrnehmen des kleinen Säuglings, auch als *modale Stufe* bezeichnet, beim etwas älteren Kind rasch verschiedene Wahrnehmungsbereiche verbunden, und diese gelernte Fähigkeit der Verbindung von Eindrücken aus mehreren Sinnesbereichen wird auch als *intermodale Stufe* bezeichnet. Bald aber erfassen Kinder nicht nur ihren eigenen Körper, sondern können räumlich und zeitlich integriert wahrnehmen. In dieser Stufe, auch *seriale Stufe* genannt, ist ein Kind schon zu Handlungen fähig, die es nicht nur praktisch, sondern auch geistig verinnerlichen und verstehen kann.

Fähigkeiten bauen also aufeinander auf, und wir sehen bei unseren Vorschulkindern, daß sie die jeweils untergeordnete Entwicklungszone erreicht haben, wenn sie weitere Fähigkeiten entfalten. Kinder bewältigen hinsichtlich der zugrunde liegenden Perzeptionsprozesse immer solche Aufgaben, die einen bestimmten bisher erreichten Entwicklungsstand widerspiegeln (vgl. AFFOLTER 1988).

Die Aufeinanderfolge der Wahrnehmungsverknüpfung folgt hier dem PIAGETschen Entwicklungsmodell (z. B. PIAGET 1975) und wird in der Kinderpädagogik immer wieder als die Grundlage für spätere kognitive Leistungen herangezogen: die Zeit sensomotorischen Lernens als handelnde, praktische Auseinandersetzung mit den Dingen und in den Interaktionen mit der das Kind umgebenden sächlichen und personalen Welt.

Marianne FROSTIG hat im gleichen Zusammenhang darauf hingewiesen, daß es vier wesentliche Erfahrungsbereiche sind, die das Kind bis zum Beginn seiner Kindergartenzeit kennengelernt haben kann: Es kann gelernt haben, viele charakteristische Merkmale seiner Umgebung zu erkennen, und es kann sich seiner Andersartigkeit gegenüber seiner Umgebung bewußt werden. Es kann gelernt haben, seine motorischen Fähigkeiten einzusetzen und mit Gegenständen nach seinem Willen umzugehen.

Diese Fähigkeiten des Kindergartenkindes, seine Handlungen aus dem Körper- und Umweltbewußtsein heraus, sollten Erzieherinnen beachten und begleiten. Diejenigen Kinder aber, die hier eine Wahrnehmungs- und Perzeptionshilfe brauchen, gilt es förderlich zu unterstützen.

5.2 Das wahrnehmungs- und perzeptionsgestört genannte Kind

5.2.1 Wahrnehmungsprobleme

Manche Kinder haben Probleme mit ihrer Wahrnehmung, weil ihre Aufnahme von Informationen erschwert oder gestört ist. Eine solche Beeinträchtigung des Sinnesreizsystems bei Kindern kann viele Ursachen haben, die zentral, peripher, umweltabhängig oder seelisch bedingt sein können.

In vielen Fällen sind es *neurophysiologische Zusammenhänge*[53], die entwicklungsblockierend wirken, wenn ein Kind etwa taktile oder taktil-kinästhetische, vor allem aber auch wenn es visuelle und auditive Probleme hat.

Es muß aber auch an *organisch* verursachte *Sinnesschädigungen* gedacht werden. Eine verminderte Sehfähigkeit beispielsweise hemmt natürlich auch die Wahrnehmungsfähigkeit, und bei Beobachtungen im Kindergarten, die dies vermuten lassen, sollte den Eltern eine fachspezifische Diagnostik vorgeschlagen werden. Dies gilt ebenso, wenn die Sprach- und Sprechentwicklung beim Kind verzögert erscheint und hier möglicherweise primär eine verminderte Hörfähigkeit ursächlich sein kann. Eine *pädaudiologische* Untersuchung kann erkennen, aufklären und helfen.

> Bei Kindern, die mit ihrer Sprachentwicklung oder mit ihrer Sprechfähigkeit Probleme haben, sollten Erzieherinnen auch an einen möglichen Zusammenhang mit dem Hören und einer eventuellen Einschränkung der Hörfähigkeit denken.

Andere Kinder, keinesfalls wenige, reagieren auf unangemessene Angebote: unter einer *neuropsychologischen Betrachtung*[54] kann ein Mangel an Reizen und an Zuwendung deprivativ und ebenso wahrnehmungsbeeinträchtigend wirken wie im Gegenteil dazu ein Zuviel, das nicht verkraftet wird. Es darf nicht vergessen werden, daß auch schon Kinder im Vorschulalter *seelische Probleme* haben können, die die Entwicklung komplexer

---

[53] *Neurophysiologische Zusammenhänge* meinen hier die Beachtung von Wechselwirkungen und engen Beziehungen in den Funktionen des Zentralnervensystems (ZNS) und im sensorischen und senso- und psychomotorischen Verhalten des Kindes.

[54] Eine *neuropsychologische Betrachtung* geht den Zusammenhängen zwischen Nervensystem und Psyche nach und fragt nach den Verbindungen zwischen dem Zentralnervensystem (ZNS) und dem menschlichen Handeln. Es gilt heute als sicher, daß Umwelteinflüsse, die das Kind als Sinnesstimulationen, affektive und soziale Eindrücke erhält, das kindliche Gehirn nicht nur in seinen biochemischen Reaktionen, sondern auch in der Struktur beeinflussen können.

und auch zentral gesteuerter Wahrnehmungszusammenhänge massiv beeinträchtigen können.

5.2.2 Perzeptionsprobleme

Es gibt Kinder, die eigentlich keine Probleme mit dem Wahrnehmen von Sinnesinformationen haben, aber dennoch ihre Eindrücke nicht der Situation und ihren Wünschen und Ideen entsprechend und komplex umsetzen können.

Solche perzeptiven Probleme werden bei Kindergartenkindern sehr häufig gesehen. In der Fachsprache werden sie als *Perzeptionsstörungen* bezeichnet. Die typischen Schwierigkeiten beziehen sich auf den eigenen Körper, aber auch auf den Umgang mit der dinglichen Umwelt und weiterreichend auch auf die Beziehungsaufnahme. Die Vorgänge der sensorischen Integration und der Verarbeitung von Informationen können betroffen sein, so daß eine gute *psychomotorische Reaktion* als Antwort auf die gewonnenen Eindrücke für das Kind schwierig wird.

Es gibt sehr verschiedene Erscheinungsformen von Perzeptionsstörungen, die aber immer das motorische Verhalten in irgendeiner Form beeinträchtigen, und immer wieder sind diejenigen komplexen Handlungen erschwert, die insgesamt als *Körperbewußtsein*[55] bezeichnet werden.

Marianne FROSTIG hat die Bedeutung des Körperbewußtseins für die gesamte Persönlichkeitsentwicklung des Kindes herausgestellt. Es ist sehr wesentlich für eine gute seelische und körperliche Entwicklung. „Ohne dieses kann ein Kind nicht realisieren, daß es ein 'Ich' darstellt" (1975, S. 44).

Perzeptionsstörungen beeinträchtigen also das Handeln des Kindes und seine Bedürfnisse erheblich und haben nicht nur eine Bedeutung für Einzelfunktionen. „Jede sensorische Störung wirkt zurück auch auf die Entwicklung anderer, vorwiegend kognitiver und motorischer Fähigkeiten, und funktionelle Unselbständigkeit oder mangelnde soziale Anpassung können hier ihren Ursprung haben" (TIETZE-FRITZ 1995, S. 52 u. 53).

---

[55] Das *Körperbewußtsein* umfaßt das *Körperimago* (Spüren des Körpers, Gefühl über die eigene Körperlage), den *Körperbegriff* (die einzelnen Körperteile kennen) und das *Körperschema* (das Bewußtsein, körperliche Fähigkeiten ausgewogen und geschickt zu benutzen und zu verändern). Die Entwicklung dieser komplexen Fähigkeiten beim Kind ist eine wichtige Voraussetzung dafür, daß es ein gutes Selbstgefühl entwickeln kann.

Im diagnostischen und erzieherisch-praktischen Umgang mit Kindern werden Perzeptionsschwierigkeiten nicht leicht erkannt, und nicht selten wird das Kind fälschlicherweise als „intelligenzgestört" bezeichnet. Eine solche Annahme kann den Entwicklungsgang eines Kindes sehr behindern.

Die Schwierigkeiten, die ein Kind mit seiner Perzeption haben kann, sind nicht immer augenscheinlich. Sie sind schwer zu fixieren und kaum auf den ersten Blick einzuordnen und zu benennen. Häufig werden sie gar erst im Schulalter festgestellt, und sie sind dort der Grund für „nicht altersgerechte Leistungen" und ein angebliches „Schulversagen", das in seinem Bedingungsgefüge nicht auf Anhieb oder sogar falsch verstanden wird.

Einige Erklärungen, die beobachten und verstehen helfen

Manche Kinder haben es schwer, ein gutes Körpergefühl und damit das Bewußtsein zu entwickeln, mit ihrem Körper geschickt umzugehen, andere Kinder können Gegenstände nicht leicht in Beziehung zueinander setzen. Es kann beobachtet werden, daß für ein Kind das Kennen und Wiedererkennen von Figuren nicht einfach ist, und spätere *„Lese-Rechtschreib-Schwächen"* könnten im übrigen leicht hier ihre Ursache haben. „Das Kind erkennt die Buchstaben nicht richtig und schreibt sie deshalb auch falsch. Es verwechselt Buchstaben oder kann Buchstaben nicht in der richtigen Reihenfolge zu Wörtern zusammenfügen und es verdreht Silben und Wörter" (TIETZE-FRITZ 1995, S. 53).

Auch das Gefühl für die beiden Körperseiten ist eine grundlegende Voraussetzung für die *Begriffsbildung* von rechts und links und für das Identifizieren von Figuren und späteren Buchstaben, und nicht selten liegen hier die Ursachen für Schwierigkeiten mit der Perzeption (die Ausführungen zu 4.3: „Das Problem mit der Lateralität" können hierzu verglichen werden).

Aus der Erfahrung mit vielen Dingen und Abläufen bilden sich allmählich *raum- und zeitordnende Begriffe* wie „ich bin hinter dir", „du sitzt vor mir" – erwachsen elementare Voraussetzungen für spätere schulische Leistungen, wie für die Unterscheidung der Buchstaben, im Lesen und Schreiben. Mit dem Erfahren von Zusammenhängen wie der Entwicklung der Raumwahrnehmung und der Raum- und Zeitorientierung können auch Lernprobleme vermieden werden, denn über das Empfinden für Räume, die erkannt und im Gedächtnis behalten werden, wächst das räumliche Vorstellungsvermögen. Das Kind kann allmählich den Raum, der es umgibt, mit Hilfe seines Vorstellungsvermögens und seines Gedächtnisses verinnerlichen, der äußere Raum wird zu einem inneren, einem vorgestellten Raum, und die Erfahrung des Räumlichen und Zeitlichen *bereitet das Denken vor*.

Manchmal können *gesprochene Wörter* nicht richtig wahrgenommen werden, und Gehörtes kann nicht richtig mündlich oder auch schriftlich wiedergegeben werden. Bei einer solchen Perzeptionsschwierigkeit ist es dann nur allzu verständlich, wenn das Kind sich mit dem mündlichen und schriftlichen Formulieren, mit dem Erzählen und Nacherzählen zurückhält.

Immer wieder ist es in der Reaktion der Kinder ihre *Ausdrucksmöglichkeit*, die sie scheuen, sei es im grobmotorisch sicheren Agieren oder im feinmotorischen Handeln. Ein so betroffenes Kind entzieht sich handmotorischen Aktivitäten im Kindergarten wie Malen, Schneiden und Basteln und meidet sie, weil sie ihm schwerfallen, nicht, weil es „zuwenig intelligent" dazu ist.

Wenn also ein Kindergartenkind keine Freude daran hat, sich durch *Gesten* und *Gebärden*, im *Hantieren, Zeichnen* und *Malen*, im Puzzeln, im Sprechen, Singen oder Schreiben auszudrücken, es vielleicht nicht einmal *dann* kann, wenn es sich sehr darum bemüht, sollten Erzieherinnen an eine mögliche Schwierigkeit in der Entwicklung der Perzeptionsfähigkeiten denken und ihm Unterstützung und Hilfe anbieten.

5.2.3 Die Störungen der visuellen Wahrnehmung und Perzeption nach Frostig

Marianne FROSTIG hat sich besonders mit den *visuellen* Fähigkeiten bei Kindern und ihrer Bedeutung innerhalb psychomotorischer Prozesse beschäftigt. Sie hat fünf verschiedene, sich in den ersten Lebensjahren eines Kindes nacheinander ausbildende Wahrnehmungskomplexe unterschieden: *visuo-motorische Koordination, Figur-Grund-Wahrnehmung, Wahrnehmungskonstanz, Wahrnehmung der Raumlage* und *Wahrnehmung der räumlichen Beziehungen.*

Schwierigkeiten, die Kinder hierin haben können, hat FROSTIG Störungen der *visuellen Perzeption* genannt. Sie kommen einzeln oder gebündelt vor und können bei den Kindern bei ihren hand- und feinmotorischen Tätigkeiten im Kindergarten (siehe oben) und auch bei grob- und psychomotorischen gemeinsamen Aktivitäten, zum Beispiel beim Turnen, auffallen (vgl. FROSTIG u. a. 1974 u. 1977).

Zum Erkennen solcher Auffälligkeiten vor allem auch bei Vorschulkindern wurde von FROSTIG ein besonderes Testverfahren, Frostigs Entwicklungstest (FEW), entwickelt. Er ist für die kinderpädagogische Arbeit auch in deutscher Fassung bekannt geworden (LOCKOWANDT 1990).

Die einzelnen Schwierigkeiten

Wenn bei einem Kind eine Schwierigkeit mit seiner *visuo-motorischen Ko-ordination* zu vermuten ist, fällt es diesem Kind schwer, *Beobachtung und motorisches Handeln miteinander in Einklang zu bringen.* So kann es sein, daß das Kind nicht gut auf einer vorgegebenen Markierung (zum Beispiel dem Muster des Fußbodens folgend) entlanggehen kann, daß es ihm schwerfällt, eine Perlenkette aufzufädeln, oder daß es ihm etwas später nicht gelingt, beim Zeichnen auf dem Zeichenblatt mit seinem Stift zwei Punkte durch eine Linie von einem Ausgangspunkt bis zu einem vorgege-benen Endpunkt miteinander zu verbinden.

Eine solche Störung kann komplexe Ursachen haben. Es hat sich vor allem gezeigt, daß sie nicht nur entsteht, wenn für ein Kind die Vorausset-zungen zu einer guten visuellen Wahrnehmung eingeschränkt sind, wie etwa beim Vorliegen eines Augenfehlers oder einer Sehschwäche, son-dern dann, wenn ein Kind sich in seinen ersten Entwicklungsjahren nicht genügend frei im Raum bewegen konnte und es ihm aus den verschieden-sten Gründen verwehrt war, ausreichende visuo-motorische Erfahrungen zu machen und sie für sich zu erüben.

Bei einer Störung der *Figur-Grund-Wahrnehmung* fällt es dem Kind schwer, Figuren von einem komplexen Hintergrund optisch zu isolieren. Es kann ihm etwa Mühe machen, auf einem vielgestaltigen Bild einzelne Din-ge oder Personen herauszufinden, und es ist in einem solchen Fall durch-aus verständlich, daß die Erzieherin den Eindruck gewinnt, das Kind habe am Betrachten von Bilderbüchern kein Interesse oder es habe keine genü-gende Auffassungsgabe.

Auch diese Schwierigkeit in der Figur-Grund-Wahrnehmung kann sehr un-terschiedliche Ursachen haben, und manch ein Kind hat Probleme, *obwohl* die visuellen und motorischen Voraussetzungen durchaus gegeben sind. Vielleicht hat es nicht lernen können, beim Spielen einzelne Dinge aus einer Reihe von Gegenständen auszuwählen, herauszusuchen und auszu-sortieren, weil ihm zuwenig – oder auch zuviel – Spielzeug zur Verfügung gestellt worden ist.

Bei einer Störung der *Wahrnehmungskonstanz* entwickelt das Kind nicht oder nicht ausreichend die optische Fähigkeit, geometrische Figuren, die in verschiedenen Größen, Schattierungen, räumlichen Stellungen und An-ordnungen dargestellt sind, wiederzuerkennen und sie von ähnlichen geo-metrischen Figuren zu unterscheiden.

Die Entwicklung dieser Fähigkeit ist sehr an Handlungsmöglichkeiten und die aus dem erfahrenden Umgang mit den Dingen erwachsende Handlungskompetenz gebunden. Es kann eine Schwierigkeit dann entstehen, wenn das kleine Kind aus Gründen visuo-motorischer Spielbeeinträchtigung eine Erfahrungseinschränkung erfährt und nicht lernen konnte, einen Gegenstand (ein Spielzeug) und dessen Form als gleich zu erkennen, auch wenn sich die Größe oder Farbe ändert, auch wenn sich die Entfernung des Kindes zum Gegenstand ändert und auch, wenn es ihn einmal von oben oder von unten und von der rechten oder der linken Seite her betrachtet.

Wenn ein Kind Probleme mit seiner *Wahrnehmung der Raumlage* hat, entwickelt es nicht oder nicht leicht das Unterscheidungsvermögen von Umkehrungen und Drehungen von Figuren, die in Reihungen dargestellt sind.

Ein Kind, das in seinen ersten Entwicklungsjahren nicht die Möglichkeit zum freien Hantieren und zum eigenen materialen Ausgestalten seiner räumlichen Umgebung hat, erfährt auch nicht, was man mit Dingen im Raum tun kann, und somit nicht die Möglichkeit, Lage und Entfernung eines Gegenstandes in Beziehung zu seiner eigenen momentanen Position (zu seinem Standort, dahin, wo sich das Kind gerade eben befindet) zu setzen. Es kann dann nicht „be-greifen" und nicht verstehen lernen, was über, unter, vor oder hinter ihm, was draußen und drinnen ist.

Daneben und auch als eine Folge von Schwierigkeiten in der Wahrnehmung der Raumlage kann die *Wahrnehmung von räumlichen Beziehungen* beeinträchtigt werden, und ein davon betroffenes Kind tut sich schwer, Formen und Muster, die aus Linien mit unterschiedlicher Längen- und Winkelbildung bestehen, zu analysieren. Eine solche Störung kann für ein Kind das spielerische Gestalten und Kombinieren erschweren, wenn es keine fördernde Unterstützung erhält.

So ist auch sein Verhalten zu verstehen, wenn es im Kindergarten wenig Freude am Umgang mit einem Baukasten hat, der zu konstruktiver und schöpferischer Bautätigkeit anregen möchte. Es wird dann auch gut verständlich, daß von diesem Kind – aus den hier genannten Zusammenhängen heraus – spätere schulische Anforderungen aus mathematisch-geometrischen Aufgaben nicht so einfach bewältigt werden können (vgl. die Aufgabenbeispiele in Frostigs Entwicklungstest).

6. Die sogenannte Minimale cerebrale Dysfunktion (MCD)

Unter den Begriff *MCD* werden mehr oder weniger charakteristische Erscheinungsformen psychomotorischer Auffälligkeiten bei Vorschulkindern gefaßt. Sie haben eine unterschiedliche Ausprägung und eine große Variationsbreite in der Kombination möglicher einzelner kindlicher Verhaltensweisen, die als störend empfunden werden.

Die medizinische Diagnose lautet *„Minimale cerebrale Dysfunktion"*. Diese Bezeichnung weist darauf hin, daß bei der Verursachung der Symptomatik eine zerebral (= hirnfunktionell) bedingte Fehlregulation zu vermuten sein sollte.

So gut wie nie wird diese Diagnose bei Säuglingen und Kleinkindern gestellt, meistens im Kindergartenalter, am Ende der Vorschulzeit (bei der U 9) und manchmal erst in der Schule. Das Verhalten der sogenannten MCD-Kinder ist sehr verschieden, als „markant" sind immer wieder ein auffälliges, nichtangepaßtes Gruppenverhalten im Kindergarten und eine Lern- oder Verhaltensstörung in den ersten Schuljahren beschrieben worden. Viele Kinder werden als „Problemkinder", manche als „nervöse Kinder" oder als „zappelige Kinder" bezeichnet.

Weil beim als eine MCD diagnostizierten Verhalten der Kinder demnach nur sehr schwer eine einheitliche Symptomatik zu benennen ist und eine hirnorganisch bedingte Ätiologie bei den meisten „MCD-Kindern" höchstens angenommen, nicht aber eindeutig sein kann, ist in medizinisch-therapeutischen, mehr noch in pädagogischen Fachkreisen die gebräuchliche Bezeichnung sehr umstritten. Die MCD gilt als eine vielbenutzte und -zitierte *„Modediagnose"*, und nicht wenige Fachleute plädieren für die Abschaffung eines solchen ungenauen Namens[56], nicht wenige gar für die Abschaffung dieses Diagnose-Etikettes überhaupt: „... der Begriff der 'MCD'" impliziert eine nicht unproblematische, vermeintlich „theoretisch sicher begründete Ableitung gestörter Leistungsfunktionen aus zerebralen Prozessen" (STEINHAUSEN 1988, S. 123).

---

[56] Es gibt auch häufig verwendete andere Bezeichnungen für die MCD (MBD: Minimal Brain Damage; ADD: Attention Deficit Syndrome; ADDH: ADD mit Hyperaktivität; POS: Psychoorganisches Syndrom; frühkindlich exogenes Psychosyndrom; zentrale Koordinationsstörung und andere Namen). Einige Autoren sind der Auffassung, man solle von Syndrom-Namen absehen und eher Symptombezeichnungen wählen wie z. B. Teilleistungsschwäche, Impulsivitätsstörung, neurogene Lernschwäche...

In diesem Sinne wird aktuell der Frage nachgegangen, wie (wenig) berechtigt die Annahme der hirnorganischen Bedingtheit ist und wieweit Um-
welt-, Erziehungs- und Beziehungsbedingungen auslösend für das den
Erwachsenen auffallende Verhalten der von der Diagnosestellung MCD
betroffenen Kinder sein können:

„Ihr Störungswert ist relativ und hängt direkt von der Erwartungshaltung
der Eltern und dem Leistungsanspruch der Umgebung ab, wobei mit
Schulbeginn eine hohe Allround-Leistungsanforderung beginnt. So ist der
Entwicklungsverlauf des MCD-Kindes weniger von der Art seiner Störung
als von der Einstellung der Familie abhängig; stützend-positiv ('nobody is
perfect') oder enttäuscht-kritisch, von allgemeinen Sozialisationsumstän-
den und vom Schulangebot abhängig" (v. LOH 1990, S. 83).

Meistens werden die Kinder von den Erziehenden als „irgendwie anders
oder irgendwie auffällig" beschrieben, und fast immer ist es auch ärztli-
cherseits so, daß die durchgeführten mehrfachen Konsultationen verschiedener fachlicher Institutionen mit ihren diagnostischen Ansätzen keine zufriedenstellende Klärung der Ursachen erbringen, zumal Untersuchungen
wie EEG, Computer-Tomographie (CT) und die üblichen neurologischen
Tests keine Hinweise geben (vgl. Informationsschrift BUNDESVERBAND
FÜR SPASTISCH GELÄHMTE o. J.).

Diese Meinung stimmt auch mit dem Ergebnis einer vielbeachteten Untersuchung durch ein kinderpsychiatrisches Forschungsteam überein (Mann-
heimer Feldstichprobe 1990). Die Wissenschaftler sprechen hier von einer
„weichen" Diagnose, die sich auf verschiedene Verdachtsmomente abstützt, die aufgrund einer ungenauen und suggestiv beeinflussenden Be-
fragung höchstens nach Risikodaten erfaßt werden. Merkmale wie leichte
Verhaltens- oder Lernstörungen, Reizüberempfindlichkeit, Ablenkbarkeit,
Bewegungsüberschuß und überstürztes Lern- und Problemlöseverhalten,
oft als hinreichende Symptomatik angegeben, können nach den zusam-
mengetragenen Ergebnissen nicht eindeutig mit einer MCD, der eine Hirnfunktionsstörung zugrunde liegt, in Verbindung gebracht werden. Dagegen
spielen psychosoziale Belastungsfaktoren und Erziehungsbedingungen
eine erhebliche Rolle beim gesehenen Verhalten der Kinder. Weil auch die
psychometrischen Testverfahren, wenn sie denn eingesetzt werden, wenig
„ergiebig" sind, lohnt es sich in jedem Fall auch, die möglichen Wechselbeziehungen zwischen einer angenommenen Minimalen cerebralen Dysfunktion einerseits und den sozialen und emotionalen Bedingungen andererseits gerade in bezug auf sogenannte „Teilleistungsschwächen" zu bedenken.

6.1 Die mit MCD bezeichneten Kinder und ihr Verhalten

Die sogenannte Symptomatik der Kinder mit der Diagnose MCD ist, so zeigt uns die Kinderpraxis, so vielfältig wie das individuelle Verhalten der Kinder selbst. Es werden so viele Unterschiede in der Intensität von Auffälligkeiten und in der Art, sich kindlich zu verhalten, aufgezählt, daß allein schon dies zu Verunsicherungen über den Wert einer diagnostischen Aussage führen muß.

Eine pädagogische Skepsis gegenüber einer zu suchenden gewissen Einheitlichkeit des „Störungsbildes", das MCD genannt werden darf, scheint nur allzu gerechtfertigt, denn dieses beschreibt sehr *defizitorientiert* eine Pathologie als ein Krankheitsbild und ordnet einem Kind ausschließlich negative psychomotorische Verhaltensmerkmale zu.

Im folgenden sind Aufzählungen, die einem verbreiteten Meinungsbild entsprechen, auszugsweise genannt und die im wesentlichen immer wieder beschriebenen Symptome aufgeführt.

6.1.1 Gesehene primäre und sekundäre Auffälligkeiten

Das Verhalten sogenannter MCD-Kinder wird als eine wechselseitige Beziehung zwischen Bewegung und Psyche erklärt. Kinder werden als dazu prädestiniert beschrieben, *zwei Formen* psychomotorischer Problematik zu entwickeln.

Eine Gruppe von Symptomen wird als eine Folge zentraler Funktionsstörungen eingeordnet, die auf die der MCD zugeschriebenen hirnfunktionsbedingten selektiven Beeinträchtigungen in Wahrnehmung und Bewegung zurückzuführen sind (z. B. motorische Defizite).

Die zweite Gruppe von Symptomen ist als seelischen Ursprungs beschrieben (z. B. Clownerie, Aggressivität). Diese Verhaltensmuster werden als Reaktionen auf die erste Gruppe der Verhaltensformen verstanden, auch als eine Folge davon, daß das Kind seine organisch bedingten Probleme nicht ohne Schaden für die Entwicklung seiner gesamten Persönlichkeit verarbeiten konnte (aus der Informationsschrift BUNDESVERBAND FÜR SPASTISCH GELÄHMTE o. J., S. 9):

Unmittelbare (primäre) Auffälligkeiten:

- das Kind stolpert über seine eigenen Beine und fällt oft hin,
- das Kind ist tolpatschig und ungeschickt,
- das Kind bewegt sich irgendwie anders als die anderen Kinder,

- das Kind ist bewegungsgehemmt, bewegungsunlustig oder hyperkinetisch, d. h. in ständiger Bewegungsunruhe,

- die motorischen Leistungen sind nicht altersentsprechend; es kann schlecht hüpfen und balancieren; selten schwimmen oder radfahren,

- das Kind hat Wahrnehmungsstörungen (Perzeptionsstörungen), es kann nicht „erkennen", optisch erfassen und reproduzieren,

- das Kind kann sensorische Störungen haben (Sprache, Hören, Sehen).

Folgeerscheinungen (sekundäre Auffälligkeiten):

- das Kind kann sich nicht konzentrieren,

- das Kind wird leicht aggressiv oder ist gehemmt beim Spiel mit anderen Kindern; es hat kaum Freunde, weil es sich absondert aufgrund der fehlenden motorischen Fähigkeiten,

- das Kind spielt häufig den Klassen-Clown, d. h., daß es seine motorische Ungeschicklichkeit so darstellt, als sei diese beabsichtigt und scheinbar nur zur Belustigung der anderen Kinder,

- das Kind vermeidet Wettkämpfe, es ist oft Letzter, bedingt durch die verlangsamten, ungeschickten und unkoordinierten Bewegungsabläufe,

- das Kind hat Integrationsprobleme, sowohl im familiären (Geschwister) als auch im außerhäuslichen Verbund (Kindergarten, Schulklasse). Die jüngeren Geschwister oder die Schulkameraden akzeptieren die (motorischen) Schwächen nicht, und demzufolge gibt es keine gleichwertige Anerkennung,

- das Kind verlagert seine Interessen auf andere Gebiete (Musik, Technik), meidet Konkurrenz wie im Sportverein, beim Fußballspiel,

- das Kind zeigt Leistungsabfall unter Streß, besonders in der Schule, aufgrund unzureichender Koordination von Hören, Verstehen, Vorstellen, Reproduzieren, der Feinmotorik und des Schreibens, wie dieses z. B. beim Diktat der Fall ist.

6.1.2 Störungsmosaike bei „MCD-Kindern"

Manche Autoren sprechen von der „Beeinträchtigung mehrerer Funktionsbereiche" und von „verschiedensten Störungsmosaiken bei MCD-Kindern". In diesem Zusammenhang werden mehrere Störungsbilder genannt, und es wird davon ausgegangen, daß sich zwar nicht alle, aber meist mehrere dieser Störungen „in variabler Kombination" finden (aus: MINISTERIUM FÜR SOZIALES UND FAMILIE RHEINLAND-PFALZ [Hrsg.] 1990, S. 82 u. 83):

„1. Bewegung: Schwächen in der Koordination (eckige, ungelenke Bewegungen), in Feinstabmessung, Geschicklichkeit, Balance; minimal ausgeprägte Muster der CP wie vermehrte Streckung und Beugung,

2. Wahrnehmung von Sinneseindrücken und ihre Verarbeitung im Gehirn: Es gibt sowohl Störungen der Einzelwahrnehmung als auch Störungen ihrer Einordnung in höhere Zentren oder ihrer Verknüpfung (z. B. Visuomotorik). Letzteres beinhaltet den Übergang von Wahrnehmung zu Reaktion,

3. Leistungs- und Antriebsverhalten: z. B. kurze Aufmerksamkeitsspanne mit schnellwechselnder Richtung, hohe Ablenkbarkeit, impulsiver Arbeitsstil, geringe Ausdauer. Der Antrieb kann vermindert oder erhöht sein (Hyperaktivität),

4. emotionale Steuerung: Reizbarkeit, Überempfindlichkeit, Stimmungsschwankungen, sehr schwer abgrenzbar gegen reaktive Störungen,

5. Intelligenz: Bei oft normaler bis guter Gesamtbegabung 'Teilleistungsschwäche', meist durch Wahrnehmungs- oder Verarbeitungsstörungen bedingt." ...

„Die Kinder fallen auf durch

– leichte Verzögerung der Bewegungsentwicklung: z. B. verspätetes Dreirad- oder Fahrradfahren,

– Ungeschicklichkeit, häufiges Stolpern, Sichstoßen,

– Schwierigkeiten in Feinbewegungen: Knöpfen, Einfädeln, Lego, Schreiben, Zeichnen,

– Balancestörungen, häufiges Fallen, Vermeidung von Bewegung,

– verzögerte Sprachentwicklung,

– Hautempfindlichkeit: Kleidung kratzt, Berührung stört,

– Verhalten: 'hören nicht', 'Aussteiger', 'Zappelphilipp', 'Störenfried',

– Schule: unerklärliche Leistungsabfälle in Teilbereichen; 'Unaufmerksamkeit', 'Flüchtigkeit'".

6.2 Die Suche nach den wirklichen Ursachen oder: Verhalten verstehen lernen

Bei der Auseinandersetzung mit dieser besonderen Diagnose, bei der Suche nach den typischen Symptomen einer MCD, die berechtigt so genannt werden kann, bemühen sich viele Fachleute um *differentialdiagnostische*[57] Sicherheiten.

Es bleibt aber schwer, eine MCD gegenüber anderen Erscheinungsformen beeinträchtigt erscheinender Entwicklung bei Kindern abzugrenzen, und genauen Beobachtern springt dabei die Komplexität hirnorganischer, organischer, entwicklungspsychologischer und -ökologischer Zusammenhänge der Entwicklungsvorgänge des Kindes ins Auge.

Vor diesem Hintergrund bleibt auch die Suche nach den möglichen Ursachen komplex, und ätiologische Fragestellungen, Begriffsdefinitionen einzelner Störungen und die entsprechenden fachlichen Überlegungen weisen darauf hin, daß es ineinander verzahnte ursächliche Entstehungsbedingungen geben muß. Danach kann das „Bild" des als „MCD-Kind" beschriebenen Vorschulkindes eher an soziale und dingliche Beeinflussungen denken lassen, eher auch zur Annahme *multifaktorieller* Gegebenheiten berechtigen, nicht aber zu einer vorschnellen „zerebralen" Diagnose. Es lohnt sich, über Zusammenhänge nachzudenken:

Wenn wir bei einem „MCD-Kind" Wahrnehmungsschwierigkeiten sehen...

könnten diese auf sehr verschiedene Reaktionen zurückzuführen sein, denn Wahrnehmungen setzen sich stets aus endogenen *und* exogenen Informationen zusammen. Sensorisch-perzeptive Leistungen hängen von Impulsen ab, die das Kind aufnehmen kann. Zentrale Empfindungen werden ausgelöst und bedingen Reaktionen, die eine Umsetzung bewirken. Hierzu benötigen Wahrnehmungsleistungen natürlich hirnorganische Funktionen. Wenn es einem Kind nun schwer wird, Informationen zu ordnen und sensorisch so zu integrieren, daß sie ihm sinnvolle Umsetzungsreaktionen möglich machen könnten, kann das allein schon daran liegen, daß es zuvor vorwiegend solche Eindrücke und Angebote erhalten hat, *die seinen* individuellen *Entwicklungsbedürfnissen zuwenig angemessen sind.* Ein betroffenes Kind kann vielleicht die vielen Bilder, Eindrücke, Situationen, Anforderungen, Aufgaben nicht *nach seinem individuellen Zeitmaß* verarbeiten und bewältigen.

---

[57] Die *Differentialdiagnose* (DD) dient in der ärztlichen Diagnostik der Unterscheidung und Abgrenzung ähnlicher Krankheitsbilder.

Sogenannte MCD-Kinder versagen selten in selbstgewählten und selbstkonstruierten Spiel- und Handlungssituationen und haben dann auch keine „Symptomatik".

Wenn Kinder lernen sollen, entsprechen die Inhalte der an sie gestellten Anforderungen allzuoft nicht ihren Interessen. So beschreibt STÄDELI hierzu das Phänomen der „erhöhten Interferenzleistung[58] des Gehirns". Darunter sind Überlagerungserscheinungen verschiedener Informationsinhalte zu verstehen, die gleichzeitig eintreffen, vom Kind aber nicht differenziert wahrgenommen werden können. Das kann sich dann in „mangelhafter Anpassungsfähigkeit" und einer mangelhaften Fixierung auf Informationen äußern: Das Kind ist sprunghaft und kann sich nicht vollständig auf eine Teilleistung einlassen, vor allem kann es das nicht in der von ihm verlangten Weise tun (vgl. STÄDELI 1984). Geht es bei diesem Kind dann um die Frage der Einschulung, wird spätestens nach dem Beginn der Schulzeit sein Verhalten gerne und vorschnell mit „mangelnder Lernfähigkeit", „Lese-Rechtschreib-Schwäche", „Teilleistungsschwächen", „Konzentrationsschwierigkeiten" oder „verringerter Merkfähigkeit" in Verbindung gebracht.

Bereits im Kindergarten sollten daher Erzieherinnen überlegen, ob die dem Kind angebotene Lernwelt so gestaltet ist, daß das Kind ihr folgen kann.

Ein Lernbeispiel: Beim Erzählen einer Geschichte in der Gruppe nimmt ein Kind nicht nur die Sätze der Erzieherin, den Ablauf der Geschichte und die dazu gezeigten Bilder in sich auf. Es will dem Nachbarn etwas sagen, es hört draußen ein Geräusch, irgendwo raschelt etwas, vom Fenster zieht es, die Heizung tuckert... Das Kind braucht viel länger, die Geschichte zu verstehen, weil es seine Aufmerksamkeit nicht allein auf einen „Wahrnehmungskanal" lenken kann und deshalb mit der an es gestellten Anforderung, die gehörte Geschichte nachzuerzählen, überfordert ist.

Vielleicht könnte die Lernbeeinträchtigung des Kindes behoben sein, wenn das Kind störungsfreiere Umweltbedingungen vorfände und wenn es gelänge, sein Lerninteresse unter Beachtung seiner entwicklungsgemäßen Möglichkeiten herauszufinden.

---

[58] Interferenz meint hier den biologischen Vorgang der Überlagerung und Überschneidung von Eindrücken als Gehirnleistung. Ein Kind muß eine bestimmte Entwicklungszone erreicht haben und braucht vor allem entsprechende Entwicklungs- und Erziehungsbedingungen, um zu lernen, wie es sich unter gleichzeitigen und komplexen Wahrnehmungseindrücken und Lerninhalten auf eine Information, so wie gewünscht, konzentrieren kann.

Ein „MCD-Kind" hat *keine Lernbeeinträchtigung* im Sinne einer kognitiven Schwäche. Es kann somit auch nicht von einer „Intelligenzstörung" gesprochen werden.

Wenn wir bei einem „MCD-Kind" motorische Schwierigkeiten sehen...

können diese vielleicht die *Folge* seiner sensorischen Schwierigkeiten sein. Wir wissen, *daß alle* frühkindlichen *Wahrnehmungsfähigkeiten eng an das Sich-Bewegen gekoppelt sind* und sich im motorischen Handeln zeigen können: Tut das Kind sich mit der sensorischen Aufnahme schwer, ist auch der Weg seiner Informationsaufnahme, -verarbeitung und -beantwortung beschwerlich. Dies aber wird sich *auch in seiner Motorik* ausdrükken. Es dauert in einem solchen Falle vielleicht länger, bis das Kind situativ motorisch so handelt, daß der Bewegungsablauf ihm nützlich ist, und so, wie Sich-Bewegen von ihm erwartet wird. Für manches Kind dauert es auch länger, bis es vielseitige Fähigkeiten zum komplexen und koordinativen Handeln überhaupt erworben hat und sich damit adäquat ausdrücken kann. Für die Umgebung wirkt dieses Kind dann unter Umständen unbeholfen oder ungeschickt, es reagiert den es beobachtenden Menschen, die es erziehen wollen, zu langsam oder zu schnell oder einfach falsch.

Wenn die zentrale Vernetzung der sensorischen Eindrücke anders als üblich, etwa in einer sehr eigenen Verknüpfungsreihe geschieht, auch das ist sensorisch möglich, erlebt ein davon betroffenes Kind seine Umgebung auch „anders als üblich", und es ist verständlich, *daß es seine Eindrücke auf seine Weise beantwortet*, die sich von der anderer gleichaltriger Kinder unterscheidet: es braucht vielleicht stärkere Reize, um reagieren zu können.

Ein anderes Kind kann eine Fülle von Wahrnehmungen nicht differenzieren. Dies kann dazu führen, daß es, wenn es sich schnell bewegt, die Menge und Geschwindigkeit einer Reizflut auch motorisch nicht ausreichend bewältigt. Es kann sich „verhaspeln" oder „über seine eigenen Beine stolpern".

Solche oder ähnliche Verhaltensmuster bei Kindern werden oft auch „Retardierung" genannt und als ein motorisches Problem eingeordnet, obwohl das Kind eigentlich Schwierigkeiten mit seiner Wahrnehmung, *nicht aber primär im Motorischen* hat.

Wenn uns ein „MCD-Kind" ein Bewegungsverhalten zeigt, das an die Bewegungsformen erinnert, die wir als typische Muster einer CP[59] kennen...,

spricht das dafür, daß sein Verhalten eine sehr *leichte Ausprägungsform* einer *zerebralen* (hirnorganisch bedingten) frühkindlichen *Bewegungsstörung* signalisiert. Um ihre oft nur angedeuteten Symptome wahrnehmen und unter dieser Sicht einordnen zu können, müssen Erziehende über die möglichen Formen einer ausgeprägten CP gut informiert sein, damit sie eine diagnostische Unterscheidung überhaupt vornehmen können.

Ist das „besondere" Verhalten eines Kindes auf eine *hirnorganische Verursachung* zurückzuführen, zeigt dieses vor allem *Auffälligkeiten in seinem Bewegungsverhalten, die zwar minimal sind*, dabei aber doch in ihrer Symptomatik einer der bekannten typischen Erscheinungsformen der kindlichen zerebralen Bewegungsstörung entsprechen und als solche erkannt werden können. *Nur dann* handelt es sich um eine minimale Zerebralparese oder auch um eine zentrale Koordinationsstörung. *Nur dann* könnte die allzu oft fälschlich verwendete Bezeichnung MCD berechtigt sein (vgl. hierzu die Beschreibung unter Punkt 9).

Wenn wir bei einem „MCD-Kind" Krankheitszeichen bemerken oder ein bisher nicht recht beachtetes organisches Problem vermuten...,

kann das psychomotorische Erscheinungsbild durch diese organischen Einflüsse bedingt sein, und das Verhalten auch dieses Kindes wird leicht als MCD verkannt: Asthma bronchiale, Neurodermitis, Herzfehler, Muskel- und Bindegewebsschwächen und andere Krankheitsfaktoren bringen auch Bewegungsprobleme mit sich. Ebenso können unbeachtete *Haltungsschwächen*, Deformationen und viele andere statomotorische Beeinträchtigungen auch und im besonderen zu motorischen Schwierigkeiten führen, und Erzieherinnen haben in solchen Fällen die Aufgabe, medizinisch Weiterführendes vorzubereiten und einzuleiten.

Haltungsschwächen und (psycho-)motorische Probleme haben einen engen Zusammenhang und bedingen sich gegenseitig.

---

[59] CP ist die Abkürzung für eine (infantile) Cerebralparese (cerebral palsy). Heute sprechen wir besser von einer *zerebralen Bewegungsstörung*. Ihre Erscheinungsformen im Kindesalter werden in einem eigenen Kapitel ausführlich beschrieben.

Wenn ein „MCD-Kind" vor allem verhaltensauffällig genannt wird...

und auf dem Hintergrund des gängigen Normbegriffes als „erziehungs-schwierig" gilt, stimmt sein „aggressives, hyperaktives, unangemessenes, gehemmtes, affektlabiles, launisches ..." Verhalten nicht selten mit einer „MCD-Symptomatik" überein.

„Verhaltensauffälligkeiten", die nicht organisch begründet werden können, sind jedoch nahezu immer *reaktiv* und spiegeln die emotionalen Probleme und die seelische Befindlichkeit von Kindern. Es gibt für Kinder viele gute Gründe, sich reaktiv zu zeigen, wenn die Menschen aus ihrer Umgebung, die Bezugspersonen, ihren Entwicklungsbedürfnissen nicht in der richtigen Weise entgegenkommen.

Erzieherinnen sollten daran denken, daß es Kinder gibt, die mit einer „Flucht nach vorne" reagieren, offensiv werden und ihre Umwelt provozie-ren. Manchmal spielt ein solches Kind den „Hampelmann" und den Clown, um Zuwendung zu erreichen. Ein anderes reagiert auf ständige Ermah-nungen, Maßregelungen, Verhaltenskorrekturen und Strafen mit seinem individuellen Rückzugsverhalten.

Auch wenn sich Sprach-, Hör- und Sehprobleme zeigen, Schwächen im Bereich der Sprachentwicklung, im freien Sprechen, in der Artikulation (Stammeln, Näseln, verwaschene Sprache, Stottern), sind psychische Be-dingtheiten in Erwägung zu ziehen, und manches sogenannte MCD-Kind „stammelt vor Schreck", oder es „verschlägt ihm die Sprache". Manches Kind hat Probleme mit dem (Richtungs-)Hören und mit den schnellen audi-torischen (und visuellen) Reaktionen, und auch dieses „Sich-Augen-und-Ohren-Zuhalten" kann seelischen Ursprungs sein. Ein anderes Kind kann sich nicht konzentrieren, vielleicht, weil es mit der Verarbeitung seiner Lebenssituation beschäftigt sein muß und da kein Raum mehr für eine konzentrative Lernleistung bleibt, und es kommt zum „Leistungsversagen" im Lernen. Die als MCD-Zeichen beklagten „Störungen der Merkfähigkeit" können eine kindliche Schutzhaltung sein, um sich nicht alles „denken" zu müssen, und Erzieherinnen sollten Kinder auch „vergessen lassen".

Immer wieder aber werden als MCD-Kinder diejenigen Kinder benannt, die im *Praktischen* „versagen", beim Turnen, beim Malen, beim Basteln, und einige davon haben „zwei linke Hände". Ihre *Versagerrolle* geht mit den Erwartungsnormen nicht überein, und es ist der Konflikt zwischen Selbst-wertgefühl und dem, was vom Kind erwartet wird, der ein Kind unpraktisch werden läßt: Kinder sind gezwungen, mit Frustrationen auf ihre eigene Weise umzugehen, erleben sich, wenn sie auf Unverständnis stoßen, selbst immer wieder als unfähig, unbegabt, ungeeignet. Ihre Reaktionen sind Unsicherheit, Minderwertigkeitsgefühle und mangelndes Selbstvertrauen, Versagensängste. Zunehmendes Versagen auch im praktischen Handeln ist eine eigentlich konsequente Folge.

Motorisches „Fehlverhalten" aus seelischen Gründen und als Reaktion auf innere Verletzungen darf nicht als „MCD" fehlverstanden werden.

7. Das Hyperkinetische Syndrom (HKS)

Eine weitere, der sogenannten MCD „verwandte" und als ebenso markant angesehene Verhaltenseigenheit bei Kindern wird in letzter Zeit vielfach beschrieben und diskutiert: das unter der (medizinischen) Diagnose bekannt gewordene *Hyperkinetische Syndrom (HKS)*[60].

Mit „hyperkinetisch" sind Kinder gemeint, deren Verhalten sich vor allem durch einen vermeintlichen *Überschuß an motorischer Aktivität*, begleitet von Aufmerksamkeitsstörungen, einer mangelhaften Impulskontrolle und emotional überschießenden Reaktionen, kennzeichnen lassen soll.

Das Syndrom ist nicht neu. Es wurde schon von dem Arzt, Schriftsteller und Familienvater Heinrich HOFFMANN (1809-1894) in der Geschichte vom „Zappelphilipp" im Struwwelpeter-Buch (1847) beschrieben, fand lange Zeit höchstens eine erzieherische, keinesfalls medizinische Beachtung und gewinnt aber in den letzten Jahren aktuell immer mehr an neuer Aufmerksamkeit und medizinischer Popularität. Hyperaktives Verhalten wird heute als medizinisch-pädagogisches Problem definiert, und die Zahl der zu diagnostizierenden Kinder, so heißt es, sei zunehmend.

Die Angaben zu Kindern mit HKS im Vorschulalter reichen von 3 % bis zu 30 %. Für das Grundschulalter sprechen Lehrer und Eltern gar von 10 % bis 50 % motorisch unruhigen auffälligen Schülern. Weitaus mehr Jungen als Mädchen (9mal häufiger) werden als hyperkinetisch bezeichnet.

Frühfördereinrichtungen und andere Beratungsstellen berichten von einer neuen Zielgruppe der „Zappelphilippe", und in (integrativen) Kindertages-

---

[60] Das *Hyperkinetische Syndrom* hat verschiedene Namen. Die Terminologie umfaßt auch Bezeichnungen wie: Hyperkinesie; Hypermotilität; Hyperaktivität; motorische Unruhe; Aufmerksamkeits-Defizit-Störung; hyperkinetische Verhaltensstörung; hyperkinetische Teilleistungsstörung; Zappelphilipp-Syndrom ...

stätten finden sich betroffene Kinder als „von Behinderung bedroht" anerkannt, wenn entsprechend ein Hyperkinetisches Syndrom diagnostiziert worden ist.

Kinder mit einer HKS-Diagnose stehen also im Mittelpunkt eines vielseitigen Fachinteresses, und in pädagogischen Bezügen sind sie nicht selten als „impulsive und schwierige Problemkinder" angesehen. Erzieherinnen sind im Umgang mit ihnen oftmals recht hilflos, und im Vergleich mit anderen Kindern werden sie immer wieder als unbequeme und therapiebedürftige Außenseiter gesehen. „Sie werden stigmatisiert, oft therapeutisch in die Norm-Schublade gesteckt, um sie (und das Problem) dann vielleicht besser handhaben zu können, im wahrsten Sinne des Wortes: in den Griff zu bekommen" (PASSOLT 1993, S. 7).

7.1 Das Syndrom

Das Wort *Syndrom* besagt, daß es sich auch im medizinischen Sinne nicht um eine einheitliche Erkrankung handeln kann, sondern daß eine Vielzahl von Auffälligkeiten gemeint sein kann, die medizinisch-diagnostisch zu einem Komplex zusammengetragen werden:

„Das Hyperkinetische Syndrom des Kindesalters ist keine Krankheit im klassischen Sinn, bei der die Symptome Rückschlüsse auf eine bestimmte Ursache erlauben. Aus der Bezeichnung allein ist nicht eindeutig ableitbar, was darunter im einzelnen zu verstehen ist. Ist Hyperaktivität ein Zuviel an Motorik, so wie es als 'Zappelphilipp' im Struwwelpeter ... beschrieben wurde, oder gehören noch andere Auffälligkeiten dazu? Das Hyperkinetische Syndrom des Kindesalters ist die Beschreibung von Verhaltensproblemen, Lernschwierigkeiten und Beziehungsstörungen, die gravierende Auswirkungen für die betroffenen Kinder, ihre Eltern, die Umgebung, insbesondere Lehrer und Klassenkameraden, haben" (ALTHERR 1993, S. 11).

Von den Fachdisziplinen wird das HKS teilweise in einem mehr oder minder engen Zusammenhang mit der leichtgradigen frühkindlichen Hirnschädigung (als leichte Form der CP) und der Minimalen cerebralen Dysfunktion (MCD) gesehen (vgl. LEMPP 1978; WENDER 1991). Einige Mediziner gehen auch von einer Gleichsetzung zwischen HKS und MCD aus, andere wenden sich dagegen: „Die häufig in der Literatur vorgenommene Gleichsetzung von HKS, frühkindlich entstandenen Hirnfunktionsstörungen und spezifischen Lernstörungen ist unangemessen und irreführend... Die drei Symptome (können) einerseits koexistieren, andererseits jedoch auch unabhängig voneinander auftreten" (STEINHAUSEN 1988, S. 99). NEUHÄU-SER geht von einem polyätiologischen Syndrom aus, wobei er die vorwiegend organisch bedingte psychomotorische Unruhe als zerebrale Unruhe von der psychovegetativen Unruhe und der vorwiegend „milieureaktiv" bedingten psychomotorischen Unruhe abgrenzt (z. B. 1984; 1989).

7.2 Differentialdiagnostische Überlegungen

Es ist sehr wichtig, das HKS bei Kindern von Krankheiten und Entwicklungsbeeinträchtigungen, die zwar auch mit einem unruhigen Verhalten einhergehen, aber eine ganz andere und eigene Pathologie haben, *abzugrenzen*. Dies ist eine Aufgabe der *Differentialdiagnostik* für Ärzte, und es ist hilfreich, wenn auch Erzieherinnen einige Kenntnisse darüber haben.

So gibt es *hirnorganische Psychosyndrome* (z. B. bei Entzündungen, Schädel-Hirn-Traumen oder Intoxikationen), die in ihrem Bild auch Symptome einer Unruhe haben, keinesfalls aber als HKS dargestellt werden können. Auch schwere Intelligenzstörungen des Kindesalters (Oligophrenien) können mit einer Unruhe einhergehen, die *Erethismus* genannt wird und nicht mit einem HKS verwechselt werden darf. Schließlich gibt es auch eine *psychogene* Hyperaktivität, die situativ bei emotionaler Spannung, bei Konflikten, Angst und Depression auftritt. Sie kann sich als Folge verschiedener Bedingungen entwickeln, und das manchmal auftretende unruhige Verhalten, als Audruck einer emotionalen Spannung, ist bei Kindern recht häufig, in der Regel aber vorübergehend. Wenn Konflikt- und Spannungszustände chronisch werden, kann sich allerdings eine Symptomatik manifestieren, die dem HKS sehr ähnlich ist, aber mit der „bedeutsamen Beziehungsumwelt des Kindes" sehr eindeutig zu tun hat, und „auch im Bild schwerer Deprivationssyndrome" können Symptome „von motorischer Unruhe, Konzentrationsstörung und fehlender Verhaltenssteuerung" im Vordergrund stehen.

Ebenso können im Rahmen von endogenen und exogenen *Psychosen* des Kindesalters, genauso auch beim frühkindlichen *Autismus*, „häufig Hyperaktivität und Konzentrationsstörung beobachtet werden, wenngleich andere Symptome jeweils diagnosebestimmend sind". Schließlich wird auch angenommen, daß bei Kindern das dem HKS nicht gleichzusetzende, aber *ähnliche* Bild einer „mangelnden Verhaltenssteuerung" dann gesehen werden kann, wenn schwerwiegende *Sozialisationsdefizite* für ein Kind durch negative Entwicklungsbedingungen durch „chronisch desorganisierte Familien und belastende Lebensumwelten" entstehen (STEINHAUSEN 1988, S. 99-105).

7.3 Wie verhalten sich Kinder mit „HKS"?

Die genaue Beschreibung eines typisch-auffälligen kindlichen Verhaltens fällt auch bei guter Beobachtung schwer. Es werden mögliche Bedingungsfaktoren überlegt, die verantwortlich sein könnten und die aufzufinden seien. Dies aber ist nicht einfach, und so ist das Erstellen einer Diagnose im übrigen meistens durch die Suche nach Störfaktoren *beim Kind* gekennzeichnet, d. h., es wird davon ausgegangen, daß das auffällige Verhalten irgendwo *im Kind selbst* begründet ist und daß im Individuellen nach Auslösern gesucht werden muß. Der *Lebenssituation* der unruhigen Kinder mit der vorrangigen Beachtung ihres Umfeldes wird *weniger* Aufmerksamkeit geschenkt, und nicht selten trifft die *„Schuldzuweisung"* am Verhalten allein das Kind:

„Was sind das für Kinder, diese sogenannten Hyperkinetiker? Es sind offenbar Kinder, die sich den Gegebenheiten ihrer Realität nicht adäquat anzupassen vermögen und die deshalb ihrem näheren Umfeld in einem hohen Maße zur Last fallen. Die betroffenen Kinder und das jeweilige Umfeld leiden offenbar unter der sie plagenden Unrast; sie leiden aber auch unter der damit verbundenen Abweichung von sozial definierten Normen" (MATTNER 1993, S. 34).

7.3.1 Das „klinische Bild" und die „klinische Diagnose"

Fachleute beschreiben das *„klinische Bild"* und versuchen, die gesehenen Verhaltensweisen zu ordnen und zu bewerten:

In vielen Veröffentlichungen wird das HKS als eine *Verhaltensstörung* dargestellt, in deren Vordergrund die Hyperaktivität zusammen mit einer kurzen Aufmerksamkeitsspanne und einer ungenügenden Impulskontrolle stehen. Eine mangelnde Ausdauer und schlechte Konzentrationsfähigkeit, die zu Beeinträchtigungen im sozialen und kognitiven Lernen führen und auch zwischenmenschliche Schwierigkeiten in der Familie, im Kindergarten und später in der Schule hervorrufen, werden als Folgesymptome gewertet.

Diagnoseschemata

Um zu aussagefähigen und exakteren Beobachtungsergebnissen zu kommen, gibt es als gernbenutzte Hilfsmittel einige international gebräuchliche *Diagnoseschemata*, die festgelegte Beobachtungskriterien enthalten und so versuchen, die betroffenen Kinder anhand von *konkreten Merkmalen* herauszufinden.

Ein weitverbreitetes Diagnoseschema, ICD[61], gibt als wesentliche Merkmale die kurze Aufmerksamkeitsspanne und eine erhöhte Ablenkbarkeit an. Dort heißt es, daß in der frühen Kindheit das auffallendste Symptom eine ungehemmte, wenig organisierte und schlecht gesteuerte, extreme Überaktivität ist und daß Symptome wie Impulsivität, ausgeprägte Stimmungsschwankungen und Aggressivität ebenfalls häufig sind. Zudem können auch, so heißt es weiter, Verzögerungen in der Entwicklung bestimmter Fähigkeiten zu beobachten sein sowie gestörte und eingeschränkte zwischenmenschliche Beziehungen.

In der *ICD-10* (Ausgabe 1992) sind einzelne Verhaltensstörungen aufgezählt:

„ – ein früher Beginn in der Vorschulzeit (gewöhnlich bereits in den ersten fünf Lebensjahren),

– eine Kombination von überaktivem, wenig gesteuertem Verhalten mit deutlicher Unaufmerksamkeit,

– ein Mangel an Ausdauer bei Aufgabenstellungen, die einen kognitiven Einsatz verlangen,

– eine Tendenz, nicht vorhersehbar von einer Tätigkeit zu einer anderen rasch zu wechseln, ohne etwas zu Ende zu bringen,

– eine desorganisierte, mangelhaft gesteuerte und überschießende motorische Aktivität, die sich sowohl im grobmotorischen Bereich als ständiges Herumlaufen, Aufstehen und Platzveränderung äußern kann als auch im feinmotorischen Bereich in Form von Koordinationsproblemen wie krakeliger Schrift, Problemen bei allen zeichnerischen Tätigkeiten und beim Malen sowie allgemein in der Heftführung" (ALTHERR 1993, S. 11 u. 12).

Ähnlich wird im *DSM-III*[62] das HKS als eine Aufmerksamkeitsstörung mit Hyperaktivität bezeichnet. Ein betroffenes Kind wird hier so charakterisiert, daß es „in Anbetracht seines geistigen und chronologischen Alters Zeichen einer entwicklungsunangemessenen Aufmerksamkeitsstörung, Impulsivität

---

[61] *ICD* (International Classification of Diseases) = Diagnoseschlüssel und Glossar psychiatrischer Krankheiten, ist das Klassifikationssystem der Weltgesundheitsorganisation WHO (World Health Organization), vorwiegend in Europa benutzt.

[62] *DSM* (Diagnostic and Statistical Manual) = diagostisches und statistisches Manual psychischer Störungen, ist das Klassifikationssystem der amerikanischen Gesellschaft für Psychiatrie, auch in Europa benutzt.

und Hyperaktivität" zeigt, das Merkmal der besonderen „Erregbarkeit" kann hinzukommen.

Ein in den USA entwickelter Fragebogen, die CONNERS-Skala zur Verhaltensbeobachtung hyperaktiver Kinder, soll insbesondere die Beobachtungen von Erziehern (Lehrern) und Eltern erfassen. Die Bewertungsskala (von 0 bis 3) des Fragebogens, der „klinisch leicht handhabbar und einsetzbar" sein soll, umfaßt insgesamt zehn beobachtbare Symptome. Ein Punktwert von größer als 14 erhärtet den Verdacht auf ein Hyperkinetisches Syndrom.

Folgende „Bewertungen" sind als möglich vorgesehen:

unruhig-überaktiv; erregbar-impulsiv; stört andere Kinder; fängt etwas an und führt es nicht zu Ende, kurze Aufmerksamkeitsspanne; zappelt dauernd; unaufmerksam, leicht abgelenkt; Wünsche müssen sofort erfüllt werden, leicht frustrierbar; weint häufig; Stimmung wechselt rasch und extrem; neigt zu Wutausbrüchen und unvorhersagbarem Verhalten (vgl. STEINHAUSEN 1988, S. 363).

Im Hinblick auf die Fülle der Möglichkeiten ist es nur allzu gut verständlich, daß insgesamt eine große Unsicherheit bezüglich der Aussagekraft der unterschiedlichen diagnostischen Verfahren besteht. Dies gilt für medizinisch-neurologische Untersuchungen, denn hier bleiben die Befunde (z. B. nach EEG-Untersuchungen und anderen methodischen Vorgehensweisen) zur Aufdeckung eventueller minimaler neurologischer Auffälligkeiten meistens unergiebig. Es gilt aber auch besonders für die große Spannbreite der psychodiagnostischen Tests (Intelligenztests, Konzentrationstests, Schulreifetests, Leistungstests, Wahrnehmungstests und andere psychometrische, aber auch projektive Verfahren, wie der Sceno-Test), die in psychologischen Untersuchungen angewendet werden.

Als am ehesten geeignet wird die Anwendung motodiagnostischer Verfahren vorgeschlagen, und der eine oder andere Motorik-Test wird im praktischen Umgang mit Kindern als geeignet und hilfreich angesehen. Interessanterweise jedoch kommt es vor, daß die Untersuchenden hier in der unmittelbaren Testsituation mit einem Kind völlig unerwartete positive Ergebnisse erhalten und ein kindliches Verhalten „vor Ort", das dem alltäglichen Unruhigsein kaum entspricht.

Viele hyperkinetisch genannte Kinder sind bei der Durchführung eines Motorik-Tests in einer Einzelsituation nicht bewegungsunruhig und auch nicht unkonzentriert.

Alle zur Verfügung stehenden Techniken aber können, hier sind sich die verschiedenen Fachleute einig, nur Hilfsmittel sein und müssen mit Behutsamkeit gehandhabt werden. Sie ersetzen auch im summationsdiagnostischen Prozeß nicht die Beziehungsaufnahme mit dem Kind und seiner Familie, und am wichtigsten bleibt die gute Beobachtung des Kindes in seiner Kindergruppe und das Gespräch mit seinen Eltern.

> Erzieherinnen, die mit Kindern den Gruppenalltag gestalten, können deren motorisches Verhalten situativ viel besser beobachten und pädagogisch-diagnostisch beurteilen, als das in einer ärztlichen Untersuchungssituation der Fall sein kann.

7.3.2 Die Eigengesetzlichkeit des kindlichen Entwicklungsganges

Viele Fachmediziner und Fachpsychologen gehen davon aus, daß das Hyperkinetische Syndrom mit einer gewissen Eigengesetzlichkeit verläuft und je nach dem Alter eines betroffenen Kindes und der Entwicklungszone, die es erreicht hat, *anders* und *entwicklungstypisch* in Erscheinung treten kann. Erzieherinnen sollten gegenüber pauschalen Aussagen zurückhaltend sein und in ihrem pädagogischen Auftrag vorsichtig damit umgehen, jedoch auch über aktuell bestehende fachliche Meinungsbilder und Erfahrungen informiert sein:

„Das typische Bild der Entwicklung eines HKS weist die charakteristischen Symptome bereits in der frühen Kindheit auf. Das Kind fällt nicht selten bereits als leicht irritierbarer und erregbarer Säugling auf und nimmt in der Regel eine frühe motorische Entwicklung, während Sauberkeits- und Sprachentwicklung eher verzögert sein können, und wird dann im Kindergarten durch seine Umtriebigkeit, seine mangelnde Verhaltenssteuerung und Impulsivkontrolle sowie Regelverletzungen und Störverhalten auffällig. Die Aktivität wird von Eltern und Betreuern als ziellos und dranghaft erlebt und das Verhalten nicht selten als gefährlich und eventuell zu Unfällen oder Vergiftungen führend beschrieben. Begleitend werden heftige Wutanfälle, Empathiemängel und in der Folge soziale Ausgliederungen und Isolation beobachtet. Im Grundschulalter hat die Symptomatik bereits schon mehrjährig bestanden..." (STEINHAUSEN 1988, S. 100).

Auch nach OEHLER (1990) findet das HKS je nach Alter des betroffenen Kindes einen unterschiedlichen Ausdruck. Bei einigen hyperaktiven Kindern sei die Bewegungsunruhe schon im Säuglings- und Kleinkindalter zu beobachten. Von schrill schreienden Babies wird berichtet, die schwer zu beruhigen seien, eine hohe Bewegungsaktivität zeigten und eine äußerst geringe Schlafenszeit (3-4 Stunden innerhalb von 24 Stunden) hätten. OEHLER schlägt im übrigen die folgende Einteilung eines Störungsbildes vor, das im Vorschulalter und im ersten Schulalter zunehmend markanter in Erscheinung tritt:

Primäre Störungen

– *motorische Hyperaktivität (ständig in Bewegung)*

– *Aufmerksamkeitsstörung (Ablenkbarkeit)*

– *verminderte Impulskontrolle (Schwierigkeiten, sich in einer bestimmten Situation angemessen zu verhalten, Wünsche und Bedürfnisse können nicht zurückgehalten werden).*

Begleitstörungen

– *Lernstörungen*

– *Störungen des Sozialverhaltens*

– *Neurotisierung (niedriges Selbstwertgefühl, aggressives Verhalten, depressive Grundhaltung, die erklärt werden können aus erlebten Kränkungen, Mißerfolgen, Bestrafungen).*

WARNKE (1991) nennt diagnostischen Kriterien für das Vorschulalter: motorische Unruhe, leichte Erregbarkeit z. B. in Form extremer und dauernder Wutanfälle bei nichtigen Anlässen, Schwäche, sich den gesetzten Regeln, insbesondere in der Gruppensituation, anzupassen, mangelnde Konzentration und Ausdauer beim Spielen, Impulsivität. Aus der psychiatrischen Erfahrung heraus berichtet er, daß die erzieherischen Probleme im Vorschulalter immer wieder Anlaß geben, eine kinderpsychiatrische Beratung aufzusuchen. Auch Integrationsprobleme im Kindergarten seien häufiger Anlaß zur Vorstellung eines Kindes. Die Verhaltensmerkmale seien nicht nur für das Kind von Nachteil, sondern stellten auch hohe erzieherische Anforderungen an die Eltern und Erzieherinnen. Bis zu 40 Prozent der Eltern dächten zeitweise sogar an eine außerfamiliäre Erziehung des Kindes, und sehr häufig kommen nach seiner Ansicht mit dem Beginn der Schulzeit weitere Symptome, wie Schwierigkeiten beim Lernen, aggressives Verhalten, hinzu, werden aber auch des öfteren zum ersten Mal beobachtet.

Die Entwicklung hyperaktiver Kinder im weiteren Verlauf ihrer Schulzeit verfolgend, ist aus psychiatrischer Sicht „die Persistenz des HKS über die Adoleszenz hinaus, sowie auch Übergänge in andere psychiatrische Störungen" als beobachtet beschrieben. Bei vielen Heranwachsenden bleiben diesen Beobachtungen entsprechend die im Kindesalter diagnosebestimmenden Verhaltensmerkmale vollständig bestehen, bei anderen Kindern zeigt am ehesten die motorische Unruhe eine Besserungstendenz, weniger die Begleitsymptomatik. Manche der älteren Kinder und der Jugendlichen zeigen weiterhin eine „ausgeprägte Unrast", so auch die Fachmeinung, und es ist wohl verständlich, daß ihr Selbstwertgefühl als beeinträchtigt gilt, daß sie nicht selten zu den „Schulversagern" gezählt werden und daß ihre erreichte schulische Qualifikation durchschnittlich geringer ist (WARNKE 1991).

Unruhige Kinder können wir im Kindergarten und in der Schule als *begabte Kinder* kennenlernen. Sie haben keine „Lernschwächen", sondern sind lernfreudig, wenn sie Hilfen erhalten, sich auf ihre Vorhaben besser einstellen zu können.

7.3.3 Das unruhige Kind im Kindergarten
oder: eine heilpädagogische Diagnose

Wenn Erzieherinnen die motorischen Aktivitäten ihrer Kinder bewerten möchten, müssen sie zunächst versuchen, die kindlichen Handlungen *zu verstehen*. Sich im Alltag auf jedes Kind einstellen zu können, erfordert Verständnis für das, was unruhige Kinder zu ihren Bewegungen führt und sie darin „lenkt".

Das motorische Verhalten hyperkinetisch genannter Kinder zeigt sich vor allem in der Gruppensituation. Beschäftigt sich eine Erzieherin mit dem dort unruhigen Kind allein, etwa im gemeinsamen Spiel, kann das Kind auch ganz ruhig sein.

Eine *heilpädagogisch gesehene* Verhaltensbeschreibung kann die Voraussetzung für eine *Verstehens-Diagnose* sein und für eine *Förderdiagnose*, die den besonderen kindlichen Bewegungsbedürfnissen Rechnung trägt (in Anlehnung an KIPHARD [1988; 1989; 1990; 1993; 1994]):

Unruhige Kinder haben einen *aufwendigen Bewegungshaushalt*. Ihre Bewegungsproduktion scheint daher nach außen als Überproduktion, maßlos gesteigert und ungerichtet.

Unruhige Kinder haben einen unwiderstehlichen *Drang nach großräumigen (Fort-)Bewegungen*. Sie sind daher „immer auf Achse", stehen „unter Dampf", sitzen nicht still oder warten ab, tanzen gerne aus der Reihe und unterhalten die anderen Kinder mit „Zappeleien und Kasperreien".

Unruhige Kinder *rennen und rasen* gerne, statt langsam zu gehen, sie tun alles schnell und hastig und allzu wild. Sie setzen dabei einen großen

Kraftaufwand ein und erscheinen insgesamt recht ungestüm in ihrer Grob- und Feinmotorik.

Unruhige Kinder haben eine *Vorliebe für einfache Bewegungsmuster* wie Rollen, Wippen, Hüpfen, Wälzen und für kindlich-reflexhafte Bewegungsmuster. Dadurch mangelt es ihnen an vielfältigen Bewegungserfahrungen und einem umfassenden „Bewegungsvokabular".

Unruhige Kinder geben sich unter einem großen *Energieaufwand* viel Mühe und sind sehr ehrgeizig. Trotzdem haben sie das Problem, daß sie sich nicht auf ihre „Sache" konzentrieren können und ihre Leistungen meistens unbefriedigend für sie selbst und für andere bleiben.

Solche „Minderleistungen" zeigen sich vor allem in der *feinmotorischen Koordination*, aber auch in der *Körperkoordination*, z. B. in der Körperbalance, auch in der Augen-Hand-Koordination, in der fehlenden Geschicklichkeit der Finger. In der Mal- und Schreibmotorik etwa ist zu beobachten, daß die Integration optischer Wahrnehmung und Zielmotorik nicht gut gelingt und daß Kinder sich für ihre psychomotorischen Vorhaben nicht aufmerksam genug zeigen.

Die koordinativen Beeinträchtigungen im feinmotorischen oder auch grobmotorischen Leistungsbereich kommen durch die verringerte Aufmerksamkeitsspanne aufgrund der dauernden Betriebsamkeit zustande. Hyperaktive Kinder sind nicht wirklich koordinationsgestört, sondern haben dadurch, daß sie unruhig sind, Schwierigkeiten mit ihrer Konzentration: Wer dauernd in Bewegung ist, kann sich schließlich nicht gut konzentrieren.

Alle hier aufgeführten Eigenheiten des kindlichen Verhaltens können die motorische und kognitive Lernfähigkeit bei einem Kind erheblich erschweren, und Erzieherinnen erleben im Gruppenalltag immer wieder, daß ein betroffenes Kind seine Handlungen nur mühsam planen kann, daß es sich schwertut, im Alltag eine Übersicht zu entwickeln, zum Beispiel im rechtzeitigen Voraussehen und Erkennen von Gefahren. Wenn sie sich in ein Kind hineindenken, lernen sie das Kind zu verstehen, und sie erfahren im Umgang mit dem Kind, daß verschiedene Sinnesinformationen nicht gut verknüpft werden können, wenn es durch ein dauerndes Abgelenktwerden durch alle möglichen visuellen und akustischen Reize, die sich im Raum befinden, daran gehindert ist.

Erzieherinnen verstehen dann auch eher seine Unfähigkeit zum Abwarten und Zurückstellen augenblicklicher Handlungsimpulse besser und daß ein

Kind sich selbst als beeinträchtigt erlebt und ungeduldig, auch unüberlegt, psychisch-emotional reizbar und mit einem vielleicht überraschenden affektiven Verhalten reagiert.

Daß unruhig genannte Kinder einen großen Reizhunger haben und im Aufnehmen von visuellen, akustischen und anderen Reizen schier „unersättlich" sein können, zeigt sich in ihrer Wachheit und in ihrer Aufnahmebereitschaft, die, wenn ein Kind sie mit erzieherischer Hilfe ordnen und kanalisieren kann, Erleben und Lernen eröffnet.

Hyperaktiv genannte Kinder können sich in einer für sie angenehmen und helfenden Atmosphäre gut und ruhig auf diejenige Sache konzentrieren, für die sie sich sehr interessieren.

7.4 Lebhafte Kinder oder: Wann ist ein Kind überaktiv?

In Wissenschaft und Praxis der Kinderpädagogik wird darüber diskutiert, wie schwierig die „Abgrenzung" eines wirklich hyperkinetisch zu nennenden Kindes von einem Kind mit einer besonderen, für seine Umgebung durchaus auch auffälligen, für dieses Kind aber individuellen und eigentlich sehr gesunden Lebhaftigkeit ist. Es gibt zunehmend Einwände gegen die Pathologisierung überschießender Bewegungsfreude bei Kindern und zögernde Bedenken gegenüber den allzu häufigen Beobachtungen des Auftretens eines „fragwürdigen" Verhaltenssyndroms im vorschulischen Entwicklungsalter:

Gibt es die „kleinen Tyrannen" wirklich? „Oder gibt es da neben den ruhigen, stillen, vielleicht angepaßten und duckmäuserischen Kindern nicht einfach auch die motorisch agilen Kinder? Kinder mit Bewegungsdrang? Kinder, die sich mehr als andere Kinder bewegen? Mit einer Unruhe als Zeichen für Lebendigsein? Oder sind es doch unwillige, unbesonnene Kinder, 'kleine Teufel'?" (PASSOLT 1993, S. 7).

7.4.1 Manche Kinder brauchen Hilfen

In der Tat, es gibt Kinder, die eine übergroße Unruhe haben, und es ist Faktum, daß manche Eltern und Erzieherinnen resignieren, wenn sie Kinder mit „Hummeln im Hintern" haben, denen einfach „die Bremse fehlt" (KIPHARD 1993, S. 64).

So berichtet auch MATTNER von einem solchen Kind, einer „Nervensäge", und zitiert GRISSEMANN (1986): „Als würde er angetrieben von einem permanent auf höchsten Touren laufenden Motor, turnte er auf den Möbeln herum, balancierte auf Fensterbänken, fegte Akten vom Schreibtisch, riß alles aus Schubladen und Schränken, nur um es sofort wieder liegenzulassen. Im Handumdrehen konnte er buchstäblich die ganze Wohnung verwüsten. Es war unmöglich, ihn zu bremsen oder seine Aktivitäten in sinnvolle Bahnen zu lenken. Nie saß er, wie andere Kinder, ruhig da, in ein Spiel versunken" (1993, S. 34).

> Es gibt Kinder, die so unruhig sind, daß sie Hilfe brauchen. Sie können sich – und lassen sich – nur schwer lenken, aber unwillig oder gar böse sind sie nicht.

Nicht nur ihre Eltern und Erzieherinnen leiden darunter, sondern vor allem *die Kinder selbst sind damit gequält* und mitsamt ihrem den Alltag belastenden Verhalten in ihren Handlungen, die sie zu tun wünschen, erheblich beeinträchtigt. Kindergartenkinder können sehr darunter leiden und warten darauf, daß ihnen geholfen wird. „... im Kindergarten wie auch zu Hause – immer gibt es Reibereien, und meist ist der 'Philipp' auch mit sich selbst nicht zufrieden, da ihm vieles nicht so gelingt, wie er es sich wünscht. Er leidet unter den Problemen, die er mit sich selbst und anderen hat, ist oft leicht reizbar und weint schnell" (ZIMMER 1995, S. 61).

7.4.2 Viele Kinder sind nichts als bewegungsspontan

Hyperaktive Kinder zeichnen sich zwar vor allem durch einen überschäumenden Bewegungsdrang aus, aber längst nicht alle bewegungsspontanen und bewegungsfreudigen Kinder sind hyperaktiv, und bei vielen Kindergartenkindern gehört ihr Bewegungsverhalten zu ihnen und ist ein Stück ihres natürlichen Wesens.

ZIMMER (1995, S. 61-74) macht darauf aufmerksam, daß Unruhigsein bei Kindern auch das *natürliche Zeichen und der Ausdruck einer gesunden Bewegungsfreude* sein kann. „Laßt den Philipp ruhig mal zappeln", ist ihre Forderung im Umgang mit den lebhaften Kindern, denn allzu leicht entsteht die Gefahr, „daß Kinder, die voller Spontaneität, Neugierde und Aktivität stecken, als krank etikettiert werden, wenn ihr Verhalten der ruhebedürftigen Erwachsenenwelt auf die Nerven fällt. Die für Kinder typische Aktivität wird oft erst aus der Perspektive der Erwachsenen zu einem 'auffälligen' Verhalten, zur Hyperaktivität. Überschäumende kindliche Bewegungstätigkeiten sind eben nicht immer hyperkinetisch, sondern auch Ausdruck von Lebens- und Bewegungsfreude" (S. 63).

Natürliche Bewegungsspontaneität bei einem Kind darf nicht als HKS bezeichnet werden – es gibt eher ruhige und es gibt eher sehr lebhafte Kinder. Und: Es gibt eine entwicklungsbedingte „Hyperaktivität" insbesondere im Kleinkind- und Vorschulalter als eine ganz normale Variante von Reifung und kindlichen Entwicklungsbedürfnissen.

7.5 Ursachenforschung und Erklärungsversuche

Die Fachwissenschaften bemühen sich darum, die Ursachen hyperkinetischen Verhaltens bei Kindern herauszufinden, und es gibt eine Vielzahl von Erklärungsversuchen, die ganz unterschiedlich ansetzen.

So geht einer der *medizinischen Erklärungsansätze* davon aus, daß nach bestimmten pränatalen oder sehr frühkindlichen Risikofaktoren gesucht werden müsse, die Anhaltspunkte für eine Veränderung der Hirnfunktion bieten können. Eine frühkindlich entstandene Hirnfunktionsstörung oder eine tatsächliche *prä-, peri- oder postnatale Schädigung des ZNS*[63] könnte das „HKS" ausgelöst, mindestens aber gefördert haben, auch als eine Erscheinungsform der MCD.

Ein anderer Ansatz nimmt eine *genetisch-familiäre* Disposition als Ursache bei einem Teil der betroffenen Kinder an. Dafür könnte die Häufigkeitsverteilung bei Jungen und Mädchen (Verhältnis 9:1) sprechen, auch die Beobachtung, daß die Eltern oft ähnlich hyperaktiv sind, und einige (bisher wenige) Beobachtungen an Zwillingskindern, die gezeigt haben, daß bei eineiigen Zwillingen die Übereinstimmung im hyperkinetischen Verhalten groß ist (REMSCHMIDT 1991).

Neuere Untersuchungen (ZAMETKIN et al.) favorisieren eine *neuro-chemische* zerebrale Störung. Danach kann es durch bio- und neurochemische Veränderungen im Hirnstoffwechsel zu Ungleichgewichten zwischen bestimmten Neurotransmittern[64] kommen. Das kann zu Störungen der akti-

---

[63] Eine *pränatale* Schädigung entsteht im Zeitraum des Schwangerschaftsverlaufes, vor der Geburt des Kindes. *Perinatale* Läsionen können das kindliche Gehirn um den Zeitpunkt der Geburt herum treffen; *postnatale* Einflüsse ereignen sich in den ersten Lebenswochen und -monaten des Kindes. In diesen wichtigen frühkindlichen Entwicklungszeiten ist das ZNS besonders sensibel und leicht verletzbar.

[64] *Neurotransmitter* sind Substanzen, die an den Synapsen im ZNS einen Nervenreiz auf chemischem Weg weiterleiten (chemischer Überträgerstoff ist z. B. Noradrenalin). *Synapsen* sind Verknüpfungen, Schaltstellen von Neuron (Nervenzelle) zu Neuron oder auf ein Erfolgsorgan.

vierenden und hemmenden Gehirnzentren führen und die Nervenreizung und Impulskontrolle beeinflussen. Nach dieser Hypothese wird angenommen, daß das kindliche Gehirn nicht durch eine Erregungssteigerung und einen ständig erhöhten Aktivierungszustand des ZNS, wie früher geglaubt, sondern durch ein *herabgesetztes Aktivierungsniveau* gekennzeichnet ist. Der motorische Überschwang ist als eine sinnvolle *Eigenstimulation* anzusehen: Es wird vermutet, daß ein hyperaktives Kind wesentlich mehr Stimulationen als ein anderes braucht, um ein vergleichbares und „ausgeglichenes" Leistungs- und Aktivitätsniveau des ZNS zu erreichen.

Eine andere Annahme ist die Störung der Regulations- und Steuerungsfähigkeit: Danach können sich die zentralnervösen Prozesse bei einem hyperaktiven Kind nicht an die gegebene Situation anpassen, und es kommt zu einer *sensorischen Integrationsstörung* (vgl. spätere Beschreibung). Das Kind verarbeitet Reize nicht angemessen, es setzt Informationen nicht angemessen um. Eine so begründete Störung muß allerdings keine rein organische Ursache haben, sondern kann auch von den sensorischen Angeboten, die das Kind erhält, abhängen (AYRES 1979; AYRES 1992).

Neuerdings wird auch die Ernährung für das Entstehen eines HKS verantwortlich gemacht, und Theorien einer *Nahrungsmittelallergie* oder Nahrungsmittelzusatzallergie gewinnen an Popularität. Es sollen insbesondere Phosphatzusätze, Farb- und Aromastoffe, Milchprodukte und Getreideerzeugnisse sein, die den Hirnstoffwechsel stören können (HAFER 1988).

Die meisten *psychologischen Erklärungsansätze* gehen davon aus, daß ein ungünstiges Erziehungsverhalten Hyperaktivität hervorrufen kann und daß so das HKS als eine *reaktive Störung* angesehen werden muß. Nach der psychoanalytischen Vorstellung ist das Verhalten der betroffenen Kinder die Folge einer gestörten Persönlichkeitsentwicklung, und ihre Bewegungsunruhe ist der Ausdruck eines spannungsgeladenen Konfliktes. Auch eine gestörte Mutter-Kind-Beziehung (PREKOP 1989) oder die Vorstellung, daß Hyperaktivität von Eltern und Geschwistern gelernt werde (Modell-Lernen), werden noch diskutiert.

Soziokulturelle Einflüsse

Als aktuell gelten *soziokulturelle Erklärungsansätze*, und sie zu bedenken, ist für die kinderpädagogische Praxis von besonderem Wert. So ist der *Bewegungsmangel* als Grund für das Auftreten von Hyperaktivität keinesfalls zu unterschätzen. In diesem Zusammenhang wird immer wieder auf das Überangebot von Fernsehen und Computerspielen, auf ein geringes Angebot an Bewegungsspielen und Geschicklichkeitsspielen auch in Kin-

190

dergärten und Schulen und auf die nicht kindgerechte Umgebung vor allem in Großstädten, die Kindern Bewegung verwehrt, hingewiesen.

Ein anderer Erklärungsversuch legt nahe, daß Hyperaktivität auch entstehen kann, wenn Kinder eine große *Instabilität der Beziehungen* zwischen den Familienangehörigen untereinander erfahren, etwa ständig wechselnde Bezugspersonen, oder keine verläßlichen Bindungen erleben und daß sich auch der *Mangel an rhythmischen Tagesabläufen* negativ auf die kindliche Entwicklung auswirken kann.

> Kinder brauchen für ihre Entwicklung Bindungen und Sicherheit. Sie müssen sich auf die sie erziehenden Menschen verlassen, ihnen vertrauen und sich „an sie halten" können. *Innerer und äußerer Halt gehören zusammen* (Paul MOOR).

Auch bestimmte *Umweltbelastungen* wie etwa künstliche Lichtverhältnisse in Neubauwohnungen, *Reizüberflutung* besonders der optischen und akustischen Art könnten Auslöser sein. Viele Kinder werden überwältigt von rasch wechselnden Reizen, die sich ihnen aufdrängen und die sie in ihrer Fülle nicht verarbeiten können. Hektik, Streß, allzu häufige Einwirkungen der Medienangebote und das Fehlen von Entspannungs- und Ruhepausen oder einer erholsamen und ruhespendenden Rückzugsmöglichkeit können sicherlich „beunruhigende" Störfaktoren sein.

> Eine wissenschaftliche Studie kommt zu dem interessanten Ergebnis, daß es hyperaktive Kinder gibt, *die bereits im frühen Kindesalter von einer dauernden Stimulation abhängig sind*: Reizüberflutung verstärkte bei ihnen ihr unruhiges Verhalten *nicht*. Im Gegenteil: Unter Störbedingungen waren die beobachteten Kinder *weniger unruhig*.

Ein multifaktorielles Verständnis

Um der Vielschichtigkeit der möglichen Erklärungen besser begegnen zu können, wird in neueren Erwägungen ein *interdisziplinärer Erklärungsansatz* favorisiert: Wenn die unterschiedlichen Zusammenhänge und Vernetzungen beachtet werden, kann sich das HKS nicht als etwas Isoliertes und mit einer Summe von Symptomen darstellen, sondern muß immer in der umwelt- und lebensbedingten Situation eines Kindes und seiner Familie betrachtet werden. Das kindliche Verhalten ist kein einzelnes Phänomen, und keinesfalls darf die Ausgangsursache beim Kind allein vermutet werden. In einem *multifaktoriellen Verständnis* müssen, um überhaupt zu einem „Urteil" zu kommen, die sozialen Reaktionen der Umwelt in ihrer Wirkungsweise auf das Kind viel mehr in das Blickfeld gebracht werden. Das gemeinsame Anliegen aller Fachleute, die nach Hilfe-Möglichkeiten suchen, muß, aus dieser Sicht, eine interdisziplinäre Kooperation sein, um einem Kind auch in seiner Ganzheitlichkeit gerecht zu werden und mono-kausale Erklärungsmuster und Schuldzuweisungen an das Kind aufzuge-ben.

Verhalten als Signal

Noch stärker wird das Verständnis für die Kinder und ihr Verhalten in den modernen *systemorientierten Erklärungsansätzen* herausgestellt. Ein „si-gnitives Modell" sieht das hyperkinetische Verhalten der Kinder als eine Reaktion auf eine für es nicht zufriedenstellende, ja, gestörte Lebenswelt an. Das Verhalten des Kindes ist ein wichtiges „Signal". Das Kind zeigt uns – den Erwachsenen – seine Probleme, spiegelt damit aber seine Umwelt wider, und sein auffälliges, „störendes" Verhalten ist eigentlich ein sehr gesundes und sich selbst schützendes Verhalten. Das *Signalisieren von Problemen des Kindes in seiner Lebenssituation* durch Hyperaktivität kann als eine Herausforderung für alle, die mit ihm umgehen, verstanden wer-den, und in einem solchen Verständnis gilt es, Auffälligkeiten als Botschaf-ten aufzunehmen und entsprechend darauf zu reagieren (vgl. VOSS u. WIRTZ 1990).

Die Botschaft der unruhigen Kinder

Sehr ähnlich beschreibt auch GLÖCKLER (1991, S. 153ff.) das Hyperkine-tische Syndrom als Spiegel unseres eigenen Verhaltens, des unruhigen Verhaltens der Erwachsenenwelt, und als eine *normale Reaktion* der Kin-der *auf unsere normale Lebenswelt.* Nach dieser These ist Hyperaktivität ein von den Erwachsenen gelerntes, ein nachgeahmtes Verhalten und als Normalität hinzunehmen, also keinesfalls als „pathologisch" zu betrachten. Das, was als kindliche „Symptomatik" aufgezählt wird, ist *unsere Sympto-matik.* Die Einordnung als „Krankheit" müßte – sollte sie zulässig sein – konsequenterweise darauf bedacht sein, zunächst die „normale" Welt und das „normale" Verhalten der Erwachsenen zu ändern. GLÖCKLER äußert sich hierzu eindrucksvoll und markant:

„...und das ist die Botschaft der hyperkinetischen Kinder: Seht an uns euer eigenes Problem. Helft euch selbst, indem ihr uns helft" (S. 153). ... *„Be-trachten wir uns selber. Aufregung, Aufgeregtheit ist die Norm. Menschen können in der Stille nicht mehr zur Ruhe kommen. Sie brauchen eine Geräuschkulisse, Lärm, Hektik, Streß. Wenn abgeschaltet werden soll, wird eingeschaltet. Wir sind umtriebig. Das Schularbeitenverhalten der Kin-*

der ist ein von uns gelerntes Verhalten. Auch wir Erwachsenen tun vieles gleichzeitig und konzentrieren uns nicht auf eines, können es gar nicht."

Aus dieser Sicht sind auch die Konzentrationsprobleme, die unruhige Kinder haben und die im Umgang mit ihnen immer wieder beklagt werden, *nur eine Nachahmung* dessen, was sich als Aktion, Hektik, Unrast, Nervosität ... der das Kind umgebenden Menschen zeigt:

„Und wie steht es mit dem Konzentrationsvermögen und der Aufmerksamkeit der Erwachsenen? Streß und Hetze machen oberflächlich, Sorgen und Angst verhindern ein besonnenes Nachdenken und Sich-Vertiefen in die Probleme."

GLÖCKLER macht auch besonders auf die Überforderung von Kindern durch unangemessene Sinneseindrücke aufmerksam. Sie sieht Kinder, die ein Überangebot von Eindrücken erhalten, die wenig Eigenaktivität zulassen, als von Reizen überflutet an. Auch das könne kindliche Unruhe erklären.

„... Kleinkinder werden durch das Getümmel eines Kaufhauses, durch belebte Straßen geschoben. Ein Eindruck nach dem anderen flutet vorbei: verschiedenste Geräusche, Bilder von Menschen und Sachen, Gerüche – nichts kann vom Kind verarbeitet werden, nichts kann annähernd so tief gehen, daß das Kind in Ruhe darauf reagieren könnte" (a. a. O., S. 158).

7.6 Hyperkinetisches Verhalten – hyp_o_kinetisches Verhalten

Aktives, spontanes Verhalten, das unangemessen erscheint, ist für Erzieherinnen und andere Fachleute beachtenswert. Es ist ein vordergründiges Verhalten, und die überaus lebhaften Kinder sind schwer übersehbar. *Motorisch zurückhaltende* Kinder hingegen sind meistens unauffällig und bleiben daher im Hintergrund. Auch in der Kindergruppe entziehen sie sich einer beobachtenden und bewertenden Aufmerksamkeit, manchmal werden sie gar benachteiligt. Nur selten sind sie in das Zentrum eines (heil-) erzieherischen oder gar medizinischen Interesses gestellt. In diesem Zusammenhang macht ZIMMER (1995) auf das *Ungleichgewicht* in der einschätzenden Beschreibung und Bewertung eines *unruhigen kindlichen Verhaltens*, das einem eher *ruhigen kindlichen Verhalten* gegenübergestellt werden kann, aufmerksam.

In der Tat bleiben, während das Hyperkinetische Syndrom bei Kindern so vielfach diskutiert wird, *die ruhigen Kinder* mit ihren Eigenschaften kaum beachtet, und ihr Verhalten wird selten zu den Auffälligkeiten gezählt. Es

ist in der Pädagogik leicht möglich, an einem „angepaßten" Kind vorbeizu-
sehen, seine (versteckten) Signale zu übersehen, und es kann sehr
schnell versäumt werden, dem Hilfebedarf, den gerade auch ein sehr ruhi-
ges Kind haben kann, die nötige erzieherische Aufmerksamkeit zu schenken:

*„Ein viel weniger beachtetes, aber ebenso ernstzunehmendes und schwer
faßbares Problem ist eine andere Art der Aktivierungsstörung: die Hypoaktivität, also eine Antriebshemmung und -schwäche. Diese Kinder fallen
jedoch im Gegensatz zu den hyperaktiven kaum auf, die Umwelt nimmt sie
kaum wahr. Sie gelten als brav und ruhig, und ihr Verhalten wird daher in
den wenigsten Fällen von Erzieherinnen, Lehrerinnen und Eltern als problematisch empfunden. Dabei kann Hypoaktivität für das Kind ein viel
schwerwiegenderes Problem darstellen als überschießendes, übermäßig
aktives Verhalten. Das Kind zieht sich nach Mißerfolgen und Anpassungs-
schwierigkeiten auf sich selbst zurück, kapselt sich ab, wird kontaktscheu,
gehemmt und ängstlich. Es scheint aufgegeben zu haben, sich gegen
unangemessene Reaktionen seiner sozialen Umwelt aufzulehnen" (ZIM-
MER 1995, S. 65).*

Hyper- und hypoaktive Kinder können ein ganz unterschiedliches Verhalten haben und doch *gleiche* Bedürfnisse und Wünsche. Erzieherinnen
sollten im Umgang mit ihnen bedenken, daß die Kinder sich mitteilen
möchten und daß sie ein sich doch jeweils individuell auf sie, auf jedes der
so verschieden handelnden Kinder beziehendes *Verständnis erwarten.*
„Beide Gruppen von Kindern sind vor allem durch massive Selbstwertpro-
bleme gekennzeichnet. Die negativen Erfahrungen in vielen Situationen
haben sie zu dem Schluß gebracht, daß sie Versager, Nieten, Verlierer
sind. Uneins mit sich selbst, haben sie auch Schwierigkeiten mit anderen.
Sie finden keinen Kontakt oder sind distanzlos und drängen sich auf. Während hyperaktive Kinder sich durch Vitalität auszeichnen, die ihnen jedoch
viel Ärger mit der Erwachsenenwelt einbringt, fällt die Antriebsschwäche
hypoaktiver Kinder der Umwelt kaum zur Last. Sie leiden eher unter sich
selbst als daß andere unter ihnen leiden" (ZIMMER 1995, S. 66).

8. Die Störungen der sensorischen Integration

Psychomotorische Schwierigkeiten besonderer Art im Kindesalter könnten, so ein von A.J. AYRES vorgestellter Erklärungsansatz, auf eine *Störung der Integration der Sinneseindrücke* zurückzuführen sein. Die Theorie der mangelnden Integrationsfähigkeit sensorischer Eindrücke (AYRES 1979; 1992) ist derzeit vielbeachtet und hat zur Entwicklung, Verbreitung und Anwendung der darauf aufbauenden sensorischen Integrationsförderung (vgl. die Beschreibung an späterer Stelle) geführt.

8.1 Was ist sensorische Integration?

AYRES erklärt die sensorische Integration (SI) als einen Prozeß, durch den das Gehirn Auskünfte von den Sinnen aufnimmt, erkennt, deutet und eingliedert, um daraufhin mit einer angepaßten Handlung, einer Anpassungsreaktion, zu reagieren. Alle Sinneseindrücke, die ein Kind erfährt, kommen von seinem eigenen Körper und aus der Umwelt. Sie werden zum Gehirn geleitet und dort *„sinnvoll"* erfaßt und eingeordnet. Sie werden mit parallelen Eindrücken verglichen, zentral verarbeitet und an den zuständigen Stellen gespeichert, damit eine *„Antwort"* im Sich-Bewegen, im Sich-Verhalten, insgesamt also *als eine Handlung* möglich wird.

8.1.1 Sensorische Integration als ein Ordnungssystem

Wir können die Vorgänge der sensorischen Integration als *ein Ordnungssystem* bezeichnen, und es geht um *„die sinnvolle Ordnung* und Aufgliederung von Sinneserregung, um diese nutzen zu können. Diese Nutzung kann in einer Wahrnehmung oder Erfassung des Körpers oder der Umwelt bestehen, aber auch in einer Anpassungsreaktion oder einem Lernprozeß oder auch in der Entwicklung bestimmter neuraler Tätigkeiten. Durch die sensorische Integration wird erreicht, daß alle Abschnitte des Zentralnervensystems, die erforderlich sind, damit ein Mensch sich sinnvoll mit seiner Umgebung auseinandersetzen kann und eine angemessene Befriedigung dabei erfährt, miteinander zusammenarbeiten"* (AYRES 1992, S. 260).

Alle Körpersinne, insbesondere diejenigen Sinne, die für das Gleichgewicht, die Lage- und Bewegungsfähigkeiten und die Berührungsreaktionen verantwortlich sind, insgesamt die *taktil-kinästhetischen* Fähigkeiten, stellen für ein Kind wichtige Bausteine für die gute Entwicklung seiner sensorischen Integration dar, wenn das ZNS mit den Eindrücken durch die Sinne entsprechend umzugehen vermag.

8.2 Die mangelnde sensorische Integrationsfähigkeit

Wenn Kinder eine *mangelnde Integrationsfähigkeit* sensorischer Eindrücke haben, spricht AYRES von Störungen der sensorischen Integration. Funktionelle oder strukturelle hirnorganische Abweichungen oder Störungen, auch wenn sie nur sehr gering sind, erschweren in einem solchen Fall das Zusammenarbeiten der Nervenzellen. Es gelingt deshalb dem Zentralnervensystem nicht, die Fülle der über die einzelnen Sinneskanäle einströmenden Informationen in ausreichendem Maße *zu ordnen und zu koordinieren*, mit bereits vorhandenen „Daten" zu vergleichen und eine geordnete und gute Reaktion zu organisieren: Sensorische Integration ist immer auch eine „Hemmung" der „einlaufenden" Impulse. Sich ungehemmt ausbreitend, in Extremfällen „wie ein Steppenbrand", wird „die vestibuläre Aktivität überschießend", und es entsteht eine *„Unordnung"* im Gehirn, die von AYRES mit einem *„Verkehrschaos"* verglichen wird (AYRES 1992).

8.3 Probleme der „sensorisch integrationsgestörten" Kinder

Integrationsstörungen äußern sich, folgt man der Theorie AYRES', in einer Vielzahl von Auffälligkeiten und Störungsbildern in den Bereichen von Wahrnehmung und Motorik und in der Folge natürlich auch in emotionalen und sozialen Bezügen.

Die Probleme, die Kinder damit haben können, sind *nicht unmittelbar auffällig*, und eine „schlechte Verarbeitung" von Eindrücken (AYRES) kann nur dezent sein und ist somit schwer zu erkennen. Neurologisch sind Störungen beim kleinen Kind sehr selten, meistens gar nicht, eindeutig zu diagnostizieren. Unbeachtet aber führen sie zu vielfältigen zunächst geringen, das Kind aber doch immer mehr beeinträchtigenden Schwierigkeiten. Im Kindergartenalter zeigen sich die Störungen im Zusammensein des Kindes mit der Gruppe, und sie haben *Auswirkungen auf seine Lernfähigkeit*.

Auch die Kinder mit sogenannten sensorischen Integrationsstörungen werden im Kindergarten demnach immer wieder als *Kinder mit einem auffälligen Verhalten* beobachtet. Spätestens nach Schulbeginn wird ihre *Lern- und Leistungsfähigkeit* beklagt, und Schwierigkeiten zeigen sich nicht nur in schwachen sportlichen Leistungen, sondern auch in Problemen beim Erlernen des Lesens, Schreibens und Rechnens.

Werden die Probleme eines Kindes aber erkannt und nicht als Entwicklungsretardierung oder Intelligenzschwäche, sondern als *Beein-*

trächtigung *des Ordnens von Eindrücken* verstanden, kann die sensorische Integrationsfähigkeit mit den (heil-)erzieherischen Mitteln der Kindergartenpädagogik gut verbessert werden.

8.3.1 Die Handlungen der Kinder und ihr Verhalten: Probleme als Endprodukte einer unzulänglichen Verarbeitung von Sinneseindrücken

Als Besonderheiten im Verhalten der Kinder und in ihren Tätigkeiten nennt AYRES eine *typische Symptomatik auf verschiedenen Handlungsebenen*, die auf das Vorliegen sensorischer Integrationsstörungen hinweisen kann.

Die sichtbare Symptomatik ist aber *nicht das wirkliche* und ursächliche *Problem*, sondern alle zu beobachtenden Symptome sind nach AYRES die Endprodukte einer *unzulänglichen und unregelmäßigen Verarbeitung* von Sinneseindrücken im Gehirn (1992, S. 79-95). Die Symptome können zusammenhängend oder in einer Wechselwirkung zu sehen sein, und manche Verhaltensmuster sind die Folgesymptomatik aus einer einzelnen Schwierigkeit, die ein Kind haben kann.

Da aber trotz eines die Problematik kennzeichnenden Symptomenkomplexes jedes Kind *seine eigene Symptomatik* aufweist, ist die Diagnostik „eine relativ verwirrende"... „Störungen der sensorischen Integration wären einfacher zu erkennen und zu behandeln, wenn die Probleme bei jedem Kind die gleichen wären... Manche Symptome treten oft genug gemeinsam auf, so daß man sie als Syndrome zusammenfassen kann. Aber die meisten Kinder passen nicht genau in diese Kategorien" (a. a. O., S. 79).

Als die wesentlichsten Auffälligkeiten bei den Kindern nennt AYRES

- *eine Überaktivität und hohe Ablenkbarkeit,*
- *sehr verschiedene Verhaltensprobleme,*
- *Störungen im Muskeltonus, im Gleichgewicht und in der Koordination,*
- *Auffälligkeiten in der Sprachentwicklung,*
- *Schwierigkeiten in der Konzentration und im Planen und Ordnen,*
- *Lern- und Leistungsprobleme[65].*

---

[65] Die nachfolgende veranschaulichende Beschreibung der einzelnen Symptome und Probleme, die ein Kind mit einer sogenannten *sensorischen Integrationsstörung* haben kann, folgt hier dem Theorie-Praxis-Konzept von Ayres (Ayres, A.J.: Bausteine der kindlichen Entwicklung [1992]), insbesondere dem Kapitel II: Störungen der sensorischen Integration. Die Zitate (S. 79-83) dienen dem besseren Verständnis einer interessanten, aber nicht ohne weiteres nachzuvollziehenden Theorie.

197

Das überaktive und leicht ablenkbare Kind

Es kann nicht stillhalten, nicht stillsitzen, es muß immer in Bewegung sein. Das erste Zeichen, schon beim Kleinkind, ist oft die „Zappeligkeit", die den Eltern auffällt, wenn ihr Kind „überall und nirgends" ist. Das Kindergartenkind „pflegt zu rennen, anstelle zu laufen, und viele seiner Aktivitäten sind nicht zweckmäßig". In der Folge ist es ihm natürlich nur schwer möglich, sich zu konzentrieren, und es läßt sich sehr leicht ablenken. Die *überschießende Aktivität* führt auch dazu, daß das Kind große Probleme hat, Ordnung zu halten und eine Aufgabe zu Ende zu bringen: „Wenn er an seinen Pullover denkt, vergißt er, sein Frühstück einzupacken." ... „Sie kann ihre Handlungen nicht zusammenbekommen."

AYRES erklärt ein solches Verhalten mit der *mangelnden zentralen Ordnungsfähigkeit*: „Solange ein Gehirn Sinneseindrücke und motorische Handlungen nicht richtig ordnen kann, ist es ebensowenig in der Lage, einen Schrank, der voll von Kleidern ist, oder einen Ranzen mit Büchern, Heften und Bleistiften in Ordnung zu halten."

Das Kind mit seinen Verhaltensproblemen

Dadurch, daß das Gehirn des Kindes *in anderer Weise* reagiert, handelt das Kind auch anders, als es die Umstände erfordern. Überempfindlichkeit und Verletzlichkeit, Nicht-teilen-Können, Nicht-verlieren-Können, immer selbst erfolgreich und bedeutend sein wollen, sind einige Verhaltenssymptome. „Ein Spiel zu verlieren, ist sehr erschreckend für sein schwach entwickeltes Selbstbewußtsein, und so zerstört es das Spiel lieber vorher." Das Kind hat es schwer, mit Alltagssituationen angemessen fertig zu werden, vor allem mit neuen und zunächst fremden Situationen. Wegen seines Verhaltens wird das Kind oft zurückgewiesen, und dies besonders von gleichaltrigen Kindern, die es nicht verstehen können.

Die Koordination des Kindes beim Handeln und sein Muskeltonus

Wenn das *vestibuläre*, das *propriozeptive* und das *taktile* System nicht in der richtigen Weise arbeiten, hat das davon betroffene Kind eine „schlechte motorische Koordination". AYRES gibt auch hierzu Beispiele: „Es kann leicht sein Gleichgewicht verlieren und stolpern. Es läßt seinen Federhalter öfter fallen als andere Kinder. Manche Kinder fallen sogar von ihren Stühlen, weil sie nicht fühlen können, wo sie sitzen." Eine schlechte Verarbeitung von Körper- und Schwerkraftgefühlen kann tolpatschige und ungeschickte Bewegungen verursachen. Solche *Koordinationsschwierigkeiten* fallen im Kindergarten beim Spielen auf: „Ein Kind, das keine Türme bauen kann, nicht richtig mit Spielzeug umgehen und keine Puzzlespiele zusammensetzen kann, hat wahrscheinlich ein Problem mit seiner sensorischen Integration."

Kinder mit einer vermuteten sensorischen Integrationsstörung haben nach AYRES auch einen *auffallend niedrigen Muskeltonus.* Er führt dazu, daß ein betroffenes Kind den Kopf nicht leicht aufrecht halten und seinen Körper nur mühsam aufrichten und strecken kann. Die Folge ist, daß es leicht ermüdet, weil es für alle „Haltungen" viel Energie braucht. Im Kindergarten kann beobachtet werden, daß ein Kind ohne ausgewogenen Muskeltonus den Kopf auf die Hände oder den Arm stützen muß, während es am Tisch sitzt. Ein solches Kind lehnt sich oft auch an, etwa gegen eine Wand, „weil das Stehen ohne Unterstützung ... viel Anstrengung bedeutet."

Das Kind und seine Sprache

Auch die Sprachentwicklung und das aktive Sprechen stehen in einem engen Zusammenhang mit den Integrationsprozessen sinnlicher Wahrnehmung, und *Unregelmäßigkeiten in der Sinnesverarbeitung* können Verzögerungen in der Sprachentwicklung des Kindes mit sich bringen. Eltern und Erzieherinnen, die beim Vorschulkind seine Sprache vor allem als sein Ausdrucksmittel erleben, berichten von „Sprach- und Artikulationsstörungen", die ein Kind haben kann, und zwar, „bevor ihnen die anderen Symptome auffallen".

Das Kind, das sich konzentrieren möchte und das etwas zu planen und zu ordnen versucht

Wenn die sensorischen Integrationsstörungen fortbestehen und ein betroffenes Kind keine rechtzeitigen Hilfen erhält, kann es zu *weiterreichenden Problemen* kommen. Diese betreffen nach AYRES *das Ausführen komplexer Leistungen* und zeigen sich im Schulalter, wenn sich das Kind nicht konzentrieren kann, nicht *mehrere Aufgaben gleichzeitig* einplanen und sie geordnet neben-, nach- und miteinander in Verbindung planvoll ausführen kann. „Ein Gehirn, das Schwierigkeiten hat, seine Empfindungen richtig zu ordnen, ist genausowenig in der Lage, andere Dinge in richtiger Weise zu ordnen." Es ist für ein beginnendes Schulkind schwer, etwa „eine Reihe von Buchstaben oder Nummern zu begreifen", oder ein älteres Kind, ein Jugendlicher, weiß nicht, „womit er beginnen soll und wie lang jede einzelne Handlung dauern wird. Wenn er bei seiner Arbeit unterbrochen wird, vergißt er, was er gerade im Begriff war zu tun. Es gibt Tage, an denen es für ihn unmöglich ist, sich auf eine Sache zu konzentrieren und sie zu Ende zu bringen."

Ganz allgemein haben nach AYRES Kindergartenkinder mit Störungen der sensorischen Integration Schwierigkeiten, *sich in dem Raum*, der sie umgibt, *zurechtzufinden.* „Sie rempeln Menschen an oder laufen in Dinge hinein, da sie nicht abschätzen können, wo sich diese Dinge im Raum befinden und wo ihr eigener Körper steht. Sie sind – wörtlich gesprochen – 'im Raume verloren'." Dies führt – unbeachtet – dazu, daß ein Schulkind Schwierigkeiten hat, Worte, die an der Wandtafel stehen, in das Schulheft zu übertragen. Das Kind hat Probleme mit „dem Abstand zwischen sich und der Wandtafel", „und dann kommen noch größere Schwierigkeiten mit der räumlichen Einteilung der Buchstaben beim Schreiben auf das Papier hinzu. Seine Buchstaben werden unterschiedlich groß oder schief angeordnet."

> Wenn der Kindergarten viele Erfahrungen zur Entwicklung des *Körperbewußtseins* anbietet und den Kindern mit seinen Bewegungsangeboten und Spielmaterialien hilft, *Räume kennenzulernen und zu (er-)öffnen*, wird sich das auf ihre späteren schulischen Leistungen positiv auswirken.

Auch Probleme *mit dem* visuellen (optischen) und dem auditiven (akustischen) *Gedächtnis,* auch nur geringfügige, können das Lernen erschweren. Selbst wenn das Kind eine gute Lernfähigkeit hat, kann der Beginn des Lesen- und Schreibenlernens für es sehr schwierig sein. „Das Kind muß sich daran erinnern, ob der Buchstabe 'M' nach oben oder nach unten geht und ob bei einem 'P' der Bogen nach links oder rechts geschrieben werden muß." Wenn aber diese „Aktivität" zentral nicht richtig geordnet ist, „kann das Kind diese 'Erinnerung' nicht 'finden', wenn es sie braucht." Für manche der Kinder ist nach AYRES das Schreiben eine besonders komplizierte Sache und steht mit dem Sich-Erinnern in enger Verbindung. Sie haben es schwer, Worte zu hören und sie dann auch noch aufzuschreiben. Sie können die akustischen Eindrücke nicht mit ihren Empfindungen der Hände und Finger zusammenbringen. „Ein solches Kind sagt dann: 'Ich weiß zwar, was du willst, aber ich kann es nicht niederschreiben.'"

> Nach der Theorie von den sensorischen Integrationsstörungen kann der Kindergarten *schulische Leistungen*, wie Lesen und Schreiben, *vorbereiten*. Dies geschieht durch spielerische sensomotorische Aktivitäten, die das Gedächtnis, das Sich-Erinnern und die Merkfähigkeit der

Kinder fördern. Das kindliche Gehirn benötigt sie, um sich so organisieren zu können, daß ein oder zwei Jahre später das Lesenlernen
gelingen kann.

8.3.2 Das wirkliche Problem oder: die grundlegenden Sinnes-
eindrücke

Am Anfang der sensorischen Entwicklungsvorgänge stehen die Sinne. Es
hängt von der Integration ihrer Reizeinwirkungen ab, welche Fähigkeiten
ein Kind in seinem Verhalten und in seinen Handlungen als Endprodukte
erreichen kann. Solche „Endprodukte" sind, folgen wir der Idee AYRES',
sozusagen „das Endergebnis vieler Jahre der Entwicklung und der Reizverarbeitung im Gehirn" (1992, S. 85). Erst wenn ein Kind bestimmte „Entwicklungsniveaus" erreicht hat, die Grundsinne – taktil, vestibulär und pro-
priozeptiv – in das Wahrnehmungsschema des Körpers einbezogen sind,
und wenn die Koordination der beiden Körperhälften, die motorische Planung, die Aufmerksamkeitsspanne, konstantes Aktivitätsniveau und Ge-
fühlsstabilität erreicht sind, kann ein Kind „seinen Weg gehen". Natürlich
sind auch die auditiven und visuellen Empfindungen in den Verarbeitungs-
prozeß einbezogen, und diese Empfindungen kommen mit dem Körperschema und verwandten Funktionen zusammen, damit das Kind sprechen
lernt und die Sprache versteht, aber die Grundordnung des Nervensystems beruht auf den *grundlegenden Sinneseinwirkungen*, die von vestibulären, proპriozeptiven und taktilen Sinnesreizen ausgehen. Sie sind so
grundlegend, daß die zunehmende Persönlichkeitsentwicklung des Menschen darauf aufbaut. „Selbstachtung, Selbstkontrolle und Selbstvertrauen
entwickeln sich in dem Bewußtsein, daß der Körper als ein zuverlässiges
sensomotorisches Gebilde existiert, und rühren von einer guten Integration
des Nervensystems her" (a. a. O., S. 85 u. 86).

Es gibt nach AYRES also verschiedene „Ebenen", die für die sensorische
Integrationsentwicklung gesehen werden müssen, und es ist für die Kinderpädagogik wichtig zu wissen, daß das Kind sich während der gesamten
Kindheit *auf jeder Ebene* seiner sensorischen Integration betätigt, demnach ganzheitliche förderliche Entwicklungshilfen braucht. Wenn nun ein
Kind das Verhalten einer sensorischen Integrationsstörung zeigt, sind es
vor allem die folgenden grundlegenden Beeinträchtigungen, die die Grundordnung seines Nervensystems aus irgendeinem Grunde gestört haben:

– *Störungen, die das Gleichgewichtssystem, den Haltungs- und Muskel-
apparat und die Körpersymmetrie betreffen,*

– *Störungen als Dyspraxie,*

- Störungen einer taktilen Abwehr,
- *Störungen der visuellen Wahrnehmung und des Hörens.*

Im Kindergarten

Das *Gleichgewichtssystem* beeinflußt zahlreiche Funktionen, und eine Störung dieses Systems zeigt sich im Verlust der Balance und dem Gefühl der Unsicherheit, der Torkeligkeit. Die betroffenen Kinder haben Angst hinzufallen, Angst, auf eine Mauer oder auf einen Stuhl zu steigen, oder Angst, eine Treppe behende zu benutzen, zu springen und zu klettern. Viele Kinder wollen nicht gedreht werden, beim Spiel im Kindergarten wehren sie sich dagegen. Schaukeln, Rutschen, Wippen und die entsprechenden Einrichtungen auf dem Spielplatz lieben sie nicht, und Ballspielen, vor allem Werfen und Auffangen des Balles, mögen sie nicht. Beim Turnen fällt auf, daß manch ein betroffenes Kind kein gutes Haltungsgefühl hat, daß es sich nicht gut abstützen kann, daß es ihm beim Versuch des schützenden Ausstreckens der Arme (um nicht zu fallen) schwerfällt, seinen Kopf zu heben und seinen Nacken zu strecken, und daß es sich in spontanen Bewegungsreaktionen noch kleinkindhaft und reflexhaft verhält und bewegt. Bei einigen Kindern ist zu sehen, daß sie zuerst keine Körpersymmetrie und später keine gute Lateralität entwickeln.

Die *entwicklungsbedingte Dyspraxie* ist ein Problem der Bewegungsplanung und der Handlungsungeschicklichkeit. Sie gilt als eine der typischen sensorischen Integrationsstörungen. Die betroffenen Kinder können nicht gut mit Spielzeug umgehen, sie handeln langsam und uneffektiv, und es fällt ihnen im Kindergarten schwer, sich an Spielplanungen zu beteiligen. Beim Spielen zerstören sie leicht ihr Werk, weil sie sich nicht geschickt verhalten, feinmotorische Handlungen meiden sie, sie basteln und malen nicht gern, und beim Essen muß ein betroffenes Kind oft mit kleinen Mißgeschicken (das Trinkglas wird zum Beispiel umgestoßen) kämpfen.

Ein weiteres grundlegendes Problem ist die *taktile Abwehr* bei Kindern. Sie möchten beim Anziehen nicht berührt werden, und sie lieben keinen Körperkontakt. Manche Kinder vermeiden es vor allem, im Gesicht berührt zu werden, und besonders unangenehm ist ihnen das Waschen des Gesichtes. Im Kindergarten kann auffallen, daß ein betroffenes Kind nicht gerne mit seinen Fingern in Sand, Fingerfarben, Kleister oder ähnliches Material greift und daß es vermeidet barfuß zu gehen, vor allem in Sand oder Gras.

Manche Kinder können *visuelle und auditive Reizeindrücke* nicht gut verarbeiten, und einige Kinder haben Probleme damit, ihre *Augenmuskeln* zu dirigieren und ihre Augen willkürlich auf Gegenstände zu richten. Manche Kinder tun sich im Kindergarten mit der Unterscheidung von Farben schwer und haben Schwierigkeiten, Ähnlichkeiten oder Unterschiede bei Mustern oder Zeichnungen zu erkennen. Auch *die Hörimpulse* werden verzögert umgesetzt, und manche Kinder haben immer wieder Schwierigkeiten, gehörte Feinheiten zu unterscheiden. Dies kann zu *sprachlichen Verzögerungen* führen, die eigentlich kein Sprachproblem, sondern eine gestörte sensorische Integration sind, und für einige Kinder kommen als ein Symptom der Dyspraxie Artikulationsschwierigkeiten hinzu, ausgelöst durch eine *orale Apraxie*, die ein Mangel an Beweglichkeit der Mundmuskulatur ist.

8.4 Das Erkennen der Störungen

Wer Kinder gut *beobachtet*, kann am ehesten auf eine sensorisch-integrative Dysfunktion aufmerksam werden. Eltern und Erzieherinnen sollten die Kinder *in ihren Spiel- und Bewegungshandlungen* begleiten und können inmitten von Alltagstätigkeiten Schwierigkeiten erkennen. Wenn sich aus diesen allgemeinen Beobachtungen Hinweise auf einzelne und verschiedene Störungsbilder ergeben, sollte eine *klinische Beobachtung* vorgeschlagen werden, an der verschiedene Fachkräfte mit ihren Untersuchungsmethoden beteiligt sind. Zur Einschätzung und Bewertung der Leistungsfähigkeit der Verarbeitung von Sinneseindrücken bei Kindern im Vorschulalter und im ersten Schulalter hat AYRES ein eigenes Testverfahren entwickelt, die *Southern California Sensory Integration Tests* (SCSIT).

Die SCSIT umfassen 17 Subtests mit je einer genau formulierten mehr oder weniger komplizierten Aufgabe. Sie sind so konstruiert, daß sie vom Kind ohne sprachliche Äußerungen bearbeitet werden können. Insgesamt werden für die Testdurchführung allerdings zwei bis vier Stunden benötigt, je nach der Befindlichkeit des Kindes ist aber eine Aufteilung der Subtests in mehrere Abschnitte möglich.

Die Tests sind grob in vier Bereiche zu unterteilen:

- Tests zur visuellen Wahrnehmung,
- feinmotorische Tests,
- taktilkinästhetische Tests,
- Tests zum Körperschema

(AYRES 1980; vgl. BRAND u. a. 1986; vgl. TIETZE-FRITZ 1996a, Beschreibung der Tests, S. 142-144).

8.5 Wie entsteht eine „SI-Störung"? – Erklärungsversuche

AYRES bietet keine eindeutige Erklärung zur Entstehung von kindlichen Integrationsstörungen an. Sie geht davon aus, daß *minimale Hirnfunktionsstörungen* die Ursache für zahlreiche Auffälligkeiten sein können und als funktionelle oder strukturelle zentrale Störmuster, die das Zusammenarbeiten der Nervenzellen erschweren, wirken können. Im übrigen vermutet AYRES, daß bei den meisten Kindern mit Störungen der sensorischen Integration wahrscheinlich *kein wirklicher Schaden* in der Hirnstruktur besteht, sondern daß ein Verarbeitungsproblem anzunehmen ist.

Keinesfalls aber sei diese Funktionsstörung mit einer geistigen Entwicklungsverzögerung gleichzusetzen, und viele Kinder haben, so AYRES, *eine normale oder sogar überdurchschnittliche Intelligenz.* „Wenn ein Kind in mehreren Hirnregionen eine schlechte Verarbeitung von Sinneswahrnehmungen hat, wird es Schwierigkeiten im Umgang mit Ideen, Verallgemeinerungen und anderen intellektuellen Tätigkeiten haben, so daß auf diesem Wege ein sehr stark ausgeprägtes sensorisches Verarbeitungsproblem ein Kind geistig verlangsamt machen kann" (1992, S. 72).

Eine angeborene Veranlagung als *genetische Disposition* schließt AYRES allerdings nicht aus, und eine *sensorische Mangelsituation* zum Beispiel bei kontaktarmen und bei einigen institutionalisierten Kindern könnte, ihrer Meinung nach, ebenso eine Erklärung für die Entstehung der typischen Schwierigkeiten sein.

Inzwischen wird in Fachkreisen am ehesten die Meinung vertreten, daß eine „SI-Störung" zumindest *auch* eine Störung der Interaktion sein kann und durch Erziehungsgegebenheiten und negative oder unzureichende Einflüsse aus der Umgebung auszulösen ist. Auch AYRES betont die Bedeutung der grundlegenden Wahrnehmungsinformationen, die mit einem Zuviel, aber auch mit einem Zuwenig die kindlichen Wahrnehmungsprozesse stören können. Hierbei scheinen die Berührungsinformationen, die Körperkontakte und die Bewegungsangebote, die einem Kind gegeben werden, auch in ihren Empfindungs*qualitäten*, besonders wichtig, und auch AYRES hebt die Gefahren eines Mangels an Berührungsreizen und des Mangels an vestibulären Stimulationen und ihre möglicherweise schädigenden Auswirkungen auf die Entwicklung der sensorischen Integration im frühen Kindesalter besonders hervor.

9. Die zerebrale Bewegungsstörung

Wenn sich eine kindliche Entwicklungsstörung vor allem in Schwierigkeiten bei der *Haltungs- und Bewegungssteuerung* zeigt und auf eine *zerebrale Schädigung* zurückzuführen ist, die das sich entwickelnde Gehirn eines Kindes getroffen hat, sprechen wir von einer *zerebralen Bewegungsstörung*.

Als synonyme Fachbezeichnungen (auch als Oberbegriffe) werden heute die Namen *cerebral palsy (CP)* oder *(infantile) Zerebralparese* (ICP) benutzt. Sie haben die älteren Terminologien (wie „zerebrale Kinderlähmung", „spastische Lähmung" oder „Littlesche Erkrankung") abgelöst.

Einmal abgesehen von den Auswirkungen möglicher familiärer genetischer Defekte bei bestimmten, relativ seltenen Krankheitsbildern, die mit einer Fehlentwicklung des Zentralnervensystems einhergehen können, entstehen die zerebralen Läsionen *frühkindlich*, und zwar *prä-, peri- oder postnatal*[66]. Sie führen in der Folge zu den verschiedenen *Erscheinungsformen* einer kindlichen Bewegungsstörung. Die einzelnen Ausprägungen können als jeweils *typisch* zu erkennen sein, treten aber auch als *Mischformen* in Erscheinung. Die zu sehende Symptomatik ist nicht nur abhängig vom Schweregrad der erlittenen Läsion, sondern entscheidend auch vom Zeitpunkt der Diagnosestellung und vom Entwicklungsgang des Kindes und seiner förderlichen Unterstützung.

Ein wie auch immer betroffenes Kind *bewegt sich auf seine Weise*. Es bemüht sich darum zu lernen, seine Bewegungsfähigkeiten selbst zu „regulieren". Je nach der Schwere seiner zentralen Störung und abhängig von den Hilfen, die es erhält, vermag es dies mehr oder weniger gut. Immer aber erschweren seine Probleme der Haltungs- und Bewegungskoordination und -kontrolle den gesamten psychomotorischen Entwicklungsgang, und jedes Kind mit einer zerebralen Bewegungsstörung hat Schwierigkeiten mit dem *automatischen und harmonischen Zusammenspiel der Bewegungsabläufe*, die es für seine Handlungen braucht, mit dem Einneh-

---

[66] Neben vielen anderen Verursachungen gelten als häufige *pränatale* Ursachen schwere (Infektions-)Krankheiten der Mutter in der Schwangerschaft; eine *perinatale* Ursache kann Sauerstoffmangel unmittelbar nach der Geburt des Kindes sein, und *postnatal* können Erkrankungen des Kindes wie die Meningitis und die Enzephalitis das kindliche Gehirn schädigen.

men einer von ihm gewünschten Körperhaltung und mit der Dosierung seines Muskeltonus.[67]

Die frühkindlichen zerebralen Entwicklungsprozesse

Bereits im Mutterleib und dann in den ersten Lebensjahren vollziehen sich für das Kind hirnorganisch vielschichtige Entwicklungsprozesse, die auch als *Reifungsprozesse* zu verstehen sind. Wir wissen heute, daß die wesentlichen Aufgaben des Zentralnervensystems (ZNS) und seine Funktionen die *Integration und Koordination* aller sensomotorischen Handlungen, Eindrücke und Stimulationen sind, die vom Kind ausgehen, die es erfährt und erlebt und die ihm gegeben werden. Zahlreiche Gehirnzentren sind mit der Regulation der Bewegung befaßt, ihre Tätigkeiten sind aufeinander abgestimmt, und alle sind einander über- und untergeordnet, auf jeden Fall einander in einer harmonischen und sinnvollen Weise zugeordnet.

In den vielen Zentren des Gehirns und auf der motorischen Gehirnrinde zeichnen sich Bewegungsmuster auf, und das Gehirn reagiert je nach dem erreichten Reifungsniveau und den sensomotorischen Zuwendungen, den (Reiz-)Angeboten von außen, mit immer komplexer werdenden Haltungs- und Bewegungsformen. Die vielen auf das kindliche Gehirn einströmenden sensorischen Reize werden durch Bewegungsfähigkeiten beantwortet.

Schon im ersten Lebensjahr werden diese motorischen Fähigkeiten des Kindes immer geordneter. Die zunächst sehr einfachen Reflexmuster und unwillkürlichen Bewegungsreaktionen, die das Kind zeigt, lernt es mit der Ausreifung des Gehirns durch immer besser regulierte eigene und willkürlich gewollte Bewegungshandlungen zu ersetzen. Das jeweilige psychomotorische Handeln des Kindes entspricht diesen hirnorganischen und neurophysiologischen Gegebenheiten in der erreichten Entwicklungszone und den jeweiligen Entwicklungsereignissen. Eine frühkindliche zerebrale Störung kann sie erheblich beeinträchtigen.

---

[67] Die *neurophysiologischen Zusammenhänge* bei einer zerebralen Bewegungsstörung im frühen Kindesalter sind insbesondere durch die Arbeiten B. u. K. Bobaths und V. Vojtas erklärt worden. Auf der Grundlage ihrer empirischen Forschungen begründeten sie vor mehr als vier Jahrzehnten spezifische Therapieformen, die als „Behandlungen auf neurophysiologischer Grundlage" international bekannt und anerkannt wurden. Neben wenigen anderen z. T. darauf aufbauenden oder davon abgeleiteten Therapieverfahren sind sie die derzeit führenden *Behandlungskonzepte* für zerebral bewegungsgestörte Kinder (vgl. Bobath, B. 1976; Bobath, B. u. K. 1983; Vojta, V. 1974. Weitere Arbeiten zur Thematik: Flehmig 1983; Feldkamp u. Danielcik 1982; Hellbrügge 1978; Knupfer u. Rathke 1986; Finnie 1971; Tietze-Fritz 1980).

Alle frühkindlichen psychomotorische Fähigkeiten, die vom ZNS koordiniert werden, unterliegen *Entwicklungs- und Reifungsprozessen*. Wir können die zunehmende Entwicklung in den Handlungen eines Kindes erkennen und an seiner Motorik „ablesen". Am deutlichsten zeigen sich die fortschreitenden Entwicklungsvorgänge in den ersten drei Jahren des Kindes. In dieser Zeit ist das kindliche Gehirn besonders *aufnahmebereit* für entwicklungsförderliche Einflüsse – aber auch sehr leicht *verletzbar* oder durch Störfaktoren in seiner Entwicklung *gefährdet*. Mit dem Ende der Kindergartenzeit ist die neurophysiologische Entwicklung bei einem Kind weitgehend zerebral „gereift" und „koordiniert".

9.1 Zerebral bewegungsgestört genannte Kinder

Hat das Kind eine Bewegungsstörung, ist das harmonische Gleichgewicht in der Zusammenarbeit aller kortikalen und subkortikalen Zentren nicht mehr ausgewogen. Der regulierende Einfluß der höheren Zentren, der bei nicht betroffenen Kindern ihr Handeln sinnvoll und koordinierend anregen kann, die Bewegungsmöglichkeiten gleichzeitig aber auch ordnet und dosiert, entfällt, und es kommt im wesentlichen zu *Dysregulationen*. Sie können die Psychomotorik des Kindes erheblich stören. Neurophysiologisch sind sie folgendermaßen zu begründen:

„Von gleichgroßer Bedeutung ist, daß die Leistung von Gehirnzentren stets sowohl produktiv (fördernd, facilitierend) als auch hemmend ist. Die hemmende Funktion (Inhibition) von Gehirnzentren ist eine ebenso aktive Leistung wie die fördernde. Wir haben also drei Fehlleistungen eines gestörten ZNS zu erwarten: a) *Enthemmung* von Funktionen, b) *Ausfälle* von Funktionen, c) *Dysregulationen* von Funktionen" (FELDKAMP/DANIELCIK 1982, S. 18).[68]

Mit den Reifungsvorgängen ist es daher auch zu erklären, daß sich die *Symptomatologie im motorischen Verhalten* des Kindes mit einer zerebralen Bewegungsstörung auch nach bereits früher entstandener Läsion *erst allmählich* entwickelt, so, wie es der Abfolge seiner zerebralen Entwicklung

---

[68] Die Wirkungsweise der höheren Zentren des ZNS und der Einfluß des Gehirns als ein die Motorik koordinierendes und ordnendes Organ können wir auch als Systeme der *Bahnung* (Fazilitation) und der *Hemmung* (Inhibition) beschreiben. Beide Systeme müssen in einem ausgewogenen Verhältnis zueinander arbeiten, damit das Kind gute psychomotorische Fähigkeiten entfalten kann: Niedrige, einfache und reflektorische Bewegungsmuster müssen gehemmt werden, damit komplexere und vielfältige Bewegungshandlungen sich „ihren Weg" überhaupt bahnen können.

und Reifung entspricht. So, wie sich bei einem nicht betroffenen Kind seine guten Bewegungsmuster mit dem zunehmenden Alter immer mehr vervollkommnen, werden auch die schlecht koordinierten und für das Kind sehr schwer zu kontrollierenden Bewegungsfähigkeiten erst „gelernt".

Meistens schleichen sich also die motorischen Probleme langsam ein und – besonders bei leichteren Graden der erlittenen Hirnschädigung – sogar eine Zeitlang unmerklich, und ein für die jeweilige Erscheinungsform typisches Bewegungsverhalten vollzieht sich und manifestiert sich – immer markanter und deutlicher sichtbar – *erst mit fortgeschrittener Hirnreifung*.

> Die Bewegungen, andere als bei nicht zerebral betroffenen Kindern, gehören zur Individualität des Kindes. Sie sind ein Teil von ihm, *keine Krankheit*. Wir können ihm allerdings Hilfen geben, seine motorischen Schwierigkeiten so gering wie möglich zu halten, damit die Symptomatik, die es getroffen hat, seine Entwicklung nicht allzu sehr hemmt. Wir können dem Kind auch Hilfen geben, *mit seiner Motorik* im Alltag umzugehen und sie *auf seine Weise* einzusetzen.

Wird eine Bewegungsstörung nicht rechtzeitig gesehen und wird nicht schon mit der beginnenden Auffälligkeit eine geeignete Behandlung eingeleitet, nehmen die motorischen Schwierigkeiten für das Kind zu. Frühkindliche und persistierende reflektorische Haltungs- und Bewegungsmuster hindern das Kind dann immer mehr daran, bewußte, für die von ihm gewollten Verrichtungen und Spielhandlungen nützliche und aufeinander abgestimmte Bewegungen im Alltag einzusetzen. Die Muskulatur vieler Kinder „verkrampft" sich oder wird „schlaff", und manchmal ist sie wechselweise beides. Immer wieder kommt es zu *„assoziierten Reaktionen"*, und es verstärkt und verfestigt sich ein für das Kind und seine Entwicklung sehr hinderliches *„pathologisches" Bewegungsvokabular* bis hin zur extremen Einschränkung seiner natürlichen, von ihm gewollten Bewegungen.

> *Kein* zerebral bewegungsgestört genanntes Kind wird mit Symptomen, die als „Lähmungen" in Erscheinung treten, geboren. *Der landläufige Name „spastisch gelähmte Kinder"* ist daher *falsch*. Das kleine Kind hat zunächst Schwierigkeiten mit seiner *Haltungs- und Bewegungssteuerung*: Seine hyper- oder hypotone (verkrampfte oder schlaffe) Muskulatur und seine motorischen Einschränkungen sind nicht sofort vorhanden und zu sehen, sondern sie entwickeln sich erst und sind vor allem im ersten Entwicklungsjahr zunehmend. Durch eine gute Physiotherapie können diese Erscheinungsformen in ihrer Ausprägung verrin-

gert sein, viele Bewegungsprobleme sind ganz zu verhindern, und sehr oft sind motorische Behinderungen lediglich die Folge einer versäumten Früherkennung und Frühbehandlung.

Die Erscheinungsformen

Kinder mit einer zerebralen Bewegungsstörung entwickeln ein Bewegungshandeln, das, mehr oder weniger ausgeprägt, von den Fachleuten *in einer typischen Ausprägung* und auch *lokalisiert* gesehen werden kann. Die jeweiligen Merkmale klassifizierend, sind als „klinisches Bild" *verschiedene Erscheinungsformen* zu erkennen.

Wenn es nun auch viele Mischformen gibt, sind doch die einzelnen „Bilder" recht markant und auch für Erzieherinnen im Kindergarten gut unterscheidbar. Gute Fachkenntnisse der Entwicklung von Symptomen, der Erscheinungsformen und der besonderen Schwierigkeiten, die ein Kind dadurch hat, sind für die kinderpädagogische Arbeit unverzichtbar. Nur aus diesen Kenntnissen heraus kann den Kindern eine *Hilfestellung als handling* gegeben werden, die auf ihre jeweiligen Bewegungsbedürfnisse abgestimmt ist und ihnen ihr Handeln erleichtert. Nur dann wird es für Erzieherinnen im Gruppenalltag möglich, die sehr individuellen psychomotorischen Ausdrucks- und Handlungsformen eines betroffenen Kindes richtig einzuordnen und gut zu verstehen.

Wir unterscheiden die verschiedenen Erscheinungsformen[69]:

- ◆ die zentrale Koordinationsstörung,
- ◆ die Hemiparese,
- ◆ die seitenbetonte Tetraparese,
- ◆ die beinbetonte Tetraparese,
- ◆ die symmetrische Tetraparese,
- ◆ das dyskinetisch-dystone Syndrom,
- ◆ das ataktische Syndrom,
- ◆ die hypotone Zerebralparese,
- ◆ die minimale Zerebralparese.

---

[69] Es gibt andere Klassifikationen, die älteren Vorgaben und Terminologien folgen. Wir halten uns hier an einen modernen neuropädiatrisch gegebenen Einteilungsvorschlag.

9.1.1 Das Kind mit einer zentralen Koordinationsstörung

Der Kinderneurologe VOJTA hat sich eingehend mit den Möglichkeiten der Früherkennung zerebraler Störungen beschäftigt. Hauptsächlich ihm verdanken wir die Kenntnis von der *allmählichen Entwicklung* des Symptomenkomplexes beim von einer Bewegungsstörung betroffenen Kind. VOJTA geht bis heute davon aus, daß erfahrene Untersucher „direkt schon nach der Geburt eines Kindes eine Störung der zentralen Koordinationsmöglichkeiten" feststellen können (1974, S. 34).

An den „Meilensteinen" der Entwicklung, die VOJTA beim Säugling in vier Stadien einteilt, ist mit der Beobachtung des frühkindlichen Reflexverhaltens, welches die einzelnen Entwicklungsphasen „widerspiegelt", eine „pathologische motorische" Entwicklung zu erkennen. Sie wird von ihm in diesem frühen Entwicklungsalter *zentrale Koordinationsstörung* genannt.

Die zentrale Koordinationsstörung ist demnach eine Auffälligkeit im frühesten Kindesalter. Unbeachtet aber kann sie zu Schwierigkeiten im Bewegungshandeln führen, die im Kindergartenalltag für das Kind zu Hemmnissen und Hindernissen führen. Sie zu erkennen, erfordert also aus der Sicht VOJTAs eine früheste Untersuchung, und zwar bei Auffälligkeiten, die *noch keine* Parese sind.

Die meisten neurophysiologisch orientierten pädiatrischen und therapeutischen Fachkräfte gehen heute von der *Plastizität* des kindlichen Gehirns aus: Durch frühe Fördermaßnahmen ist eine Übernahme von Funktionen durch unbeschädigte Gehirnzellen (Gehirnabschnitte) zumindest in den ersten Lebenswochen (Lebensmonaten) des Säuglings denkbar.

Mit einer die *Lagereflexe*[70] beim Kind beobachtenden Entwicklungsdiagnose kann *das Ausmaß* der Koordinationsstörung eingeschätzt werden, und es sind im wesentlichen sieben Lagereflexe, von denen einzelne oder alle gestört sein können. Je nach dem Ergebnis des fachärztlichen Befundes kann von einer *leichtesten*, einer *leichten*, einer *mittelschweren* oder auch einer *schweren Koordinationsstörung* gesprochen werden. VOJTA geht davon aus, daß nach einer Frühdiagnose die Auffälligkeiten beim Kind, die im ersten oder zweiten „Trimenon" oft als „zentrale Tonusstörung" erkannt

---

[70] *Lagereflexe* (Lagereaktionen) sind provozierte Reflexhaltungen und Reflexbewegungen im Säuglingsalter, mit denen das Kind auf eine passive *Änderung* der Körperhaltung und *Körperlage* reagiert. Die „Reflexantworten" des Kindes lassen diagnostische Aussagen über die Koordinationsmöglichkeiten des ZNS zu.

werden, unter einer fachgerechten Behandlung ganz ausgeglichen werden können, daß gar bei einer beginnenden Differenzierung der Symptome in eine bestimmte Richtung der zerebralen Bewegungsstörung diese – eventuell – noch völlig zu beheben sind. Die Frühbehandlung der zerebralparetischen Entwicklung ist für ihn *„eigentlich die Aktivation der blockierten Funktionen* oder eine *Vorbeugung* der drohenden *pathologischen* Motorik, zu der das anatomisch oder funktionell gestörte ZNS seine Zuflucht nimmt"* (VOJTA 1974, S. 5). Er beschreibt die „Chance", durch eine Frühbehandlung die sekundären Schäden des ZNS, die durch den primären Schaden – mag er anatomisch oder funktionell sein – entstehen können, *zu vermeiden* (a. a. O.). Wird nun eine „pathologische Motorik" erst ab dem dritten Trimenon oder später erkannt, kann sie vielleicht schon konkreten Ausprägungstypen zuzuordnen sein, und vor allem dann, wenn Diagnostik und Therapie bis dahin versäumt wurden, ist bereits ein „klinisches Bild" vorherrschend. Aber selbst zu diesem Zeitpunkt noch ist es nach VOJTA möglich, zu „kompensieren", und „einige Bilder" der Zerebralparese können auch dann noch *„eliminiert* werden" (a. a. O.).

Die Kritik

Dieser *hohe Anspruch* einer vermeintlichen Einflußnahme auf die Entwicklung einer zerebralen Bewegungsstörung, wie VOJTA ihn annimmt, wird in Fachkreisen kritisiert und der übermäßige „Förderoptimismus" zunehmend *infrage gestellt.* So wichtig die Früherkennung einer zerebralen Auffälligkeit – im übrigen unbestritten – ist, so hypothetisch bleibt aber die Annahme einer (totalen) Kompensation der Folgeentwicklungen zerebraler Läsionen durch Behandlungsmaßnahmen: Viele Kinder entwickeln sich unter frühtherapeutischer Betreuung sehr positiv, und die neurophysiologische Beeinflußbarkeit ist in einigen Fällen auf der Basis sichtbarer Therapieerfolge in einem hohem Maße zu vermuten, nicht aber neurophysiologisch exakt zu begründen.

Die Selbstregulationsmechanismen der Kinder

Die zentrale Koordinationsstörung kann auch als eine *Vorstufe oder leichte Form* der zerebralen Bewegungsstörung betrachtet werden, im Sinne einer „echten" MCD. Die Suche nach Frühzeichen beim Kind ist demnach eine wichtige Aufgabe im Rahmen der medizinischen Vorsorgeuntersuchungen, und hier vor allem in der Diagnostik sogenannter *Risikokinder* und ihrer Entwicklungsbeobachtung und -begleitung in den ersten Lebensjahren. Wenn ein Risikokind sorgfältig überwacht wird (zum Beispiel in Risikoambulanzen und eigens dafür eingerichteten Risikosprechstunden), ist es ärztlich möglich, „Störungen möglichst bald, eventuell schon dann zu erkennen, wenn sie noch keine Auswirkungen haben" (NEUHÄUSER 1986, S. 118).

Beginnende Koordinationsstörungen können mit einer guten *Verlaufsdiagnostik* in ihrer Entwicklung beobachtet werden, und es ist wichtig zu wissen, daß es auch sogenannte neurologische *Durchgangssyndrome* gibt, die keine pathologische Bedeutung haben. Selbst wenn ein Kind leichte motorische Auffälligkeiten zeigt, ist es für einige Kinder möglich – so zeigt die Erfahrung –, daß das kindliche Gehirn diese Abweichungen von der regelhaften Entwicklung bis zu einem gewissen Grad selbst zu kompensieren vermag.

Es scheint *„Selbstregulationsmechanismen"* zu besitzen, mit denen es manches selbst ausgleichen kann. Solche Mechanismen können wirksam werden, wenn das betroffene Kind eine anregende und förderliche Umgebung hat, die eine Selbstregulation zuläßt und unterstützt, und wenn seine Bezugspersonen dem Kind mit seiner Entwicklungsauffälligkeit „gegenregulierend" helfen (FLEHMIG 1983, S. 3).

Auch durch Selbstmechanismen kompensierte oder frühbehandelte motorische Schwierigkeiten des Kindes können zu bestimmten Zeitpunkten seiner Entwicklung *erneut zum Vorschein kommen*. Besonders bei Überforderungen und bei seelischen Belastungen werden sie als Gleichgewichts- und Koordinationsprobleme, nicht selten als Entwicklungsverzögerungen oder als sogenannte Lernschwächen im Vorschulalter *(wieder) sichtbar*.

9.1.1.1 Wandel und Fortentwicklung der Koordinationsstörung beim Kind

Trotz bestimmter, als sicher bewerteter Anzeichen einer zentralen Koordinationsstörung ist es zunächst nicht möglich, das „Bild" festzulegen. Mit zunehmender Entwicklung des Kindes wird die „Richtung" seines Bewegungsverhaltens allmählich erkannt, und die beginnende Symptomatik zeigt sich deutlicher. Untersuchungen haben gezeigt, daß sogar eine Veränderung der neurologischen Entwicklung beobachtet werden kann, die sich im „Wandel" einer zuerst festgestellten Verhaltenseigenart ausdrückt: Auffälligkeiten können *unsichtbar* werden, sich aber auch verstärken und erst dann eine (leichte) zentrale *Koordinationsstörung* signalisieren, wenn das Kind dem Kleinkindalter entwachsen ist.

Wenn es einem Kindergartenkind schwerfällt, sich sicher abzustützen, zu balancieren und sich geschickt und schnell zu bewegen, wenn es sein Bewegungshandeln (nur) beim Rennen und Springen nicht sehr gut kontrollieren kann, könnte eine (leichte) zentrale Koordinationsstörung dafür verantwortlich sein.

Koordinationsprobleme, die beim Säugling und Kleinkind bemerkt worden sind, können aber auch in eine *charakteristische Erscheinungsform* der zerebralen Bewegungsstörung einmünden, die sich im Kindergartenalter längst manifestiert hat. Es kann sich „aus einem hypotonen Syndrom allmählich eine spastische Tetraparese oder eine dyskinetische Bewegungsstörung entwickeln. Nicht selten muß zunächst lediglich ein Verdacht geäußert und mit dem Begriff 'zentrale Koordinationsstörung' umschrieben werden, wenn sich neben einer Retardierung der allgemeinen Entwicklung abnorme motorische Symptome zeigen" (NEUHÄUSER 1990, S. 2). Wegen dieses möglichen „Wandels" sind prognostische Aussagen schwierig, und bei einem „günstigen Befund" kann eine positive Entwicklung vermutet werden. Bei deutlich pathologischen Erscheinungen muß aber doch mit einer späteren Entwicklungsbeeinträchtigung gerechnet werden (a. a. O., S. 3).

Es erfordert also eine große diagnostische Kompetenz, um Auffälligkeiten beim kleinen Kind zu sehen und angemessen zu bewerten, den Schweregrad einer zerebralen Koordinationsstörung richtig einzuschätzen. Manche Kinder gelten daher auch *noch im Kindergarten* als „Grenzfälle", ihre „Reflexantworten" und ihre Bewegungshandlungen sind „nicht sicher oder nicht ausreichend koordiniert" (ZINKE-WOLTER 1994, S. 99).

Sehr oft ist es so, daß die Kinder sogar *erst im Kindergartenalter* mit ihrem motorischen Handeln auffallen, und ihr Verhalten stellt sich auch hier noch als eine „multiple Störung von Feinmotorik, Wahrnehmung und Integration" dar. Immer wieder wird bei diesen schon etwas älteren Kindern dann nicht mehr von einer zentralen Koordinationsstörung, sondern von einer „minimalen zerebralen Dysfunktion (MCD)" gesprochen, nicht selten aber auch als „Verlegenheitsdiagnose", weil sich das Bewegungshandeln der Kinder diagnostisch nur schwer einordnen läßt (ZINKE-WOLTER 1994, S. 99; vgl. auch das Kapitel 6: Die sogenannte Minimale cerebrale Dysfunktion [MCD]).

Erzieherinnen sollten gemeinsam mit den Eltern an das Wahrnehmen der gesetzlichen Vorsorgeuntersuchungen denken. Insbesondere in der U 9, im sechsten Lebensjahr des Kindes, werden psychomotorische Auffälligkeiten, die zentrale Koordinationsstörungen sein könnten,

– auch erstmals – festgestellt. Gerade vor der Einschulung kann es pädagogisch oder auch therapeutisch besonders wichtig sein, auf Entwicklungsbedürfnisse beim Kind aufmerksam zu werden.

9.1.2 Das Kind mit einer Hemiparese

Je jünger ein Kind ist, desto seitengleicher sind seine grob- und feinmotorischen Bewegungsfähigkeiten, es zeigt eine symmetrische Körperhaltung, wenn es auf dem Rücken oder auf dem Bauch liegt, und kann seinen Kopf gerade halten. Säuglinge können ihren rechten oder ihren linken Arm gleichgut bewegen und ihre Hände, Finger und Daumen seitenbeliebig betätigen. Sie zeigen keine „Händigkeit", keine „Seitigkeit", und auch die motorischen Aktivitäten der Beine und Füße können sie rechts oder links gut zum Ausdruck bringen und für ihr Bewegungshandeln einsetzen.

Beim Kind mit einer *beginnenden Hemiparese* (in der Fachterminilogie auch: Hemiplegie) hingegen ist eine immer deutlicher erscheinende *Seitenungleichheit* zu bemerken: es liegt nach einer Seite geneigt (asymmetrisch und skoliotisch), und wenn es sich bewegt, sehen wir bei ihm nicht selten auch eine einseitige Kopfhaltung.

9.1.2.1 Das frühe Erkennen der Störungen

Diese *Seitendifferenz* in der Körperhaltung und seine *Asymmetrie* beim Sich-Bewegen ist das markanteste hemiparetische Zeichen, denn die Hemiparese *bezieht sich stets nur auf eine Körperseite*. Sie entsteht als Folge zentraler Schädigungsprozesse durch Traumata oder vaskuläre Komplikationen, die neuropathologisch zu einer kortikalen Degeneration oder Dysplasie (= Veränderungen der Gehirnrinde umfassend) *nur einer Hemisphäre* führen.

Es kann die rechte oder die linke Körperhälfte betroffen sein, und die Symptomatik zeigt sich am deutlichsten an den *Extremitäten*: Der Greifreflex der betroffenen Hand bleibt anhaltend bestehen, das Öffnen der Hand verzögert sich, die Finger sind gebeugt und der Daumen schlägt sich in die Hohlhand ein, das betroffene Bein wird wenig bewegt und die Bein- und Fußmuskulatur wirkt „verkrampft".

Exkurs: Greifreflex der Hände

Der Greifreflex der Hände ist beim Säugling in den ersten drei oder vier Monaten ganz natürlich: Wenn wir einen Finger oder einen Gegenstand in seine Hohlhand drücken, wird dieser von der Hand des Kindes umschlossen und festgehalten, und das Kind kann die Hand nicht öffnen,

214

solange dieser Reiz besteht. Mit zunehmender Entwicklung nach dem vierten Lebensmonat aber verliert der Greifreflex normalerweise seine Bedeutung immer mehr und verschwindet schließlich ganz.

Anders beim Kind mit einer Hemiparese.

Das Kind mit einer Hemiparese hat es schwer, seinen Greifreflex der Hände zu „überwinden": Das aktive Ergreifen und Loslassen von Spielsachen, das Zum-Mund-Führen von Gegenständen gelingt ihm mit seiner betroffenen Seite schlecht. Das lockere Zusammenbringen beider Arme und Hände macht dem Kind große Probleme, und je intensiver es spielen und hantieren möchte, um so fester schließt sich seine betroffene Hand immer wieder zur Faust. Es ist daher gut verständlich, daß es am liebsten *nur mit seiner nichtbetroffenen Hand* greift.

Wenn das Kind sich drehen, setzen und weiter aufrichten möchte, benutzt es die motorischen Fähigkeiten *seiner gesunden Körperseite*: Es dreht sich über die geschädigte Seite, verlagert beim Sitzen das Körpergewicht auf die gesunde Seite, stützt sich mit dieser auch ab, krabbelt unter eher einseitiger Belastung und hat bei vielen Tätigkeiten die betroffene Hand „gefaustet". Auch wenn das Kind aufzustehen lernt, belastet es im Stehen vorwiegend die gesunde Seite, es steht mit hoch- und nach vorn gezogenem Beckengürtel, wodurch es zu einer muskulären Verkürzung des Beines kommt, die das Kind dann mit einer „Spitzfußhaltung" auszugleichen versucht. Seinen Kopf hält es vorzugsweise zur gesunden Seite gedreht, seinen betroffenen Arm beugt es an, und immer wieder schließt sich seine Hand, auch dann, wenn es zu gehen versucht. Fast alle Kinder mit einer Hemiparese lernen später gehen und laufen als andere Kinder, und auch beim Gehen belasten sie die gesunde Körperseite, das betroffene Bein wird nachgezogen.

9.1.2.2 Das Kindergartenkind und seine Motorik

Das Vorschulkind lernt zunehmend, mit *seiner* Motorik den Alltag zu bewältigen. Es lernt, auch mit Schwierigkeiten umzugehen, und wir können bei ihm ein recht typisches Verhalten erkennen, das durch seine Hemiparese begründet ist.

Es kann sein, daß die obere und die untere Extremität einer Seite *gleichstark* betroffen ist, manchmal beobachten wir ein *Überwiegen des* hemiparetischen *Bewegungsmusters beim Bein* bei minimaler Auffälligkeit des Armes oder häufiger noch umgekehrt *eine sehr starke Armbeteiligung*, während die Beinbewegung wenig eingeschränkt ist. Meistens ist der Muskeltonus der betreffenden Körperseite hyperton, manchmal (unter dem Mit-Einfluß einer athetotischen Erscheinungsform [siehe spätere Beschreibung]) auch wechselnd, und die Bewegungen des Kindes sind dann unruhig und fahrig.

Eine *Monoparese* als Betroffensein einer *einzelnen* Extremität gibt es nicht: Immer sind Arm *und* Bein beteiligt, und auch eine leicht ausgeprägte hemiparetische Dysfunktion und die kaum augenscheinliche Beeinträchtigung des Armes oder des Beines kann dem Kind sein Handeln erschweren.

Wenn die Hemiparese früh erkannt wurde und ein betroffenes Kind sehr zeitig eine ihm hilfreiche Förderung erhält, lernt es, seine hemiparetische Bewegungseinschränkung recht gut zu kompensieren, und einige Kinder sind nicht auffällig an ihren Handlungen gehindert. Für viele Kinder jedoch bleibt die Hemiparese ein Handicap, mit dem sie immer wieder im Alltag konfrontiert werden. Sie müssen lernen, damit umzugehen: Bei vielen seiner Spielhandlungen hat ein betroffenes Kind das Problem, daß der betroffene Arm auffallend in seiner Bewegung zurückbleibt und die Hand sogar nicht benutzt werden kann. Wenn es sich besonders viel Mühe mit dem Hantieren gibt, fällt es ihm am schwersten, Arm und Hand an Aktivitäten zu beteiligen, und für manches Kind wird eine *(extreme) Beugehaltung seines Armes, seines Handgelenkes und seiner Finger* zur Gewohnheitshaltung. Das alles setzt nicht nur die taktile und haptische Sensibilität der gestörten Seite und das Feingefühl beim Hantieren herab, sondern ist vor allem sehr hinderlich bei allen handmotorischen Verrichtungen und Vorhaben, und das Kind muß immer wieder probieren, wie es am besten mit seiner Schwierigkeit zurechtkommen kann.

Die Störung der dominanten Seite

Ein besonderes Handicap haben diejenigen Kinder, die *auf ihrer dominanten Seite* gestört sind. Ein Kind mit einer rechtsseitigen Hemiparese, dessen Dominanz auch auf der rechten Seite liegt, wird nun nicht – wie sonst ein rechtshändiges Kind – die rechte Hand vorzugsweise benutzen, sondern ist gezwungen, für seine feinmotorischen Handlungen führend die andere Hand einzusetzen, mit der es viel besser hantieren kann, auch wenn sie von der Anlage her keinesfalls führend wäre.

Die *Präferenz*[71] wird also immer *auf der Seite* liegen, *die motorisch gut zu aktivieren* ist, und manche Kinder haben es nicht leicht, sich umzustellen

---

[71] Es empfiehlt sich, die Ausführungen zur Lateralität, insbesondere zur Händigkeitsentwicklung und zu Fragen der Dominanz und der Präferenz (unter 4.3) mitzulesen.

und neu einzustellen: Manchmal haben Kinder, die aus praktischen Gründen ihre linke Hand für vorzugsweise Tätigkeiten „einüben" müssen, aber eigentlich keine Linkshänder sind, zunächst auch hier feinmotorische Geschicklichkeitsprobleme; schließlich müssen sie sich ihre nötige Handmotorik, die „notgedrungen" eine sehr gute sein soll, auf dieser Seite erst erarbeiten.

Kinder mit einer Hemiparese *entwickeln selbst* ein gutes Geschick, ihre betroffene obere Extremität bei Tätigkeiten gut als „Hilfsarm" und als „Hilfshand" einzusetzen. Eine Förderung kann ihnen dabei nur dann sehr nützlich sein, wenn Erzieherinnen die Handlungen der Kinder, *so wie diese sie für sich gewählt haben* und für praktikabel halten, aufgreifen und unterstützen.

Die zunehmende Spastik und die assoziierten Reaktionen

Je aktiver ein Kind wird, desto mehr kann sich seine Halbseitenstörung fixieren. Vor allem bei schnellen Bewegungen erhöht sich der Muskeltonus, und es kommt zu Verkrampfungen, die sich mit zunehmendem Kindergartenalter verfestigen können. Wir sprechen von einer *erhöhten Muskelspannung*, die in ihrer ausgeprägten Form auch als *Spastik*[72] bezeichnet wird.

Bei Aktivität, bei Erregung und Freude spannen sich die zusammenziehenden und entgegenhaltenden Muskeln, z. B. Beuger und Strecker, gleichzeitig zu stark an, und die gewollten Bewegungen sind daher nur mit großer Anstrengung möglich, manche der gewünschten motorischen Handlungen sind ganz ausgeschlossen. Eine Folge ist die Bewegungsarmut, die wir sehen, ist die „Verspannung" der betroffenen Seite des Kindes, wenn es etwas tun möchte. Die Spastizität kann sich – mehr oder weniger – auf die ganze Körperseite beziehen, vor allem aber betrifft sie Bein und Arm.

Seine Spastik mit der hypertonen Muskulatur hindert das Kind daran, etwas so schnell zu tun wie die anderen Kinder. Wenn es den Ehrgeiz hat, sich zu beeilen, schnell seine Spielecke aufzuräumen und auf dem Spielplatz mit den anderen zu springen oder gar „um die Wette" zu rennen, wird seine Motorik einseitig *„spastisch blockiert"*.

---

[72] Die Spastik ist ein Erscheinungsbild bei verschiedenen Ausprägungsformen der zerebralen Bewegungsstörung. Die Muskulatur verkrampft sich unwillkürlich, und das Kind ist nicht in der Lage, seinen Muskeltonus dem Bewegungshandeln angepaßt zu „normalisieren".

Besondere Probleme

Kindergartenkinder malen, gestalten und basteln gern. Sie übernehmen in ihrer Gruppe mit Begeisterung Aufgaben, die feinmotorisch anspruchsvoll sind. Kinder mit einer Hemiparese haben hier besondere Probleme, *wenn sie eine Handlung exakt erledigen möchten.*

Wenn das Kind beim „Arbeiten" seine ungestörte und viel geschicktere Hand benutzt, hat es nicht nur Schwierigkeiten mit seiner Augen-Hand-Koordination, sondern es erhöht sich auch die Muskelspannung der betroffenen Hand, die für die vorgenommene handwerkliche Verrichtung (z. B. beim Auffädeln einer Kette) als Hilfshand eingesetzt werden soll. Diese *assoziierte „Mitarbeit"* nicht unmittelbar und nicht jetzt eben gewünschter Muskelgruppen kann den ganzen Körper einbeziehen, vor allem auch das betroffene Bein, wenn die Hand gerade tätig ist.

Wenn ein Kind mit einer Hemiparese seine Arme und Hände bewegt und für seine Handlungen benutzt, etwa beim Ballspielen und Ballfangen in einer Bewegungsgruppe, verspannt sich nicht nur sein betroffener Arm, sondern zunehmend auch die hemiparetische untere Extremität. Mit intensivem Sich-Üben darin werden die Probleme für das Kind *nicht* geringer, *sondern im Gegenteil größer.* Je mehr es sich um eine motorisch gute Handlung bemüht, desto mehr verstärkt sich seine Spastik insgesamt. Erzieherinnen können dem Kind aber helfen, motorische Situationen zu finden, die ihm eine *Lockerung* des Körpers und seiner Gliedmaßen möglich machen.

Das Gefühl für die eine und die andere Körperseite

Bewegungshandelnde Kinder belasten wechselweise ihren Körper. Wenn ein Kind steht, findet es seine Körpermitte. Wenn es sein Gewicht verlagert, fühlt es je nach dem „Standort", den es innehat, die rechte oder die linke Körperseite, es stellt sich auf das rechte oder auf das linke Bein. Im Gehen wird dieses Körperbewußtsein dann harmonisch koordiniert.

Kinder mit einer Hemiparese entwickeln ein besonders gutes Gefühl *für ihre ungestörte Körperseite,* die ihnen ja ein ungestörtes Bewegungshandeln ermöglicht. Das Kind spürt, daß es auf dieser Seite seine Motorik steuern kann und daß es hier gut fähig ist, seine Muskulatur zu kontrollieren und sinnvoll zu nutzen. Es ist daher sehr verständlich, daß es beim Liegen die nichtbetroffene Körperseite spüren will, daß es sich einseitig setzt und daß es beim Stehen die Körperseite belastet, die es gut fühlt und die ihm Sicherheit, Halt und Stabilität vermittelt.

218

Die Kinder haben es hingegen schwer, ihre *Körpermitte* und eine *Beziehung zu ihrer gestörten Körperseite* zu finden. Sie spüren nur *eine* Körperhälfte und konzentrieren sich darauf. Die andere aber lehnen sie (meist unbewußt) ab. Sie belasten sie nur ungern.

Eine vorzugsweise einseitige Bein-Belastung wirkt sich für ein Kind besonders beim Gehen aus. Wenn wir *sein Gangbild* beobachten, können wir sehen, welche Probleme es auf der betroffenen Seite hat. Die Muskeln werden nicht „geübt" und dadurch mit der Zeit atrophisch, gleichzeitig aber verspannt sich die Bein- und vor allem die Wadenmuskulatur. Das Kind tritt mit den Zehen auf, das ganze Bein ist eingezogen und, wenn wir es messend mit dem anderen vergleichen, kürzer. In schweren Fällen manifestiert sich diese „Spitzfußstellung" so stark, daß dem Kind beim (zügigen) Gehen das Aufsetzen der Ferse – seines ganzen Fußes – unmöglich wird. Es ist deshalb gut verständlich, daß es sein Gewicht gern *auf die Seite* nimmt, *die ihm Sicherheit bietet*.

Eine andere Wahrnehmung

Weil sie also nur ihrer „heilen" Körperseite vertrauen, entstehen den Kindern große Probleme mit ihrem *Gleichgewicht* und mit der automatischen und gut einsetzbaren *Balancefähigkeit* in den unterschiedlichsten Situationen. Auch ihr *seelisches Gleichgewicht* kann gestört werden, wenn sie eine „gute" und eine „schlechte" Seite zu haben glauben, sich lange Zeit nur als „halb", nicht aber als eine ganze, stabile Persönlichkeit erleben und empfinden.

Das „andere" Körpergefühl, wenn es denn lange besteht, umfaßt auch eine einseitige Wahrnehmung der Dinge, ein eigenes Körperbild und manchmal eine „halbierte" Vorstellung vom eigenen Körper.

> Das Kind mit einer Hemiparese hat nicht selten eine andere Vorstellung von sich selbst. Das drückt sich *beim Malen* aus: Wir können in seinen Bildern sehen, daß es sich einarmig oder einbeinig darstellt oder daß die Extremitäten der einen Seite nur klein (kleiner als die der anderen Seite, als ein eher unbedeutendes Anhängsel) gemalt sind.

Wenn ein Kind nicht förderlich unterstützt wird, so, daß es sein Körpergefühl verbessern kann, können sich seine Wahrnehmungsschwierigkeiten auf das spätere schulische Lernen nachteilig auswirken. Es kann Probleme mit seiner Graphomotorik haben, und auch Rechts-Links-Schwierigkeiten beim Lernen von Buchstaben erschweren dem Kind das Lesen und Schreiben. Auch das Wahrnehmen der räumlichen Beziehungen, der Beziehungen von Gegenständen zueinander, von Mengen und Größen untereinander kann ihm schwerfallen und sich später in der Schule in seinen mathematischen Leistungen zeigen.

Erzieherinnen können einem Kind helfen, auch *die motorisch gestörte Körperseite anzunehmen*: Wenn sie es dabei unterstützen, „ganz" auf dem Stuhl zu sitzen, wenn sie es beim Gehen an der betroffenen Hand halten und so führen, daß es die von ihm als „anders", „fremd" und „störend" empfundene Körperseite als *belastbar* und *zu ihm gehörig* erleben lernt, geben sie ihm förderliche Entwicklungshilfen.

Die Sprachentwicklung

Die Hemiparese ist eine Hemisphärenasymmetrie. Bei einer Schädigung der dominanten Hirnseite ist es leicht möglich, daß auch *das motorische Sprachzentrum* davon betroffen wurde. Dies muß nicht zu sprachlichen Schwierigkeiten für das Kind führen. Es ist vielmehr zu erwarten, daß bei einer zentralen Schädigung *noch vor dem Spracherwerb* die kontralaterale Seite die sprachliche Funktion gänzlich übernehmen kann.

Viele Kinder haben daher eine völlig natürliche Sprachentwicklung, nur wenige Kinder haben Probleme mit einer *motorischen* Entwicklungsdysphasie, die ihnen das Sprechenlernen erschwert, und nur selten, wenn das *sensorische Sprachzentrum* mitbetroffen ist, kommt es zu einer *sensorischen* Entwicklungsdysphasie, die das Sprachverständnis beeinträchtigen kann und es einem so betroffenen Kind schwer macht, sich sprachlich auszudrücken.

9.1.3 Das Kind mit einer Tetraparese

Liegt beim Kind eine *tetraparetische Erscheinungsform* der zerebralen Bewegungsstörung vor (auch Tetraplegie oder – veraltet – Quadroplegie genannt), sind *alle vier Gliedmaßen* und der Rumpf betroffen, allerdings in einem sehr unterschiedlichen Ausmaß.

Die erlittene Hirnschädigung kann zu mehr oder weniger schweren Ausfällen führen, es kann zu Substanzverlusten weiter Teile der sensomotorischen Hirnrinde kommen, und in einem solchen schwerwiegenden Fall wird die Sensomotorik des ganzen Körpers, auch im Bereich des Nackens und des Kopfes, der Gesichtsmuskulatur und der Mundmotorik mitgestört sein.

Immer wieder finden wir die Entwicklung von Tetraparesen bei frühgeborenen Kindern, und hier werden Schwierigkeiten der „Anpassung", die durch die Geburt selbst bedingt sein könnten, vor allem die Atmungsvorgänge und die Sauerstoffversorgung betreffend, vermutet, selten aber als sichere Ursachen genannt. Kinder, die frühgeboren werden, sind zerebral noch besonders empfindlich, so daß bei manchen von ihnen die Entstehung einer Läsion auch durch eine perinatale Drucksituation des kindlichen Gehirns, manchmal auch als erfolgte Blutung unter der Schädeldecke angenommen werden kann.

9.1.3.1 Das Kindergartenkind mit einer beinbetonten Tetraparese und seine Motorik

Kinder mit einer *beinbetonten* Tetraparese haben ihre Symptomatik im Bereich der Füße und Beine, der Hüften und des Rumpfes. Ihre Arme und Hände sind weit weniger betroffen, das Kind kann sie gut betätigen und hat auch nur geringe oder – fast – gar keine Probleme mit den Bewegungsabläufen seiner Nacken- und Kopfregion.

Das frühe Erkennen der Störungen

Eine Früherkennung der Probleme, die das Kind hat, ist nicht einfach, und bei der Beobachtung des Säuglings täuschen eine auf den ersten Blick mühelose Kopfhaltung und die aktiven Bewegungen der oberen Extremität sehr oft über die Schwere der erlittenen Schädigung und ihrer Folgen hinweg. Beim genauen Beobachten aber läßt sich immer zumindest auch eine leichte Beugehaltung der Arme, bedingt durch einen etwas erhöhten Muskeltonus, sehen.

> Weil die Beteiligung der Arme so gering sein kann, daß sie oft übersehen wird, und die Symptomatik beim Kind sich deutlich auf die *motorischen Fähigkeiten der Beine* auswirkt, wird in der Fachsprache häufig auch der Terminus *Diplegie* oder *Diparese* verwendet. Ein „diplegisches" ausschließliches Betroffensein *allein* der unteren Gliedmaßen gibt es jedoch nicht.

Die Beine können unterschiedlich stark betroffen sein, wir können eine Rechts- oder eine Linksbetonung sehen, und bereits im Säuglingsalter bewegt das Kind sie entsprechend wenig. Wenn es aber nun strampeln und mit seinen Beinen und Füßen aktiv werden möchte, ist es durch eine zunehmende *Streckung* und *Anspannung* der unteren Extremität, durch eine *Spitzfußtendenz* und dadurch, daß sich seine Beine bei den motorischen Aktionen *überkreuzen* möchten, daran gehindert. Auch wenn – so in einer ärztlichen Untersuchungssituation – versucht wird, das kleine Kind auf seine Füße zu stellen, ist gerade *diese typische Beinhaltung* deutlich erkennbar.

Exkurs: Automatische Schreitreaktion

Die *automatische Schreitreaktion* (auch Schreitreflex) wird ausgelöst, wenn das Kind (vielleicht auf dem Wickeltisch) aufrecht gehalten wird, so daß seine Füße den Boden berühren. Wenn wir das Kind senkrecht hinstellen, streckt und spannt es seine Beine sofort und berührt mit den Zehen den Boden, seine Fersen hebt es an. Sorgen wir nun dafür, daß es (wechselweise) mit seiner Fußsohle den Boden berührt, beginnt es „*zu schreiten*". Diese Schreitreaktion ist beim Säugling in den ersten drei bis vier Monaten ganz natürlich, danach verschwindet sie: erst, wenn das Kind sie durch sein aktives motorisches Handeln ersetzen kann, entwickelt sich eine gute Stehbereitschaft, das Kind lernt, sich fortzubewegen, und es kann dann auch lernen zu gehen.

Anders beim Kind mit einer beinbetonten Tetraparese.

Das *Persistieren der automatischen Schreitreaktion* ist ein charakteristisches Zeichen bei einer beinbetonten Tetraparese: Wenn das Kind von sich aus stehen und gehen lernen möchte, ist es immer wieder daran gehindert, da bei jedem Versuch das (eigentlich längst überflüssige und nun das Kind beim Gehenwollen sehr blockierende) *Reflexmuster* neu entsteht. Es ist daher gut verständlich, daß dieses Kind viel Freude daran hat, sich mit den Armen zu betätigen, aber immer weniger mit seinen Beinen anfangen möchte.

Im Kindergarten

Das Kind möchte sich frühzeitig zum Sitzen aufrichten und auch krabbeln, und bis zum Kindergartenalter hin hat es dies meist gelernt. Dabei muß es sich auf die relativ gute Motorik seiner Arme verlassen, und es ist nicht überraschend, daß es mit zunehmender Selbständigkeit in der Fortbewegung eine *gute Muskelkraft der Arme* und des Schultergürtels ausbildet. Dagegen verstärkt sich die Streckstellung der Beine, zu ihrer Überkreuzungstendenz und zu der *Spitzfußstellung* kommt ein *Adduktorenspasmus*[73], der bereits im Vorschulalter sehr ausgeprägt sein kann.

---

[73] Kinder mit einem *Adduktorenspasmus* können ihre Beine nur mühsam spreizen. Je mehr sie es versuchen, um so größer wird ihre Spastik, und in schweren Fällen können die Beine nicht mehr auseinandergenommen werden und die Knie sind fest aneinandergedrückt. Eine beginnende Tendenz können Eltern schon bei ihrem Säugling spüren: Beim Wickeln des Kindes verspannen sich seine Beine leicht und können nicht locker gehalten werden.

Das motorische Verhalten der Beine kann bei einigen Kindern aber auch eine *Beugehaltung* sein, ebenso bei manchen Kindern von einer totalen Überstreckung zu einer extremen Beugung in den Hüften und in den Kniegelenken *wechseln*. Der Muskeltonus ist erhöht oder – bei einer Beugeneigung der Beine – auch herabgesetzt. Für viele Kinder kommen mit der Zeit, und wenn sie nicht frühzeitig und regelmäßig behandelt wurden, *Kontrakturen* als Versteifungen der Gelenke hinzu, und nicht wenige Kinder haben eine schon angeborene Hüftdysplasie und neigen zu Luxationen.

Das *Sitzen* auf dem Boden *mit langgestreckten Beinen* fällt dem Kind schwer, und es ist ihm sogar ganz unmöglich, wenn es durch seine Verspannung den Rücken nicht aufrichten und sich nicht „halten" kann. Durch die starke Beugung des Rückens und die gleichzeitige Streckung seiner Beine fällt das Kind, wenn es zum Sitzen ermuntert wird, ohne Hilfestellung nach hinten um. Durch den Adduktorenspasmus bedingt, ist auch ein *„Schneidersitz"* beim Spielen schwer einzunehmen, und *kein Kind sollte zu einer für es so mühsamen Sitzhaltung aufgefordert werden;* schließlich kann es dafür gut *auf einem Stuhl sitzen,* kniend *auf dem Boden hocken,* zwischen seinen Fersen sitzen und manchmal auch im Seitsitz spielen. Erzieherinnen können unterstützend helfen, wenn das Kind *seine für es angenehmste Sitzposition* gefunden hat.

Ein Kind mit einer beinbetonten Tetraparese kann *sehr schnell im Robben* sein, wenn es sich fortbewegen will. Es setzt dabei vorwiegend den Oberkörper, seine Arme und vor allem die Ellbogen ein. Es krabbelt auch gern (auf Händen und Knien), ist dabei mit seinen Armen sehr geschickt und hat eine gute Kopfhaltung.

Seine Beine kann es allerdings nur unter Schwierigkeiten wechselweise zum Kriechen benutzen, es hält sie eher „unbeteiligt", so daß ihm ein koordiniertes Krabbeln nur mit Hilfe möglich wird, dann, wenn es zusammen mit einer Therapeutin über einen langen Zeitraum hindurch geübt und gelernt worden ist.

Das „Krabbeln" ist für ein Kindergartenkind mit einer beinbetonten Tetraparese eine *sehr beliebte Art und Weise,* sich schnell fortzubewegen. Auf eine ihm eigene Weise „hüpft" es auf den Knien vorwärts, und seine Arme führen dabei. Es ist sehr wichtig für das Kind, daß es so, auch zusammen mit seinen Spielgefährten, überall hin gelangen kann, und es ist besser, wenn Erzieherinnen diese schnelle Bewegungsfähigkeit bei einem Kind loben und *zulassen*, als sie für eine Pathologie zu halten, die das Kind vermeiden soll.

Viele Kinder mit einer beinbetonten Tetraparese ziehen sich mit der Kraft und der Geschicklichkeit ihrer Arme auch gern an Möbeln zum Stehen hoch. Meistens steht ein Kind nun auf *Zehenspitzen*, die Streckhaltung der Beine hat sich fixiert, und bei einigen Kindern zeigt sich später auch eine fixierte Adduktionskontraktur mit Scherenhaltung der Beine, bei anderen kommt die Beugehaltung und -kontraktur der Knie hinzu.

Nur unter einer guten Behandlung erhalten die Kinder die Chance, das freie Gehen zu erlernen. Wenn sie es selbst versuchen, hindert sie die immer wieder „einschießende" und ein koordiniertes Gehen verhindernde Schreitreaktion daran. Manche der Kinder gehen nicht frei, sondern sind auf Hilfen angewiesen.

Kann ein Kindergartenkind mit einer beinbetonten Tetraparese (noch) nicht allein stehen und gehen, so gibt es *nützliche* orthopädische *Hilfen*, wie besonderes Schuhwerk, Stehständer, Fortbewegungshilfen für den Raum oder ein Fahrrad für mobiles Handeln draußen. Wenn die Erzieherinnen einem Kind helfen, damit umzugehen, und diese Hilfen *nach seinen Bedürfnissen* in den Gruppenalltag „einbauen", kann das für ein Kind eine große Erleichterung sein.

9.1.3.2 Das Kindergartenkind mit einer seitenbetonten oder mit einer symmetrischen Tetraparese

Wenn die Tetraparese die Bewegungen eines Kindes sowohl unter der Beteiligung der Beine als auch mit einer ausgeprägten Einschränkung der motorischen Fähigkeiten seiner oberen Extremitäten betrifft, ist das für seine psychomotorische Entwicklung, für die Entwicklung seiner Gleichgewichtsreaktionen und für alle damit zusammenhängenden Handlungsbedürfnisse und -wünsche stets ein schweres Handicap. Die Tetraparese kann dann *seitenbetont* sein, oder das Kind zeigt eine *symmetrische Tetraparese*. Sie geht fast immer mit einer *Spastik* einher und kann, je nach Schwere der frühkindlich erworbenen Läsion, *sehr unterschiedlich* ausgeprägt sein. Genauso unterschiedlich, mehr oder weniger schwerwiegend, sind auch die Schwierigkeiten, die ein Kind damit hat, und doch ist das Erscheinungsbild bei allen Kindern ähnlich.

Neben den Problemen, die das Kind (so oder sehr ähnlich wie bei einer beinbetonten Tetraparese) mit der Motorik seines *Rumpfes* und der *unte-*

ren Extremitäten hat – im Vordergrund stehen die Überkreuzungstendenz der Beine, ein Adduktorenspasmus und eine sich verstärkende Spitzfußstellung –, erfährt es eine Haltungs- und Bewegungsbeeinträchtigung *seines Oberkörpers und seiner Arme* und muß lernen, damit umzugehen. Die *Rotation* des Rumpfes fällt ihm besonders schwer und deshalb alle Bewegungen, die mit einer *Körperdrehung* verbunden sind. Seine Beugehaltung der Arme, die nach innen rotiert sind, seine Beugung in den Handgelenken, die gekrümmten und „verspannten" Finger, oft bis hin zur Faustbildung der Hände mit eingezogenem Daumen, hindern das Kind erheblich daran, mit seinen Händen aktiv zu werden und seine Finger für geschickte handwerkliche Betätigungen einzusetzen.

Besonders schwierig gestalten sich die psychomotorischen Tätigkeiten für das Kind, weil sich beim Versuch aktiver Bewegungen die pathologischen „Muster" und die hinzukommende Spastizität zunehmend verstärken und verfestigen können. In der Mimik vieler Kinder wird sichtbar, wie auch das Zusammenspiel der *Gesichtsmuskulatur* spastisch gehemmt ist.

Es ist für manche der betroffenen Kinder nicht möglich, eine gute *Kopf-Schulter-Rücken-Haltung* einzunehmen. Sie können ihren Kopf nur mühsam oder unterstützt halten und oft auch nur mit Unterstützung und angelehnt sitzen. Ebenso wie die Handmotorik können die gesamten Mundfunktionen betroffen sein, und oft hindert die Beteiligung der *Mundmotorik* das Kind vor allem am problemlosen Schlucken, an der *Nahrungsaufnahme*, am Mundschluß und an guten Zungenbewegungen. Viele Kinder haben eine *Hypersalivation*[74].

Daß bei anhaltenden *mundmotorischen* Schwierigkeiten, wenn das Kind keine rechtzeitigen Hilfen erhalten hat, auch seine *Sprechfähigkeiten* behindert sein werden, ist eine Folge. Die Atmungstätigkeit, der mimische Ausdruck, die Gesichts-, Kopf,- Hals- und Nackensprache, die gerade Kinder so gut beherrschen, das Artikulieren und insgesamt die verbale Kommunikation sind in ihrer Entwicklung gehemmt, und *Sprech- und Sprachstörungen* können sich für das Kind fixieren.

Das frühe Erkennen der Störungen

Schon beim sehr kleinen Säugling kann auffallen, daß seine Muskulatur „fest" wirkt. Viele der Kinder wehren sich gegen die Bauchlage als Schlaf-

---

[74] Wenn beim Kind mit einer Tetraparese die *mundmotorischen* Funktionen betroffen sind, kann es seine Kiefer-, Zungen-, Mund- und Gesichtsbewegungen nicht gut steuern, und wenn auch das Schlucken erschwert ist, kommt es zu einem vermehrten Speichelfluß. Dieses starke, manchmal ständige Fließen des Speichels wird *Hypersalivation* genannt.

oder Wachhaltung, weil sie nur schwer oder nicht in der Lage sind, ihren Kopf aus dieser Lage heraus anzuheben. Im zweiten Lebenshalbjahr, wenn Kinder sich auf ihre Arme stützen und bald beginnen, sich zu drehen und zu robben, hat ein betroffenes Kind große Schwierigkeiten sich zu stützen, aufzurichten und sich unter dem Einsatz seiner Arme und Beine fortzubewegen. Es hat wenig Möglichkeiten, seine *Stützreaktionen* zu benutzen, und seine *Kopfkontrolle*[75] ist nicht ausreichend dafür, daß Haltungen und Bewegungen eingeleitet werden könnten.

Exkurs: Sprungbereitschaft – Stützreaktionen

Mit der Ausbildung einer wichtigen Bewegungsreaktion, der *Sprungbereitschaft*, hat das Kleinkind gelernt, sich automatisch mit seinen Armen und Händen abzufangen, wenn es (auf den Kopf, auf das Gesicht) zu fallen droht. Diese Fähigkeit, auch „schützende Streckung" der Arme genannt, ist eine Schutzreaktion vor dem Fallen: Wenn das Kind nach vorne gekippt wird oder wenn es stolpert, streckt es schon „im Fall" seine Arme vor und stützt sich dann auf die Arme bei geöffneten Händen ab. Seinen Kopf kann es dabei unter einer guten Kopfkontrolle anheben. Diese Fähigkeit, schon im Säuglingsalter beginnend, verbindet sich eng mit den *Stützreaktionen*, die das Kind braucht, wenn es sich vom Liegen aus hinsetzen möchte oder vom Sitzen auf dem Boden zum Krabbeln wechseln möchte: Es kann sich seitlich, nach vorne und auch nach hinten abstützen und sein Gewicht auf den aufgestützten Arm (die Arme) verlagern. Es verläßt sich dabei auf sein Gleichgewicht und auf sein Körperbewußtsein.

Anders beim Kind mit einer seitenbetonten oder mit einer symmetrischen Tetraparese.

Die anhaltenden frühkindlichen Reflexeinflüsse

Wenn das Kind auf dem Rücken liegt, sind seine Ellbogen gebeugt, und die Hände bleiben, je nach der tetraparetischen Ausprägung, unter dem persistierenden Handgreifreflex zur Faust geschlossen. Weil *anhaltende frühkindliche Reflexeinflüsse* dies verunmöglichen, fällt dem Kind auch das Zusammenarbeiten zwischen Augen und Hand, das Zum-Mund-Hinführen eines Spielzeuges, das Zugreifen auf der Blickseite und *das Zueinanderführen der Hände überhaupt* besonders schwer. Das blockierende Verhal-

---

[75] Als *Kopfkontrolle* ist die Fähigkeit des Kindes bezeichnet, seine Kopfhaltung kontrollieren zu können. Sie ist eine aktive statomotorische Fähigkeit und die erste und wichtigste der sogenannten *„Stellreaktionen"*, die sich allmählich entwickeln, die dem Kind eine immer bessere Körperkontrolle möglich machen und ohne die kein Kind das freie Gehen erlernen kann.

ten „primitiver" Reflexe im Mundbereich bereitet dem Kind Trink- und Eß-schwierigkeiten und hindert es an seiner Lall- und Lautentwicklung.

Versuchen die Eltern, das Kind aus der Rückenlage aufzuziehen, ist es durch einen „Widerstand" in seinen Armen daran gehindert, selbst mitzuhelfen, sich zum Sitzen aufzurichten, obwohl es dies sehr gerne möchte. Der Kopf kann nicht mitgenommen werden, sondern „zieht" im Gegenteil nach hinten. Auch dann, wenn das Kind unter einer guten Betreuung Sitzen gelernt hat, fällt es unter dieser Kopfhaltungstendenz und der Überstreckung des Rückens sehr leicht nach hinten um, seine Beine überkreuzen sich dabei. Das eigene Sich-Drehen und Sich-Aufrichten ist für viele Kinder mit einer Tetraparese ohne Behandlung nicht möglich.

Alle betroffenen Kinder haben es schwer, ihre frühkindlichen Reflexe im Alltag zu beherrschen: Immer wieder reagiert ein betroffenes Kind übermäßig schreckhaft auf akustische, optische und Bewegungsreize, und immer wieder sind es unharmonische Gesamtbewegungen, die hinderliche Streck- und Beugemuster der motorischen Abläufe mit ihren daran beteiligten Muskelkomplexen auslösen und das Kind sehr beeinträchtigen.

Exkurs: Noch einige frühkindliche Reaktionen – Reflexe, die für das Verstehen von kindlichen Handlungen wichtig sind

Unter dem Einfluß des *Opisthotonus* können kleine Säuglinge ihren Kopf nicht „mitnehmen", wenn sie aus der Rückenlage an ihren Armen „hochgezogen" werden. Erst wenn dieses Reflexmuster überwunden ist, lernt das Kind, die Haltung seines Kopfes immer besser zu kontrollieren und den Alltagsnotwendigkeiten entsprechend anzupassen.

Die *Moro-Reaktion* ist dafür verantwortlich zu machen, daß kleine Säuglinge leicht erschrecken und sehr lärmempfindlich sind. Sie zeigt sich in heftigen Streck-Bewegungsreaktionen der Arme und der Beine, sofort auf einen erschreckenden Reiz hin folgend. Bis zum Kleinkindalter hin verliert sich diese Reaktion aber fast vollständig.

Die *oralen Reflexe* des Gesichts- und Mundbereiches stehen in einem engen Zusammenhang mit der Nahrungsaufnahme: Solange unwillkürlich einwirkende Saug- und Schluckreflexe, der Würgereflex und ein Beißreflex bestehen, kann das Kind nicht selbständig schlucken und kauen. Wenn diese Reflexe koordiniert sind, kann das Kind gefüttert werden. Sie werden schließlich ganz überwunden, und das Kind kann nun selbständig aus der Tasse trinken und mit dem Löffel essen lernen.

Anders bei einem Kind mit einer seitenbetonten oder mit einer symmetrischen Tetraparese.

Es ist sehr typisch, daß nicht nur einzelne, sondern *viele der frühkindlichen Reaktionen* beim Kind mit einer Tetraparese weit über das Säuglingsalter hinaus bestehenbleiben: Auch im Kindergarten können sie ein betroffenes Kind an allen grob- und feinmotorischen Handlungen hindern und ihm Trinken und Essen und das Sprechenlernen sehr schwermachen. Ohne eine alltägliche therapeutische Unterstützung münden diese persistierenden Haltungs- und Bewegungsmuster dann schnell in eine nur schwer zu beeinflussende tetraparetische Bewegungsform und Spastizität. Sie hindern das Kind daran, seine motorischen Fähigkeiten weiterzuentwickeln. Erzieherinnen können aber in ihrer Gruppe einem betroffenen Kind wichtige *reflexhemmende Hilfen* geben, wenn sie unter der Kooperation mit ihren therapeutischen Fachkolleginnen auf diese Aufgaben vorbereitet sind.

Im Kindergarten

Kinder mit einer *seitenbetonten Tetraparese* haben auf einer Seite größere motorische Probleme als auf der anderen, die mit Arm und Bein weniger betroffen ist. Wegen dieser unterschiedlichen Ausprägung der Spastizität in den beiden Körperhälften und einem manchmal nur geringen klinischen Krankheitsmuster auf einer Seite ist in einem solchen Fall in der Fachsprache auch die Bezeichnung *bilaterale Hemiparese* gebräuchlich.

Unter einer guten Hilfe kann ein davon betroffenes Kind im Kindergarten in manchen Dingen recht selbständig sein. Es kann zumindest *eine Hand* zum Hantieren benutzen, kann sitzen lernen und auch mit einer Gehhilfe gehen, wenn es gelungen ist, seinen Spasmus herabzusetzen, nicht wenige Kinder gehen auch allein. Auch seine mund- und sprechmotorischen Schwierigkeiten sind meistens nicht so groß, daß es sich im Kindergarten nicht verständlich machen könnte, viele Kinder haben bis zum Vorschulalter hin gelernt zu sprechen.

Weit mehr Einschränkungen haben hingegen Kinder mit einer *symmetrischen Tetraparese* hinzunehmen, wenn sie den Kindergarten besuchen. In schweren Fällen können die Arme und Hände nicht frei agieren, und die Kopf-Rumpf-Kontrolle ist nicht oder nur sehr unzureichend zu entwickeln. Die Hypertonie der Beine kann sehr groß sein, bis hin zu einem Spasmus, der viele oder fast alle Aktivitäten blockiert. Es ist nicht nur die *Spitzfußstellung*, die es dem Kind ganz schwer machen kann, Gewicht auf die

Füße zu nehmen, sondern ein *Muskelklonus*[76] seiner Beine und Füße, der sich immer dann bemerkbar macht, wenn es sich mit seinen unteren Extremitäten besonders anstrengen will.

Es ist für Erzieherinnen wichtig zu wissen, daß sich während der verschiedensten Handlungen des Kindes seine Spastizität immer wieder erhöht. Das ist auch mit einer Verringerung der Balancefähigkeiten verbunden, und die *Angst vor dem Hinfallen*, die Zurückhaltung bei alltäglichen und auch bei zu übenden Gleichgewichtsanforderungen, die alle betroffenen Kinder haben, ist nur allzu verständlich. Sie brauchen eine allmähliche Hinführung zu einem *motorischen Selbstvertrauen* und viel Verständnis für ihre „furchtsamen" Reaktionen.

Einige Kinder bleiben auf *Hilfen bei der Nahrungsaufnahme* angewiesen, können auch nicht gut artikulieren und sich insgesamt sprachlich nur schlecht, manchmal nicht äußern. Trink-, Eß- und Sprechhilfen sind für diese Kinder dringend nötig, und sehr oft sind es die nichtbetroffenen Kinder aus der Gruppe, die diese Hilfen geben.

Trotz der situativen Abhängigkeit kann dennoch jedes Kind an allen Gruppenaktivitäten und an den ganz natürlichen Alltagsabläufen *mit seinen individuellen Möglichkeiten* beteiligt sein:

Kinder können sitzen

Kein Kindergartenkind möchte auf dem Boden liegen, wenn die Gruppe um den Tisch sitzt. Es gibt viele *Sitzhilfen* und auch besonders angefertigte oder ausgestattete Stühle, die sich für ein bewegungsgestört genanntes Kind eignen und die fachlich sorgsam ausgewählt werden müssen, wenn das Kind sie benötigt. Es ist wichtig, darauf zu achten, daß es seine Füße ganz auf dem Boden aufstellen kann, wenn es auf dem Stuhl sitzt. Es ist wichtig, für ein Kind diejenige Sitzposition zu finden, in der es die *beste Stütze* hat und doch die Handlungsfrei-

---

[76] Wenn das Kind (vor allem unter einer Spitzfußtendenz) mit den Füßen den Boden berühren möchte, kann es zu einer großen Anspannung der innervierten Muskelgruppen kommen und zu einem *Muskelklonus*: Das Kind muß gegen ein unwillkürliches Muskelzittern ankämpfen und seine motorische Handlung unterbrechen, so lange, bis es eine lockernde Beinhaltung gefunden hat, mit der es diese „Überspannung" unterbrechen kann.

heit erhält, die es sich wünscht und in der es *auf seine Weise mittun* kann. Viele Kinder *wissen selbst am besten*, wie sie gut sitzen und hantieren können, und äußern sich auch dazu. Andere zeigen ihre Bedürfnisse, wenn wir sie nur gut beobachten.

Kinder können sich fortbewegen

Manche Kinder lernen, sich geführt oder mit Gehhilfen fortzubewegen, und wir können beobachten, wie geschickt ein Kind etwa mit Gehstützen umgeht oder mit Hilfe eines Rollators auch kleine Strecken außerhalb des Hauses gut bewältigen kann. Bei Spaziergängen ist es für andere Kinder einfacher, wenn sie in einem Buggy oder in einem (E-)Rollstuhl dabeisein können, oder auch in einem nicht alltäglichen Fahrmobil, und sie treffen ihre Auswahl gerne selbst.

Kindergartenkinder *helfen sich gegenseitig* beim Spielen und auf Spaziergängen. Wenn ein Kind nicht gehen kann, läßt es sich auch gerne fahren. Kinder haben dabei selbst *gute Ideen* und finden heraus, ob sich ein Leiterwagen eignet, der gezogen werden kann, ein Dreirad oder vielleicht ein ganz anderes Kinderfahrzeug.

Kinder können sich entspannen

Wenn ein ausgeprägter Adduktorenspasmus vorliegt, kann das Kind seine Beine wenig bewegen und vor allem nicht spreizen. Kontrakturen und Deformitäten fixieren sich leicht dann, wenn ein Kind längere Zeit in für es ungünstigen Fehlstellungen verharrt.

Das alles ist nicht nur sehr bewegungseinschränkend für die Gelenke, sondern manchmal auch schmerzhaft. Hilfreich ist es deshalb für ein so betroffenes Kind, wenn gemeinsam nach Fortbewegungsmitteln gesucht wird, die ihm helfen, *sich zu lockern* und zu *entspannen*, damit es sich bei seinen Aktionen nicht zunehmend verkrampfen muß.

So finden immer mehr Kindergärten *eine Entspannungs-Möglichkeit*: Das heilpädagogische und therapeutische Reiten, stundenweise für die Gruppe genutzt, ist eine solche; viele Kinder mit einer Tetraparese liegen oder sitzen gern „hoch zu Pferd". Wenn sie sich unter einer guten Führung des Pferdes vorwärtsbewegen können, werden sie locker und entspannt und haben teil an einem Gruppenerlebnis, das allen gefällt. Ähnlich entspannend kann das Spielen im Wasser und das Schwimmen sein: fast immer bietet sich eine nahe gelegene Gelegenheit hierzu, und jedes Kind kann teilnehmen.

Kinder können turnen

Kinder im Vorschulalter turnen gerne gemeinsam. Im Übungsraum bewegen sich alle Kinder in vielen Variationen und gerne auf dem Boden. Auch das Kind mit einer Tetraparese findet heraus, auf welche Weise es sich von einer Bewegungsposition in eine andere bringen kann, wie es sich am besten drehen kann und wo ein Gegenstand zu finden ist, an dem es sich halten, vielleicht sogar aufrichten kann. Es ist erfinderisch und braucht nur wenige Mittel, Geräte und Übungsmaterialien, die ihm helfen, auf seine Weise mitzutun. Bälle, Rollen, Schaumstoffteile, Matten und Luftmatratzen sind solche Geräte.

Das Kind wählt sich in der gemeinsamen Turnstunde seine Geräte aus, wenn sie ihm nur angeboten werden. Wenn es (noch) nicht krabbeln oder gehen kann, *findet es seine Bewegungsform*. Vielleicht hat es bereits gelernt, sich zu rollen, oder es läßt dies von anderen tun. Vielleicht kann es sich auf dem Rollbrett fortbewegen, wenn ihm die Möglichkeit hierzu nur angeboten wird. Vielleicht kann es in einer Hängematte schaukeln, wenn Kinder ihm dabei helfen.

Kinder nehmen viel auf

Kinder mit einer Tetraparese lieben alltägliche Wiederholungen und brauchen Handlungsangebote, die sie sich langsam und immer sicherer als eigene Fähigkeiten erwerben und erarbeiten können. Für alle ihre Reaktionen brauchen sie mehr Zeit als nichtbetroffene Kinder, und sie verlassen sich darauf, daß sie ihnen gegeben wird und daß die Umgebung sich auf dieses besondere Bedürfnis einstellt. Die Kinder sind fast alle sehr beobachtend, wir können sie als besonders *aufnahmefähig* für taktile, für auditive und visuelle Eindrücke kennenlernen, und wir erleben jedes Kind als sehr *lernfähig*, wenn es ihm selbst überlassen wird, alle neuen Erfahrungen in Ruhe für sich zu ordnen und zu „dosieren".

Das Kind mit einer Tetraparese braucht *viel Zeit* für seine Handlungen. Jeder Wechsel von einer Bewegungsposition in eine andere fällt ihm besonders schwer, wenn er eine *Körperdrehung* dabei verlangt. Das ist zum Beispiel der Fall, wenn das Kind vom Liegen oder Sitzen in eine „Krabbelstellung" kommen möchte: Es muß seine Bewegungen sehr langsam und bedächtig ausführen, damit sie so gelingen, wie es sie haben möchte und wie sie ihm nützlich sind. *Kein Kind darf gehetzt* oder zu einem Handlungsablauf *gedrängt werden.* „Rasche" An- und Aufforderungen und „spontane" Hilfen helfen ihm niemals, sie schaden ihm vielmehr, auch wenn sie gut gemeint sind.

Eine spastische Tetraparese kann auch mit Problemen der Bewegungssteuerung verbunden sein, die wir *athetotisch* nennen. In einem solchen Fall ähnelt die Erscheinungsform der zerebralparetischen Ausprägung zeitweilig dem sehr wechselhaften *dyskinetisch-dystonen Syndrom,* zeitweilig wieder der verkrampften spastischen Tetraparese. Durch diesen Wechsel des Muskeltonus *von hyperton zu hypoton* hat das Kind es in einem solchen Fall noch schwerer, seine motorischen Abläufe zu kontrollieren. Überschießende unkoordinierte Bewegungen kommen zur Spastizität hinzu und bringen eine Vielzahl von unerwünschten Handlungsmustern mit sich. Sie betreffen den ganzen Körper und besonders den Kopf und das Gesicht. Fast jedes Kind mit einem so großen Haltungs- und Bewegungsproblem ist aus sich heraus *überaus bewegungsaktiv* und *strengt sich besonders an*, kann jedoch nur mit einer sehr ausgewogenen steuernden therapeutischen Hilfe das tun, was es gerne möchte, obgleich es sich sehr darum bemüht.

9.1.4 Das Kind mit einem dyskinetisch-dystonen Syndrom

Die Schädigung bei einem dyskinetisch-dystonen Syndrom trifft hauptsächlich die subkortikalen Zentren, und die entstehende Symptomatik zeigt verschiedene Erscheinungsbilder, die meistens nicht ganz voneinander abzugrenzen sind, sondern als Mischformen auftreten. Typisch für alle Formen ist die *Unkontrollierbarkeit der Bewegungen* und ein *sehr spannungsschwankender Muskeltonus.*

Betroffene Kinder haben keine fixierte Haltung und können ihre Muskulatur nicht kontrollieren und nicht beherrschen. Ihr Muskeltonus wechselt *von hyperton zu hypoton*, in der unterschiedlichsten Weise.

Als Ausdruck von Fehlfunktionen im ZNS kommt es zu „Übersteuerungen" des Bewegungssystems und bei den Kindern „zu ständigen ungesteuerten, sinnlosen und für den Betrachter oft bizarr wirkenden Bewegungen... Das Kind scheint keine feste Position einnehmen zu können. Je mehr es sich darum willentlich bemüht, desto schlechter gelingt es ihm" (FLEHMIG 1983, S. 89).

232

Das typische Bild mit den *überschießenden hyperkinetischen* oder *choreatischen*[77] Bewegungen, die das Kind nicht kontrollieren oder gar koordinieren kann, wird in der Fachsprache auch *Athetose* genannt. Diese athetotischen Bewegungen beeinflussen in der Regel den ganzen Körper, Kopf und Gesicht sind mit einbezogen, und meistens sind der Oberkörper und die Arme am heftigsten betroffen. Die Symptome zeigen sich relativ gleichmäßig auf beiden Seiten, und nur äußerst selten ist in der Fachsprache von *Hemiathetosen* die Rede, wenn die Gestörtheit einer Körperseite auffällig überwiegt und die Symptomatik auf der anderen Seite latent ist.

> Die sehr raschen, unberechenbaren Schwankungen des Muskeltonus von „schlaff" oder „normal" zu „fest" und „steif" und auch umgekehrt bringen für das Kind eine Vielzahl von unerwünschten Bewegungen mit sich, denen es hilflos ausgeliefert ist, wenn es nicht eine sehr frühzeitige förderliche Unterstützung erfahren hat.

9.1.4.1 Das frühe Erkennen der Störungen

Im ersten Lebensjahr haben Kinder, die ein dyskinetisch-dystones Syndrom entwickeln, ähnliche Auffälligkeiten wie Kinder mit tetraparetischen Schwierigkeiten. Sie bewegen sich „anders" oder wenig, und ihre Kopfkontrolle ist nicht annähernd so gut, wie das bei einem nichtbetroffenen kleinen Kind altersentsprechend erwartet wird.

Besonders aber sind die *ausfahrenden* Bewegungen. Sie sind überschießend und wechselnd. Eine große Bewegungsunruhe, die das Kind nicht beeinflussen oder gar aus sich heraus bremsen kann, ist an Händen und Füßen zu beobachten, später an Armen und Beinen, am Rumpf und auch auf den Kopf- und Gesichtsbereich übergreifend. Wenn das Kind versucht, seinen Kopf zu heben, kann es seine Rumpfbewegungen nicht mehr unter Kontrolle bringen, und eine sehr starke *opisthotonische Haltung* des Kopfes und des Nackens, auch eine *skoliotische Krümmung* seines Körpers verhindern, daß es seine Haltung stabilisieren kann.

Wenn das Kind greifen möchte, kann es *die Bewegungen seiner Hände* nicht steuern, die Hand- und Ellbogengelenke überstrecken sich, und alle versuchten Aktivitäten verbinden sich für das Kind auch noch mit unwillkür-

---

[77] *Choreatische Bewegungen* sind als schnelle, unwillkürliche Kontraktionen einzelner, wechselnder Muskeln oder Muskelgruppen zu erkennen. Immer liegt eine schwere Schädigung des ZNS vor (es gibt eigene, als Chorea bezeichnete Krankheitsbilder). Beim Kind mit einem dyskinetisch-dystonen Syndrom gehen einer Chorea ähnliche Bewegungen mit einer allgemeinen motorischen Unruhe und oft mit einem „Grimassieren" einher.

lichen *Mundbewegungen*. Seine Knie- und Fußgelenke *überstrecken sich* immer mehr, und ohne therapeutische Hilfe lernt es nicht, sich zu drehen oder sich zu setzen.

Die *reflektorischen Bewegungsantworten* sind auch jenseits des Säuglingsalters sehr aktiv, die Moro-Reaktion ist heftig und überschießend, die Kinder sind überaus schreckhaft und bleiben es meistens auch noch im Kindergarten- und im Schulalter. Die primären Mundreflexe sind auf den geringsten Reiz hin auslösbar, und die Nahrungsaufnahme ist für das Kind überaus schwierig und damit auch seine spätere Sprechfähigkeit. Die automatische Schreitreaktion und die Handgreifreflexe persistieren nicht nur lange Zeit, sondern sind *so wenig geordnet* wie das gesamte motorische Bild des Kindes. Besonders andauernd sind die sehr aktiven Greifreflexe der Füße zu beobachten.

Exkurs: *Greifreflex der Füße*

Der *Greifreflex der Füße* ist beim Kind im ersten Lebensjahr ganz natürlich: Wird der mittlere Fußballen berührt, krallen sich die Zehen des Kindes ein, beim Loslassen strecken und spreizen sie sich. Erst nach dem Verschwinden dieser Reaktion kann das Kind sich auf seine – geraden – Füße stellen, ohne daß seine Zehen sich krümmen. Erst dann kann es auch gehen lernen.

Anders beim Kind mit einem dyskinetisch-dystonen Syndrom.

9.1.4.2 Das Kindergartenkind und seine Motorik

Von einem dyskinetisch-dystonen Syndrom betroffen zu sein, stellt für das Kind im Kindergarten eine schwerwiegende Beeinträchtigung dar. Es ist diejenige Erscheinungsform der infantilen zerebralen Bewegungsstörung, die am intensivsten behindernd sein kann, weil häufig eine schwere Läsion zugrunde liegt. Mit den markanten motorischen Steuerungsproblemen ist es auch die therapeutisch am schwierigsten zu beeinflussende Form.

Im Kindergarten

Auch im Alltag seiner Kindergruppe bereitet die wechselnde Motorik dem Kind demnach große Probleme: Manchmal ist es ganz schlaff und zeigt keine Muskelkraft, in der nächsten Minute kann es verkrampft sein, unwillkürliche Bewegungen „schießen ein". Sie sind oftmals so stark, daß sich sein Rumpf und seine Gliedmaßen ganz „verdrehen" können und daß in diesem Moment auch die Erzieherin es nicht in eine für es angenehmere Körperhaltung bringen kann.

Alle athetotischen Kinder haben einen *großen Bewegungsdrang*, können sich aber aus sich heraus ohne eine rechtzeitige therapeutische Hilfe nicht drehen, nicht zum Krabbeln kommen oder sich aufrichten. Wenn wir ihre motorischen Handlungen verfolgen, scheint es, als hätten sie eine Vielzahl von Gelenken mit einer Vielzahl von Bewegungsmustern, die es ihnen erlaubt, sich ganz „zu verbiegen", die sie jedoch ganz und gar daran hindern, ein zumindest beginnendes Gleichgewicht entwickeln zu können. Trotz aller Anstrengungen kann es einem schwer betroffenen Kind nicht gelingen, eine Körperposition der Aufrichtung für sich zu finden und einzunehmen. Es findet „keine sichere Ausgangsstellung, aus der heraus es sich aufrichten und bewegen könnte. Bei jedem Bewegungsversuch verliert es seine Haltung, so daß es immer wieder zu 'Einbrüchen', aus einer gerade gewonnenen Haltung kommt. Die Bewegungsversuche sind vielfältig und je nach Grundtonus von Schleuderbewegungen und Drehbewegungen gezeichnet" (ZINKE-WOLTER 1994, S. 145).

> Beim Spielen und Hantieren im Kindergarten sind athetotisch betroffene Kinder *sehr eifrig*, wenn sie eine gewünschte Handlung ausführen oder ein Bewegungsziel erreichen möchten. Erzieherinnen können aber die vom Kind eingeleiteten Handlungen manchmal nicht verstehen, weil sie ihnen situativ unpassend erscheinen. Sie sollten daher wissen, daß das, was das Kind momentan gerne und sinnvoll tun möchte, *meistens nicht gelingen kann*: Die übermäßigen Bewegungen „überschießen" das vorgenommene Ziel, gehen in eine andere Richtung als die vom Kind geplanten Bewegungen. Statt der geplanten psychomotorischen Handlung entstehen entgegengesetzte Haltungs- und Bewegungspositionen, *die das Kind niemals gewollt hat* und mit denen es nun – hinderlich – konfrontiert ist.

Beim Spielen ist zu beachten, daß sich das Kind nicht hinreichend stützen kann und ohne Unterstützung auch nicht krabbelt. Wenn es unter einer guten therapeutischen Betreuung gelernt hat, dies mit Hilfe zu tun, und es auch möchte, sollte die Kindergruppe „erfinderisch" sein: Einige Kinder wünschen sich Lagerungshilfen (z. B. Rollen, Schaumstoffkeile, Kissen), um mitmachen zu können, und auch einen „Halt", um ihren Körper besser zu beherrschen. Die Erzieherin und auch die anderen Kinder können ihn geben, wenn sie therapeutisch darin unterwiesen wurden und geübt sind.

Wenn die Ausprägungsform eine schwere ist, kann es auch mit einer guten Behandlung nicht immer gelingen, dem Kind zu helfen, daß es gehen lernt, selbst dann nicht, wenn es frühzeitig behandelt wurde. Meistens ist es die *fehlende Stehbereitschaft*, die verhindert, daß es seine Beine so weit belasten kann, wie dies zum Stehen nötig wäre, und meistens ist auch die Möglichkeit der Kontrolle des Oberkörpers zu gering. Beim Versuch, seine Körperhaltung zu stabilisieren und langsame, willkürliche Bewegungen auszuführen, geschieht das Gegenteil, und das Kind „klappt wie ein Taschenmesser zusammen".

Viele Kinder entscheiden sich für eine *Fortbewegung auf dem Boden*, wenn das Sitzen und das Aufstehen (noch) nicht gelingen kann: Aus der Bauchlage heraus lernen sie, sich vorwärtszuschieben. Sie tun dies mit einer ihnen eigenen (Über-)Beweglichkeit ihres Körpers und mit einer unter den gegebenen Bedingungen großen Geschicktheit. Dieses Sich-Bewegen fällt einem betroffenen Kind leichter, wenn die Gruppe ihm *einen weitreichenden Bewegungsraum* gibt.

Trinken und Essen ist für mundmotorisch schwerbetroffene Kinder äußerst mühsam. Die primären Mundreflexe hindern es zusammen mit der Unruhe, die sich auch auf Kopf und Gesicht bezieht, daran, die zur Nahrungsaufnahme benötigte Motorik zu steuern und selbständig werden zu können. Das Kind kann nicht ruhig sitzen, und wenn es mit den Händen seine Tasse oder den Löffel ergreifen möchte, muß es sofort mit ausfahrenden Armbewegungen rechnen, die häufig auch noch mit einem nicht zu vermeidenden Mundöffnen verbunden sind, besonders auch beim Versuch der Hand-Mund-Augen-Koordination.

Ein Kind mit großen mundmotorischen Problemen braucht *sehr viel Zeit zum Essen und Trinken.* Weil das Kauen und das Schlucken und das einigermaßen ruhige Sitzen für es sehr anstrengend sein können, ißt es meist wenig. Manches Kind leidet als Folge an einer Mangelernährung, auch besonders deshalb, weil seine andauernde motorische Hyperaktivität mit einem hohen Energieverbrauch einhergeht. Von der Logopädin können die anderen Kinder aber lernen, wie sie diesem Kind eine stabile Sitzhilfe geben und wie sie es bei den gemeinsamen Mahlzeiten „fachgerecht" unterstützen können. Das Kind nimmt eine solche Hilfe gerne an. Im Alltag kann sie nicht nur erleichternd, sondern ganz unverzichtbar sein.

Kinder finden Selbsthilfen

Jeden Tag und in vielen Situationen findet ein betroffenes Kind für sich heraus, wie es bei alltäglichen Handlungen zu einer besseren motorischen Stabilität kommen kann. Es weiß, welche Reflexe ihm Handlungen und

Wege verwehren, und sucht sich Positionen, um Fehlreaktionen selbst zu hemmen, Arme und Schultern zu fixieren oder Kopf und Rumpf im Sitzen (im Rollstuhl, im für es ausgewählten Stuhl) selbst halten zu können. Das Kind kann mitteilen, wieviel therapeutische und förderliche Unterstützung es im einzelnen dazu braucht, und es lernt den Umgang mit Spielmaterial, mit einem Stift, mit einem auf dem Tisch liegenden Buch, wenn es sich darauf konzentriert und wenn es die *als geeignet herausgefundene Muskelkontrolle* selbst wählen und übernehmen darf.

Es braucht dazu Ruhe und eine verständnisvolle Umgebung. Wenn es vor einem Tisch sitzend spielt, hantiert oder ißt, können wir erleben, daß es immer wieder unter einer ruckartigen und spontanen Bewegung Dinge „vom Tisch fegt": Dies ist weder Dummheit noch Unachtsamkeit, sondern der Einfluß eines Reflexmusters auf den Oberkörper und die Arme, unwillkürlich und für viele Handlungen unerwünscht. Manchmal aber macht sich ein Kind diese Reaktion auch zunutze, denn vielleicht ist sie im richtigen Moment die einzige Möglichkeit für es, mit einer Armbewegung auch bewußt einen Gegenstand wegzuwerfen oder -zuschleudern: Kinder haben eine große Lernfähigkeit, *sich* sogar *auf ihre reflektorischen Hindernisse positiv einzustellen.*

Kinder und ihre Kontaktfreudigkeit

Kinder mit einem dyskinetisch-dystonen Syndrom interessieren sich für vieles, und sie sind hochmotiviert für alle psychomotorischen Aktionen. Ihre *Kontaktfähigkeiten* sind groß, und sie sind äußerst sensibel für alles, was sich um sie herum ereignet.

Niemals möchte ein Kind bei dem, was die Gruppe vorhat, ausgeschlossen sein, und immer ermöglicht es eine Lagerungs-, Sitz-, Stehoder Fahrhilfe, daß das Kind teilhaben kann.

Durch die mundmotorischen Probleme sind seine verbalen Kommunikationsmöglichkeiten immer geringer als die der nichtbetroffenen Kinder. Manchmal ist aktives Sprechen ausgeschlossen, weil die Artikulation nicht gelingt. Um so mehr möchte und kann ein schwerbetroffenes Kind sich *mit körpersprachlichen Mitteln* mitteilen und sich auditorisch und visuell äußern, wenn ihm nur zugesehen und zugeschaut wird.

Für eine *gemeinschaftliche Kommunikation* ist das athetotische Kind besonders aufgeschlossen. Diejenigen Kinder, die sich auch sprachlich und in Sätzen ausdrücken, müssen erwarten können, daß ihnen auch hierfür

Ruhe und Zeit gegeben wird. Die Zuhörenden müssen wissen, daß das Kind sich sehr konzentrieren muß, wenn es etwas erzählen möchte; *niemand sollte seine angefangenen Sätze vorschnell zu Ende sprechen.* Das kann das Kind selbst. Die Kinder in der Gruppe haben schnell ein gutes Gespür für den sprachlichen Ausdruck des mundmotorisch blockierten Kindes. Sie verstehen es meist besser als die Erwachsenen, auch wenn es vielleicht undeutlich spricht.

Menschen, die über seine athetotischen Blockaden nicht informiert sind und ein betroffenes Kind nicht genügend kennen, fehlinterpretieren seine Ausdrucks- und Handlungsweisen jedoch oft. Sie geringschätzen seine Denkfähigkeit und seine geistig-seelischen Aktivitäten. Aus dieser ihrer Einschätzung und Meinung heraus verhalten sie sich dann auch falsch und können damit ein für alle Eindrücke aufgeschlossenes Kind verletzen und behindern.

Die *Wahrnehmungsfähigkeiten* des Kindes mit einem dyskinetisch-dystonen Syndrom sind groß, seine *emotionale Empfindungsfähigkeit* ist hochsensibel. *Seine Art* ist es, sich auch mit Mimik und Gestik mitzuteilen. Wenn es dabei durch die überschießende Motorik zu „Verzerrungen" seines Gesichtes und seines Körpers kommt und ein „Grimassieren" erscheint, liegt dies an seinem Syndrom, nicht aber an einem Mangel seiner mentalen und intellektuellen Fähigkeiten.

9.1.5 Das Kind mit einem ataktischen Syndrom

Wenn von einem ataktischen Syndrom beim Kind die Rede ist, handelt es sich pathologisch um eine Schädigung des Kleinhirns, die den Regelkreis der zentralen Steuerung unterbricht. Die typische Kleinhirnsymptomatik zeigt sich in Störungen der *Bewegungskontrolle*, die bei einem Kind das *Gleichgewicht* und seine *Koordination* beeinträchtigen. Eine zerebrale Bewegungsstörung als *reine Ataxie* ist sehr selten, ein ataktisches Syndrom ist aber mit der Spastik und mit dem dyskinetisch-dystonen Störungsbild häufig verbunden.

Bei einer markanten Ausprägung ist das Kind nicht fähig, *gezielte Bewegungen* durchzuführen. Seine Bewegungen werden ungenau und erscheinen ruckhaft, und die Symptomatik ist der eines Kindes mit einem dyskinetisch-dystonen Syndrom sehr ähnlich, die Bewegungen sind allerdings eher gleichförmig. Sie sind unsicher, langsam, sie weichen von ihrer Zielrichtung ab, und oft sind sie „zittrig". Bei einigen Kindern mit einem ataktIschen Syndrom steht der „*Intentionstremor*"[78] im Vordergrund. Er ist, da die Muskelspannung vom Grundtonus her hypoton ist, später auch hyperton und wechselnd wird, in einer Ruhehaltung nicht bemerkbar. Gehindert ist das Kind vielmehr erst dann, wenn es eine Bewegung ausführt und eine (Gleichgewichts-)Haltung einnimmt.

9.1.5.1 Das frühe Erkennen der Störungen

In den ersten Lebensmonaten wirken Kinder, die ein ataktisches Syndrom entwickeln, muskelschwach und werden als „wenig interessiert" an ihrer Umgebung beschrieben. Viele ihrer *frühkindlichen Reflexantworten* sind *verlangsamt auslösbar*, manche nicht oder nur schwach, andere können verspätet beobachtet werden.

Manchmal fällt ein Zittern der Augen auf, wenn das Kind „seinen Blick wendet". Wenn es mit zunehmender Entwicklung nach Gegenständen zu fassen beginnt, können Eltern das typische Symptom des ungenauen und *über das Ziel hinausschießenden Greifens* beobachten.

Je nach dem Schweregrad kann manches Kind unter einer guten Frühbehandlung allmählich lernen, sich zu drehen und zu sitzen. Beim Sitzen muß das Kind gegen die schwankenden Bewegungen seines Rumpfes ankämpfen, die wir sogar als Zittern fühlen können. Seine *Schwierigkeiten mit dem Gleichgewicht* sind groß, und es ist nicht gut fähig, Rumpf und Kopf für eine Sitzhaltung zu beherrschen.

Wenn das Kind gelernt hat, sich an Gegenständen aufzurichten und die ersten Gehversuche zu machen, ist ihm dieses durch die ruckartigen und torkelnd anmutenden motorischen *Steuerungs- und Koordinationsprobleme* sehr erschwert. Selbst ein Kind mit einer leichteren Schädigung braucht eine gute therapeutische Unterstützung, die ihm hilft, zu einer selbständigen Körperbeherrschung zu kommen.

9.1.5.2 Das Kindergartenkind und seine Motorik

Auch im Kindergarten sind Schwierigkeiten in der *Gleichgewichts- und Körperbeherrschung* für das Kind seine größten Probleme. Immer wieder verliert es seine Balance und muß sich mit ruckhaften und eckigen, mit langsamen oder fahrigen Bewegungen, die entgleisen, auseinanderset-

---

[78] Als *Tremor* wird ein unwillkürlich auftretendes Zittern der Muskulatur, feinschlägig und rhythmisch aufeinanderfolgend, bezeichnet. Beim Kind mit einem ataktischen Syndrom ist es ein *Intentionstremor*, der ihm Probleme macht: Er tritt nur auf, wenn es Bewegungen ausführt (z. B. beim Greifen, beim Laufen) und wenn es bestimmte Körperhaltungen (die Gleichgewichtsfähigkeiten erfordern) einnehmen möchte.

zen. Bei den Tätigkeiten im Gruppenalltag kann es seine Kraft nicht recht einschätzen, und schwer fällt es ihm auch, die richtige Körperstellung im Raum zu finden, so, wie es die Spielsituation erfordert.

Die ataktischen Beeinträchtigungen führen dazu, daß betroffene Kinder *ängstlich* wirken und im motorischen Handeln eher *zurückhaltend* sind. Sie können ihre Bewegungen nicht gut variieren: Es ist verständlich, daß sie nur diejenigen Bewegungen ausführen, *in denen sie sich sicher fühlen*. Genauso verständlich ist es, daß ein Kind, das gehen kann, Angst hat, umzufallen und daß es sich dadurch verkrampft. Erzieherinnen und die anderen Kinder sollten ihm helfen, dennoch Selbstvertrauen zu entwickeln.

Hat ein Kind das freie Gehen gelernt, beeinflußt sein ataktisches Syndrom auch sein *Gangbild*. Um sich und seinen Körper koordinieren zu können, sehen seine Beinbewegungen überschießend, manchmal auch überkreuzend aus, manch ein Kind geht in langsamen und abgehackten Schritten. Es muß sich im Gehen immer wieder selbst korrigieren, und so entsteht ein „gestelzt" aussehender Gang, ein Bild, das „breitbeinig", „wackelnd" oder „taumelnd" genannt wird.

Für alle seine Handlungen braucht das Kind eine gute *optische Kontrolle*, damit es die alltäglichen Dinge und Wünsche überhaupt bewältigen lernt, denn „bei Ausschaltung der optischen Kontrolle bricht die gesamte Koordination meist zusammen. Man erkennt deshalb den Ataktiker daran, daß er streng darauf bedacht ist, seine Bewegungen unter Blickkontrolle zu halten" (KIPHARD 1994b, S. 130). Die Kindergruppe kann mithelfen, ihm seine Koordination zu erleichtern.

Das *Koordinieren* seiner motorischen Handlungen und das Kontrollieren und Dosieren der *Zielbewegungen* ist für das Kind mit einem ataktischen Syndrom eine große Anstrengung, die viel Konzentration erfordert und oftmals doch nicht gelingt. Sein „Hinausschießen über das Ziel" und auch das im Gegenteil „zu frühe Abbremsen" gilt es im Spiel und bei turnerischen Bewegungsaufgaben in der Kindergruppe zu wissen und zu berücksichtigen: Ein so betroffenes Kind „kaspert" nicht und ist auch nicht „unachtsam". Die Fähigkeit des Suchens einer Körperordnung *auf seine Weise* ist vielmehr *eine große Leistung*.

240

Das Sprechen

Ataktische Besonderheiten zeigt auch die Sprache der Kinder. Auch sie ist, wie das Gangbild, langsam und ruckartig wirkend. Manchmal sind die Sätze nur schwer verständlich, und Erzieherinnen und die anderen Kinder der Gruppe müssen erst lernen, sich darauf einzustellen: Wenn sie dem Kind genügend Zeit lassen zum sprechen, werden sie sein Sprechen in kleinen Absätzen, auch als seine *skandierende Sprache* bezeichnet, verstehen.

Kinder malen und schreiben gern

Das Malen gehört zu den sehr beliebten Tätigkeiten im Kindergarten, und Kinder sind fast immer daran interessiert. Sie sind auch eifrig darum bemüht, sich auf das Schreiben in der Schule vorzubereiten. Ein ataktisch betroffenes Kind benötigt dabei viel Mühe, sein Zusammenspiel der für die hand- und feinmotorischen Tätigkeiten zu brauchenden Muskelgruppen ordnen zu lernen. Wie die Bewegungen des ganzen Körpers sind auch seine *Mal- und Schreibbewegungen zittrig* und „schießen über das Ziel hinaus". Besonders schwer fällt es dem Kind, mit dem Finger eine gerade Linie entlangzufahren und seine Bildgestaltung, so wie es sie vorzunehmen wünscht, motorisch zu beherrschen. Es wäre sehr unbedacht, das Produkt eines Kindes etwa „krakelig" zu nennen. Besser ist es, ihm Hilfen zu geben und seine Bemühungen zur *Selbsthilfe* zu unterstützen.

Um malen oder schreiben zu können, helfen sich Kinder mit einem ataktischen Syndrom oft sehr geschickt selbst, indem sie versuchen, mit einer Hand ihre „Malhand" oder „Schreibhand" festzuhalten: Sie sollten darin nicht korrigiert, vielmehr dazu ermuntert werden.

9.1.6 Das Kind mit einer hypotonen Zerebralparese

Bei einer *hypotonen* Zerebralparese, auch *zentrale Hypotonie* oder manchmal auch *Dystonie* genannt, sind alle koordinativen Fähigkeiten, die das Kind für seine psychomotorischen Handlungen des Alltags braucht, schwer beeinträchtigt: „Der Steuerungsmechanismus ist zusammengebrochen... Das Einnehmen einer aufrechten Haltung und Haltungsbewahrung wird unmöglich gemacht. Alle Bemühungen sind frustran. Das Kind gibt also nach einer Weile auf und liegt dann ruhig, manchmal apathisch auf dem Rücken oder auf dem Bauch. In der Horizontalen entwickelt es im

Verlauf der Entwicklung manchmal auch ein recht gutes Gleichgewicht; jeder Versuch jedoch, sich entgegen der Schwerkraft aufzurichten, mißlingt" (FLEHMIG 1983, S. 89 u. 90).

9.1.6.1 Das frühe Erkennen der Störungen

Im frühen Säuglingsalter erscheinen Kinder, die von einer Dystonie betroffen sind, sehr „schlaff". Sie bewegen sich wenig und möchten nicht auf dem Bauch liegen, weil es ihnen Mühe macht, den Kopf zur Seite zu legen oder anzuheben. Ohne Wissen um ihre zerebralen Schwierigkeiten, die selten sehr zeitig erkannt werden, gelten sie meistens zunächst als „zufriedene" Kinder, die leicht zu betreuen sind. Sie stellen keine großen Bewegungsansprüche und haben gerne „ihre Ruhe".

Spätestens beim Kleinkind aber zeigt sich ein weitaus markanteres Bild, das über eine vorher oftmals vermutete „Bindegewebsschwäche" weit hinausgeht: Das Kind kann seinen *Kopf nicht halten*, sich nicht aufrichten, und beim versuchten Sitzen ist sein Oberkörper gerundet, der Kopf fällt nach vorne.

Seine frühkindlichen *Reflexantworten* sind nicht oder nur *schwach auslösbar*, und die altersgerecht zu erwartenden Stellreaktionen entwickeln sich als späte und dann auch noch als sehr unzureichende Fähigkeiten.

Mit der nötigen förderlichen Unterstützung können viele der betroffenen Kinder – verzögert – gehen und auch sprechen lernen, andere erreichen einfachere psychomotorische Fähigkeiten und sind (und bleiben) auf Sitz- oder Fortbewegungshilfen angewiesen.

Typisch für diese zerebrale Erscheinungsformen ist es auch, daß sich jenseits des Säuglingsalters aus einer zunächst hypotonen Zerebralparese durchaus auch *andere Formen* einer Bewegungsstörung, meistens dyskinetisch-dystone Formen mit einer athetotischen Symptomatik oder ein ataktisches Syndrom, oder – noch häufiger – Mischformen zwischen den beiden entwickeln können. Die Entwicklung einer spastischen Form, wie die einer spastischen Tetraparese, ist seltener.

Differentialdiagnostische Überlegungen

Um einem betroffenen Kind in der richtigen Weise helfen zu können, ist die medizinische Früherkennung sehr wichtig, damit auch eine rechtzeitige *differentialdiagnostische* Abklärung erfolgen kann. Weil gerade eine *Hypotonie*, die als „Muskelschwäche" erscheint, bei Kindern auch ein Symptom *für ganz andere* organische Schwierigkeiten und Krankheiten sein kann, kann die hypotone Zerebralparese beim kleinen Kind nicht nur mit einer (konstitutionell bedingten) allgemeinen Muskelschlaffheit, einem schwachen Bindegewebe oder einer Haltungsschwäche verwechselt werden, sondern auch mit schwerwiegenden *organisch bedingten Muskelerkrankungen* des Kindesalters, so mit der *progressiven Muskeldystrophie*. Die genaue Beobachtung eines muskelschwach erscheinenden Kindes durch die Eltern und Bezugspersonen kann hierbei die Unterscheidung und die fachärztliche Abgrenzung erleichtern.

Exkurs: Progressive Muskeldystrophie (Typ Duchenne)

Unter den Muskelerkrankungen des Kindesalters zählt die *progressive Muskeldystrophie* zu den häufigsten. Als *Muskelschwund* ist sie erblich und verläuft *progressiv* (= fortschreitend). Es kommt zu einem zunehmenden Muskelabbau, für den ein Strukturfehler der Muskelzellwände angenommen wird, nicht aber eindeutig ursächlich bewiesen ist. Die Krankheit trifft *nur Jungen*, ist nicht heilbar und führt im Jugendalter (spätestens im jungen Erwachsenenalter) zum Tode. Erste Anzeichen sind im Vorschulalter häufiges Fallen des Kindes, erschwertes schnelles Laufen und Springen, rasches Ermüden beim Spazierengehen und eine zunehmende Muskelschwäche, die am Becken und an den Beinen beginnt und sich ausweitet. Im Kindergarten kann ein betroffenes Kind nicht gut vom Boden aufstehen, und beim Treppensteigen braucht es Hilfe. Weil auch seine Schultern, die Arme und die Hände schwächer werden, ist seine Leistungsfähigkeit auch beim Spielen eingeschränkt. Allmählich kann das Kind nicht mehr gut gehen, muß Gelenkversteifungen hinnehmen und braucht schließlich orthopädische Gehhilfen und später einen Rollstuhl. Ein muskelkrankes Kind ist darauf angewiesen, daß ihm körperliche Arbeit abgenommen wird. Dazu ist es erforderlich, daß sich seine Umgebung auf die individuellen motorischen Bedürfnisse einstellt und ansonsten das Kind ganz natürlich einbezieht: Wenn die Kindergruppe sich mit den Besonderheiten auskennt, kann sie gut helfen, und ein betroffenes Kind kann an allen alltäglichen Vorhaben beteiligt sein.

9.1.6.2 Das Kindergartenkind und seine Motorik

Das Kind mit einer hypotonen Zerebralparese ist auch im Kindergarten durch seinen schlaffen Muskeltonus beeinträchtigt. Sein ganzer Körper ist davon betroffen, und durch die niedrige Muskelspannung und sein mangelndes Gleichgewicht fällt es ihm schwer, mit der Bewegungsgeschwindigkeit der anderen Kinder mitzuhalten, auch dann, wenn es die für alltägliche Spielhandlungen und Alltagsverrichtungen nötigen Bewegungsmuster eigentlich beherrscht. Immer sind seine Bewegungen verlangsamt, auch seine Mimik wirkt auf andere „träge", und wenn das Kind sprechen kann, ist seine Stimme leise und „tonlos".

Ein Kind mit einer hypotonen Zerebralparese ist *keinesfalls* an motorischen Aktionen *uninteressiert*, und es schaut auch nicht „gelangweilt": Es ist die Kraftlosigkeit seiner Muskeln, die es daran hindert, motorisch spontan reagieren zu können. Sich mimisch mitzuteilen, ist ihm mühsam. Bezugspersonen können aber leicht lernen, in seiner Psychomotorik auch seine Bedürfnisse zu erkennen und Wünsche „abzulesen".

Weil jede motorische Handlung für ein hypotones Kind eine große Anstrengung darstellt, zieht es sich auch im Kindergarten gerne zurück. Auch das Sitzen auf dem Boden oder vor einem Tisch fällt ihm schwer, und beim Malen und Spielen muß es sich immer wieder ausruhen. Es verhält sich daher passiver als bewegungsaktive Kinder und bleibt beim gemeinsamen Spielen lieber im „Hintergrund".

Das Kind mit einer hypotonen Zerebralparese ist in allen Dingen zurückhaltend, abwartend und drängt sich nicht auf. Wenn ihm die Gruppe hilft, läßt es sich jedoch gern in gemeinsame Aktivitäten einbeziehen und kann den Spielalltag auf seine stille Art sehr intensiv erleben.

9.1.7 Das Kind mit einer minimalen Zerebralparese

Einige der bewegungsgestörten Kinder haben eine so leichte Hirnschädigung erlitten, daß ihr Erscheinungsbild in der Fachsprache auch eine *minimale Zerebralparese* genannt wird.

Minimal bedeutet hier, daß meist nur die Qualität einer Bewegungshandlung nicht so ist wie bei zerebral nicht betroffenen Kindern und daß das Kind allen psychomotorischen Anforderungen entsprechen kann, allerdings nicht in einem „optimalen" Sinne.

Es sind die differenzierten und die koordinativen Fähigkeiten der *komplexen Bewegungsabläufe* und die Fähigkeiten der *Visuomotorik* und der *Perzeption* in verschiedenen sensorischen Bereichen, mit denen das Kind Schwierigkeiten haben kann.

Immer gleichen die Auffälligkeiten in seinem motorischen Verhalten in ihrer Symptomatik – minimal – *einer der bekannten typischen Erscheinungsformen* der kindlichen zerebralen Bewegungsstörung, wie wir sie in ihren Ausprägungstypen kennen.

Erzieherinnen können und sollten die minimale Zerebralparese mit ihren sehr leichten, im „Muster" aber eindeutig einer CP entsprechenden Symptomen von der „*sogenannten* MCD" mit ihren zahlreich möglichen „Verhaltensauffälligkeiten" *unterscheiden* (vgl. hierzu die Beschreibung unter Punkt 6), damit sie sich nicht falsch verhalten.

9.1.7.1 Das frühe Erkennen der Störungen

Da die erlittene Läsion sehr leicht ist, bleiben die Auffälligkeiten bei einem Kind *im Säuglingsalter zunächst unerkannt.* Manchmal erscheint ein Kind unruhig, ein anderes demgegenüber bewegungsarm und entwicklungsverzögert, und weil die frühkindliche Entwicklung insgesamt individuell verläuft und jedes Kind viele Variationsmöglichkeiten in seinem Verhalten zeigen kann, kommt es auch in den ärztlichen Vorsorgeuntersuchungen des ersten Lebensjahres kaum zur gesicherten Annahme einer zerebralen Störung.

Erst unter der Symptomausbildung, beim Kleinkind, häufiger noch *erst im Vorschulalter* oder sogar erst dann, wenn das Kind zur Schule geht, kann die Diagnose eindeutiger gestellt werden, und oft sind es dann *frühere Risikokinder* oder Kinder, die frühgeboren waren, die nun in ihrem motorischen Verhalten auffallen. Weil allerdings auch in diesem Alter neurologische Untersuchungen wie EEG oder Tomographie keine Hinweise geben, bleibt die *genaue Verhaltensbeobachtung* des Kindes das beste diagnostische Mittel.

9.1.7.2 Das Kindergartenkind und seine Motorik

Am ehesten macht es dem Kind mit seinen minimalen Symptomen Probleme, wenn es *bei Bewegungs- und Geschicklichkeitsaufgaben* mithalten möchte. Deshalb obliegt es auch dem Kindergarten, auf die „minimalen" Zeichen aufmerksam zu werden. Wenn es um *koordinative Fähigkeiten* geht, wie zum Beispiel beim Klettern und Balancieren auf dem Spielplatz, tut sich das Kind meistens schwerer als die anderen, und bei Bewegungsspielen wirken seine Bewegungen manchmal etwas „eckig" und „ungelenk".

Schnelle Reaktionen und ein ausgewogenes *harmonisches motorisches Handeln* kosten das Kind viel Mühe, vor allem dann, wenn sie situativ von ihm erwartet werden. Es ist verständlich, daß es Wettspiele in der Gruppe genauso meiden möchte wie Geschicklichkeitsvergleiche von Kindern untereinander und daß es am Malen und Schreiben keine große Freude hat, wenn seine Linien „zittrig" sind und seine Bilder „verwischt" erscheinen.

Im Ganzen aber aber bleiben seine Beeinträchtigungen wenig markant, und bei einer ganzen Reihe von Kindern wird ihre CP-Symptomatik, die auf den ersten Blick nur wenig über eine allgemeine „Koordinationsschwierigkeit" hinausgehen kann, *nicht verstanden.*

Manches Kind mit einer minimalen Bewegungsstörung wird so eingeschätzt, *als sei es verhaltensauffällig oder lerngestört,* motorisch unaufmerksam oder unwillig: Es kann jedoch nicht für motorische Handlungen verantwortlich gemacht werden, die zerebral bedingt sind, die aber selbst Fachleute nicht erkennen und die so oft falsch eingeordnet und beurteilt werden.

In Spielhandlungen, bei denen das Kind sehr bei der Sache ist, und bei Bewegungsspielen, die mit Muskelkraft und mit körperlicher Anstrengung verbunden sind, können zeitweise frühkindliche *Reflexmuster* zu sehen sein. Sein Muskeltonus verändert sich, wenn es beim feinmotorischen Hantieren besonders eifrig ist und sich beim Malen, Schneiden, Basteln, Bauen ganz besonders um eine gute Leistung bemüht.

Für das Vorhandensein einer „echten" minimalen Zerebralparese ist es sehr bezeichnend, daß das psychomotorische Verhalten eines von ihr betroffenen Kindes nicht oder kaum auffällig ist, wenn es sich ruhig verhält und seine Handlungen langsam und bedächtig ausführt. *Nur in der aktiven und schnellen Bewegungsausübung* werden die „Muster" eines frühkindlichen Reflexverhaltens (wieder) erkennbar. Viele Kinder verkrampfen sich, wenn sie in Aktion sind, etwa beim Hüpfen, Springen, Klettern und Rennen. Besonders beim Hüpfen der Kinder *auf dem Trampolin* können aufmerksame Erzieherinnen die typischen Bewegungsmuster der CP in einer Andeutung und in ihrer leichten Ausprägung erkennen.

9.2 Die eine zerebrale Bewegungsstörung begleitenden Probleme

Primäre und sekundäre Begleitstörungen

Je nach der Ausdehnung seiner zerebralen Bewegungsstörung hat das Kind nicht nur bewegungssteuernde Probleme. Aufgrund der erlittenen Hirnfunktionsstörung können auch *andere Funktionen des ZNS* mitbetroffen sein und dem Kind als *primäre Begleitstörungen* seine Entwicklung erschweren.

Genauso ist es möglich, daß die grundlegende motorische Beeinträchtigung des Kindes zu weiterreichenden Schwierigkeiten führt. Es können Symptome entstehen, die solche Entwicklungsfähigkeiten betreffen, die vom motorischen Handeln abhängig sind, die aber auch selbst wieder das motorische Handeln beeinflussen.

Ein Kind, das nicht wie andere Kinder grob- oder feinmotorisch agieren kann, dessen perzeptive Möglichkeiten eingeschränkt, dessen sprechvorbereitende Funktionen vielleicht motorisch gehemmt und blockiert sind, wird in der Folge Verzögerungen in den verschiedensten Entwicklungsbereichen zeigen. Es werden ihm grundlegende Handlungserfahrungen fehlen, und manche Dinge wird es ohne eine unterstützende Hilfe nicht wie andere lernen können. In der Folge kann es zu *sekundären Begleitstörungen* kommen, die bei jedem Kind anders aussehen können.

Wir wissen, daß die motorischen Erscheinungstypen der zerebralen Bewegungsstörung in ihrer Ausprägung sehr oft Mischformen sind. Auch die *primären und sekundären Begleitstörungen*, die ein Kind haben kann, sind nicht in jedem Fall voneinander abgrenzbar. Sie bedingen sich vielmehr und stehen in ihrer Abhängigkeit vom motorischen „Bild" in einer engen Wechselbeziehung.

9.2.1 Mundmotorik und Sprechen

Bei vielen Kindern sind diejenigen Nerven- und Muskelaktivitäten, die das Trinken und Essen beeinflussen und auch für die Sprech- und Sprachentwicklung verantwortlich sind, durch die zerebrale Schädigung mitbetroffen.

Da *Eß- und Sprechwerkzeuge* sehr eng zusammenhängen, ja, beim Kind identisch sind, können sich Schwierigkeiten schon im Säuglingsalter andeuten, und die Eltern berichten von Problemen, die sie mit dem Füttern haben und die ihr Kind mit dem Trinken und mit dem Essen hat, wenn es dies lernen möchte: Das Kind muß sehr langsam trinken und essen, es verschluckt sich leicht, und das *Persistieren der oralen Reflexe* hindert es daran, richtig zu kauen und in der Nahrungsaufnahme selbständig zu werden. Die Eltern berichten auch von einer auffallend unharmonischen Atmung ihres Kindes, von einer schwachen Stimmqualität (beim Weinen und Schreien) und von einer *verzögerten Lallentwicklung*.

Mit zunehmendem Alter kann ein so betroffenes Kind sich mit der Lautbildung schwertun, und seine motorischen Einschränkungen bei der Koordination des „Sprechapparates" können im Vorschulalter dann bereits von leichten Artikulationsbesonderheiten bis hin zu einer totalen Unbeweglich-

keit der Sprechmuskulatur reichen. Es kann sich eine *Dysarthrie*[79] entwik-
keln.

Die sprachlichen Merkmale der mundmotorisch betroffenen *Kindergartenkinder* können zu dem entsprechenden Muskeltonus der einzelnen Ausprägungstypen der zerebralen Bewegungsstörung in Beziehung gesetzt
werden, und nur unter diesem zusammenhängenden Verständnis können
wir in einer guten Weise förderlich auf das Kind eingehen.

Im Kindergarten braucht ein betroffenes Kind eine mundmotorische
Hilfe, die auf seine Probleme eingeht und *die auf seine individuellen
Möglichkeiten zugeschnitten ist*, damit es seine Fähigkeiten zum Essen und zum Sprechen überhaupt entfalten kann. Die Logopädin kann
eine therapeutische Förderung einleiten, die gemeinsam mit den Erzieherinnen in den Gruppenalltag eingebracht wird, und alle Kinder können sich an trink-, eß- und sprechanregenden Spielen beteiligen.

Die Sprache des Kindes mit einer Tetraparese

Bei einem Kind mit schweren spastischen Problemen und einem erhöhten
Muskeltonus, meistens bei einer symmetrischen oder seitenbetonten Tetraparese, ist auch die Sprache „verspannt", mühsam und verlangsamt,
und wir müssen verstehen, daß das Kind ohne Hilfe nicht in der Lage ist,
dies zu ändern, auch wenn es sich das noch so sehr wünscht.

KÖNG (1971) hat eine Beschreibung gegeben, die uns die Nöte betroffener Kinder verdeutlicht:

*„... die Mimik ... arm, das Gesicht ausdruckslos, die Zunge liegt schwer
unten, auf dem Mundboden oder stößt nach vorne. Geifern ist relativ häufig. Lippen- und Zischlaute fehlen oder sind ungenügend artikuliert (beim
Versuch guten Artikulierens kommt es zur sogenannten assoziierten Reaktion, d. h. zur Verkrampfung des übrigen Körpers). Die Atmung ist gepreßt
oberflächlich, die Stimme etwas monoton, da wegen des erhöhten Muskeltonus kein großer Stimmumfang möglich ist."*

Die Sprache des Kindes mit einem dyskinetisch-dystonen Syndrom

Auch die Sprache eines Kindes mit einem dyskinetisch-dystonen Syndrom
kann mit seinem wechselnden Muskeltonus verglichen werden. Charakte-

---

[79] Als *Dysarthrie* wird die zentral bedingte Störung der Koordination des Sprachvollzugs
bezeichnet (schwere Form = Anarthrie). Wir finden sie bei zerebral bewegungsgestörten
Kindern als Folge ihrer mundmotorischen Gegebenheiten.

ristisch sind, wie bei seiner gesamten Bewegung, die plötzlich einschie-
ßenden Spasmen, die den Stimmapparat blockieren und dessen Kontrolle
erschweren. Besonders der Mundschluß kann für das Kind schwierig sein,
und manchmal kommt es wegen der reflexbedingten dauernden Kopffehl-
haltung und der fehlenden Kopfkontrolle bei den athetotischen Kindern
sogar zu Kieferluxationen. Bei schwerbetroffenen Kindern sind isolierte
unabhängige Einzelbewegungen der Kiefer-, Lippen- und ganzen Mund-
partie und speziell der Zunge nicht möglich:

*„Die Stimme ist ... einmal verlangsamt, dann explosiv, intermittierendes
Näseln und Stammeln werden häufig beobachtet. Die Atmung ist arhyth-
misch, unregelmäßig, auch in ihrer Tiefe, die Stimme ist oft zu tief oder zu
hoch. Es treten unmotivierte Atempausen auf, das Satzende fehlt oft. Häufig finden wir Dysphonie oder Aphonie, wenn die Kinder erregt sind, dazwi-
schen ist die Sprache evtl. sogar normal"* (KÖNG, a. a. O.).

Die Sprache des Kindes mit einem ataktischen Syndrom

Sprache und Bewegung können wir auch beim Kind mit einem ataktischen
Syndrom vergleichen, denn auch es kann seine Sprache nicht gut artikulieren, und sie ist so langsam wie seine Bewegung:

*„Eine Adaptierung der Sprechwerkzeuge bei einer rasch aufeinander fol-
genden Bildung verschiedener Laute, wie dies für ein fließendes und gut
verständliches Sprechen erforderlich ist, gelingt nicht"* (a. a. O.).

Bei einigen bewegungsgestörten Kindern finden wir eine *Hypersensibilität*
im gesamten Mund- und Gesichtsbereich, selten auch eine *Hyposensibili-
tät*, und bei allen Berührungen, die wir einem Kind zuteil werden lassen,
müssen wir diese besondere Empfindsamkeit berücksichtigen.

Die Hypersalivation

Auch die *Hypersalivation*, unter der manche Kinder leiden und die nicht auf
eine übermäßige Speichelproduktion, sondern auf mangelndes Schlucken
zurückzuführen ist, zählt zu den vegetativen Dysregulationen. Wenn sie
ausgeprägt ist, kann sie mit einem nicht zu beherrschenden Speichelfluß
den Alltag des darunter leidenden Kindes und seine Beziehungen zu anderen Kindern sehr belasten.

Manchmal wird von außenstehenden Menschen angenommen, daß
ein Kind mit einer *Dysarthrie* sie nicht verstehe, wenn es angesprochen wird, auch, daß es nicht denken könne, und auch, daß es nicht
antworten möchte. Dies ist eine Fehleinschätzung: Wenn mundmoto-

risch betroffene Kinder sich sprachlich äußern möchten, müssen sie zunächst lernen, *ihre* in einer Sprechhandlung blockierten *Fähigkeiten der Artikulation zu steuern.* Das ist eine bemerkenswerte Leistung, und sie kann nur unter einer förderlichen Hilfe gut gelingen.

9.2.2 Hören und Sehen

Bei einigen der zerebral bewegungsgestörten Kinder muß auch mit einer primären *Beeinträchtigung des Hörens oder des Sehens* gerechnet werden. Wir wissen, daß Sprache und Hören, Sehen und Denken nicht voneinander zu trennen sind und alle psychomotorischen Handlungsfähigkeiten eines Kindes beeinflussen. Das Wissen um solche Abhängigkeiten und Verbindungen macht die Beobachtung dieser Entwicklungsvorgänge auch zu einer wichtigen erzieherischen Aufgabe.

Hören

Vor allem Kinder mit einer athetotischen motorischen Störung haben nicht selten auch eine partielle *Schwerhörigkeit,* und diejenigen Laute, die sie nicht hören können, werden auch beim Sprechen ausgelassen. Ihre sowieso erschwerte Artikulationsfähigkeit und das Sprechenlernen insgesamt können dadurch zusätzlich erheblich behindert werden. Kinder mit einer seitenbetonten motorischen Schwierigkeit und Kinder mit einer Hemiparese hören manchmal auf dem Ohr ihrer betroffenen Seite schlechter.

Bei manchen zerebral bewegungsgestörten Kindern, die bereits den Kindergarten besuchen, sind ihre Hörstörungen, die sie haben können, noch nicht erkannt worden: Wenn Kinder „nicht aufpassen", wenn sie gerufen werden, als „unaufmerksam" gelten, ihr „unsicheres" Gleichgewicht keinen motorischen Grund haben kann oder auch dann, wenn wir uns nicht erklären können, warum ihre Sprache noch kleinkindhaft ist, sollte auf ihre *Hörfähigkeiten* geachtet werden.

Das Symptom Hörstörung eindeutig zu differenzieren ist nicht einfach: Zentral und zerebral bedingte Ausfälle können mit sensorischen Schwierigkeiten einhergehen, die in der Beobachtung immer wieder für ein organisches Hörproblem gehalten werden, und eine echte Einschränkung des Hörens, die bis zur Taubheit reichen kann, läßt sich beim sehr jungen Kind nicht leicht von einem zentral bedingten sensorischen Problem abgrenzen. Für die Kinderpädagogik bedeutet dies, daß immer eine medizinische Fachdiagnostik erforderlich ist, wenn beim Kind eine verzögerte Sprachentwicklung auffällt oder wenn das Sprechen des Kindes in irgendeiner Weise gehemmt erscheint.

Sehen

Fast immer zeigen bewegungsgestörte Kinder *Seh- oder Augenmotilitäts-störungen*. So, wie die Koordination ihrer Grob- oder Feinmotorik Probleme bereiten kann, ist bei ihnen auch das richtige Zusammenspiel ihrer Augenmuskeln gestört, und es kann zum Schielen kommen, in der Fachsprache *Strabismus* genannt. Auch Kurzsichtigkeit kommt vor, und bei einigen Kindern mit ataktischen Störungen können wir auch ein Augenflakkern, in der Fachsprache *Nystagmus* genannt, beobachten. Die wirklich organischen Sehstörungen sind ebenfalls nicht einfach frühzuerkennen und von sensorischen Schwierigkeiten, die ein Kind haben kann, nicht ohne eine gute medizinische Diagnostik abzugrenzen.

Manches Kind versagt bei Bewegungsaufgaben – nicht weil es keine psychomotorischen Fähigkeiten hätte, sondern *weil es schlecht oder ungleich sieht*. Zusätzlich sehgestörte Kinder brauchen gezielte Hilfen, damit sie im psychomotorischen Alltag nicht ängstlich sein müssen. Beim Spielen und Hantieren, beim Buchbetrachten und Malen muß daran gedacht werden, daß ein sehbeinträchtigtes Kind manches vielleicht nicht gut erkennen kann, ohne daß es uns dies mitteilt. Es ist gut, wenn eine Orthoptistin früherkennen und beraten kann.

9.2.3 Wahrnehmung, Perzeption und Lernvermögen

Da die motorischen Fähigkeiten eines Kindes auch sensomotorische Handlungsfähigkeiten sind, hat nahezu jedes Kind mit einer zerebralen Bewegungsstörung auch Schwierigkeiten mit seiner Perzeption.

Perzeptionsstörungen können wir als Beeinträchtigungen von Wahrnehmungsmöglichkeiten und ihrer Umsetzung verstehen, und zwar in bezug auf den eigenen Körper, auf die Umgebung und in bezug auf die Beziehung zur Umwelt (vgl. die Erklärungen unter Punkt 5).

Den meisten bewegungsgestörten Kindern ist es nicht möglich, sensomotorisch frei zu agieren, viele Kinder können nicht gut greifen und viele sich nicht dahin bewegen, wo sie gerne sein möchten. Sie machen dann auch keine ausreichenden motorischen Erfahrungen, und ihr Umgang mit den Sinneseindrücken ist blockiert. Ihre Wahrnehmungsfähigkeiten entfalten sich zögerlich, es ist einem in dieser Weise betroffenen Kind nicht möglich, ein gutes Körperbewußtsein zu entwickeln. Manche Kinder können die Sinneseindrücke nicht richtig verarbeiten, und Kinder mit einer *zusätzlichen organischen Störung ihrer Sinnesorgane* können viele Eindrücke natürlich noch viel erschwerter aufnehmen.

Die einzelnen Probleme sind sehr unterschiedlich. Manchmal hat ein Kind nur leichtere Probleme bei der Sinneswahrnehmung, etwa von Hören und Sehen, genauer: mit der zentralen Wahrnehmung dessen, was es gehört oder gesehen hat. Manchmal hat es Schwierigkeiten im genauen Beobachten oder wenn es einen Eindruck mit anderen Eindrücken in Bezug setzen will, etwa mit schon früher gemachten Erfahrungen. Manchmal kann es die Unterschiede bei Dingen nicht gut auseinanderhalten, es kommt zu den *Störungen der Begriffsbildung* und zu Schwierigkeiten in der Beurteilung von Dingen, Räumen und auch von Menschen.

Oft ist es auch so, daß ein Kind einfach nur länger Zeit für das Verarbeiten seiner Eindrücke braucht, und es reagiert deshalb insgesamt langsamer als andere Kinder. Immer wieder kommt es vor, daß die richtige Wiedergabe des gesprochenen Wortes gestört ist, das Kind kann einen gehörten Satz nicht gut mitteilen oder etwas Erlebtes nicht verständlich erzählen, obwohl sein Gehör, seine Augen und sein Denken ganz gesund entwickelt sind.

Fast alle Kinder mit zerebralen Bewegungsstörungen haben Probleme mit ihren Fühl- und Tastfunktionen der betroffenen Gliedmaßen. Es fällt ihnen bei ihren feinmotorischen Tätigkeiten schwer, Oberflächen und Formen zu ertasten und – aufbauend darauf – auch Dinge zu identifizieren.

Das gestörte Fühlen ihrer betroffenen Extremitäten führt dazu, daß diese als nicht dem Körper zugehörig empfunden werden, wie dies vor allem Kinder mit einer Hemiparese beschreiben. Auch der Lagesinn der betroffenen Körperteile prägt sich nicht so sensibel aus wie bei nichtbetroffenen Kindern, und so manchem Kind fällt es äußerst schwer, sich im Raum zu orientieren.

Alle diese *Perzeptionsschwierigkeiten* der Kinder sind eine Folge ihrer motorischen Beeinträchtigung. Nicht nur die schwerer betroffenen Kinder, sondern auch diejenigen mit einer leichteren Ausprägungsform ihrer zerebralen Bewegungsstörung können keine so guten Lernerfahrungen als *„Handlungserfahrungen"* machen, wie diese wohl möglich wären, *wenn sie sich so frei und geschickt wie andere Kinder bewegen könnten.*

Die Auswirkungen auf das Lernen

Wenn ein Kind nun sein Körperschema nicht richtig entwickeln kann, seine Orientierung im Raum erschwert ist, es sich im Motorischen nicht „übt", kann es auch nicht ohne weiteres die Beziehung zur Umwelt so herstellen, wie es sie für seine Handlungen braucht. Dadurch kann es sein, daß es trotz seiner vorhandenen Intelligenz nicht so konstruktiv spielen kann.

Schwierigkeiten mit der Ausbildung seiner perzeptiven Fähigkeiten sind also keine Intelligenzstörungen, und doch können sie *das Lernen eines Kindes erheblich hemmen* (vgl. hierzu auch die Ausführungen unter 5.2). Ohne förderliche Hilfe nehmen die Schwierigkeiten zu, und es kommt für das Kind zu erheblichen Lernstörungen mit weiterreichenden Folgen.

Im Kindergarten ist es noch kein großes Hemmnis für ein Kind, wenn es sich schwertut „mit dem Lernen", etwa zu malen und eine bildliche Darstellung auch für andere erkennbar zu gestalten. Dort wird ihm noch ein Entwicklungsraum gewährt, in dem es sich noch ohne Leistungsanforderungen üben kann. Die Perzeptionsstörungen offenbaren sich in ihrem Ausmaß meistens erst nach Schulbeginn. Wenn durch das ungenügende Körperschema auch der Rechts-Links-Begriff nicht ausreichend entwickelt wird, kann das in der Schule Lese- und Schreibschwierigkeiten zur Folge haben. Das Kind erkennt die Buchstaben nicht richtig und schreibt sie deshalb auch falsch. Manche Kinder verwechseln Buchstaben oder können Buchstaben nicht in der richtigen Reihenfolge zu Wörtern zusammenfügen, es werden Silben verdreht, und bei einigen Kindern können wir das, was sie schreiben, nicht „entziffern".

Wenn bei einem beginnenden Schulkind mit einer zerebralen Bewegungsstörung eine Lese-Rechtschreib-Schwäche beobachtet wird, wäre es vorschnell, eine „Legasthenie" zu diagnostizieren. Sicher wäre es besser, ihm psychomotorische Hilfen zu geben, damit es seine Perzeptionsschwierigkeiten überwinden und ausgleichen kann.

9.2.4 Die Fähigkeiten des Denkens und der Intelligenz

Wenn die zerebrale Bewegungsstörung mit einer Läsion des ZNS einhergeht, die primär auch die Intelligenz des Kindes und damit sein Denken beeinträchtigt, hat das Auswirkungen auf die *kognitiven Leistungen*, die das Kind uns zeigt.

Es gibt bewegungsgestörte Kinder mit allen Varianten ihrer Begabungen. Ihre geistigen Entwicklungsmöglichkeiten und auch -hemmungen reichen von einer nur leichten Retardierung bis hin zu komplexen Problemen bei ihren Denkleistungen und mit den Fähigkeiten ihrer Intelligenz.

Eine Einteilung der intellektuellen Fähigkeiten eines Kindes nach graduellen Abstufungen, wie dies die psychometrischen Mittel vorsehen, ist sehr schwierig, und die „Feststellung" einer geistigen Entwicklungsstörung durch die gängigen Intelligenztests bleibt Stückwerk. Eine solche Testung läßt *andere Einflüsse* auf das Verhalten des Kindes, wie *verlangsamte motorische Reaktionen* oder einen Entwicklungsrückstand *infolge beeinträchtigter Wahrnehmungsprozesse*, weitgehend außer acht. Es besteht, wenn solche Einflüsse bei der „Beurteilung" der Intelligenzfähigkeiten, der Kognition eines Kindes nicht berücksichtigt sind, immer die Gefahr, Kinder als geistig behindert einzustufen, obwohl ihr Verhalten nicht oder nicht ausschließlich auf einer angeborenen zentralen Schädigung mit einer Folgewirkung auf die geistigen Kompetenzen beruht.

Die Messung des „Grades der Intelligenzfähigkeit" bei einem zerebral bewegungsgestörten Kind kann mit keinem Mittel und keinesfalls „zuverlässig" gelingen. Auch ein Intelligenzquotient ist keine feste Größe: Unter einer förderlichen Hilfe und *unter guten Lebens- und Umwelterfahrungen*, die ein Kind machen kann, entwickeln sich auch *seine geistigen Fähigkeiten*. Unter dem Einfluß guter Beziehungen zeigen die Kinder ihre *emotionale* Intelligenz, und auch ihre intellektuell-kognitiven Möglichkeiten können sich positiv verändern.

Für das erzieherische Handeln bleibt es *unwichtig*, ob ein Kind „intelligenzschwach" oder „minderbegabt" genannt wird, ob eine „leichte", „mittelschwere" oder „schwerste" geistige Entwicklungsstörung diagnostiziert wurde.

Das kognitive Verhalten des Kindes prägt sich durch eine Vielzahl von Faktoren und Bedingungen aus sehr komplexen Zusammenhängen heraus. Es ist die – förderliche – Aufgabe der Erziehenden, sich auf die Individualität eines jeden Kindes einzustellen und bei allen didaktischen und methodischen Vorgehensweisen ein *kognitives Anderssein eines jeden Kindes* zu erwarten.

9.2.5 Krampfbereitschaft und Epilepsie

Etwa ein Drittel der bewegungsgestörten Kinder leidet unter Krampfanfällen *(= Epilepsie)*. Sie entstehen im Zusammenhang mit ihrer frühkindlichen Hirnschädigung. Durch biochemische Veränderungen in der Hirntätigkeit kommt es bei einem Anfall zu plötzlichen starken elektrischen Entladungen, die zu Funktionsstörungen führen. Der Körper des Kindes reagiert darauf mit Aktionen und Ausfällen, die spontan auftreten und in aller Regel nach kürzester Zeit vorübergehen.

Es gibt *epileptische Anfälle*, die *latent* verlaufen und nur dadurch erkennbar werden, daß ein Kind für kurze Zeit abwesend ist, im Spielen innehält oder nicht reagiert, wenn es angesprochen wird. Es kommt vor, daß noch niemand auf ein solches Geschehen aufmerksam geworden war, bevor der Erzieherin im Kindergarten das *zeitweilig andere Verhalten* eines Kindes aufgefallen ist. Bei einem Verdacht sollte sie gleich mit den Eltern sprechen, damit eine fachärztliche Untersuchung eingeleitet werden kann.

Wenn es sich um ein ausgeprägtes Anfallsleiden handelt, können die Krampfanfälle in Verbindung mit der hirnorganischen Läsion die körperliche und geistige Entwicklung des anfallskranken Kindes hemmen und bei manchen Kindern auch ihre kognitiven Leistungen mindern. Unter einer guten medikamentösen Versorgung ist es möglich, die Anfälle zu kontrollieren und zu verringern, viele Kinder behalten aber eine *Krampfbereitschaft*, und es muß bei ihnen immer mit einem plötzlichen Anfallsgeschehen gerechnet werden.

Erzieherinnen müssen darüber informiert sein, ob ein Kind zu Krampfanfällen neigt, und auch darüber, wie sie sich bei einem epileptischen Anfall verhalten sollen.

Manchmal sind sie von der Haus- oder Kinderärztin zur Verabreichung einer *Notfallmedikation* berechtigt, und es obliegt ihnen hierfür eine besondere Verantwortung.

Exkurs: Epilepsie

Wir unterscheiden „große" und „kleine" Anfälle, und es gibt viele verschiedene Anfallstypen. Im Säuglingsalter ist immer wieder die Form der *BNS-Anfälle* (Blitz-Nick-Salaam-Krämpfe) als Folge einer Hirnschädigung zu beobachten. Sie können, wenn sie in einer Vielzahl auftreten, die Entwicklung eines Kindes stark blockieren und sind schwer zu behandeln, oft gehen sie beim etwas älteren Kind in eine andere Anfallsform über. Im Kleinkindalter können wir die sogenannten *„Ruck- oder Sturzanfälle"* (myoklonisch-astatische Anfälle) sehen und im späten Vorschulalter und dann im Schulalter die *„Absencen"* (Petit mal, Abwesenheitszustände) mit kurzen Bewußtseinspausen, bei denen das Kind für einige Sekunden in seiner jeweiligen Tätigkeit innehält, abwesend erscheint und starr oder verträumt auf einen Punkt schaut. Manche Krampfanfälle beginnen mit Vorzeichen, einer *„Aura"*, zu erkennen in einem situativ besonderen, auch eigenartigen senso- oder psychomotorischen Verhalten. Längere und aufeinanderfolgende Anfälle ohne Rückkehr des Bewußtseins können zu einem lebensbedrohlichen Zustand führen, dem *„status epilepticus"*, der eine umgehende ärztliche Hilfe erforderlich macht. Unter einer gelungenen medikamentösen Einstellung bleiben viele Kinder anfallsfrei oder anfallsreduziert. Bei manchen Kindern bleibt eine Krampfbereitschaft bestehen, und bei ihnen muß unter ungünstigen Bedingungen (z. B. bei Witterungswechsel, bei Überbeanspruchung, bei einem fieberhaften Infekt, nach Schlafmangel) im Alltag mit der Auslösung eines Krampfgeschehens gerechnet werden (vgl. SCHMIDT 1988).

Im Kindergarten

Wenn sich nun Krampfanfälle bei einem ihrer Kinder zeigen, ist das richtige Verhalten der Erzieherin von großer Bedeutung. Sie sollte vor allem die Ruhe bewahren und auch dafür sorgen, daß die Kinder in ihrer Gruppe nicht unruhig oder ängstlich werden. Sie sollte darum bemüht sein, das Kind vor Verletzungen zu schützen, und Sorge dafür tragen, daß es sich nicht (an Möbeln) stößt. Keinesfalls sollte das Kind festgehalten werden, und falls sich der Anfall ankündigt, ist die Kopfseitlage für es am besten, damit seine Atemwege freigehalten sind. Das Kind muß genau beobachtet werden, und es ist immer richtig, die Dauer eines Anfalles und seinen Verlauf zu protokollieren.

Wenn der Krampfanfall überwunden ist, brauchen die meisten Kinder eine Erholungsphase und auf jeden Fall die Rücksichtnahme der Gruppe. Diejenigen Kinder, die häufige Anfälle haben, sind seelisch besonders belastet und reagieren oft mit anhaltenden Reaktionen, die sich in ihrem psychischen Verhalten zeigen.

Die Kinder können an allen Spielaktionen teilnehmen, wenn die Erzieherinnen und die anderen Kinder um ihre Bedürfnisse wissen. Sie können auch auf dem Spielplatz mittun, radfahren, reiten oder schwimmen, wenn sie dabei gut beobachtet und beaufsichtigt werden.

Gemeinschaftliches Handeln, Spiel und Bewegung helfen dem Kind mit einer Epilepsie, und es ist gut zu wissen, daß geistige und körperliche Tätigkeiten *seine Neigung zu Anfällen herabsetzen können,* daß Überforderungen jedoch vermieden werden müssen.

Bei Kindern, die zu Krampfanfällen neigen, ist eine gewisse Vorsicht im Umgang mit Spiel- und Bewegungsgeräten und den Gegenständen im Raum geboten, damit sie sich während eines Anfalls nicht verletzen. Sie brauchen auch eine schützende Begleitung beim Spielen im Freien, und einige der Kinder müssen einen Kopfschutz (Sturzhelm) tragen. Es ist sehr wichtig, daß *alle* Kinder der Gruppe gut über die Besonderheiten eines Anfallsgeschehens informiert sind und daß sie wissen, wie sie sich richtig verhalten, wenn ein Kind davon betroffen ist.

9.2.6 Der Hydrozephalus

Eine zerebrale Bewegungsstörung kann auch mit einer Störung des Liquorkreislaufes einhergehen oder, in sehr vielen Fällen, durch diese Störung erst *bedingt sein*. Durch verschiedene Krankheitsprozesse kann sich der Kopf eines so betroffenen Kindes vergrößern, und es kommt zur Ausbildung eines *Hydrozephalus* (Wasserkopf). Je nach der Ausprägung und Schwere der Krankheit kann das Wachstum des Kopfes mit allen seinen Folgeerscheinungen ein Kind sehr unterschiedlich beeinträchtigen.

Viele Kinder leiden nicht nur unter der Kopfgröße, sondern auch unter Denk- und Intelligenzbeeinträchtigungen, Konzentrationsproblemen, sprachlichen Schwierigkeiten, und das zerebralparetische Erscheinungsbild verstärkt sich bei ihnen. Sie sind aber nicht nur durch ihre Symptomatik der Bewegungsstörung (wie die Spastik) an der Entwicklung ihrer motorischen Fähigkeiten gehindert, sondern sehr oft auch durch die Schwere und Größe ihres Kopfes: Sie müssen ihn tragen, und die *fehlende Kopfkontrolle* kann einem Kind die Einleitung der (Fort-)Bewegungsfähigkeiten verunmöglichen oder zumindest sehr erschweren.

Exkurs: Hydrozephalus

Gehirn und Rückenmark sind von Flüssigkeit umgeben, dem *Liquor cerebrospinalis*, und innerhalb des Gehirns befinden sich die Hirnkammern, ein mit Flüssigkeit gefülltes Hohlraumsystem. In den Hirnkammern wird der Liquor gebildet und von den Blutgefäßen des Gehirns an anderer Stelle wieder aufgenommen. Hierdurch entsteht ein Kreislauf. Wird die normale Flüssigkeitsmenge durch Fehlbildungen des Gehirns an einer Stelle gestaut (häufig in Verbindung mit einer spina bifida [= Myelomeningocele, offener Rücken, angeboren]) oder wird zuviel Liquor produziert, drückt das zunehmende Liquorvolumen auf das Hirngewebe. Hirnzellen können geschädigt werden, manchmal schon im Mutterleib. Dies kann in der Folge auch *zu zerebralparetischen Symptomen* führen. Der Kopf des so betroffenen Kindes kann *einen großen Umfang* annehmen. Wichtig ist in einem solchen Falle eine sofortige Diagnose, damit eine wirksame Therapie eingeleitet werden kann: Durch operative Einpflanzung eines *Liquor-Ableitungsystems* in eine Hirnkammer, mit Silikonröhrchen und Steuerventil *(Shunt)* kann der Liquor (in die Bauchhöhle, in den Herzvorhof) abgeleitet werden (vgl. LOH, v. 1990).

Kinder mit einem ausgeprägten Hydrozephalus *müssen viel Mühe aufwenden*, ihren Kopf gerade zu halten und ihn zu tragen. Manche von ihnen brauchen in ihrem Alltag eine sichere *Stütze* und müssen sich auch beim Spielen anlehnen können. Andere leiden öfters unter Kopfschmerzen, vor allem bei einem (von anderen meist unbemerkten) Druckanstieg, und es ist nur allzu verständlich, wenn ein Kind unter diesen Belastungen manchmal „ungeduldig" oder „gereizt" wirkt. Wenn die Kindergruppe um die Besonderheiten weiß und wenn auch daran gedacht wird, ein betroffenes Kind vor Verletzungsgefahren im Kopfbereich zu schützen, kann es trotz seines Shunt-Systems (oder sogar gerade mit dieser therapeutischen Hilfe) *an allen gemeinsamen Aktivitäten teilnehmen.*

9.2.7 Andere körperliche Probleme

Die Ausdifferenzierung des kindlichen Skelettsystems

Zerebral bewegungsgestört genannte Kinder können auch Probleme haben, die mit ihrem *Skelett und Haltungsapparat* zusammenhängen. Zu den angeborenen und sich im Kindesalter sehr leicht verstärkenden Einschränkungen, mit denen sich ein betroffenes Kind zurechtfinden muß, zählen schwerwiegende statomotorische Veränderungen, wie Fußschäden und Veränderungen an der Wirbelsäule und am Rumpf, so skoliotische Asymmetrien oder Fehlbildungen, Fehlhaltungen des kindlichen *Hüftgelenkes* und Fehlstellungen des *Beckens*.

Wir wissen von engen Wechselbeziehungen zwischen der zerebral geleiteten motorischen Entwicklung beim Kind und der Ausdifferenzierung seines Skeletts. In Abhängigkeit von den Reifungsprozessen des ZNS und der Ausbildung der Hirnfunktionen entwickelt sich auch der sogenannte Stütz- und Halteapparat. Der Reifungsprozeß des Hüftgelenkes etwa ist mit der Entwicklung des gesamten neuromuskulären Systems verbunden, und eine Beeinträchtigung zeigt sich bei vielen Kindern in ihren Hüftgelenken. Typisch ist die *Hüftdysplasie* und (als Folge) die Hüftluxation beim

258

bewegungsgestörten Kind (vgl. RAUTERBERG 1983). Dieses Problem muß medizinisch-therapeutisch beachtet und betreut werden, damit das Kind keine so markanten Gelenkeinschränkungen behält, daß sie ihm späteres freies Bewegen und das Gehen schwermachen. Manche Kinder haben eine *Beinlängendifferenz* und brauchen zu deren Ausgleich eine orthopädische Schuhunterstützung, damit sie stehen und gehen lernen können.

Deformitäten und Kontrakturen

In der Folge einer schweren zerebralen Bewegungsstörung haben davon betroffene Kinder fast immer auch statomotorische Schwierigkeiten, die nicht nur mit der Wirbelsäule und mit ihrem Beckengürtel zusammenhängen, sondern mit ihren *Knochengelenken*. Durch abnorme Reflexe, die anhaltend bestehenbleiben, durch Störungen des Gleichgewichtes der Spannung zwischen den Muskeln, durch die heftige Spastizität und durch die Verringerung der spontanen Bewegungen entstehen beim spastischen und beim athetotischen Kind immer wieder Deformitäten der Knochengelenke und schwere Kontrakturen, vor allem dann, wenn ein Kind stundenlang in derselben Haltung verharren muß, weil seine eigenen Fähigkeiten, seine Haltungs- und Bewegungspositionen zu veränden, recht gering sind:

„.... *die Wirbelsäule ist schwer gekrümmt mit konvexer Torsion, das Becken liegt schief, der Hüftenkamm und der Brustkasten kommen auf schmerzhafte Weise in Berührung. Die Hüfte ist auf der entgegengesetzten Seite verrenkt und verursacht ebenfalls Schmerzen. Die Pflege der Hygiene wird schwierig, denn die Abduktion der Hüften ist nicht möglich. Das Aufsetzen auf einen Stuhl wird durch die Deformationen erschwert. An gewissen Druckstellen besteht die Gefahr der Schorfbildung...*" (SCHWEIZ. VEREIN. z. c. G. [SVCG] 1987, S. 125).

Manche Kinder haben große *Atmungsprobleme*, wenn ihr Brustkasten deformiert ist und sie sich nicht frei entspannen können, und für nicht wenige der Kinder führt der totale Bewegungsmangel, verbunden mit einer starken Verkrampfung des gesamten Körpers, zusammen mit den Kau- und Schluckproblemen, die das Kind hat, auch zu Verdauungsproblemen, die als schwerste *Obstipation* in Erscheinung treten und die alltägliche und spontane Lebensfreude eines Kindes sehr belasten kann.

Im Kindergarten ist es wichtig, einem Kind zu helfen, *seine Körperlage zu wechseln*, wenn es dies nicht selbst tun kann. *Eine gute Lagerung* und der Lagewechsel, viele Male am Tag, von der Bauchlage in die Rückenlage, von der Seitlage in eine angenehme Sitzposition ... ersparen dem Kind Schmerzen und Druckstellen und helfen ihm auch, seine

Gelenke beweglicher zu halten. Von der Physiotherapeutin können Erzieherinnen und auch die Kinder der Gruppe lernen, wie die Gelenke eines Kindes passiv mobilisiert werden können, welche Körperhaltungen dem Kind helfen, selbst aktiv werden zu können und auch mit seinen vielleicht nötigen orthopädischen Hilfsmitteln umzugehen.

10. Die Mehrfachbehinderung oder: basale Fähigkeiten bei Kindern und ihr Hilfebedarf

Einige der Kinder sind durch ihre *primäre* prä-, peri- oder postnatale *hirnorganische Schädigung* mit den hier beschriebenen Folgen und durch die sekundär entstandenen Probleme so entwicklungsgehemmt, daß sie dauerhaft auf Hilfe und intensive Betreuung angewiesen sind. Dies gilt auch immer wieder für Kinder, die *durch traumatische Ereignisse* (wie Unfälle) im Kleinkindalter eine Hirnverletzung mit langfristigen und dauerhaften Folgen erworben haben, die sehr schwerwiegend sein kann.

Weil sie durch eine komplexe psycho-physische Beeinträchtigung in allen ihren Erlebnis- und Ausdrucksmöglichkeiten, in ihren körperlichen, kognitiven, emotionalen, aber auch in den sozialen und kommunikativen Fähigkeiten erheblich eingeschränkt sind (vgl. FRÖHLICH 1991 u. 1992), wird bei diesen Kindern auch von schwerster Behinderung oder von *Mehrfachbehinderung* gesprochen, und die Kinder werden auch *schwerstmehrfachbehindert genannt.*

Im Kindergarten

So betroffene Kinder sind in ihrem Lebensalltag immer auf die Hilfeleistungen anderer Menschen angewiesen, und wenn ein Kind den Kindergarten besucht, braucht dieses Kind zu seiner Realitätsbewältigung und zur Entfaltung seiner Persönlichkeit *lebensbegleitende pädagogische Anregungen und pflegerische Hilfen* (vgl. THEUNISSEN 1989).

Seine Fähigkeiten sind *basale*, und der Hilfebedarf für es umfaßt eine basale Förderung, die ganzheitlich auf seine besondere Bedürfnissituation eingeht und dem Kind hilft, seinen Alltagsrhythmus zu finden. Insbesondere FRÖHLICH hat die Hilfen für Kinder mit schwersten Beeinträchtigungen auch *basale Stimulation* und *Förderpflege* genannt (vgl. u. a. FRÖHLICH 1986 und 1992, HAUPT u. FRÖHLICH 1982).

Für die Erzieherinnen ist es nicht leicht, schwerstmehrfachbehindert genannte Kinder mit ihren Ausdrucksformen zu verstehen. Sie haben ihre eigenen Verhaltensweisen. Manche Kinder zeigen Stereotypien, Autostimulationen und selbstschädigende Verhaltensformen, die oft als unerwünschte betrachtet werden oder so, als wolle ein Kind damit die Aufmerksamkeit der Umwelt auf sich ziehen. Solches Verhalten bei einem Kind kann aber auch als *seine minimalste Fähigkeit* verstanden werden, sich Reizsequenzen sensorischer Art auf seine Weise zu organisieren, die es dringend benötigt, um seinen „psychophysischen Organismus stabil zu halten" (FRÖHLICH 1992, S. 32). Es kann sein, daß es sich selbst vestibuläre Reize geben möchte, wenn es mit dem Oberkörper schaukelt. Es kann sein, daß es sich visuelle Reize holen möchte, wenn es mit den Fingern in den Augen bohrt. Es kann sein, daß es dem Kind eine intensive Mund-Hand-Erfahrung vermittelt, die „psycho-emotional stabilisierend wirkt" (a. a. O.), wenn es seine Hände immer wieder in den Mund steckt.

Kinder, die als schwerstmehrfachbehindert gelten, haben aus sich heraus *basale Fähigkeiten*. Sie benötigen jedoch dringend sensorische *Anregungen von außen*, um diese *elementar* entfalten zu können.

Manche Kinder erscheinen apathisch, andere wirken übererregt. Auch diese Verhaltensweisen können als elementare Fähigkeiten und als Grundbedürfnisse verstanden werden. Apathie kann eine Form von Interesselosigkeit ausdrücken, „weil in der sozialen und dinglichen Umwelt nichts geschieht", was das Kind berührt, und vielleicht deshalb, weil es sich isoliert fühlt. Es zeigt deshalb eine „vitale Depression". Übererregung hingegen kann eine Suche nach dem Verstehen und der Dosierung der vielen auf das Kind einströmenden Reize sein, die es nicht verarbeiten kann (FRÖHLICH 1992, S. 37).

Kinder, die als schwerstmehrfachbehindert gelten, brauchen angenehme sensorische Eindrücke, die *Spaß* bringen und *Erlebnisse* darstellen. Sie brauchen auch die Angebote einzelner, ausgewählter Objekte und dosierter Spielmittel, und es ist gut, wenn sie Gelegenheit bekommen, sich gemeinsam mit den Erzieherinnen und zusammen mit anderen Kindern *auf einzelnes* zu konzentrieren.

Manche Kinder zeigen Wahrnehmungsprobleme, die nicht so leicht zu verstehen sind und daher nicht immer richtig als Seh- oder Hörstörungen gedeutet werden. Während Sehstörungen direkt im Bereich des Auges liegen können (vgl. Punkt 9.2.2: Hören und Sehen), sind sie bei einigen

Kindern Ausdruck einer Gesamtschädigung des Zentralnervensystems und liegen im Gehirn selbst, etwa dann, wenn sie auf eine Zerstörung der Sehregion der Hirnrinde zurückzuführen sind. Solche Störungen werden auch „Rindenblindheit" genannt. Unter „Seelenblindheit" (optische Agnosie) versteht man hingegen einen Zustand, der durch Läsionen im Bereich der optischen Erinnerungsfelder oder der zu diesen führenden Fasern entsteht. Er bewirkt, daß das Kind seine Umgebung zwar als Umwelt optisch erfaßt, sie aber in ihrer Bedeutung nicht erkennt. Viele schwer entwicklungsgestörte Kinder haben Probleme mit dem begreifenden Sehen der Eindrücke und mit ihrem Vorstellungsvermögen als „apperzeptive Blindheit". Sie entsteht, wenn den Kindern die Fähigkeit fehlt, etwas geistig zu erfassen. Die Eindrücke, die zunächst normal aufgenommen worden sind, werden nicht verarbeitet und umgesetzt (vgl. RETT 1974, S. 77f.).

Hören, Sprechenlernen und die intellektuelle Entwicklung hängen eng zusammen, und es gibt eine „motorische Hörstummheit" als Folge der Hirnschädigung, die das Kind erlitten hat. Wenn sich die sensorischen Ausfälle auf die auditorische Wahrnehmung beziehen, wird auch von einer „Seelentaubheit" (akustische Agnosie) gesprochen, und eine Hirnläsion kann für das Kind auch zu einer „sensorischen Hörstummheit" führen, ohne daß ein eigentliches organisches Hör- oder Sprechproblem vorliegt. Bei vielen Kindern aber führen Schwierigkeiten in verschiedenen Bereichen zu einer *komplexen Beeinträchtigung*, ohne daß eine ätiologische Sicherheit eindeutig sein kann (vgl. RETT 1974, S. 79f.).

Kinder mit hirnorganisch bedingten Schwierigkeiten, sensorische Eindrücke zu erfassen, haben es schwer, etwas zu fixieren, einem Gegenstand mit den Augen zu folgen oder auf Geräusche einzugehen. Es hilft ihnen, wenn die sie umgebenden Menschen viel Zeit und Geduld haben, und es hilft ihnen, wenn diese einem Kind zunächst einfache taktile und vibratorische Stimulationen geben, die weiterreichende Wahrnehmungsfähigkeiten vorbereiten können.

Gerade für ein schwerstmehrfachbeeinträchtigtes Kind ist der Kindergarten *ein idealer Ort, gemeinsam mit anderen seine basalen Fähigkeiten zu entfalten.* Er bietet viele Möglichkeiten, die (drohende) Isolation des Kindes durch Partnerschaft zu ersetzen. Er kann diesem Kind viel körperliche Nähe bieten, damit es direkte Erfahrungen machen kann. Er kann ihm eine *Förderpflege* geben, die ihm Lageveränderung und Bewegung ermöglicht. Die Kindergruppe kann gut helfen, ein Kind liebevoll zu versorgen und zu betreuen und es auch ohne Sprache zu verstehen.

11. Kinder mit einem autistischen Verhalten

Es gibt Kinder, die ein Verhalten zeigen, das wir *autistisch* nennen und das auch *ihr gesamtes psychomotorisches Handeln* einschneidend beeinflußt und in einer ganz besonderen Weise prägt. Die so bezeichneten kindlichen Verhaltensweisen, die uns in der heilpädagogischen Praxis begegnen, sind vor allem durch einen Mangel an Kontakt- und Beziehungsaufnahme zu anderen Menschen charakterisiert, auch zu seinen Eltern und den anderen Bezugspersonen:

„Ein solches Kind erweckt den Eindruck, als lebe es in einer eigenen, den anderen Menschen nicht zugänglichen Welt. Es wirkt so, als reagiere es auf keinerlei Eindrücke und als nehme es nichts von alledem auf, was um es herum geschieht. Während die motorischen Leistungen oftmals wenig auffällig sind, wirken alle anderen Sinnesleistungen verzögert, vor allem die akustischen und visuellen Wahrnehmungsfunktionen erscheinen uns schwer gestört. Die Sprache entwickelt sich nicht oder wird nicht benutzt..." (TIETZE-FRITZ 1995, S. 61).

11.1 Das autistische Syndrom

Zu der sich ganz unterschiedlich zeigenden Symptomatik, der Vielzahl ihrer Einzelsymptome und der verschiedenen „Bilder", die wir bei autistisch genannten Kindern sehen können, gibt es verschiedene Beschreibungen.

Insgesamt aber wird beim sogenannten *frühkindlichen Autismus*[80] heute vorzugsweise davon ausgegangen, daß ein spezifisches kognitives Anderssein, das durch strukturelle Veränderungen des ZNS verursacht sein könnte, ein typisch-auffälliges kindliches Verhalten prägen.

Das „klassische Bild" eines Kindes mit einem *„Kernautismus"* wird als eine tiefgreifende Entwicklungsstörung verstanden, die spätestens bis zum dritten Lebensjahr des Kindes eintritt, allerdings längst nicht immer so früh

---

[80] Der Schweizer Psychiater Bleuler prägte bereits 1914 die Begriffe „autistisch" und „Autismus" und meinte damit die beobachtete Eigenschaft einer starken und auf die eigene Person bezogenen Zurückgezogenheit seiner (auch schizophrenen) Patienten. Ab 1943 beschrieben der Kinderpsychiater Kanner in den USA und der Kinderarzt Asperger in Österreich unabhängig voneinander zwei unterschiedliche, sich aber doch ähnliche Krankheitsbilder, die sie jeweils „autistisch" nannten: Kanner nannte das markante Erscheinungsbild „frühkindlicher Autismus", Asperger „autistische Psychopathie". Heute wird die Bezeichnung *„Autismus"* als Oberbegriff für eigenartige Verhaltensweisen bei Kindern verwendet, deren am meisten hervorstechende Merkmale Kontaktstörungen und extreme Bezogenheit auf sich selbst sind.

erkannt wird und differentialdiagnostisch auch nicht leicht von anderen und sich ähnlich zeigenden Auffälligkeiten abzugrenzen ist. Die *Kernsymptome* sind die soziale Isolation der Kinder und ihr Drang nach Aufrechterhaltung der Gleichförmigkeit, der sich in einer stark ausgeprägten Veränderungs-angst äußern kann. Dazu kommt als drittes Symptom eine Verzögerung ihrer sprachlichen Entwicklung und sehr oft auch typische Auffälligkeiten im Gebrauch der Sprache.

Das autistische Kind nimmt bereits im Kleinkind- und Vorschulalter nicht nur einen verzögerten, sondern einen *andersartig verlaufenden* Entwick-lungsgang, es verhält sich „ganz anders" als andere Kinder seines Alters. Dieses „andere" Verhalten ist gekennzeichnet durch eine „Beziehungs-und Kommunikationsstörung", die das Kind unfähig macht, zu anderen Personen ein natürliches emotionales Verhältnis herzustellen. Seine „Stö-rung" verändert sowohl das Sozialverhalten, die Sprache und die Kommu-nikation als auch das Interesse und die Beschäftigung an und mit der Umwelt.

Abgrenzung und Diagnostik

In einer so schwerwiegenden Ausprägung ist der Autismus bei Kindern allerdings sehr selten, seine Ursachen und Entstehungszusammenhänge sind bis heute ungeklärt, und es gibt auch bis heute keinen allgemein anerkannten Ansatz der Behandlung des Autismus, der mit Sicherheit er-folgversprechend sein könnte. Mit anderen Fachleuten weist vor allem auch KEHRER auf die große Schwierigkeit hin, Autismus im Kindesalter *von anderen Störungen abzugrenzen*, und macht in diesem Zusammen-hang auf die Bedeutung einer sehr genauen *Diagnostik* aufmerksam (1989):

Schließlich können auch Deprivationssyndrome (Hospitalismus) mit autisti-schen Verhaltensweisen einhergehen, und Kinder, die in ihrer frühen Kind-heit schwerwiegend emotional vernachlässigt wurden, können hochgradig kontaktgestört sein, ohne aber das charakteristische Verhalten wirklich au-tistischer Kinder zu zeigen.

Es gibt kindliche Psychosen, kindliche Schizophrenien, die ebenfalls durch eine schwere Beziehungsstörung geprägt sein können, und ein davon be-troffenes Kind kann sich autismusähnlich verhalten.

Kinder mit Störungen ihrer Sprachentwicklung und mit anderen Sinnesbe-hinderungen dürfen nicht mit autistischen Kindern verwechselt werden. Im allgemeinen unterscheiden sie sich von ihnen dadurch, daß sie sehr wohl Kontakte suchen und darum bemüht sind, sich nonverbal auszudrücken.

264

Kinder mit einem (s)elektiven Mutismus[81] drücken sich zwar nicht sprachlich aus, haben aber eigentlich eine sehr gute Sprechfähigkeit. Sie zeigen aber Kontaktschwierigkeiten, die durchaus als autistisch anmutende Schwierigkeiten verstanden werden können.

Kinder mit zerebral bedingten Entwicklungsstörungen, mit geistigen (vielleicht auch chromosomal bedingten) Retardierungen, Kinder mit Epilepsien und Kinder, die schwerstmehrfachbeeinträchtigt sind, zeigen sehr häufig Stereotypien in ihrem Verhalten oder ein als „Rückzug" gedeutetes Verhalten mit einer Symptomatik, die auch als autistisch gedeutet sein könnte (vgl. auch BUNDESVERBAND HILFE FÜR DAS AUTISTISCHE KIND E. V. 1993).

Es gilt daher heute die fachliche Verständigung, weder vom „frühkindlichen Autismus" noch von der „autistischen Psychopathie" zu sprechen, sondern insgesamt von einem *autistischen Syndrom*, wenn Kinder sich so verhalten, wie es einem Autismus entspricht, und wenn die Eigenheiten bei einem Kind eindeutig als autistisch erkannt werden. Das autistische Syndrom ist als eine schwere chronische Verhaltensstörung zu begreifen, bei der die Einschränkung des Kontakts und die Bezogenheit auf sich selbst im Vordergrund stehen (KEHRER 1993, S. 11).

Gerade für die pädagogische Arbeit im Kindergarten ist es wichtig zu wissen, daß es einige Kinder gibt, die „Kernautisten" sind, und daß es viele Kinder gibt, die kein eindeutiges autistisches Syndrom zeigen, die aber, wie etwa manche geistig retardiert genannte Kinder oder wie Kinder, die durch frühkindliche Erlebnisse emotional vernachlässigt wurden, autistische Züge haben oder durch ein autistisches Verhalten auffallen.

---

[81] Mutismus ist eine im Kindesalter vorkommende psychogene Störung der *Sprache in ihrer kommunikativen Funktion*. Das Kind, das längst sprechen gelernt hat, gibt den sprachlichen Umgang mit seiner Umgebung oder in einer bestimmten Umweltsituation (z. B. im Kindergarten, in der Schule) auf. Es kann sein, daß ein betroffenes Kind mit einigen wenigen Menschen spricht (vielleicht mit den Eltern und den Geschwistern), mit anderen aber nicht. In schweren Fällen spricht das Kind mit niemandem. Das Verhalten eines so schweigsamen Kindes ist keine von ihm gewollte Sprechverweigerung. Es ist vielmehr eine schwere seelische Störung, oft Ausdruck einer großen Angst oder die Reaktion auf ein Erlebnis, auf ein seelisches Trauma, wenn ihm „der Hals zugeschnürt ist" und es ihm „die Sprache verschlagen hat". (Fachliteratur: Brack, U. B.: Elektiver Mutismus. In: Frühdiagnostik und Frühtherapie, Hrsg. Brack, U. B. München/Weinheim 1986, S. 337ff.; Spiel, W. u. Spiel, G.: Kompendium der Kinder- und Jugendpsychiatrie. München/Basel 1987, S. 254.)

Manche Kinder sind still und kontaktscheu – aber nicht autistisch

Für die erzieherische Arbeit ist es wichtig zu wissen, daß es Kinder gibt, die ein sehr individuelles, eher stilles und zurückgezogenes Verhalten zeigen, das ihrer Eigenart entspricht und *nicht als autistisches Syndrom pathologisiert werden darf:*

„Auch manche Eigenarten des Verhaltens dürfen nicht ohne weiteres dazu verleiten, ein Kind als Autisten zu klassifizieren. Es gibt viele seltsame Menschen, auch schon im Kindesalter. Es ist aber Vorsicht geboten, sie in die Kategorie der Autisten einzuordnen, wenn sie z. B. nur kontaktgestört oder eigenbrötlerisch sind. Die Diagnose 'autistisches Syndrom' ist so schwerwiegend, daß sie nur bei eindeutiger Symptomatik erfolgen sollte. Im Zweifelsfalle wird man einen Verdacht äußern und sich erst nach einer Beobachtungszeit von Monaten bis zu einem Jahr mehr festlegen" (KEHRER 1989, S. 59).

11.2 Erklärungsversuche

Es gibt mehrere Grundannahmen zur Entstehung des frühkindlichen Autismus. Sie reichen von der Annahme *genetischer Einflüsse* über die Annahme *biochemischer Besonderheiten* in der Gehirnfunktion bis zur Theorie vermeintlicher *Hirnfunktionsstörungen und Hirnschäden*, die zu Störungen der *Wahrnehmungsverarbeitung* und zur Veränderung der *kognitiven Prozesse* führen. Auch eine *Störung der emotionalen Entwicklung* des Kindes gilt als denkbar. In der letzten Zeit wird im übrigen *sozialen* und *gesellschaftlichen Bedingungsfaktoren* und insgesamt einer systemischen Sichtweise für die Erklärung autistischen Verhaltens viel Beachtung geschenkt.

So wurde vor einigen Jahren eine *Beziehungsstörung* diskutiert. Obwohl dieser Erklärungsversuch heute als wissenschaftlich ungesichert gilt und in Fachkreisen verbreitet abgelehnt wird, ist eine auf dieser Theorie aufbauende Behandlungsform, die Festhalte-Therapie nach TINBERGEN/ WELCH und PREKOP, einerseits äußerst umstritten, andererseits in der Kinderarbeit immer wieder angewendet: Für die Entstehung des frühkindlichen Autismus wird eine Störung der Mutter-Kind-Beziehung verantwortlich gemacht, die schon im Mutterleib ihren Ursprung hat und die wiederum eine Kontaktstörung und eine Störung des emotionalen Gleichgewichtes des Kindes zur Folge hat. In der ganz frühen Kindheit, so die Annahme, wurde das Bedürfnis des Kindes nach Bindung an seine Mutter und nach Grundgeborgenheit nicht befriedigt. Nach dieser Auffassung kann der frühkindliche Autismus geheilt werden, wenn das Kind in Liebe angenommen wird, wenn die gestörte Mutter-Kind-Beziehung wiederhergestellt wird und das Kind dadurch sein emotionales Gleichgewicht wiederfindet (TIN-BERGEN u. TINBERGEN 1984; PREKOP 1984; 1988; 1989).

Auch nach BETTELHEIM ist der Autismus *psychogen verursacht*. Er läßt sich aus der Lebensgeschichte des Kindes ableiten und wird durch innere Erfahrungen und Deutungen von der Welt verursacht. Nach seiner Ansicht ist autistisches Verhalten ein aktiver Rückzug des Kindes von den Menschen und der Gesellschaft und eine Störung der Fähigkeit, auf die Welt zuzugehen und nach ihr zu verlangen. Aus diesen Gedanken heraus bietet sich eine Therapie an, die sich ganz an den Informationen orientiert, die das Kind gibt. Dem Kind soll geholfen werden, seine unbefriedigende Entwicklung neu zu erleben und nachholen zu können und so eine andere Welt zu erfahren als die, wegen der es sich zurückgezogen hat (BETTEL-HEIM, z. B. 1977).

Als aktuell gelten derzeit Erklärungsansätze, die das autistische Syndrom bei Kindern mit ihren Fähigkeiten der Wahrnehmung in Verbindung bringen, die andere sind als diejenigen nichtautistischer Kinder. So erklärt AYRES das autistische Verhalten bei Kindern mit einer Störung der *Informationsverarbeitung*, der Verarbeitung von Sinnesreizen im Sinne einer *sensorischen Integrationsstörung* und nennt dazu drei Aspekte dieser „schlechten sensorischen Verarbeitung": Die Sinnesreize können im Gehirn des Kindes nicht richtig registriert werden. Deshalb interessiert sich das Kind meistens nicht für irgendwelche Dinge, kann aber zu einer anderen Zeit darauf überreagieren. Das Gehirn des Kindes ist nicht in der Lage, Sinnesreize richtig aufeinander abzustimmen. Deshalb zeigt das Kind Berührungsabwehr und Unsicherheit. Das kindliche Gehirn kann Empfindungen nicht integrieren, das Kind kann viele Reizwirkungen nicht bewußt erleben und diese Gefühle nicht in sein Nervensystem einbauen. Deshalb hat es kein Interesse an sinnvoller Tätigkeit (vgl. 1992, S. 173-180). Nach AYRES zeigen Kinder mit autistischem Syndrom Symptome einer mangelhaften sensorischen Verarbeitung, wie sie auch bei Kindern mit leichten Hirnfunktionsstörungen gesehen werden. Zusätzlich ist Autismus charakterisiert durch einen Mangel an Beziehungsaufnahme und ein beschränktes Sprechvermögen.

Auch KIPHARD leitet das autistische Verhalten beim Kind von dessen *sensomotorischen Problemen* ab. „Das autistische Kind sperrt sich trotz erhaltenen Sehvermögens und regelrechter Hörfähigkeit gegen das bewußte Wahrnehmen" (1994b, S. 82). Es will keine neuen Impulse und keinerlei Umgestaltungen seiner Umgebung. Es kapselt sich ab, wenn es berührt oder angesprochen wird, und es besteht hartnäckig darauf, daß die räumliche Ordnung um es herum keinesfalls verändert wird. Auf Beziehungsangebote reagiert das Kind mit Angst- und Wutausbrüchen, und wir können sein Verhalten nur begreifen, wenn wir von der Vermutung ausgehen, daß es alle Versuche, sich mit ihm zu beschäftigen, als ein Überangebot empfindet, das es nicht verstehen kann, eher als bedrohlich empfindet. Das Kind versteht eine Geste, ein Lächeln, eine Bewegung ebensowenig wie ein gesprochenes Wort und fühlt sich davon erschüttert. „Man kann also in der spontanen Abwehr, in dem angstvollen Ausweichen und Sich-Abkapseln einen biologischen Schutzmechanismus im Sinne einer totalen Aufnahmesperre nach Zusammenbruch der sensomotorischen Regelkreise sehen" (a. a. O., S. 83).

Eine bruchstückhafte Welt

Mit einer *kognitionspsychologischen Theorie* („Theorie of minds") vertritt FRITH eine derzeit in Fachkreisen angesehene Meinung. Sie geht davon aus, daß autistische Kinder in einer *Welt des wörtlichen Verstehens* leben und die psychischen Welten um sie herum nicht begreifen können. Die Kinder können *keine Kohärenz* (keine Zusammenhänge) herstellen, und sie erleben ihre Welt daher *bruchstückhaft*.

Dies erklärt ihre Vorliebe für Stereotypien, die der Ausdruck von Bruchstücken sind, und zeigen, daß ein so betroffenes Kind keine übergeordnete Ganzheit, auch keine Bedeutungen der Dinge, herstellen kann, so die Theorie. Auch die Veränderungsangst des Kindes erklärt sich aus der bruchstückhaften Wahrnehmung, und aus dieser Sichtweise wird auch verständlich, daß ein autistisches Kind optische und akustische Details sehr fein differenzieren kann.

Autistische Kinder können *keine Bedeutungen herstellen*. Auch ihre *Sprache* bleibt daher „wörtlich" und wird auch nur so, ganz wörtlich, verstanden. Sie ist für ein Kind *kein Mittel zur Kommunikation*, genausowenig wie der Blickkontakt, und ein autistisches Kind sieht nicht die Augen seines Gegenübers als „Spiegel der Seele" und versteht Ausdruck und Mimik des Gesichtes nicht.

Auch die „Einsamkeit" eines autistischen Kindes läßt sich nach der „Theorie of minds" erklären: *Das Kind weiß nicht, wie Gefühle wirken*. Es versteht die Gefühle anderer nicht und kann aus diesem Grund keinen sozialen Kontakt aufbauen. Insgesamt ist ein autistisches Kind nicht in der Lage, die Zustände anderer Menschen zu erkennen. Deshalb scheint es uns so, als beziehe es sich auf sich (FRITH 1993).

Multifaktorielle Zusammenhänge

Nach dem neuesten Stand der Ursachenforschung sind die Ursachen multifaktoriell zu sehen, *mehrere Faktoren*, die in einem Wechselverhältnis stehen, sind bei der Entwicklung autistischer Verhaltensstörungen beteiligt, insbesondere auch die Gegebenheiten des sozialen Umfeldes für ein Kind, wenn es darin Bedingungen erfährt, die den Bedürfnissen seiner Individualität widersprechen. Neben diesen unbestrittenen sozialen Einflüssen auf das Verhalten eines (von einem autistischen Syndrom bedrohten) Kindes haben „zahlreiche Untersuchungen ... allerdings ergeben, daß Autismus als eine biologisch bzw. hirnorganisch begründete Behinderung zu gelten hat, die sich vor allem in einer Störung der Wahrnehmungsverarbeitung äußert" (BUNDESVERBAND HILFE FÜR DAS AUTISTISCHE KIND 1994, S. 9).

Die hirnorganische Begründung des autistischen Syndroms ist nicht mit einer „geistigen Behinderung" gleichzusetzen. Autistische Kinder haben vielmehr *eine individuelle kognitive Entwicklung* – sie sind in ihrem Denken, Fühlen und Erleben anders als nichtautistische Kinder, und sie haben *andere* intellektuelle Fähigkeiten.

11.3 Verhaltensweisen

Die Sprache des Kindes

Sprachliche Entwicklungsverzögerungen, *Besonderheiten im Sprechen* oder gar das völlige Fehlen der Sprache sind besonders dominierende Merkmale des autistischen Syndroms. Etwa 40 Prozent der autistischen Kinder benutzen keine aktive Sprache, und manchmal scheint es so, als hätten sie kein Sprachverständnis.

Viele autistische Kinder wiederholen Sätze und Satzfragmente im gleichen Tonfall, wie sie ihnen vorgesprochen werden. Dies wird als *spontane Echolalie* bezeichnet. Es kommt aber auch häufig vor, daß sie Sätze, die sie vor längerer Zeit gehört haben, gelegentlich wiederholen. Diese Sätze geben im momentanen Zusammenhang keinen Sinn, und wir sprechen von einer *verzögerten Echolalie*. Aus der Echolalie resultiert das Phänomen der pronominalen Umkehr, das wir bei manchen Kindern mit einem autistischen Syndrom beobachten: Weil die Kinder ja vorgesprochene Sätze wiederholen, benennen sie sich selbst mit „du" oder mit ihrem Vornamen. Sie sagen, wenn sie von sich selbst sprechen: Du gehst spazieren. Was machst du da? Du willst ein Brot. Für Außenstehende scheint die Sprache autistischer Kinder insgesamt wenig sinnvoll, und im Kindergarten ist sie für die anderen Kinder schwer verständlich.

Wer autistische Kinder nun aber besser verstehen will, muß wissen, daß sie *beim Sprachgebrauch eigene Regeln* haben. Sie benutzen einmal Gelerntes auch in anderen Situationen. „Saft haben" kann in einer anderen Situation auch bedeuten, daß das Kind einen Bonbon haben will. Oft haben die Kinder einen großen passiven Wortschatz – sprechen jedoch selten von sich aus. Das zeigt uns, daß Kinder mit einem autistischen Syndrom ein gutes Gedächtnis und eine beachtliche Merkfähigkeit haben, auch wenn sie uns nichts erzählen.

Die Kommunikation im Kindergarten

Es entsteht der Eindruck, als sei Sprache für ein autistisches Kind kein Kommunikationsmittel, und im Kindergarten können die Erzieherinnen und die anderen Kinder immer wieder erfahren, daß dieses Kind *über die Sprache keinen Kontakt aufnimmt.* Selbst wenn das Kind etwas sagt, und auch, wenn zu ihm geredet wird, kann es mit dem, was Sprache mitteilen will, nichts anfangen.

Es ist gut, wenn im Kindergarten versucht wird, Wege zu finden, auch ohne Sprache miteinander zu kommunizieren. Es gibt *andere Formen der Kontaktaufnahme,* etwa über das Malen und über Musik und Rhythmus, vielleicht mit Hilfe einer computergestützten Kommunikation, und autistische Kinder wünschen sich *einen Dialog, der ihren Eigenheiten entspricht.*

Die Wahrnehmungen des Kindes

Weil ihre Wahrnehmungsfähigkeiten andere sind, verhalten sich autistische Kinder für die anderen Menschen oft unverständlich.

So geht AYRES davon aus, daß ein autistisches Kind nicht in der Lage ist, viele Reizeinwirkungen seiner Umgebung bewußt zu erleben, und daß es eine lange Zeit braucht, bis das Kind seine Wahrnehmungsfähigkeiten ausgebildet hat. Es registriert Sinneseindrücke anders, und sein Gehirn „entscheidet nicht richtig, welcher Sinneseindruck aufzunehmen ist". Akustische und optische Sinnesreize werden häufig entweder „ignoriert" oder nicht registriert: „Das autistische Kind wird gewöhnlich nur wenig Aufmerksamkeit auf ein Glockenläuten oder ein anderes Geräusch lenken. Es wird sogar verpassen zu registrieren, was man zu ihm sagt. Zeitweilig beschließt das Gehirn, einen Nervenreiz zu speichern, und das Kind zeigt dann eine entsprechende Reaktion. Manchmal hat man den Eindruck, daß es ein Geräusch lauter hört als die anderen. Die meisten Menschen nehmen ein konstantes Geräusch, das sich in seiner Stärke nur wenig ändert, nach einiger Zeit praktisch nicht mehr wahr. Das autistische Kind gewöhnt sich nicht an ein konstantes Geräusch und kann es nicht abschalten. So ist es gezwungen, diesen Geräuschen mehr Aufmerksamkeit zu widmen. Manchmal wird ein Geräusch von ihm zu stark registriert, ein anderes dafür zu schwach" (AYRES 1992, S. 175).

Im Kindergarten ist es daher wenig sinnvoll, einem autistischen Kind eine Fülle einzelner Wahrnehmungsangebote zu machen oder ihm − in einer guten Absicht − viele entwicklungsfördernde „Stimulationen" zu geben: Es braucht eine Hilfe, die es befähigt, Reize nicht isoliert, sondern *situationsbezogen* aufzunehmen und *handelnd* zu beantworten. Dies lernt es, wenn es in der Gruppe einfach *auf seine Weise dabei sein* kann, ohne daß es eine auf sich bezogene Förderung erfährt. Es lernt dann leichter, einen Zusammenhang von Geräuschen, Tätigkeiten, Gegenständen und Menschen herzustellen und sich im eigenen Handeln an diesen Zusammenhängen zu orientieren.

Die andere Wahrnehmung

Aufgrund ihrer anderen auditiven Wahrnehmung werden Kinder mit einem autistischen Syndrom oft für anscheinend taub gehalten, weil sie auf laute Geräusche nicht reagieren. Die Eltern bemerken aber, daß ihr Kind auf spezielle Geräusche, die sehr leise sein können, sehr wohl reagiert. Häufig ist es auch so, daß Kinder auf bestimmte Geräusche völlig überreagieren, sehr erschrecken, schreien oder sich die Ohren zuhalten. Manche Kinder hören aber auch bestimmte Geräusche oder Klänge so gerne, daß sie ständig versuchen, diese herbeizuführen (Becher ans Ohr halten, Klappern mit Gegenständen). Fast alle autistischen Kinder hören gerne Musik.

Von visuellen Reizen können sie ganz fasziniert sein (bunte Bilder vor das Gesicht halten und damit wedeln, sich am Wechselspiel Licht und Schatten freuen; viele Kinder lieben die Beschäftigung mit optischen Strukturen, sie puzzeln gerne, sehen mit Vorliebe Muster auf dem Teppich oder auf der Tapete an).

Auch ihre taktile Wahrnehmungsfähigkeit ist eine andere. Berührungen werden nicht selten als unangenehm empfunden. Die Kinder winden sich aus Umarmungen und wehren Zärtlichkeiten ab. Einige Kinder sind aber auch sehr erfreut über starke taktile Reize, und Reize, die für uns schmerzhaft sein müssen, werden von ihnen oft als angenehm oder belustigend empfunden, aber auch ignoriert. Sie fügen sich selbst manchmal so starke Reize zu, daß sie erhebliche Verletzungen davontragen, zum Beispiel durch das Aufschlagen des Kopfes oder das Zerbeißen von Händen...

Zur Erkundung der Umwelt setzen sie Geruchs- und Geschmackssinne ein (sie beriechen und belecken Dinge gern und stecken sie in den Mund).

> Ihre vorzüglich ausgebildeten Sinne des Riechens und Schmeckens (olfaktorische und gustatorische Wahrnehmungsfähigkeiten) sind eine gute Möglichkeit für uns, eine Kontaktbasis zu autistischen Kindern zu finden.

Die Intelligenz des Kindes

Entgegen der früheren Annahme, daß autistische Kinder durchschnittlich intelligent sind und ihre Fähigkeiten lediglich in ihren Verhaltensproblemen eingeschlossen sind, wird heute verbreitet davon ausgegangen, daß sie auch in ihrer kognitiven Entwicklung erheblich beeinträchtigt sein können. 80 Prozent der Kinder sollen einen kleineren IQ als 70 haben. Es wird in diesem Zusammenhang diskutiert, ob die gemessenen Störungen der Kognition das Resultat der Wahrnehmungsverarbeitungsstörung seien oder ob eine geistige Beeinträchtigung zusätzlich vorliege.

Im Gegensatz zur Annahme einer kognitiven Beeinträchtigung autistischer Kinder stehen jedoch auch Aussagen über die *überdurchschnittlichen Begabungen* und die außergewöhnlichen Gedächtnisleistungen autistischer Menschen (vgl. SELLIN 1993), und wer autistische Kinder auch im Kindergarten beobachtet, kann ihre gute Konzentrations- und Merkfähigkeit erleben und auch, daß einige Kinder sich einer von ihnen gewählten Spielhandlung mit Hingabe und Geschicktheit widmen und daß sie dabei *beachtenswerte intelligente Handlungen* zeigen.

> Wenn ein Testergebnis bei einem Kind mit einem autistischen Syndrom einen geringen Intelligenzquotienten ausweist, liegt es wohl daran, daß wir keine Meßinstrumente haben, die auf die Eigenheiten des Kindes und auf seine Art und Weise, die Welt zu erleben, eingehen können. Dies aber ist keine Schwäche des Kindes.

Die andere Motorik des Kindes

Kinder mit einem autistischen Syndrom haben gute grob- und auch fein-motorische Fähigkeiten. Sie beherrschen viele und geschickte Bewe-gungsabläufe, die sie koordinieren können. Ihre Haltungsreaktionen und ihr Gleichgewicht sind gut.

Dennoch ist *auch ihr Bewegungsverhalten anders*. Es zeigt sich schwan-kend und abhängig vom seelischen Erleben des Kindes, von den ihm dargeboten Eindrücken und den ihm eigenen Wahrnehmungsfähigkeiten. Manche Kinder haben Probleme mit ihrer Bewegungsplanung, die von anderen als situativ unangepaßt erlebt wird, und ein solches Kind scheint seiner Umgebung so, *als habe es eine Dyspraxie*.

Manchmal weigert sich das Kind zu laufen oder Treppen zu steigen, ob-wohl es dies motorisch könnte, oder es wirkt verträumt und inaktiv, verwei-gert sich, wehrt sich und zeigt sich bewegungsängstlich. Sein Muskeltonus kann schwankend sein, und das Kind zeigt in manchen Situationen des Alltags Gleichgewichtsstörungen und Schwierigkeiten mit seiner Augen-Hand-Koordination. Auffällig sind auch ungewöhnliche motorische Hand-lungen, wie Auf- und Abspringen, flattern mit den Armen, ständiges Stimu-lieren der Hände, zielloses Umherlaufen oder Schaukeln des Oberkörpers.

Kinder mit einem autistischen Syndrom haben sicher keine zerebral bedingte Bewegungsstörung. Es scheint aber, als bringe sie das von ihnen Wahrgenommene manchmal in eine große Unruhe, weil sie die Fülle nicht verkraften können. Dies kann sich in für uns ungewöhnlich erscheinenden *motorischen Reaktionen* zeigen. Es scheint auch, als sei das Erleben einer nur schwer verständlichen Welt immer wieder angstauslösend für autistische Kinder. Dies kann sich in Schwierigkei-ten abbilden, ein *motorisches Gleichgewicht* zu finden.

Spezielle Verhaltensweisen

Immer wieder zeigen autistische Kinder *Stereotypien* und *eigene Rituale*, und es scheint dabei, als seien sie diesen im Sinne von Zwängen ausge-liefert. Wir können einzelne motorische Tics beobachten, wir sehen und erfahren „stereotype" Finger-, Hand- oder Kopfbewegungen, extreme Eß-vorlieben oder besondere Spielhandlungen bis zu *immer gleichartigen* täg-lichen Ritualen (Gegenstände kreiseln lassen, Finger kneten).

Dieses Verhalten macht den Umgang mit dem Kind für die Familie und auch für die Erzieherinnen und die anderen Kinder im Kindergarten oft schwierig. Wenn erzieherisch versucht wird, die Zwänge eines Kindes zu unterbrechen, so reagiert es darauf meistens mit starken emotionalen Reaktionen wie Wut, Aggressionen gegen sich selbst und gegen andere, mit Weinen und Schreien. Es zeigt dann auch sehr oft ein selbstverletzendes Verhalten.

Es hilft keinem autistischen Kind, wenn im Kindergarten versucht wird, seine stereotyp erscheinen Spielhandlungen oder seine besonderen Rituale zu unterbrechen. Viel besser ist es, wenn die das Kind umgebenden Menschen einmal versuchen, diese Handlungen nachzuahmen, ganz in der Nähe des Kindes. Dies kann der Anfang einer *Verstehensebene* und der *Beginn eines Dialoges* sein.

Auch auf (räumliche, sächliche und personelle) *Veränderungen* reagieren manche der Kinder so heftig, und manchmal schlagen die Kinder nach anderen oder flüchten schreiend. Manchmal ignorieren sie alles, ihre Umgebung und jedes Angebot und ziehen sich in die äußerste Ecke zurück, die sie erreichen können.

Der Kindergarten sollte deshalb die für eine Integration autistischer Kinder wichtigen Bedingungen erfüllen: Kleine Gruppen, *Rückzugsmöglichkeiten* und die Strukturierung der Lernumwelt so, daß es für das Kind möglich wird, gleichbleibende Regeln, eine gute *Ordnung* im Raum, gleichbleibenden *Rhythmus* und menschliche und dingliche Bezüge zu erleben, auf die es *sich verlassen* kann.

Kinder mit einem autistischen Syndrom sind *sehr lernfähig*, wenn es gelingt, ihnen ihre Umgebung verständlich zu machen. Sie sind auch „gruppenfähig", wenn es gelingt, ihnen ihre Ängste zu verringern, und wenn ihre Andersartigkeit akzeptiert wird. Sie sind angenehme Spielkollegen, wenn sie eine wohlgeordnete Umgebung vorfinden und wenn sie sich ihren Wünschen entsprechend manchmal auf einen ruhigen Platz zurückziehen dürfen. Autistische Kinder können im Kindergarten *gut dabeisein*, wenn die anderen ihnen *ihre Welt* lassen.

Dritter Teil

Praxis und Methoden der Förderung

12. Förderdiagnostische Hilfen

12.1 Die (heil-)pädagogische Spielbeobachtung

Im Kindergarten ist das Beobachten des psychomotorischen Verhaltens von Kindern immer eine *Spielbeobachtung*. Im Spiel zeigen sich psychomotorische Fertigkeiten, aber auch Schwierigkeiten im Handeln und diejenigen Fähigkeiten, die, zusammen mit einem Kind, entfaltet werden müssen. Im Spiel kommt die Befindlichkeit des Kindes zum Ausdruck.

Insbesondere *die Beobachtung der spontanen Aktivität im Spiel* hat für die Erzieherin eine große Aussagekraft. Wenn sie ein Kind in der natürlichen Spielsituation und zusammen mit den anderen Kindern erleben kann, kann diese *freie Spielbeobachtung* eine große Bedeutung erhalten für die Entwicklungschancen eines Kindes und für diejenigen aller Kinder in der Gruppe.

Wenn ihr das Verhalten eines Kindes besonders beachtenswert erscheint, kann die Erzieherin ihr Beobachten intensivieren. Sie kann *Beobachtungsbedingungen* vorgeben, eine Situation, in der Kinder miteinander spielen, bewußt betrachten oder eine Situation auch selbst neu herstellen, damit das Kind seine Handlung(en), etwa eine feinmotorische Tätigkeit, wiederholt. Sie kann das Spielmaterial vorschlagen, die Spielpartner, Spielformen oder die Spieldauer selbst beeinflussen, wählen oder lenken. Dieses Vorgehen entspricht einer *strukturierten Spielbeobachtung*.

Das Handeln des Kindes kann *Ausdruck eines seelischen Problemes* sein, und zwischen seelischem Erleben und dem motorischen Verhalten besteht ein enger Zusammenhang (eine *psychomotorische Korrelation*). Die Erzieherin kann in der Beobachtung ihrer Kinder im Spiel auf seelische Bedürfnisse aufmerksam werden, und sie kann lernen, Signale und Botschaften und ihre Wünsche zu verstehen. Sie kann Kindern Spielräume gewähren und Spielmittel anbieten, damit sie seelische Prozesse und Erlebnisse im Spiel auf ihre Weise ausdrücken und verarbeiten können. In einer solchen pädagogischen Aufgabenstellung sind Elemente der *klinisch-psychologischen Spieldiagnostik* enthalten.

Manchmal ist nun der Hilfebedarf für ein Kind, dessen Verhalten besondere Probleme signalisiert, weiterreichend und geht über die erzieherischen Mittel hinaus. Der Kindergarten braucht nun den Kontakt zu einer in der klinischen Psychologie ausgebildeten Fachkollegin mit ihrer spezifischen Kompetenz.

Exkurs: Psychologische Spieldiagnostik und Spieltherapie

Die fachpsychologische Spieldiagnostik ist eine weiterentwickelte Sonderform der Spielbeobachtung. Mittels ausgewählter Aufgabenstellungen und Testaufgaben, die Spielcharakter haben, versucht die Psychologin, eine Entwicklungs-, Leistungs- oder Persönlichkeitsdiagnose zu erstellen und psychoreaktiv bedingte Verhaltens- oder Entwicklungsstörungen bei einem Kind auf diesem Wege zu erklären. Sie geht von der Annahme aus, daß eine psychoreaktive Verhaltensproblematik beim Kind, die durchaus mit psychomotorischen Problemen in Erscheinung treten kann, auf Einflüsse mit einer „Lerngeschichte" zurückgeführt werden könnte. Die Psychologin kann ein Kind im einzelnen oder in seinem Gruppenverhalten beobachten und damit ihr „psychologisches Bild" gewinnen. Es stehen in der Fachpsychologie aber auch eine Reihe mehr oder weniger standardisierter Verfahren zur Auswahl, die in der klinisch-psychologischen Spieldiagnostik in vielen Varianten angewendet werden können[82]. Die „projektiven Verfahren" der psychoanalytischen Diagnostik für Kinder haben stets spielerische Elemente. Sie versuchen, das Verhalten eines Kindes beim Spiel zu beobachten und seine Spielhandlungen zu analysieren. Manche der diagnostischen Ansätze, aber vor allem auch die entsprechenden therapeutischen Verfahren der Kinderpsychotherapie, arbeiten mit ausgewähltem Spielmaterial, und es wird das symbolische Spiel und die vom Kind vorgenommene Verwendung des Spielmaterials „gedeutet". Die Meinung und die Erkenntnisse, die nun die Psychologin gewinnen kann, helfen ihr, einen Zugang zum Kind und seiner persönlichen Problematik zu finden. Dieses Vorgehen kann schon therapeutische Elemente enthalten oder auch zunächst nur diagnostisch aufschlußreich sein, um dann, wenn dies als nötig erachtet wird, eine Therapie einzuleiten.

---

[82] Die psychoanalytische Spieldiagnostik geht im wesentlichen auf Freud zurück (Lit.: z. B. Freud, A. 1973); ein bekanntes Diagnoseverfahren ist der Scenotest von Staabs (1964); therapeutische psychoanalytische Spieltechniken nach M. Klein (1973) und H. Zulliger (1969) wurden sehr bekannt. Eine nicht-direktive Kindertherapie entwickelte V. Axline (1972). Mit dem symbolischen Spiel der Kinder auf der Grundlage Piagets haben sich H. Hetzer u. C. Bühler beschäftigt (Literaturempfehlung: Brack, U. B. [Hrsg.]: Frühdiagnostik und Frühtherapie. Psychologische Behandlung von entwicklungs- und verhaltensgestörten Kindern. München/Weinheim 1986).

12.2 Die (heil-)pädagogische Bewegungsbeobachtung

Die *Bewegungsbeobachtung* der Kinder in der Gruppe verstärkt ihren Schwerpunkt in der Beachtung des kindlichen *motorischen* Handelns und seiner Fähigkeiten darin. Die Erzieherin möchte sich einen Eindruck vom motorisch handelnden Kind machen, seine Bewegungsfähigkeiten im einzelnen betrachten, aber auch die Psychomotorik der ganzen Gruppe sehen. Die Erzieherin möchte erkennen, in welcher *(psycho-)motorischen Entwicklungszone* jedes Kind sich gerade befindet, damit sie *seine* Motorik und sein Entwicklungs- und Leistungsvermögen einzuschätzen vermag.

Die verschiedenen *Formen der Bewegungsbeobachtung*, von der Erzieherin, genauso auch von Therapeutinnen und Motopädinnen zu nutzen, haben die Zielsetzung, das *quantitative* und das *qualitative* motorische Verhalten des Kindes zu sehen und Auffälligkeiten oder Probleme, die es damit haben kann, als „beobachtetes Verhalten" zu erkennen, damit dem Kind bewegungsfördernde Hilfen gegeben werden können. Fachwissenschaftlich werden die Beobachtungsverfahren heute dem Anwendungsfeld der *Psychomotorik/Motopädagogik* und darin der *Motodiagnostik* zugeordnet.

Exkurs: Motodiagnostik – Motopädagogik – Klinisch orientierte
       Psychomotorik

In den letzten Jahren ist aus der „psychomotorischen Übungsbehandlung", begründet insbesondere durch Kiphard, Hünnekens und Schilling (vgl. KIPHARD 1992; 1994b; 1995; ebenso HÜNNEKENS, KIPHARD 1975 und HUBER, RIEDER, NEUHÄUSER 1990), weitergeführt durch anwendungsbezogene Arbeiten u. a. von Mertens (vgl. 1994; 1996) und ZIMMER (vgl. 1995), das neue Forschungsgebiet der Motologie (Lehre von der menschlichen Bewegung) entstanden. Seine Anwendungsbereiche Motodiagnostik, Motopädagogik, Mototherapie (und Motogeragogik) bedienen sich eines Konzeptes der Persönlichkeitsbildung über motorische Lernprozesse zur Unterstützung der Ich-, Sach- und Sozialkompetenz. Dieses Konzept hat in der vorschulischen Kinderpädagogik einen hohen Stellenwert, wenn das psychomotorische Handeln der Kinder unterstützt werden soll. Ausgebildete Motopädinnen und Diplom-Motologinnen sind dafür besonders qualifiziert, wenn die Aufgabenstellung einer Bewegungsförderung pädagogisch-psychologisch ausgerichtet ist[83]. Therapeutische Zielsetzungen sind eher dem Arbeitsfeld der *Physiotherapeutinnen* zuzuordnen, die eine „klinisch orientierte Psychomotorik" auf der Basis ihrer entwicklungsneurologischen und motodiagnostischen Befunderhebung anwenden[84].

---

[83][84] siehe auf S. 278

Eine sehr offene Form der förderdiagnostischen Beobachtung in der pädagogischen Begleitung von Kindern ist das *freie* Beobachten, auch *ungebundene (unstrukturierte) Bewegungsbeobachtung* genannt. Eine gute Gelegenheit hierzu ist das alltägliche *Freispiel* der Kinder in den Spielräumen und auf dem Spielplatz des Freigeländes.

Manchmal erscheint ein differenzierteres Beobachten angebracht, auch *gebundene (strukturierte) Bewegungsbeobachtung* genannt, und auch diese ist am natürlichsten inmitten der Gruppenspiele der Kinder und auch bei Bewegungsaufgaben in der Turnstunde. Sie kann helfen, das motorische Verhalten bei einem Kind, das etwa eine besondere grob- oder feinmotorische Schwierigkeit zeigt oder vermuten läßt, Probleme mit seinem Gleichgewicht oder mit der Koordination seines Bewegungshandelns erkennen läßt, besser einzuschätzen. Die Erzieherin kann, wenn sie eine ausgewählte Situation vorgibt, in der ein Kind ein Übungsgerät, ein Spielzeug noch einmal benutzt, schwierige Handlungen vielleicht wiederholt (das Klettern, das Rutschen, das Springen, das Ballspielen), einen besseren Einblick in seine Bedürfnisse und auch „Nöte" erhalten. Sie sieht, auf welche Weise das eine – und das andere – Kind eine Aufgabe für sich löst.

---

83 *Motopädinnen* sind vorzugsweise in Kindereinrichtungen tätig. In der integrativen Förderung erweist sich die Motopädagogik als besonders geeignet, denn sie ist keine „Einzelmaßnahme" für ein Kind, sondern ein gruppenpädagogischer und integrativer Ansatz, der es vorsieht, mehrere Kinder oder eine ganze Kindergruppe in gemeinsame Aktionen förderlich einzubeziehen. Auch die alltägliche *Bewegungserziehung im Kindergarten* durch die Erzieherin enthält ganz selbstverständlich viele motopädagogische Elemente. Der Aktionskreis Psychomotorik e. V. bietet für Fachleute themenbezogene Lehrgänge an, vor allem auch solche zur *Zusatzqualifikation Motopädagogik*. Ziel des Angebotes ist es, die Idee der Psychomotorik in möglichst viele unterschiedliche Berufsgruppen, die mit erzieherischen Aufgaben betraut sind, hineinzutragen und in einem *integrativen Modell* das Konzept der ganzheitlichen *psychomotorischen Erziehung* weiter zu entwickeln (Info: Aktionskreis Psychomotorik e. V., Bundesgeschäftsstelle, Kleiner Schratweg 32, D-32657 Lemgo).

84 Die *klinisch orientierte Psychomotorik (K. O. PM.)* ist eine *krankengymnastische Behandlung* zur Förderung der motorischen Entwicklung und zur Korrektur von Haltungsschäden. Sie wird von Physiotherapeutinnen angewendet, die eine Zusatzqualifikation hierfür erworben haben, und sie wird als eine entwicklungs- und handlungsorientierte mehrdimensionale therapeutische oder fördernde Maßnahme aufgrund einer ärztlichen Verordnung mit dem Kind durchgeführt, vorwiegend bei Bewegungs- und Perzeptionsstörungen (z. B. Konzept Graichen/Bouachba). Auch die K. O. PM. ist für die (Klein-)Gruppe gedacht und eignet sich als ein integrativer Ansatz. Für behindert genannte Kinder ist sie eine kindgerechte Ergänzung (oder Alternative) zu anderen Therapiekonzepten, insbesondere zu „Behandlungen auf einer neurophysiologischen Grundlage". Auch die alltägliche *Bewegungserziehung im Kindergarten* kann viele Elemente einer K. O. PM. in ihr Förderkonzept einbeziehen (Info: Deutscher Verband für Physiotherapie – [ZVK] e.V., Landesverband Hessen e.V., Niederräder Landstraße 66, D-60528 Frankfurt am Main).

Eine praktische Hilfe können *Aufzeichnungen des psychomotorischen Verhaltens* der Kinder sein. Mit dem schriftlichen Festhalten der kindlichen Handlungen als *Verhaltensbeschreibung* können gewonnene Eindrücke notiert werden, und es ist gut, wenn die Erzieherinnen in einer Kindergruppe sich auf einen übersichtlichen und praktisch einfachen Modus verständigen können. Aufzeichnungen der Bewegungsspiele der Kinder *durch ein Video* können für alle Kolleginnen und für die Eltern sehr nützlich sein, und Videos haben den Vorteil, auch im Team zu einem Gedankenaustausch anzuregen, damit gemeinsam das richtige Erziehungs- und Förderkonzept für einzelne und alle Kinder in einer Kindergruppe gefunden werden kann.

Der Umgang mit Diagnoseverfahren

Auch die mehr oder weniger bekannten von Wissenschaftlern und Praktikern entwickelten *Untersuchungs-* und *Protokollbögen, Beurteilungs-* und *Schätzskalen, Entwicklungsskalen* und *Entwicklungsscreenings, entwicklungsdiagnostischen* und *motodiagnostischen (Test-)Verfahren*, meistens im Fachhandel erhältlich, werden von Erzieherinnen für die beobachtende Begleitung ihrer Kinder benutzt[85]. Solche Hilfsmittel dürfen jedoch nicht als „Ergebnisfestschreibung" verstanden werden, auch dann nicht, wenn sie als „Test" standardisiert sind. Erzieherinnen verzichten besser auf eine „normierte" Anwendung zugunsten des natürlichen Beobachtens ihrer Kinder. Sie wählen besser Verfahren, die in einem offenen Rahmen das individuelle Handeln des Kindes im Kontext einer sozialen Situation zulassen und die als „diagnostische Inventare" immer zunächst darauf sehen, *was ein Kind besonders gut kann* (vgl. EGGERT 1995). Keine Form des motodiagnostischen Vorgehens in pädagogischen Bezügen darf die kindentsprechende Atmosphäre des Sich-Wohlfühlens stören, und immer muß auch die „systematischer" gewünschte Beobachtung im Kindergarten eine alltägliche bleiben, in einen unbefangenen Umgang miteinander eingebunden.

12.3 Ein Beobachtungsbogen für Früherzieherinnen

Zum Sehen psychomotorischer Entwicklungsvorgänge hat TIETZE-FRITZ für die pädagogisch-therapeutische Frühförderung einen Beobachtungsbogen vorgestellt[86]. In ihm sind 20 Beobachtungsschwerpunkte und -kriterien,

---

[85] Eine ausführliche Darstellung der *motodiagnostischen* und *entwicklungsdiagnostischen* Möglichkeiten und der in der früh- und heilpädagogischen Praxis anwendbaren *Testverfahren* findet sich bei Tietze-Fritz, P.: Handbuch der heilpädagogischen Diagnostik. Konzepte zum Erkennen senso- und psychomotorischer Auffälligkeiten in der interdisziplinären Frühförderung. Dortmund 1996.

die, insgesamt bewertet, dann eine ganzheitliche Betrachtung kindlichen Handelns erlauben, zusammengetragen.

Der Beobachtungsbogen ist kein Test, sondern ein offenes diagnostisches Mittel, das helfen möchte, die sehr persönlichen kindlichen Verhaltens- und *Handlungsweisen* als ein *sinnvolles* und *positives* Agieren zu werten und damit auch Entwicklungsprobleme und Hilfebedürfnisse *besser zu verstehen*. Der Bogen enthält *keine „Testaufgaben"*, aber *Richtlinien*, Hinweise und Erläuterungen darüber, was bei Kindern in ihren Spiel- und Bewegungsaktivitäten auch in der Gruppe gut sichtbar wird. Mit einem besonderen Vordruck haben Erzieherinnen die Möglichkeit, sich (auch wiederholt) Notizen über das psychomotorische Handeln ihrer Kinder in *ganz alltäglichen Zusammenhängen* zu machen. Einzelne situative Vorschläge können aufgegriffen werden, auch als Anregungen für den förderdiagnostischen Umgang mit den Kindern in ähnlichen Situationen. Die Kriterien sind vielumfassend. Sie sind so ausgewählt, daß die Früherkennung psychomotorischer Auffälligkeiten, auch minimaler zerebraler Beeinträchtigungen, möglich wird. Wegen dieser Ganzheitlichkeit ist der Beobachtungsbogen gut in die integrationspädagogische Arbeit im Kindergarten einzubinden.

Beobachtungsschwerpunkte und -kriterien (mit situativen Beispielen, bezogen auf das Handeln von Kindern, etwa im dritten und vierten Lebensjahr, geeignet auch für entwicklungsverzögerte und behindert genannte Kinder, die schon älter sind):

1. Gesamteindruck vom Kind

◆ Betrachtung des Körpers (Körperlichkeit, Konstitution, Kondition, Körperbau, Ausdruck, Darstellung) ◆ Bewegungsverhalten insgesamt (Motilität, Motorik und Bewegungsvermögen, Bewegungsfreude, -trägheit, -armut, -spontaneität, Bewegungsräume) ◆ Haut und Bindegewebe (Hautfarbe und -beschaffenheit, Konsistenz des Bindegewebes)

Situative Beispiele: Wirkt das Kind weniger „pummelig" und „streckt sich"? ◆ Geht es gerne spazieren? ◆ Hüpft es? ◆ „Tobt" es gerne und ist ungestüm? ◆ Ist es physisch belastbar? ◆ Erprobt es den Umgang mit Kletter- und Rutschgeräten auf dem Spielplatz? ◆ Hat es Ausdauer während seines Freispiels, auch im Vergleich mit anderen Kindern seines Alters?

---

[86] Die vollständige *Heilpädagogische Befundaufnahme – Beobachtungsbogen mit Richtlinien für Früherzieher und Heilpädagogen* (Tietze-Fritz 1992) ist unter der Bestell-Nr. 5111 beim Verlag modernes lernen, D-44139 Dortmund, zu beziehen. In der Diagnostik weniger erfahrene Erzieherinnen sollten für die Anwendung zunächst die Mithilfe einer Physiotherapeutin erbitten.

2. Vestibuläres und kinästhetisches Empfinden, Gleichgewichts- und Lagereaktionen

◆ Somatische Wahrnehmung ◆ Reaktionen auf vestibuläre Reize und passive Bewegungen (Ertragen von passiven Bewegungen) ◆ motorische Reaktionen, Eigenstimulationen und Reaktionen auf Lageveränderungen ◆ Reaktionen auf Vibrationen ◆ Gleichgewichtsfähigkeiten (Entwicklung der Gleichgewichtsfähigkeiten in verschiedenen Positionen, Überprüfung der wichtigsten Lagereaktionen, Einsatz von Balance und Gleichgewicht im Alltag, beim Spielen)

Situative Beispiele: Fällt das Kind auch beim „Rennen" nicht hin? ◆ Steigt (klettert) es gerne auf eine Erhöhung (Leiter, Mauer, Stuhl)? ◆ Läuft es auf einer niedrigen Mauer, wenn es an der Hand gehalten wird? ◆ Beherrscht es das Schaukelpferd? ◆ Bewältigt es im Normalschritt die Treppe? ◆ Springt (hüpft) es von einer Erhöhung (Sessel, kleine Mauer, zweite Treppenstufe) sicher auf den Boden? ◆ Läßt es sich nicht leicht umwerfen, wenn es von anderen Kindern geschubst wird? ◆ Benutzt es auf dem Spielplatz die Rutsche? ◆ Kann es auch einmal stillsitzen?

3. Tast- und Berührungsempfinden

◆ Körperkontakt (Bedürfnis nach, Abwehr von Körperkontakten) ◆ Hautbeschaffenheit und -empfindlichkeit (Verhalten bei der Pflege, Reaktionen auf Materialien und Kleidung, Abwehrreaktionen) ◆ Berührungssensibilität (herabgesetzte, erhöhte Empfindungsfähigkeit, Abwehr von Berührungen) ◆ Druck-, Schmerz- und Temperaturempfinden ◆ Anfassen und Angefaßtwerden (Vorlieben und Abneigungen) ◆ haptische Tätigkeiten (erfühlen, ertasten, ergreifen, unterscheiden)

Situative Beispiele: Sind dem Kind manche Kleidungsstücke (Stoffe) auf der Haut besonders angenehm, andere hingegen nicht? ◆ Nimmt sich das Kind neues Spielzeug und untersucht dessen Beschaffenheit? ◆ Erkennt und unterscheidet es im Spiel und mit verbundenen Augen ihm bekannte Gegenstände durch Ertasten?

4. Gelenke

◆ Gelenkbeweglichkeit (freie Gelenkbewegungen, Bewegungen mit Windel oder Kleidung) ◆ Gelenkbeschaffenheit (Bewegungseinschränkungen, Beweglichkeit in den Hüftgelenken und Abduktionsfähigkeit der Beine, Beweglichkeit der Schultergelenke, Hand- und Fußgelenke, Kontrakturen und Deformitäten)

Situative Beispiele: Steht das Kind auf seinen ganzen Fußsohlen und hält dabei seine Knie und Hüften locker gestreckt? ◆ Kann es einen Ball aus der Luft auffangen und dabei beide Arme weit nach oben strecken? ◆ Sitzt es, z. B. beim Betrachten eines Buches, eine Zeitlang auch im Schneidersitz?

5. Muskulatur, Bänder, Muskeltonus

◆ Haltearbeit ◆ Muskelarbeit (Beschaffenheit, Trophik, Kraft, Einsatz, Ausdauer) ◆ Tonus, Tonuswechsel (angepaßtes Verändern der Muskelspannung) ◆ Tonusauffälligkeiten (schlaffer oder verkrampft wirkender Tonus bei Freude, bei Anstrengungen, schnellen Bewegungen, hypo- oder hypertone, zitternde Bewegungen, Zuckungen)

Situative Beispiele: Zeigt das Kind lockere, ausgewogene Bewegungen, wenn es spielt und hantiert? ◆ Führt es verschiedene Bewegungsabläufe nacheinander und im Wechsel aus (liegen, sitzen, stehen, laufen)? ◆ Kommt es vom Liegen auf dem Boden schnell und ohne Hilfe in den Stand? ◆ Imitiert es Bewegungen anderer? ◆ Ist es im Bewegungsspiel mit anderen Kindern anmutig und gewandt? ◆ Drückt es sich mit rhythmischen Bewegungen aus, zum Beispiel beim gemeinsamen Singen? ◆ Bewegt es sich ohne Anstrengungen einmal schneller, dann wieder langsamer? ◆ Geht es mühelos ein Stück bergauf und bergab?

6. Frühkindliche Reaktionen

◆ Reflexverhalten (frühkindliche Reaktionen, dem motorischen Entwicklungsgang entsprechend) ◆ zeitliche Abfolge (Vorhandensein, Persistieren, Abbau von Reflexen) ◆ Intensität (angemessenes Hemmen und Bahnen von Reflexen in Alltagssituationen, auch mit Hilfe)

Situative Beispiele: Überwindet das Kind beim Gehen geschickt kleine Hindernisse (Absätze)? ◆ Krabbelt es unter dem Tisch (dem Stuhl) durch? ◆ Kann es beim Abräumen des Frühstückstisches mithelfen?

7. Stell-, Bewegungs- und Stützreaktionen

◆ Motorisches Entwicklungsalter (Entwicklungsstand, chronologische Reihenfolge, Quantität der Bewegungen) ◆ Fortbewegungsmöglichkeiten, Aufrichtung ◆ Qualität der Bewegungen (natürlich, kindgerecht, pathologisch) ◆ Stützreaktionen (dem Entwicklungsniveau des Kindes angepaßte Fähigkeiten des Abstützens bei alltäglichen Bewegungen) ◆ Landaureaktion und Sprungbereitschaft

Situative Beispiele: Fängt das Kind sich spontan mit den Händen am Boden ab, wenn es einmal stolpert? Fällt es nicht so leicht auf den Kopf? ◆ Hält es die Arme zum Sich-Abfangen bereit, wenn es aus einer gewissen Höhe hinunterspringen möchte?

8. Haltungs- und Bewegungsmuster, Bewegungsformen

◆ Gesamtbeweglichkeit ◆ Bewegungskomplexe (Gesamt, Rumpf, obere und untere Extremitäten) ◆ Einzelbewegungen ◆ reziprokes/symmetrisches Strampeln ◆ Koordination (dem Entwicklungsalter entsprechende koordinative Fähigkeiten) ◆ Wechsel von einer Bewegungsposition in eine andere, Ablauf der Bewegungsformen (Bewegungsübergänge, Bewegungsfluß, Elastizität, Körperrotation, Bewegungsanpassung, Bewegungsdosierung, Geschicktheit, Quantität, Qualität, Variabilität, Selbständigkeit, Ängstlichkeit, Seitengleichheit beim Bewegen, Lateralität, Bewegungsverhalten im Raum, im Freien)

Situative Beispiele: Spielt das Kind gerne „Fangen"? ◆ Versucht es sich im „Fußballspielen"? ◆ Lernt es allmählich, einen Ball zuzuwerfen? ◆ Kann es im Stehen einen großen Ball auffangen, wenn er ihm vorsichtig zugeworfen wird? ◆ Spielt es Verstecken? ◆ Kann es gut springen? ◆ Beherrscht es sicher das Dreirad? ◆ Kann es sich eine Zeitlang motorisch ruhig verhalten, wenn es konzentriert ist? ◆ Zieht es sich alleine aus?

9. Haltung und Symmetrie

♦ Skelettsystem (Statik) ♦ Statomotorik (Haltung, Beachten von Haltungsschwächen und -fehlern der Wirbelsäule: Kyphose, Lordose, Skoliose, Brustkorbveränderungen, Bein- und Fußschwächen ♦ Beobachten der Haltungsveränderung beim Sich-Bewegen ♦ Symmetrie, Asymmetrien (symmetrische Körperhaltung im Liegen, Sitzen, beim Gehen) ♦ Kopfform, Kopfumfang, Kopfhaltung (gerade Kopfhaltung, Proportionalität des Kopfes zum Körper)

Situative Beispiele: Kann das Kind sich recken, wenn es steht, dabei auf die Zehenspitzen gehen und seine Arme weit nach oben strecken? ♦ Kann es in der Bauchlage ein wenig schaukeln, wenn es seine Arme hebt? ♦ Hat es keine Haltungs- oder Fußschwächen oder -fehler (z. B. hohlrunder Rücken, seitliche Verbiegung der Wirbelsäule, Trichterbrust, Knick-Senkfuß, Sichelfuß)? ♦ Ist keine ausgeprägte „X-Bein-Haltung" zu beobachten, wenn das Kind steht und wenn es springt?

10. Körperbewußtsein

♦ Körperimago (auf den Körper bezogene Empfindungen, Bild, Vorstellung vom Körper) ♦ Körperbegriff (entwicklungsgerechtes Erkennen und Kennen einzelner Körperteile) ♦ Körperschema (eine Körperhaltung einnehmen und eine Bewegungsposition beibehalten können, Bewußtheit für die Körperbeherrschung) ♦ Raumlageempfinden

Situative Beispiele: Kann das Kind viele verschiedene Körperhaltungen einnehmen und bewegt es sich immer geschickter? ♦ Lernt es allmählich, Begriffe wie vorne, hinten, oben, unten zu unterscheiden? ♦ Kann es sich in einem Raum gut orientieren und mit den dort vorhandenen Möbeln sinnvoll umgehen (sich an den Tisch setzen, einen Stuhl heranrücken)?

11. Geruch und Geschmack

♦ Taktile Mund- und Lippenempfindungen (lutschen, schmatzen, saugen, Körpernähe suchen) ♦ Empfindlichkeit (Unempfindlichkeit, Überempfindlichkeit gegenüber Gerüchen) ♦ Unterscheidungen (Vorlieben für, Abneigungen gegen bestimmte Nahrungsmittel, Trink- und Eßbares in eine Geschmacksrichtung einordnen lernen)

Situative Beispiele: Hat das Kind ein Lieblingsgericht? ♦ Unterscheidet es sauer, süß und salzig?

12. Visuelle Wahrnehmung und Sehen

♦ Lichtempfindlichkeit, Hell-dunkel-Reaktionen ♦ Fixieren, Verfolgen (Augenbewegungen, Augenstellung, Seitendifferenzierung, Anpassung, Zusammenarbeit der Augen, blinzeln) ♦ Augen-Hand-Koordination ♦ Reaktionen auf Gegenstände und Personen (erkennen, herausfinden, Entfernungen sehen, anschauen, betrachten und beobachten, sich auf etwas zubewegen, Bewegtes wahrnehmen) ♦ Mimik, Gesichtsausdruck ♦ Neugierverhalten, Interesse ♦ Spielverhalten (Farben und Formen wahrnehmen, hantieren)

Situative Beispiele: Entdeckt das Kind (auch sehr kleine) Dinge und sammelt sie auf? ♦ Findet es sich gut in der Wohnung und um das Haus herum zurecht? ♦

Interessiert es sich für Abbildungen in einem Katalog? ◆ Ahmt es Handlungen nach? ◆ Kann es die Farben Rot, Blau, Gelb, Grün sicher einander zuordnen? ◆ Unterscheidet es ihm bekannte Farben und ordnet sie richtig zu? ◆ Malt das Kind?

13. Auditorische Wahrnehmung und Hören

◆ Laut-leise-Reaktionen, Erschrecken ◆ Weinen und Schreien ◆ Reaktionen auf Erschütterungen und Vibrationen ◆ Schwingungen, Rhythmus, Singen, Instrumente, Klänge ◆ Reaktionen auf Geräusche, Töne und Stimmen (auch mit Mimik und Bewegungen) ◆ Ohren-Augen-Hand-Koordination ◆ Hantieren mit Geräusch erzeugendem, klingendem Spielzeug ◆ Differenzierung, Lokalisierung von Geräuschquellen ◆ Sprachanbahnung, Nachahmung ◆ Interesse und Verständnis

Situative Beispiele: Bringt das Kind eine Reihe von Gegenständen, die sich im Raum befinden, wenn es verbal darum gebeten wird? ◆ Läßt es sich von Klängen und durch Instrumente ansprechen? ◆ Kann es laut oder leise Gesprochenes unterscheiden und nachahmen? ◆ Wiederholt es gehörte Sätze? ◆ Versteht es auch einen geflüsterten Satz? ◆ Hört es aufmerksam zu, wenn ihm eine kurze Geschichte erzählt oder vorgelesen wird?

14. Viszerale Impulse

◆ Atmung, Puls ◆ Stoffwechsel, Blasen- und Darmtätigkeit (Verdauung) ◆ Haut, Trophik ◆ Körpertemperatur, Durchblutung, Sensibilität ◆ Erregung, Anspannung, Entspannung, Angst ◆ Belastung und Ermüdbarkeit, Leistungsfähigkeit

Situative Beispiele: Hält das Kind bei Spaziergängen gut mit und will bergauf nicht immer getragen werden? ◆ Schwitzt es bei kleinen Anstrengungen nicht besonders? ◆ Ist es nicht so leicht „verfroren"? ◆ Kommt es selten außer Puste, wenn es sich im Freien (z. B. auf dem Spielplatz zusammen mit anderen Kindern) tummelt? ◆ Kann es beim Umhertollen gut atmen?

15. Krampfneigung, Krampfbereitschaft

◆ Zeitweiliges Unruhigwerden ◆ Verharren in einer Bewegung ◆ abwesend sein ◆ unwillkürliche Körperbewegungen, Zuckungen, stereotype Verhaltensweisen ◆ Verfärbung von Lippen und Händen beachten

Situative Beispiele: Ist das motorische Verhalten des Kindes nicht stereotyp, sondern ausgewogen und natürlich? ◆ Zeigt das Kind keine zuweilen wiederkehrende und nicht zu erklärende starke Bewegungsunruhe? ◆ Ist es in seinem Aufmerksamkeitsverhalten interessiert und konzentriert, nicht zeitweise und plötzlich „abwesend" wirkend? ◆ Hält es beim Spielen nicht in auffallender Weise mitten in einer Bewegung inne?

16. Mundmotorik

◆ Orale Reflexe ◆ Zungen-, Lippen-, Gaumenbewegungen, Mund- und Gesichtsbewegungen ◆ Weinen und Schreien (Qualität) ◆ Mundschluß, Speichelfluß ◆ Trinken und Essen (saugen, schlucken, lecken, altersgemäße Nahrungsaufnahme) ◆ Artikulation ◆ Lautstärke beim Sprechen (laut/leise, flüstern)

Situative Beispiele: Kann das Kind beim Spielen seinen Mund auch geschlossen halten und seinen Speichel gut kontrollieren (herunterschlucken)? ◆ Hat es keinen auffälligen Speichelfluß ◆ Sind seine gesprochenen Sätze immer besser zu verstehen? ◆ Leckt es ein „Eis aus der Tüte"? ◆ Kann es pusten? ◆ Bedient es einfache Trillerpfeifen? ◆ Bläst es eine Mundharmonika? ◆ Gelingt es ihm, einmal besonders gut zu artikulieren, wenn es darum gebeten wird, einen Satz deutlich nachzusprechen?

17. Sprachanbahnung und Kommunikation

◆ Kommunikationsformen, Kontaktaufnahme, nonverbale Kommunikation ◆ Sprechwerkzeuge, Mundmuskulatur ◆ Nahrungsaufnahme ◆ Lall- und Lautentwicklung ◆ Artikulation, Stimmqualität ◆ Vokal- und Konsonantenbildung, Satzbildung, Wortschatz ◆ Nachahmung, Sprachverständnis

Situative Beispiele: Bildet das Kind Sätze? ◆ Wiederholt es nachahmend Sätze und nimmt mit Freude sprachlichen Kontakt auf? ◆ Kann man sich mit ihm sprachlich unterhalten? ◆ Erzählt es verständlich eine kurze, erlebte Begebenheit? ◆ Kann es eine kleine Geschichte nacherzählen?

18. Feinmotorik und Greifen

◆ Greif- und Festhalteentwicklung (Greifreflex, Greifqualität, aktives Greifen, Anpassung, Amplitude, Tempo, Krafteinsatz, Diadochokinese) ◆ Augen-Hand-Mund-Kontrolle, Hand-Hand-Koordination ◆ Daumenhaltung und -opposition, Hand- und Fingerbeweglichkeit ◆ Graphomotorik (Steuerung, Bewegungsfluß, Strichführung) ◆ manuelle und feinmotorische Betätigung ◆ Händigkeit

Situative Beispiele: Spielt das Kind gerne mit Gefäßen und Wagen (Eimer, Auto) und füllt diese (z. B. mit Klötzchen)? ◆ Malt es mit farbigen Stiften runde Formen? ◆ Benutzt es zunehmend eine führende Hand? ◆ Lernt es, eine Perlenkette aufzufädeln? ◆ Beginnt es zu kneten? ◆ Hantiert und baut es im Sandkasten? ◆ Führt es mehrphasige Handlungen immer geschickter aus (Tassen und Teller holen und auf dem Tisch verteilen)? ◆ Wird die führende Hand immer ausschließlicher?

19. Spielen

◆ Spielverhalten, Spielformen, Spiele, Spielzeug, Spielpartner, Spielumgebung ◆ Antrieb, Ausdauer ◆ Umgang mit Gegenständen (Formen, Farben, Figuren usw., Begriffsbildung)

Situative Beispiele: Hilft das Kind beim Aufräumen der Spielsachen? ◆ Liebt es seine „Spielecke"? ◆ Nimmt es ein Kuscheltier mit zum Schlafen? ◆ Reicht es Erwachsenen sein Spielzeug und fordert zum Mitspielen auf? ◆ Beobachtet es das Spiel anderer Kinder? ◆ Spielt es gerne im Freien mit Fahrbarem (Auto, Eisenbahn, Dreirad)? ◆ Imitiert es beim Spielen ◆ Spielt es phantasievoll mit Puppe und Puppenwagen, mit Auto, Bauklötzen und Figuren? ◆ Beginnt es, zusammen mit Gleichaltrigen zu spielen? ◆ Mag es Sing-, Finger- und Bewegungsspiele in der Gruppe?

20. Emotional-soziales Verhalten

◆ Gesichtsausdruck, Mimik, Körperausdruck, Körpersprache ◆ Umgang mit Bezugspersonen, mit Fremden, reaktives Verhalten, Kontaktaufnahme und Kontaktfähigkeit, Imitation ◆ Verhalten in der Gruppe ◆ Interessen, Wünsche, Bedürfnisse, Lern- und Aufnahemebereitschaft ◆ Erlebnisse, Erfahrungen, Eindrücke ◆ psychischer Ausdruck (Freude, Trauer, Lachen, Weinen, Anlehnung, Zärtlichkeit, Zutrauen, Abneigung, Aggressionen) ◆ Lebenswirklichkeit und -raum, Tagesablauf, Schlafrhythmus, Schlafgewohnheiten ◆ Sauberkeitsentwicklung, Selbständigkeitsentwicklung ◆ Beschäftigungen, Lieblingsbeschäftigung, typische Verhaltensweisen und Handlungen

Situative Beispiele: Ist das Kind Fremden gegenüber eher zurückhaltend? ◆ Liebkost es die Puppe (den Teddy, das Kuscheltier)? ◆ Möchte es in der Nacht nicht immer allein schlafen? ◆ Benutzt es für sich den Vornamen? ◆ Ist es tagsüber sauber? Wäscht es sich allein die Hände und das Gesicht? ◆ Beginnt es, sich immer geschickter aus- und anzuziehen? ◆ Zeigt es Bekannten gegenüber deutlich Zu- und Abneigungen? ◆ Stellt es viele Fragen? ◆ Ißt es allein? ◆ Verhält es sich „angepaßt", wenn es in eine andere Umgebung (Kaufhaus, Wartezimmer, Restaurant) mitgenommen wird? ◆ Läßt es sich leicht für einige Stunden von Mutter oder Vater trennen? ◆ Spielt es mit anderen Kindern und hält sich beim Gruppenspiel an einfache Spielregeln, wenn sie ihm erklärt werden? ◆ Spricht es von sich in der ersten Person („ich")?

12.4 Psychomotorische Lernziele und bewegungspädagogische Aufgaben

Der Kindergarten bereitet die Kinder auch auf den *Schulbeginn* vor. Empfehlens- und wünschenswert ist es daher, am Ende der Kindergartenzeit zu erfahren, welche *psychomotorischen Lernziele* miteinander erreicht worden sind. Die Lernziele gehen von durchschnittlich zu sehenden Fähigkeiten bei Vorschulkindern aus. Für sogenannte behinderte Kinder müssen andere Lernziele gesucht, Bewegungsaufgaben umgewandelt oder auch andere vorgeschlagen werden.

Ein bewegungspädagogisches Diagnostikum, zusammengestellt von TIETZE-FRITZ[87], kann mit spielerischen Aufgaben, die als psychomotorische Anregungen auf die ganze Gruppe auszurichten sind, dabei helfen. Die vorgeschlagenen (auch durch andere Bewegungsaufgaben und -spiele zu ersetzenden oder zu ergänzenden) Aufgabenbeschreibungen können als förderdiagnostische Hilfen benutzt werden, um Kindern *diejenige pädagogische Zuwendung* zu geben, die ihre psychomotorische Entwicklung unterstützt. Die Art und Weise, wie die Kinder mit ihren Einzelaufgaben umgehen, kann auf individuelle Fähigkeiten, aber auch auf Entwicklungsbedürfnisse und -probleme bei einem Kind aufmerksam machen.

---

[87] *Psychomotorische Lernziele und bewegungsdiagnostische Aufgaben* (Tietze-Fritz 1996, unveröffentlicht), gedacht für Kindergartenkinder vom 5. bis 7. Lebensjahr, vorzugsweise von Erzieherinnen anzuwenden.

Psychomotorische Lernziele und bewegungspädagogische Aufgaben (5. bis 7. Lebensjahr)

Allgemeine Lernziele

1. Koordination, Geschicklichkeit, Flexibilität, Geschwindigkeit	– sich geschickt/koordiniert bewegen können; sich schnell bewegen können
2. Gleichgewicht	– eine Körperposition beibehalten können, Balance halten können
3. Kraft, Ausdauer	– Körper- und Muskelkraft entwickeln; Aufgaben ganz durchführen können, durchhalten können
4. Körperschema	– Körperbewußtsein haben, Körper- und Raumorientierung beherrschen
5. Wahrnehmungen, Perzeption	– mit den Sinnen (taktil, visuell, akustisch) etwas gezielt wahrnehmen können
6. Feinmotorik	– sich feinmotorisch (hand- und fußmotorisch) betätigen können

Konkrete Lernziele

Zu 1

1. Auf einen Tisch und wieder herunterklettern können
2. Einen Ball fangen können
3. Einen Ball in eine Kiste werfen können
4. Unter einem Stuhl durchklettern können
5. Einen Purzelbaum vorwärts machen können
6. Über eine gespannte Schnur springen können
7. Um die Wette laufen können

Zu 2

1. Auf den Zehenspitzen stehen können
2. Auf einem Bein stehen können
3. Im Vierfüßlerstand Gewicht verlagern können
4. Vorwärts und rückwärts über die Schwebebank gehen können
5. Im Schneidersitz auf einer Rolle sitzen können
6. Einen Tennisball auf einem Tablett balancieren können
7. Einen Stab auf den geöffneten Händen tragen können

Zu 3

1. In Rückenlage beide Beine vom Boden abheben können
2. In Rückenlage radfahren können
3. Auf dem Bauch schaukeln können

4. Eine bestimmte Zeit lang an der Sprossenwand hängen können
5. An der Sprossenwand hängend die Knie anbeugen können
6. Auf der Stelle hüpfen können
7. Mehrere Male in die Hocke gehen können

Zu 4

1. Die Körperteile, die in der Aufforderung genannt werden, getrennt wahrnehmen können
2. Die Begriffe oben/unten verstehen und anwenden können
3. Die Begriffe hinten/vorne verstehen und anwenden können
4. Sich rechts/links an sich selbst orientieren können
5. Sich rechts/links im Raum orientieren können
6. Im Kreis gehen können
7. Den Raum diagonal durchqueren können

Zu 5

1. Die Richtung eines wahrgenommenen Tones angeben können
2. Sich eine an die Tafel gezeichnete Farbreihenfolge merken können
3. Mit geschlossenen Augen mehrere Gegenstände mit Hilfe des Tastsinnes identifizieren können
4. Mit Klötzen eine Straßenkreuzung „blind" bauen können
5. Eine an die Tafel gezeichnete Mauer mit Bauklötzen nachbauen können
6. Einen Ball wegwerfen und seinen Lauf verfolgen können, obwohl noch andere Bälle im Raum sind
7. Sich fünf Gegenstände, die im Raum sind, ansehen und merken und ihre Bezeichnungen aufzählen/nennen können

Zu 6

1. Mit einem Seil einen vorgegebenen Kreis und ein Quadrat mit den Händen nachlegen können
2. Mit einem Seil einen vorgegebenen Kreis und ein Quadrat mit den Füßen nachlegen können
3. Murmeln mit den Füßen in ein Glas tun können
4. Mit den Händen einen Knoten in ein Seil machen und ihn wieder öffnen können
5. Sich allein anziehen können
6. Sich und einem anderen Kind die Schuhe binden können
7. Einen Jacken-Reißverschluß öffnen und schließen können

Bewegungsaufgaben

<u>Vorschlag*</u>

<u>Anmerkung**</u>

<u>Zu 1</u>

1. Klettere auf den Tisch.
   Klettere wieder vom Tisch herunter.

   *Tischhöhe etwa 1 m. Die Kinder
   brauchen meist keine Hilfestellung.*

2. Fange diesen Ball mit beiden
   Händen auf.

   *Der Ball wird jedem Kind mehrere Male
   zugeworfen. Das Kind fängt ihn nicht nur
   einmal. Entfernung: etwa 1,5 m.*

3. Werfe den Ball in die Kiste.

   *Die Kiste steht etwa 1,5 m vom Kind
   entfernt. Sie hat einen Durchmesser von
   ungefähr 40 cm.*

4. Klettere unter dem Stuhl durch.

5. Mache einen geraden Purzelbaum.

   *Das Kind beherrscht den Purzelbaum
   vorwärts und geradeaus.*

6. Springe über die Schnur.

   *Jedes Kind springt über eine gespannte
   Schnur von 20-30 cm Höhe.*

7. Stellt euch nebeneinander auf.
   Lauft schnell durch den Raum und
   schlagt mit einer Hand vorne
   an die Wand. Wer als erster dort ist,
   ist Sieger

   *Die Kinder stellen sich nebeneinander an
   einem Ende des Raumes auf.
   Sie laufen um die Wette durch den Raum.*

<u>Zu 2</u>

1. Stelle dich auf die Zehenspitzen und
   bleibe so ruhig stehen.

   *Die Kinder stehen etwa 15 Sek. ruhig
   auf den Zehenspitzen.*

2. Stelle dich ruhig hin. Hebe jetzt ein
   Bein hoch und bleibe so ganz ruhig
   stehen

   *Die Kinder stehen etwa 30 Sek. ruhig
   im Einbeinstand.*

3. Stelle dich in den Vierfüßlerstand.
   Hebe jetzt das rechte Bein und den
   rechten Arm vom Boden ab und
   bleibe weiter ruhig stehen.

   *Die Kinder bleiben einige Sekunden
   in der Position. Sie bewältigen die
   Aufgabe auch links, danach
   im Wechsel rechts und links.*

4. Gehe vorwärts über die Schwebebank. Gehe rückwärts über die
   Schwebebank.

   *Die Kinder gehen vorwärts ohne Hilfe-
   stellung über die Bank, beim Rückwärts-
   gehen wird eine leichte Hilfestellung für
   das erste Drittel des Weges gegeben.*

5. Setze dich auf der Rolle in den
   Schneidersitz und bleibe eine
   Weile sitzen.

   *Durchmesser der Rolle: etwa 30 cm.
   Die Kinder bleiben etwa 1 Min. ruhig
   sitzen.*

289

6. Lege den Tennisball auf das Tablett. Gehe durch den Raum, ohne daß der Ball herunterfällt.

Größe des Tabletts: etwa 40 cm x 40 cm. Erhöhung an den Seiten: nicht mehr als 2 cm.

7. Nimm den Stab in deine Hände. Öffne die Hände und lege den Stab quer darauf. Nun kannst du durch den Raum laufen, ohne den Stab zu verlieren. Du darfst die Hand aber nicht schließen. Gib acht, daß du gegen niemanden stößt.

Länge des Stabes: 1 m, Durchmesser: 2 cm. Der Stab liegt auf der Handinnenfläche, die Arme sind leicht angebeugt nach vorne (vor den Körper gehalten).

Zu 3

1. Lege dich auf den Rücken. Hebe beide Beine hoch und halte sie eine Zeitlang in der Luft.

Die Beine werden wenige Sek. in der Luft gehalten, sie müssen nicht gestreckt sein.

2. Lege dich auf den Rücken. Fahre mit deinen Beinen Fahrrad.

Die Kinder beherrschen die Fahrrad-Bewegung mit wechselseitigen Beinbewegungen (etwa 1 Min.).

3. Lege dich auf den Bauch. Strecke deine Arme nach vorne aus. Versuche jetzt, auf dem Bauch zu schaukeln.

Beim Schaukeln werden Arme und Beine abwechselnd gehoben (etwa 30 Sek.).

4. Klettere die Sprossenwand hoch. Drehe dich um, wenn du hängst, damit dein Rücken zur Zimmerwand schaut.

Beim Hängen umfassen die Hände die zweitoberste Sprosse. Das Kind hängt mit dem Rücken zur Wand (etwa 15 Sek.). Es kann das Drehen selbständig ausführen.

5. Hänge dich an die Sprossenwand mit dem Rücken zur Wand. Hebe jetzt beide Knie gleichzeitig hoch.

Das Knieanheben wird 3mal probiert.

6. Stelle dich ruhig hin. Hüpfe jetzt immer wieder mit beiden Beinen hoch in die Luft. Bleibe aber beim Hüpfen immer auf deinem Platz, an dem du jetzt stehst.

Die Kinder hüpfen auf der Stelle (etwa 1 Min.).

7. Geh in die Hocke und steh wieder auf. Mach das ein paarmal.

Die Kinder gehen immer wieder in die Hocke (etwa 1 Min.).

Zu 4

1. Lege dich auf den Rücken. Hebe deine Beine hoch. Hebe einen Arm hoch. Berühre mit den Händen

Die Aufgaben werden in der genannten Reihenfolge richtig ausgeführt. Die Erzieherin wartet jeweils ab, bis die

deine Zehen, dann deine Fersen,
dann deine Waden, dann deine Knie.
Lege die Hände um deinen Hals.
Lege die Hände auf deine Brust.
Mache mit den Händen eine Faust
und strecke dann nur die Zeigefinger
aus.

*Kinder einen genannten Körperteil
gehoben bzw. berührt haben, und gibt
dann die nächste Aufgabe.*

2. Setze dich auf den Boden.
   Strecke einen Arm nach oben.
   Stell dich hin. Bücke dich nach unten.
   Stell dich hin. Schau nach oben.

3. Stell dich hin. Geh ein Stück nach
   vorne.
   Stell dich hin. Nimm deine Hände
   hinter deinen Rücken.

4. Stell dich hin. Zeige deinen Daumen
   und deinen Zeigefinger der rechten
   Hand. Fasse jetzt mit diesem Zeigefinger und mit diesem Daumen dein
   linkes Ohr an.

5. Stelle dich neben die Tür.

*Die Kinder stellen sich rechts bzw. links
neben die Tür.*

6. Gehe im Kreis herum. Beschreibe
   einen großen Kreis beim Gehen.

7. Gehe auf dem kürzesten Wege von
   dieser Ecke zu der anderen.

*Die Kinder gehen diagonal. Beide Ecken
werden gezeigt.*

Zu 5

1. Bleibe ruhig stehen. Schließe die
   Augen. Wenn du einen Ton hörst,
   überlege dir, woher er kommt. Öffne
   die Augen, wenn ich es dir sage,
   und gehe in die Richtung, aus der der
   Ton kam.

Ton auf dem Glockenspiel.

2. Sieh dir die Farben an, die ich an
   die Tafel gemalt habe. Merke dir
   genau die Reihenfolge. Wenn ich die
   Farben weggewischt habe, nenne
   sie mir der Reihe nach.

*Es werden 5 Grundfarben in für jedes
Kind neuer Reihenfolge an die Tafel
gemalt. 4 davon nennt das Kind in der
richtigen Reihenfolge (jedes Kind
einzeln).*

291

3. Greife in diesen Sack. Hole einen Gegenstand heraus und sage mir, was das ist.

Die Augen werden vorher verbunden. Jedes Kind holt 5mal einen Gegenstand aus dem Sack und erkennt 4 davon. (Vertraute Gegenstände: Bleistift, Schlüssel, Heft, Apfel, Knopf . . .)

4. Baue eine Straßenkreuzung.

Die Augen werden verbunden. Baukasten mit großen länglichen und quadratischen Klötzen.

5. Ich habe eine Mauer an die Tafel gemalt. Baue sie mit den Klötzen genau nach.

Die nachgebaute Mauer läßt deutliche Ähnlichkeit mit der Zeichnung erkennen.

6. Wenn ich sage „los", werfen alle 'Kinder ihren Ball weg. Jedes Kind schaut seinem Ball nach, läuft aber nicht weg, sondern bleibt stehen. Wenn ich wieder „los" sage, holt jeder seinen eigenen Ball zurück.

7. Sieh dich im Raum um. Merke dir 5 Gegenstände, die du siehst. Schließe deine Augen und sage mir, wie die 5 Gegenstände heißen, die im Raum sind und die du dir gemerkt hast.

Einzeln nacheinander.

Zu 6

1. Sieh dir den Kreis/das Quadrat an, den/das ich mit dem Seil auf die Erde gelegt habe. Lege mit deinem Seil einen Kreis/ein Quadrat, der/das genauso aussieht wie meiner/meines.

Die von der Erzieherin gelegte Figur bleibt während der Aufgabe liegen.

2. Lege den Kreis/das Quadrat mit den Füßen, benutze nicht die Hände dazu.

3. Setze dich auf den Boden. Sammele mit den Füßen die Murmeln auf und tue sie in das Glas.

Wasserglas, 10 Murmeln.

4. Mache einen Knoten in das Seil. Öffne den Knoten wieder.

5. Ziehe deine Kleider an.

6. Binde deine Schuhe. Binde die Schuhe deines Nachbarn.

7. Mache den Reißverschluß an dieser Jacke auf. Schließe den Reißverschluß wieder.

Die gelösten Aufgaben werden angekreuzt und, ebenfalls durch Ankreuzen, *den konkreten Lernzielen* in den Bereichen 1-6 zugeordnet.

Hat ein Kind in einem der sechs Bereiche 2 von jeweils 7 Aufgaben nicht lösen können, kann dies auf einen psychomotorischen Hilfebedarf hinweisen, den das Kind in einem oder mehreren Entwicklungsbereichen (siehe *Allgemeine Lernziele*) hat. Das Kind sollte deshalb nochmals in der Gruppe genauer beobachtet/gefördert werden, gegebenenfalls ist eine differenziertere Diagnostik/Förderung zu bedenken/anzuraten/einzuleiten.

' Alle Bewegungsaufgaben sind Angebote an die Kinder. Natürlich machen die Kinder auch eigene Vorschläge, die von der Erzieherin, wie alle Aufgaben, am besten in die spielerischen Handlungen ihrer Kinder einbezogen werden. Für manche Aufgaben ist es schön, wenn die Kinder barfuß sind.

** Vor allem dann, wenn Aufgaben nicht leicht verständlich sind, macht sie die Erzieherin vor, oder ein Kind aus der Gruppe, das dies tun möchte, zeigt sie.

Tietze-Fritz 1996

12.5 Diagnostik „mit Pfiffigunde"

Inspiriert durch das Kinderbuch „Prinzessin Pfiffigunde" von Babette Cole, entwickelte die Psychologin und Pädagogin CARDENAS aus einer interdisziplinären Teamarbeit heraus zusammen mit ihren Mitarbeitern *ein kindgerechtes Diagnoseverfahren*, die „Diagnostik mit Pfiffigunde" (CARDENAS 1996).

Dieses Screeningverfahren möchte den Entwicklungsstand von Kindern herausfinden, um konkrete Fördermaßnahmen, die individuell an den Stärken der Kinder ansetzen, planen zu können und um Kindern zielgerichtete Hilfen zu geben, wenn sie Auffälligkeiten im *Wahrnehmungs- und Bewegungsbereich* zeigen. Es sind unterschiedliche Beobachtungssituationen zusammengestellt, die es ermöglichen sollen, vom kindlichen Verhalten auf senso- und psychomotorische Probleme schließen zu können. Die Beobachtungen umfassen insbesondere die *Grob- und Feinmotorik* der Kinder, ihre *Lateralitätsentwicklung*, ihre *Perzeptionsfähigkeiten* und die Entwicklung ihres *Körperschemas*. „Pfiffigunde" möchte an der kindlichen Vorstellungswelt ansetzen. Deshalb sind die an die Kinder gestellten Aufgaben *in ein Märchen integriert*. CARDENAS geht davon aus, daß Märchen die eigenen Phantasie der Kinder anregen, daß Kinder in ihrer Phantasiewelt weitgehend ihr natürliches Verhalten zeigen und daß kindgerechte Märchen auch ihre Motivation fördern, in einer Diagnostik gestellte Aufgaben zu lösen.

Wenn mit Hilfe eines recht einfachen Bewertungsschemas ein Testergebnis erwartet wird, das auch eine Aussage über das eventuelle Vorliegen einer *Hirnfunktionsstörung* bei einem Kind machen kann, soll doch keine „Testsituation" und kein „Leistungsdruck" für die Kinder entstehen: Die Beobachtungssituationen werden per Video aufgezeichnet, und die einzelnen Videoszenen können später angesehen werden. Obwohl Kinder in einer kleinen Gruppe (etwa drei Kinder) zusammen beobachtet werden, kann doch anhand des Videos jedes Kind im nachhinein individuell beurteilt werten.

Die Diagnostik mit Pfiffigunde ist für durchschnittlich entwickelte Kinder im Alter von fünf bis acht Jahren gedacht und eignet sich besonders gut für die pädagogische Arbeit in Kindergärten, vor allem auch dann, wenn es darum geht, ob ein Kind bereits „schulreif" ist. Die verschiedenen Aufgaben können auch unabhängig von der unmittelbaren Beobachtungssituation in die Bewegungsspiele der Gruppe hineingenommen werden, und Kinder werden auf phantasievolle und spielerische Weise ermutigt, sich frei zu verhalten und ihre Wahrnehmungs- und Bewegungsfähigkeiten möglichst natürlich zu zeigen.

12.6 Motoriktests

Einige standardisierte motorische Testverfahren[88], die als praxisnah bekannt sind und sich zu einer kind- und situationsentsprechenden Auswahl einzelner Aufgaben eignen könnten, seien hier besprochen.

Der MOT 4-6

Der *Motoriktest für vier- bis sechsjährige Kinder (MOT 4-6)* ist standardisiert, möchte motorische Leistungen „messen" und entspricht mit seinen mehr spielerischen Testaufgaben dennoch den Bewegungsbedürfnissen der Kinder. Ihn anzuwenden erfordert wenig und kindgerechtes Material aus dem Bewegungsbereich und einen geringen Zeitaufwand. Er ist leicht zu handhaben. Das Testergebnis ermöglicht eine Aussage über den motorischen (normalen, unter- oder überdurchschnittlichen) Entwicklungsstand eines Kindes und kann auf Entwicklungsretardierungen aufmerksam machen, im übrigen auch bei behindert genannten Kindern eingesetzt wer-

---

[88] Motoriktest für vier- bis sechsjährige Kinder – MOT 4-6 von Zimmer u. Volkamer: Bezug Beltz Test GmbH, Weinheim; Körper-Koordinationstest für Kinder – KTK von Kiphard (Neubearbeitung von Schilling): Bezug Beltz Test GmbH, Weinheim; Trampolin-Körperkoordinationstest – TKT, Handgeschicklichkeitstests (Kamel-Nachfahrtest, Labyrinth-Test, Zielpunktieren [in Kiphard 1992]; Graphomotorische Testbatterie von Rudolf: Bezug Beltz Test GmbH, Weinheim).

den, die schon etwas älter sind. Der MOT 4-6 ist eigentlich als Einzeltest angelegt, kann aber durchaus auch in der Bewegungsgruppe angewendet werden. Er enthält 18 Items bzw. Einzelaufgaben. Sie werden mit Hilfe von Übungsgeräten durchgeführt, die den Kindern bekannt sind und aus solchen genormten Sportgeräten bestehen (z. B. Tennisring, Stab, Reifen), die in nahezu jeder Turnhalle vorhanden sind.

Die Testaufgaben beinhalten verschiedene motorische Dimensionen:

1. Gesamtkörperliche Gewandtheit und Koordinationsfähigkeit
2. feinmotorische Geschicklichkeit
3. Gleichgewichtsvermögen
4. Reaktionsfähigkeit
5. Sprungkraft
6. Bewegungsgeschwindigkeit
7. Bewegungsgenauigkeit

Es ist für die Erzieherinnen gut möglich, sich ihr „Testpaket" selbst zusammenzustellen, auf das Ermitteln eines „Testergebnisses" aber zu verzichten. Es ist auch besonders gut möglich, nur einzelne Testaufgaben in eine integrative Gruppensituation, die psychomotorisch und spielerisch gestaltet wird, mit hineinzunehmen, und die Kinder lieben es, wenn *sie sich ihre Aufgaben* selbst wählen können.

Der KTK

Der Körperkoordinationstest für Kinder möchte die Gesamtkörperbeherrschung und -kontrolle bei 5-14jährigen Kindern messen. Er gibt vor, „Entwicklungsrückstände in der Bewegungskoordination", wie sie auch bei zerebralgeschädigten Kindern oder bei Kindern mit leichten Hirnfunktionsstörungen vorkommen, herausfinden zu können. Der KTK sieht nur vier Testaufgaben vor, für die vorgeschriebene Testgeräte nötig sind:

– Balancieren rückwärts,
– monopedales Überhüpfen,
– seitliches Hin- und Herspringen,
– seitliches Umsetzen.

Die Aufgaben sind nicht sehr motivierend für Kinder, und das Material muß eigens angeschafft werden, so daß die Gesamttestdurchführung (und die Ermittlung eines Motorikquotienten durch lediglich vier Aufgaben) im Kindergarten wenig sinnvoll, das „Ergebnis" eher fraglich erscheint. Einzelne Aufgabenstellungen des KTK können aber durchaus „improvisiert" in die Bewegungserziehung der Kindergruppe mit einbezogen werden.

Diagnostik mit dem Trampolin

Das *Trampolin*, das große Luftkissen (*Airtramp*) und das federnde *Sprungtuch* als seine Varianten sind in den letzten Jahren zu geschätzten Hilfsmitteln in der psychomotorischen Erziehung geworden. Diese „sportlichen" und bei vielen Kindern beliebten Geräte vermitteln mit ihrem beweglichen Untergrund eine Fülle von Bewegungserlebnissen. Sie eignen sich vorzüglich zur Förderung des Haltungs- und Bewegungsgefühls und zur Schulung von Gleichgewicht und Koordination. Immer häufiger wird das Trampolin auch in der Förderung entwicklungsverzögerter und verhaltensauffälliger Kinder eingesetzt und besonders auch in der Therapie für zerebral bewegungsgestörte Kinder. Das Trampolin wird von Kindern sehr gerne benutzt, hat also einen hohen Aufforderungscharakter und ist gut in die gruppenpädagogische Bewegungsförderung *für alle Kinder* einzubeziehen. Es kann auch zur Diagnostik von Bewegungsauffälligkeiten herangezogen werden, und Erzieherinnen können mit seiner Hilfe im freien Spiel der Kinder, beim Trampolinspringen und bei Bewegungsaufgaben auf dem Sprungtuch und mit dem Airtramp während einer Turnstunde vielfältige *Haltungs- und Bewegungsmuster erkennen*.

Nach KIPHARD ist das Trampolin besonders geeignet, *pathologische Bewegungsmuster* und ein auffälliges *Reflexverhalten* bei Kindern zu erkennen. Er hat mit dem *Trampolin-Koordinationstest (TKT)* ein Verfahren zur Erfassung von Bewegungsmerkmalen in einer standardisierten Beobachtungssituation vorgestellt, das auch für die Erzieherin in Kooperation mit einer Physiotherapeutin oder einer Motopädin pädagogisch interessant sein kann. Nach den Vorgaben KIPHARDs ermöglicht der *TKT* eine differenzierte motodiagnostische Untersuchung, die dem „klinisch-heilpädagogischen Bereich" zugeordnet werden kann. Dementsprechend sind „pathologische Beobachtungsmerkmale" formuliert, die eine Auslese pädagogisch förderungsbedürftiger Kinder ermöglichen, das heißt, motorische Störungen zunächst auch aufdecken können. Im Mittelpunkt der Beobachtungen könnten, so KIPHARD, drehende und zuckende Extrabewegungen, eine Instabilität der Körpersenkrechten, asymmetrische Seitenbetonungen, Muskelsteifheit oder auch Muskelschlaffheit stehen. Er benennt Beobachtungskriterien, die als Merkmale „förderungsbedürftige Kinder" erfassen können, bei einer Mehrzahl von Merkmalen „koordinationsschwacher oder gestörter Motorik" sollten die Kinder einer differenzierteren und motodiagnostischen Untersuchung im klinisch-heilpädagogischen Bereich zugeführt werden.

Die Bewegungsmerkmale

- *Unterbrochenes Springen als ungewolltes Abstoppen zur Verhinderung eines drohenden Fallens*
- *Unsichere Balance im Sinne starker Gleichgewichtskorrekturen und Ausgleichsbewegungen der Arme*
- *Abgeknickter Körper als Zeichen der Instabilität*
- *Steifheit/Schlaffheit als zu hohe oder zu niedrige Muskelspannung*
- *Angebeugthalten eines Armes*
- *Zuckungen, Drehungen, Zittern als unwillkürliche Muskelimpulse*

Handgeschicklichkeitstests

In den meisten motorischen Testbatterien zur Erfassung grobmotorischer und koordinativer Fähigkeiten bei Kindern sind auch Übungen zur Feinmotorik, zur Fingerfertigkeit und ihrer Geschicklichkeit enthalten. Eine Diagnostik der Handgeschicklichkeit und der Wahrnehmungsfähigkeit sind immer sehr eng miteinander verbunden und in der Aufgabenstellung kaum voneinander zu trennen. KIPHARD hat Dimensionen der Handgeschicklichkeit (wie z. B. Fingerbeweglichkeit, Zielgenauigkeit, Augen-Hand-Koordination und Daumen-Finger-Kooperation) formuliert. Als mehr oder weniger standardisierte Verfahren benennt er

- *das Zielpunktieren,*
- *den Labyrinth-Test,*
- *den Kamel-Nachfahrtest.*

Bewegungsaufgaben daraus können gut in die alltägliche Beschäftigung mit der Kindergruppe einfließen, und mit ausgewählten Aufgaben aus den Testreihen, stets verbunden mit dem kindlichen Spielen und dem gestalterischen Tun im Kindergarten zusammen mit den Kindern, können auch feinmotorische und sensomotorische Probleme förderdiagnostisch erfaßt werden.

Auch im *Figurenzeichnen* der Kinder können psychomotorische Fähigkeiten besonders gut gesehen werden. Erzieherinnen gewinnen Eindrücke über die individuelle Entwicklung ihrer Kinder, wenn sie die Zeichnungen betrachten; und wie Kinder eine Figur zeichnerisch darstellen, ist nicht nur eine handgeschickliche Fähigkeit, sondern auch eine des Denkens, Verstehens, insgesamt des kognitiven Handelns. Um es zu können, braucht ein Kind eine Vorstellung vom Körper und seinen Teilen. Es muß sich demnach sein Körperschema schon entwickelt haben.

Im Alter von fünf bis sechs Jahren zeichnen Kinder Kopf, Augen, Nase, Mund, Körper, Beine und Arme, Hände und Füße, Haare. Auf welche Weise Kinder das tun oder warum sie Teile des Körpers weglassen, kann sehr aufschlußreich sein und auf Entwicklungsprobleme aufmerksam machen.

Erzieherinnen im Kindergarten, die viele gemalte Bilder von ihren Kindern sehen, können diese gut vergleichen. Wenn sie auffallende Zeichenschwierigkeiten dabei bei einem Kind bemerken, ist es ratsam, sich mit der Psychologin in Verbindung zu setzen.

Eine standardisierte *graphomotorische Testbatterie* von RUDOLF möchte Hinweise auf die altersgemäße Entwicklung der kindlichen Graphomotorik geben und gleichzeitig eine Hilfe sein für die Diagnose und Therapie zur Früherkennung und Förderung auffälliger Kinder. In ihr sind auch Ansätze zur „didaktischen Umsetzung" beschrieben und mögliche Fördermaßnahmen vorgestellt, die Kinder zu einem „selbstbestimmten Handeln" anregen sollen. Ein solcher Test sollte, ebenso wie einige Verfahren, die sich u. a. als Erfassungstechniken und Methoden zur *Bestimmung der Lateralität* (der Seiten-Dominanz) bei Kindern vorgestellt haben, wenn überhaupt, dann nur in kollegialer Zusammenarbeit mit Fachkolleginnen, wie Psychologinnen und Ergotherapeutinnen, in die kinderpädagogische Arbeit hineingenommen werden.

13. Bewegungspädagogik

Ziel aller bewegungspädagogischen Anregungen im Kindergarten ist es, jedem Kind die Möglichkeit zu geben, sich tätig mit seiner dinglichen und mit seiner sozialen Umwelt auseinanderzusetzen. Heilpädagogische Handlungsansätze sind Erziehung *durch Bewegung* und Erziehung *zur Bewegung*, und beides ist miteinander in Einklang zu bringen. Den jeweiligen Fähigkeiten eines Kindes entsprechend, erhalten die Kinder Anregungen durch die Erzieherin und auch eine therapeutische Unterstützung, wenn dies nötig ist. Auf der Basis der *Idee der Psychomotorik* sollen nicht nur die Bewegungsfähigkeiten aller Kinder im Kindergarten entfaltet werden, sondern in Verbindung damit auch alle Vorgänge, die zu einer Balance zwischen innerer Gefühlsdynamik und äußerem Bewegungsverhalten beitragen.

Eine solche ganzheitliche Bewegungspädagogik ist *Teil des Integrations-prozesses* von Kindern, und jedes Kind erwirbt *seine Kompetenzen*. Es erfährt sich selbst, und über motorisches Handeln kann es lernen, sich so zu entwickeln, wie es seinen Fähigkeiten entspricht. Jedes Kind erfährt, daß es handeln kann. Es kann die Lösungen eines Problems und seine Handlungswege selbst finden lernen, auch dann, wenn es dazu Anregungen und Hilfen braucht.

13.1 Senso- und psychomotorische Anregungen

Senso- und psychomotorische Anregungen sind die Basis aller Begegnungen im Kindergarten. Als Elemente einer ganzheitlichen Förderung schlägt KIPHARD Anregungen vor, die gut in den Kindergartenalltag passen (in HÜNNEKENS u. KIPHARD 1975; vgl. IRMISCHER u. FISCHER 1989, S. 22):

– *Anregungen zur Sinneswahrnehmung und zum Körperschema,*
– *Anregungen zur Behutsamkeit und zur Selbstbeherrschung,*
– *rhythmisch-musikalische Übungen,*
– *Übungen des Erfindens und Darstellens.*

Das Konzept der Motopädagogik

Alle diese Anregungen basieren auf dem Konzept der Motopädagogik, das jedes Kind unterstützen möchte, „sich handelnd seine Umwelt zu erschließen" (IRMISCHER, FISCHER 1989, S. 82). Zur Entwicklung einer solchen „Handlungsfähigkeit" möchte die Motopädagogik folgende *Kompetenzen* vermitteln helfen:

die *Ich-Kompetenz* als die Fähigkeit des Kindes, sich und seinen Körper wahrzunehmen, mit seinem Körper umgehen zu können und mit sich selbst zufrieden zu sein;

die *Sach-Kompetenz* als die Fähigkeit des Kindes, seine materiale Umgebung wahrzunehmen, und in der Lage zu sein, in und mit ihr umzugehen;

die *Sozial-Kompetenz* als die Fähigkeit des Kindes, die soziale Umwelt wahrzunehmen, zu verstehen und in und mit ihr umzugehen.

Aus diesen Kompetenzbereichen ergeben sich die Lernfelder. *Alle* Kinder können gefördert werden. Unter Berücksichtigung der motopädagogischen Anwendungsmöglichkeiten für behindert genannte Kinder bietet die Motopädagogik den Erzieherinnen im Kindergarten konzeptionelle Hilfen zu einer *psychomotorischen Erziehung*, in der die Kindergruppe Angebote erhält, um *Körpererfahrungen, Materialerfahrungen* und vielfältige *Sozialerfahrungen* machen zu können (vgl. KIPHARD 1992; 1994b; 1995).

Das sensomotorische Entwicklungsgitter

Um den motorischen und sensorischen Entwicklungsstand von Kindern besser einschätzen zu können, hat KIPHARD die Benutzung eines sensomotorischen Entwicklungsgitters vorgeschlagen (1994a). Mit ihm kann ermittelt werden, welche Handlungsfähigkeiten ein Kind in der *optischen Wahrnehmung*, im *Handgeschick*, in der *Körperkontrolle*, in seiner *Sprache* und in der *akustischen Wahrnehmung* zeigt. Zusätzlich kann auch ein *psychosoziales Entwicklungsgitter*, das den *Sozialkontakt* der Kinder erfahren möchte, mit angewendet werden. Weil KIPHARDs Entwicklungsgitter viele spielerisch zu gestaltende Aufgabenstellungen enthält, die sich für das Kindergartenalter eignen, kann es Erzieherinnen im Kindergarten durchaus helfen, die Fähigkeiten ihrer Kinder besser kennenzulernen: Die Aufgaben sind in die Aktivitäten des Gruppenspiels einzubeziehen, und es ist möglich, mit einem „Entwicklungsprofil" eine Zusammenschau der Fähigkeiten eines Kindes und seines Handelns zu erhalten[89].

13.2 Lernen durch Bewegung: Förderung des Körperbewußtseins und der Perzeption

Marianne FROSTIG hat vor Jahren ein Programm „Lernen durch Bewegung" vorgelegt und es *heilpädagogische Leibeserziehung* genannt. Um dieses Programm zu aktualisieren und es den Entwicklungsbedürfnissen von Kindern in integrativen Zusammenhängen mit innovativen Maßstäben besser anzupassen, bemüht sich die *Internationale Frostig-Gesellschaft* derzeit um eine moderne Anwendung des Marianne-Frostig-Konzepts in Pädagogik und Therapie. Aufgaben daraus eigen sich gut für den Kindergarten, vor allem auch gerade dann, wenn Kinder Lern- und Entwicklungsprobleme haben.

Die Bewegungserziehung nach FROSTIG (FROSTIG 1975; INTERNATIONALE FROSTIG-GESELLSCHAFT 1992; 1993; 1994) möchte die integra-

---

[89] Das sensomotorische und das psychosoziale Entwicklungsgitter nach Kiphard/Ohlmeier ist zusammen mit einem Elternfragebogen unter der Bestell-Nr. 5120 und 5125 beim verlag modernes lernen, D-44139 Dortmund, zu beziehen.

tive Entwicklung sensomotorischer Fähigkeiten bei den Kindern unterstützen und verbindet in ihren Inhalten Bewegung, Sprache und Wahrnehmung. Zur Entfaltung der Persönlichkeit des Kindes wird die heilpädagogische Leibeserziehung durch ein besonderes Förderprogramm, das der gezielten Schulung des *Körperbewußtseins* und der visuellen Perzeptionsfähigkeit von bewegungs-, entwicklungs-, sprachgestörten und sprachentwicklungsverzögerten Kindern gewidmet ist, ergänzt.

Körperbewußtsein

Dem Stellenwert der Körpererziehung im integrativen bewegungspädagogischen Handeln folgend, betrachtet FROSTIG die Entfaltung des Körperbewußtseins bei Kindern als wesentliches Kriterium für deren körperliche und seelische Entwicklung. Sie betont die Wichtigkeit,

das Körperimago (die Summe aller auf den Körper bezogenen Empfindungen),

das Körperschema (die automatische Anpassung von Teilen des Skelettsystems und die Fähigkeit, eine Körperhaltung beizubehalten)

und den Körperbegriff (die faktische Kenntnis des Körpers und seiner Teile)

im bewegungspädagogischen Umgang mit den Kindern zu entwickeln.

Perzeption

Auf der Grundlage des *Frostig-Entwicklungstests der visuellen Wahrnehmung (FEW)* aufbauend, umfassen die Wahrnehmungs- und Bewegungsaufgaben auch Übungsangebote *zur visuomotorischen Koordination, zur Figur-Grund-Wahrnehmung, zur Wahrnehmungskonstanz, zur Wahrnehmung der Raumlage* und *zur Wahrnehmung räumlicher Beziehungen* (FROSTIG/REINARTZ 1974 u. 1977).

Exkurs: Frostigs Entwicklungstest der visuellen Wahrnehmung (FEW)

Der Frostig-Entwicklungstest ist das im deutschen Sprachraum bekannteste Diagnoseverfahren zur Ermittlung der visuellen Wahrnehmungsfähigkeit, genormt für Kinder zwischen vier und acht Jahren. Durch seine Unterteilung in fünf Subtests ermöglicht er eine differenzierte diagnostische Aussage. Der FEW prüft die visuomotorische Koordination (VM), die Figur-Grund-Wahrnehmung (FG), die Wahrnehmungskonstanz (WK), die Wahrnehmung der Raumlage (RL) und die Wahrnehmung der räumlichen Beziehungen (RB). Es läßt sich das Entwicklungsalter eines Kindes errechnen und ein Prozentrang ermitteln, der die relative Position eines Kindes innerhalb der Rangreihe einer Vergleichsgruppe von Kindern angibt. Es kann ein Perzeptionsquotient ermittelt werden, der Hinweise auf das Ausmaß einer visuellen Perzeptionsstörung beim Kind geben soll (Bezug: BELTZ-TEST GmbH, Weinheim).

Die Anwendung des FEW ist seit vielen Jahren fester Bestandteil ergotherapeutischer, aber auch früh- und heilpädagogischer Kinderarbeit. Er gilt mit seinen vorgeschlagenen Aufgaben, die das „Testheft" enthält, trotz seines spezifischen Aussagewertes inzwischen jedoch als nicht mehr zeitgemäß. Der Test ist wenig motivierend für ein entwicklungsauffälliges Kind und sollte in der noch gültigen Fassung im Kindergarten höchstens auszugsweise eingesetzt werden. Von den Erzieherinnen modifiziert aber, mit kindgerechten Aufgaben, die Kindern Freude machen, können seine inhaltlichen Vorschläge doch *eine Fülle von Anregungen* zur ganzheitlichen psychomotorischen Förderung in der Kindergruppe geben. Eine Reihe von (abgewandelten) Testaufgaben eignet sich für Spiel- und Bewegungsräume. Sie können zusammen mit FROSTIGs und anderen Bewegungsaufgaben und mit den Vorschlägen zur visuellen Wahrnehmungsförderung und zur Förderung des Körperbewußtseins gut in die gemeinsame Erziehung von Kindern einfließen.

13.3 Das „Haltungsturnen" für Kinder

Eine ganzheitliche Bewegungserziehung im Kindergarten möchte den Kindern auch helfen, ihre statomotorischen Fähigkeiten zu entwickeln und ihre Haltungs- und Bewegungskontrolle zu verbessern. Eine Psychomotorik mit dem Schwerpunkt „Haltungsturnen" dient also der Prävention und der Rehabilitation von kindlichen Haltungsschwächen.

Keine Übungssituation des Haltungsturnens soll eine künstliche sein, sondern Situationen sollen der Realität nahe sein, damit Kinder das Erlebte und Gelernte leichter auf ihren Lebensalltag übertragen können. Auch für die Bewegungsförderung in der Gruppe mit der Zielsetzung der Förderung der Statomotorik bei Kindern gibt es demnach *kein festes Übungsprogramm, wohl aber Lernziele*. Die „Haltungs-Turnstunde" ist dynamisch und keinesfalls auf „Übungen" fixiert. In einem kindgerechten und ganzheitlichen Konzept wird auch hier das Kind in seiner ganzen Persönlichkeit angesprochen, und Zielsetzungen, wie freudbetontes Bewegen, die *Entwicklung eines Haltungsgefühls*, motorische Handlungsfähigkeit und soziale Kompetenz im erzieherischen Umgang mit den Kindern werden verfolgt. Es gehört zu den Aufgaben des „Haltungsturnens", aufgrund von gezielten Beobachtungen ein immer wieder zu variierendes Konzept zu entwickeln.

Die „Turnstunde"

Eine „Turnstunde" ist individuell auf jedes Kind abgestimmt und richtet sich nach den jeweiligen Bedürfnissen. Bei den sehr *unterschiedlichen Haltungsbedürfnissen* ganz verschiedener Kinder in der gemeinsamen Erziehung ist es daher sinnvoll, Kinder, die eine besondere Hilfe brauchen, zunächst einzeln zu erleben und mit Bewegungsaufgaben für *ein* Kind zu beginnen. Je nach Aufgabenstellung kann dann eine kleine Kindergruppe zusammengestellt werden, etwas später turnen und spielen alle Gruppenkinder zusammen. Dies ist dann möglich, wenn alle Kinder gut vorbereitet sind und die Erzieherin jedes Kind auch mit seinen orthopädischen Bedürfnissen genau kennt.

Das Haltungsturnen enthält Elemente aus allerlei Bewegungskonzepten, besonders aus dem *kompensatorischen Sport*, wie er als „Sonderturnen" für Schulkinder bekannt geworden ist. Es enthält aber vor allem Elemente aus der modernen *Rückenschule für Kinder*, wie sie von der Physiotherapeutin als eine gesundheitsfördernde Maßnahme angeboten werden kann, und Erzieherinnen können viele *Grundlagen und Ideen aus der haltungsfördernden Rückenschule* in ihr eigenes bewegungspädagogisches Angebot für die Kindergruppe und in die gesamte gruppenpädagogische Arbeit mit hineinnehmen.

Exkurs: *Rückenschule für Kinder*

Die von Physiotherapeutinnen durchgeführte *Rückenschule* wird als „Einrichtung der vorbeugenden Gesundheitsfürsorge zur Prävention und Rehabilitation von Wirbelsäulenerkrankungen" bezeichnet. Sie beinhaltet ein Verhaltenstraining zum gezielten Erwerb eines haltungs- und vor allem rückenfreundlichen Bewegungsverhaltens. Die Zielsetzung und die inhaltliche Gestaltung der Rückenschule für Kinder ergeben sich aus verschiedenen Bedingungen wie dem Alter der Kinder und ihrem körperlichen, geistigen und sozialen Entwicklungsstand, möglichen motorischen Schwierigkeiten und vielem mehr. Sie muß somit immer die Besonderheiten der jeweiligen Entwicklungsstufe eines Kindes beachten. Die Rückenschule enthält die folgenden Elemente: *kleine Spiele* (spielerische Aufwärmformen), *funktionelle Übungen*, Verhaltenstraining und Bewegungslernen, *Entspannungsübungen* (psycho-physische Regulation), *Information und Gespräch* (vgl. KEMPF 1990; 1992).

Haltungsfördernde Ideen aus der Rückenschule

Das bewegungspädagogische „Haltungsturnen" möchte alle Kinder zu gemeinsamem Spiel, Sport und Entspannung durch erlebnisorientierte Angebote motivieren. Es möchte ihnen vielseitige Bewegungs- und Wahrnehmungserfahrungen vermitteln und sie für haltungsförderliche Bewegungsmuster und Verhaltensweisen sensibilisieren. Eine wichtige Zielsetzung ist dabei die Hilfe zur Entwicklung eines positiven Selbstwertgefühls für ein Kind und zur Stärkung seines Selbstbewußtseins. Das Wohlbefinden eines jeden Kindes soll gesteigert werden, und das Kind soll zu Eigeninitiative und zu selbständigem Handeln ermuntert werden:

Die kleinen Spiele

Kleine Spiele sind Bewegungsspiele, denen einfache und nach Bedarf leicht zu verändernde Spielregeln zugrunde liegen. Sie können den Bedürfnissen und Interessen der Kinder, der Anzahl, der Spielerfahrung und dem Platz- und Materialangebot variabel angepaßt werden. Einfache, elementare Bewegungsformen wie Rutschen, Rollen, Schwingen, Gleiten, Wippen, Hüpfen, Schaukeln, und vor allem unkomplizierte Handlungsabläufe werden *spielend und in spontanen Handlungen* benutzt. Spielerlebnisse wie Freude und Spaß in zwangloser Atmosphäre, eine heitere Stimmung im Moment des Spiels und die Anregung zum Kennenlernen eines einfachen und komplexen, auf jeden Fall vielfältigen Spielguts gehören dazu. Kinder lernen Spiele kennen, erfahren Kreativität und Phantasie, erleben Gruppenverhalten und erreichen eine größere Kompetenz im „Handhaben" ihrer körperlichen Fähigkeiten.

Funktionelle Übungen

Auch wünschenswerte Bewegungsformen, die die physiologischen und anatomischen Bedingungen bei einem Kind berücksichtigen, werden in der Bewegungserziehung entfaltet. Dazu gehören das Erleben von Körperbewußtsein und *Körpergefühl*, die Vorbeugung und der Ausgleich muskulärer Dysbalancen und auch eine behutsame Mobilisation der Wirbelsäule, die *Haltungsschwächen entgegenwirken* kann. Es gibt dafür besonders geeignete Übungsgeräte, wie den Hindernisparcours und Klettergärten. Für bewegungseingeschränkte Kinder können Bewegungen auf labilen Unterstützungsflächen (Rollbrett, Kreisel) gefunden werden, und es gibt Stütz-, Hang- und Zuggeräte, die Kinder vielfältig ansprechen.

Verhaltenstraining und Bewegungslernen

Ein „Haltungsturnen" umfaßt auch das *Erlernen* (Umlernen), Üben und Stabilisieren eines für ein Kind individuell *förderlichen Alltagsverhaltens*. Sich-Drehen, Sich-Hinlegen, Sich-Setzen, Sich-Aufrichten, aktives Rollen und Krabbeln, harmonisches Gehen, richtiges Bücken, Heben, Tragen, Festhalten und Loslassen und viele andere Bewegungshandlungen können gemeinsam gelernt werden.

Entspannung

Entspannungsübungen, die kindgerecht sind, haben große Wirkungen: Wir können bei Kindern organisch-physiologische Reaktionen, wie z. B. Abnahme der Muskelspannung, Ökonomisierung der Atmung, Harmonisierung der Herzarbeit und des Energieverbrauchs oder eine verbesserte Durchblutung der Körperperipherie sehen. Kinder können lernen, ihre eigenen muskulären Spannungs- und Entspannungszustände wahrzunehmen. *Verkrampfungen können sich lösen*, und manche Kinder können Ruhe, Gelassenheit und Wohlbefinden erleben. Sie erfahren positive Bewältigungsstrategien jeweils einzeln für sich, aber zusammen mit der Gruppe.

Die Medien in der Bewegungspädagogik

Viele, auch sehr einfache Übungsmaterialien können helfend als Medien eingesetzt werden, und bewegungspädagogische Aktivitäten bedienen sich mit ihrem Materialangebot am besten der Dinge, die im Kindergarten verfügbar sind. Wichtig ist, daß alle Gegenstände auffordernd für ein Kind sind, daß sie *Impulse geben* und zu Aktivitäten anregen. Die Ausstattung muß ganz verschiedene Geräte umfassen, die so ausgewählt werden, daß ein Kind auch damit umgehen kann. Viele Dinge sind für alle Kinder geeignet, manche berücksichtigen auch die besonderen Bedürfnisse behindert genannter Kinder.

Bewegungsangebote sollen viele Spielvariationen ermöglichen, sich nicht nur für eine „Turnstunde" eignen, sondern auch *offene Bewegungsangebote* sein, die bereitgestellt werden und für die Kinder sich entscheiden können. Wichtig sind Räume mit Möbeln, die nicht stören und die auch entfernt werden können. Besser als Stühle sind für die Bewegungspädagogik Rollen und große Bälle, Möglichkeiten zum freien Sich-Bewegen im Raum, zum Klettern, zum Hüpfen und Balancieren und zum Toben, aber auch *Rückzugsmöglichkeiten* wie *Kuschelecken* und *Häuser und Höhlen*, in die ein Kind sich zurückziehen kann, wenn es dies möchte.

Bewegungsgeräte und Materialien sind gut geeignet,

wenn sie zum Handeln anregen;
wenn sie vielseitig verwendbar sind;
wenn sie Anregungen der Sinne sind;
wenn sie das Erproben von Bewegungsqualitäten, von Koordination, Geschicklichkeit, Gleichgewicht, Rhythmus und Reaktion, Bewegungskombination, grob- und feinmotorischen Handlungen zulassen;
wenn sie zu Kreativität anregen, verändert und kombiniert werden können und variabel im Einsatz sind;

wenn sie die Möglichkeit der Kontaktaufnahme bieten und so beschaffen sind, daß man damit etwas gemeinsam tun kann;
wenn sie Eigentätigkeit ermöglichen (drücken, halten, loslasen, wegwerfen, bewegen, anheben, schieben, rollen, tragen ...).

Das und noch mehr sollte im Kindergarten zu finden sein: Papier, Farben, Kleister, Tapeten, Bürsten, Becher, Kugeln, Naturmaterialien wie Kastanien und Steine, Pappe, Eimer, Kartons, Holzklötze, Gummireifen, Gymnastikmatten, Rutsche und Leiter zum Einhängen, Sprossenwand, Schwebebank, Schaumstoffelemente, kleine und große Kästen, ein Trampolin, Gymnastikbälle in verschiedenen Größen, Softbälle, Wasserbälle, Medizinbälle, Luftballons, Tennisbälle, Reifen, Bänder, Springseile, Taue, Stäbe, Sandsäckchen, Zauberschnüre, Tücher, Schwungtuch, Schaukeltuch, Hängematte, Schaukeln, Therapiekreisel, Schaukelbrett, rollbarer Spiegel, Rollen, Rollbretter, (Luft-)Matratzen, Kissen, Decken, Tische, Stühle in verschiedenen Größen, Fortbewegungsmittel wie Dreirad, Leiterwagen, Roller ...

14. Rhythmik und Musik

Die *rhythmisch-musikalische* Erziehung als Element zwischen Bewegung und Musik und die Einbeziehung rhythmisch-musikalischer Verfahren bieten in der integrativen Erziehung eine Fülle von Möglichkeiten, das psychomotorische Handeln von Kindern zu unterstützen. Als Arbeitsmittel stehen für die Vorschulerziehung besondere Instrumente, Materialien und Rhythmikgeräte zur Verfügung. Es sind aber auch *die alltäglichen Dinge* aus dem Gruppenraum und der Turnhalle des Kindergartens, die genutzt werden können. Für die *musikalische Früherziehung* ist insbesondere das *ORFFsche Instrumentarium*, bestehend aus Schlag-, Saiten- und Blasinstrumenten, das seit vielen Jahren bekannt ist, zu nennen.

Exkurs: Orff-Musikpädagogik und Musiktherapie

Ihrem Selbstverständnis nach stellt die *Orff-Musikpädagogik* eine *multisensorische* Förderung dar, die alle Sinne des Kindes variabel anspricht, und zwar mit dem Einsatz musikalischer Mittel. Die phonetisch-rhythmische Sprache, der freie und der gebundene Rhythmus, die Bewegung, Sprache und Singen und das Handhaben von Instrumenten sind als musikalische Grundelemente zu verstehen. Hauptanliegen von Orff ist es, dem Kind eine Dimension Musik zu schaffen, in dem es *sich ausdrücken*, *sich erleben* und in *Gemeinschaft mit anderen Kindern* Musik machen kann. Die *Musiktherapie* ist als Behandlung vor allem für körperlich, sprachlich und mehrfach beeinträchtigte Kinder gedacht. Mit ihrer pädagogisch-therapeutischen Zielsetzung des Körpererlebens, des materialen und sozialen Erlebens und mit ihrer emotional ansprechenden Herangehensweise ist sie hervorragendes Medium jeder integrativen Förderung. Zu den Orff-Instrumenten gehören *Metallklinger* (Glockenspiel, Metallophon, Becken, Cymbeln und Triangeln), *Holzklinger* (Klangstäbe, Holzblocktrommel, Xylophon), *Fellinstrumente* (Pauken und Handtrommeln). Sie können durch Bambusrohre, Harfe, Gong und klingendes Spielmaterial ergänzt werden (vgl. ORFF 1974).

14.1 Die rhythmisch-musikalische Erziehung und ihre psychomotorische Bedeutung

Die Bedeutung einer gemeinsamen motorischen Erziehung für alle Kinder durch rhythmisch-musikalische Angebote[90] läßt sich gut wie folgt begründen:

„– in der Tatsache, daß sowohl Musik als auch Bewegung sich auf den Ebenen Ausdruck, Darstellung und Gestaltung/Ordnung abspielen;
– im Zusammenhang der Erlebnisdimensionen des psychomotorischen, affektiven, kognitiven und sozialen Bereichs, den Musik herstellen kann;
– in den Ausdrucks- und Artikulationsmöglichkeiten der Stimme, insbesondere in ihrer motorischen Funktion,
– in einer einerseits befreienden, andererseits ordnenden Wirkung von Musik und Rhythmus" (AMRHEIN 1988)."

14.1.1 Musik

Die Musik kann zur Stimulation, Sinnesschulung, zur Sprach- und Entwicklungsförderung eingesetzt werden. Sie ist Spiel und Freude, Anregung zum Bewegen, zum Artikulieren und zum Erleben, sie kann emotional anregen oder beruhigen. In der integrativen Erziehung stellt sie vor allem Interaktionen her, und sie gilt als ein wichtiger Kommunikationsansatz in der Arbeit mit behindert genannten, besonders auch mit autistischen und mit schwerstbehinderten Kindern.

---

[90] Literatur zur vorgestellten Musikerziehung: Oy, v., C. M. u. Sagi, A.: Lehrbuch der heilpädagogischen Übungsbehandlung. Heidelberg 1994. Viele Anregungen zur rhythmisch-musikalischen Förderung von Kindern finden sich in Konietzko, C.: Sing-, Kreis,- Finger- und Bewegungsspiele. Arbeitshefte zur heilpädagogischen Übungsbehandlung Band 1. Heidelberg 1995; Krimm-von Fischer, C.: Rhythmik und Sprachanbahnung. Arbeitshefte zur heilpädagogischen Übungsbehandlung Band 2. Heidelberg 1995; Schwarting, J.: Musik und Musikinstrumente. Arbeitshefte zur heilpädagogischen Förderung Band 6. Heidelberg 1995.

Während sich die *Musiktherapie* meist als ein psychotherapeutisch orientierter Ansatz versteht und ausgebildete *Musiktherapeutinnen*, die in der Kinderpädagogik tätig sind, eigene konzeptionelle Förderungs- und Behandlungsansätze anwenden können, haben die Erzieherinnen die Möglichkeit, eine musikpädagogische Vorgehensweise als integralen Teil einer psychomotorisch ausgerichteten Erziehung und Förderung zu betrachten. *Musikerziehung* in der gemeinsamen Förderung von Kindern praktiziert, ist ganzheitliche Erziehung, und es ist das Singen, es sind die selbstangefertigten Instrumente aus alltäglichen Lebenszusammenhängen, es sind die Klänge und das Lauschen auf Feinheiten, die Kinder zum musikalischen Element hinführen können und die Handlungsfähigkeiten, Gemeinsamkeiten und Beziehungen entwickeln helfen. Die Erzieherin kann

körpereigene Instrumente einsetzen (die Stimme, die Hände, die Füße). Es können Kinderlieder ausgewählt werden, die in Verbindung mit Finger- und Bewegungsspielen, Sing- und Kreisspielen, Versen und Reimen alle Kinder motivieren,

körperfremde Instrumente einsetzen (Dinge aus der vertrauten Umwelt der Kinder: Töpfe, Gläser, Löffel, Dosen, Murmeln, Sand, Wasser, Steine ...),

ausgewählte Musikinstrumente einsetzen (die Kinder werden durch „Horch- und Suchspiele" eingeführt; sie werden langsam mit Instrumenten vertraut gemacht, und einfache Instrumente eignen sich zur sensomotorischen Förderung, zum Hören und Reagieren, zum Antworten, Greifen, Festhalten, Anschlagen und zu Partnerübungen).

14.1.2 Rhythmik

Die rhythmisch-musikalische Erziehung geht vom spontanen Bewegungsbedürfnis der Kinder aus und von ihrer natürlichen Beziehung zum rhythmischen Element. *Prinzipien der Rhythmik* sind eine Basis aller Entwicklungs- und Bewegungsimpulse und stets Teil der erzieherischen Begleitung von Kindern.

Rhythmus motiviert jedes Kind und gehört zum Spielalltag eines jeden Kindergartens. Als Teil der Förderung von Kindern wirkt eine dosierte Bewegungsrhythmik besonders stimulierend auf verschlossene und bewegungsarme Kinder. Bewegungsunruhige Kinder aber können durch rhythmische Ordnung ihr Gleichmaß zur Ruhe finden. *Rhythmische Erziehung* ist immer gemeinsame Erziehung und hilft jedem Kind zu handeln. Sie bietet kindgerechte Entwicklungs- und Lernanregungen und eignet sich vorzüglich zur integrierten *Sprach- und Bewegungsanbahnung* für mund-, grob- und feinmotorisch beeinträchtigte Kinder. Es gibt einige wenige ausgebildete *Rhythmiklehrerinnen*, die methodisch nach individuellen Konzepten arbeiten. Es gibt besonderes Rhythmikmaterial, das Erzieherinnen in ihrer Kindergruppe gut benutzen können, aber wir kennen auch viele Dinge aus dem Kindergarten, wie Bälle, Reifen, Stäbe, Kugeln, die „rhythmisch" einzusetzen sind (vgl. OY, v. 1994; ZUCKRIGL u. a. 1994).

Übungsvorschläge

Die für die Kinderpädagogik vorgeschlagene Angebote lassen sich in mehrere Gruppen einteilen. Die Kinder können sich dabei im Raum frei bewegen. Sie sollen mehr Sicherheit in ihrer Motorik, mehr Selbständigkeit und mehr Vertrauen zu sich selbst gewinnen. Sie lernen, rhythmische Bewegungsabläufe zu gestalten (OY, v. 1994, S. 330ff.):

Ordnungsübungen (Ordnung im freien und beschränkten Raum, in Dingen, Funktionen und in der Sprache),

Konzentrationsübungen (akustisch, visuell, taktil und kinästhetisch),

Gedächtnisübungen (erleben, erkennen, benennen),

Phantasie- und Spielübungen (hantieren, experimentieren, konstruieren, gestalten),

soziale Übungen.

In manchen Kindergärten werden traditionelle Verfahren, wie die *heilpädagogische Rhythmik nach SCHEIBLAUER*, benutzt, oder, häufiger, deren grundlegende Elemente und Anwendungsvorschläge in die erzieherische Arbeit integriert.

Exkurs: Heilpädagogische Rhythmik nach Scheiblauer

Die Scheiblauer-Rhythmik ist ein *entwicklungsförderndes* Mittel für alle Kinder. Ihr Einsatz erfordert eine spezifische rhythmisch-pädagogische Qualifikation. Mit elementarem Musizieren, durch Spiel mit bildnerischen Mitteln und durch das Bewegungsprinzip will sie zu aktiver Auseinandersetzung mit sich selbst und mit den zur Verfügung gestellten Materialien anregen. Die *Original-Rhythmikgeräte* nach Mimi SCHEIBLAUER (Bälle, Holzkugeln, Holzreifen, Schlaghölzchen, Rasselbüchse, Seile, Tücher, Holzklötze, Tamburin, Zauberschnur ...) fordern durch Farbe, Form, Geräusch und Gewicht zu Bewegung, zu Spiel und zum Gestalten heraus (vgl. NEIKES 1968; KRIMM-von FISCHER 1995).

15. Die heilpädagogische Übungsbehandlung

Als ein ganzheitliches Konzept der Förderung insbesondere für *entwicklungsgefährdete* und *behindert genannte Kinder* ist die *„heilpädagogische Übungsbehandlung (HPÜ)"* bekannt geworden. Sie wurde vor Jahren von Clara Maria von OY und Alexander SAGI entwickelt und ist in ihrem „Lehrbuch der heilpädagogischen Übungsbehandlung" ausführlich dargestellt (OY, v. u. SAGI 1994). Sie hat sich längst als ein grundlegender methodischer Ansatz in der Heilpädagogik etabliert und wird von Heilpädagoginnen und Erzieherinnen angewendet. Sie „ist grundsätzlich auf die Gesamtförderung des Kindes, d. h. auf die Förderung der emotionalen, sensomotorischen, sozialen und kognitiven Fähigkeiten ausgerichtet. Gestörte Teilbereiche (Teilleistungsschwächen) sollen durch ein vielfältiges Angebot an Erfahrungs- und Handlungsmöglichkeiten in der optischen, akustischen sowie taktilen Erfassung und Differenzierung der Umwelt möglichst ausgeglichen werden" (OY, v. 1994, Umschlagtext).

Die heilpädagogische Übungsbehandlung hat sich im erzieherischen Kontext von einer zunächst *funktions- und therapieorientierten Methode* hin zu einer sehr integrativen, handlungsorientierten und ganzheitlichen entwickelt. Mit dieser neuen *Ganzheitlichkeit* ist sie immer auch ein *Ansatz der psychomotorischen Erziehung* für alle Kinder. Sie verbindet die Grundsätze ganz verschiedener vorwiegend sensomotorischer Föderansätze und eignet sich für die gemeinsame Erziehung im Kindergarten, wenn sie in *einer offenen Form* und *freilassend für die Kinder* praktiziert wird. Viele Vorschläge aus dem „Lehrbuch" können Anregungen für die pädagogische Gruppenarbeit sein. Wenn die Übungs- und Lernaufgaben den Kindern einen spielerischen Freiraum lassen und wenn sie nicht statisch vorgegeben, sondern *dynamisch* bleiben, kommen sie den Entwicklungsbedürfnissen behindert genannter Kinder sehr entgegen und sind *Wahrnehmungs- und Spielanregungen* für alle Kinder in einer Gruppe.

Spielpädagogik

Die HPÜ mißt dem spielerischen Element eine besondere Bedeutung zu. Sie versteht „das Spiel des nichtbehinderten Kindes als Lernziel für das behinderte Kind" (v. OY 1994, S. 99) und möchte Kindern helfen, *spielerische Lernschritte* zu tun. Jedem Kind soll bei den ihm möglichen Entwicklungsschritten soviel *begleitende Hilfe* angeboten werden, „wie das Kind sie im jeweiligen Augenblick gebraucht, damit es – wie jedes andere Kind – im Spiel zu einer Ich-Findung, zur Kommunikation und zur Auseinandersetzung mit der Umwelt kommt und Kenntnisse, Fähigkeiten, Haltungen und Verhaltensweisen 'spielend' üben kann" (a. a. O., S. 109).

310

Die pädagogischen Lernziele orientieren sich an der Spielaktivität und Initiative, die Kinder spontan entwickeln. Bei entwicklungsgefährdeten Kindern müssen Impulse „geweckt, planvoll entwickelt und systematisch aufgebaut werden" (a. a. O.). Die Spielpädagogik folgt in ihren Richtlinien den
Grundsätzen der Spielentwicklung von Kindern. Je nach dem Entwicklungsalter eines Kindes sind *Funktionsspiele, Rollenspiele, Konstruktions-
spiele und Regelspiele* vorgeschlagen. *Kreis-, Sing- und Bewegungsspiele*
werden immer wieder eingesetzt, und das Spielmaterial, das Kinder erhalten, wird kindgerecht ausgewählt und ihnen in Verbindung mit Bilderbüchern, Rhythmikmaterial, Musikinstrumenten, Schallplatten und anderen
Dingen zum Malen, zum Umgang damit angeboten.

Charakteristika der HPÜ sind das *gelenkte Spiel*, das ein behindert genanntes Kind als Hilfe zu seiner Selbstentfaltung braucht, und das *gemeinsame Spiel*, das Zusammenspiel von Kind und Erzieherin in der HPÜ. Für
die Durchführung gelten Prinzipien, methodische Grundsätze und Material-
angebote nach MILAN MORGENSTERN, und neben den erzieherischen
Richtlinien nach ITARD, SEGUIN und MONTESSORI ist das pädagogische Prinzip des Zusammenbringens von Kind und Material in der geeigneten Situation richtungweisend. Von OY beschreibt dementsprechend als
Voraussetzung für heilpädagogische Arbeit eine „rasche Materialassoziati-
on" und „Werkzeuggeschicklichkeit" der Heilpädagogin (a. a. O., S. 97).
Neben der Verwendung des Fröbel-Materials (Spielgaben und Beschäftigungsmaterial) wird in der HPÜ bevorzugt mit Montessori-Materialien gearbeitet. Den Grundsätzen der Montessori-Pädagogik folgend, ist dieses
Material insbesondere ein Lehrmittel zur Erziehung der Sinne und zu einer
zunehmend komplexeren Ordnung der Sensorik und der Motorik für ein
Kind[91].

*Das sollte für die spielpädagogische Förderung im Kindergarten zu finden
sein:*

Spielmaterial *zum Funktionsspiel*: Schauspielzeug; Greifspielzeug; Fingerfarben; Spielzeug zum Ein- und Ausräumen; Spielzeug zum Werfen; For-
men-, Farben- und Steckspiele; Spielzeug zum Drehen, Schrauben und
Stecken; Lege- und Zusammensetzspiele; Spielzeug mit einfachem und
differenziertem Bewegungsmechanismus; Spielzeug für draußen.

---

[91] Die Anwendung des Montessori-Materials und der Spielgaben Fröbels in der heilpädago-
gischen Übungsbehandlung (HPÜ) findet sich anschaulich dargestellt in Oy, v., C. M.:
Montessori-Material zur Förderung des entwicklungsgestörten und des behinderten Kin-
des. Arbeitshefte zur heilpädagogischen Übungsbehandlung Band 3. Heidelberg 1993.
Klein Jäger, W.: Fröbel-Material. Arbeitshefte zur heilpädagogischen Übungsbehandlung
Band 4. Heidelberg 1987.

Spielmaterial *zum Rollenspiel*: Puppenspielzeug; Rollenspielzeug wie Hand- und Fingerpuppen und der Kaufladen; Material zur Fest- und Feiergestaltung.

Spielmaterial *zum Konstruktionsspiel*: Spielzeug zum Bauen und Konstruieren; Material zum Gestalten wie Malutensilien und Werkzeuge.

Spielmaterial *zum Regelspiel*: organisierte Kreis-, Sing- und Bewegungsspiele. Gesellschaftsspiele; Parteienspiele; Musikinstrumente; Rhythmikmaterial.

Des weiteren *Spiele-, Lieder- und Bilderbücher* (vgl. die ausführliche Auflistung im Lehrbuch der heilpädagogischen Übungsbehandlung. OY, v. u. SAGI 1994).

16. Das heilpädagogisches Reiten und die Bewegung im Wasser

Immer mehr Kindergärten bemühen sich darum, ihren Kindern auch *Bewegungsmöglichkeiten im Wasser* anzubieten. Weil die wenigsten Einrichtungen ein eigenes Hallen- oder Freibad haben, suchen Erzieherinnen mit ihrer Kindergruppe, die klein sein muß, regelmäßig oder doch zumindest ab und zu nahe gelegene öffentliche Schwimmbäder auf, um den Kindern das Element Wasser nahezubringen und ihnen psychomotorische Angebote eines Bewegungsbades und des Schwimmens zu machen.

Auch das *heilpädagogische Reiten* gewinnt als eine Fördermöglichkeit im Kindergarten an Bedeutung. Wenn eine Reitmöglichkeit für die Kinder in Verbindung und unter der Kontaktaufnahme mit einer darauf spezialisierten Einrichtung gefunden werden kann oder der Kontakt zum Reiten gar in der eigenen Institution hergestellt werden kann, eröffnet der Umgang mit dem Pferd Kindern eine Fülle pädagogisch-therapeutischer Anregungen.

Beides, Bewegung im Wasser und Bewegung mit dem Pferd, sind für Kinder *förderliche* und *erlebnispädagogische* Aktivitäten, die ihre psychomotorischen Fähigkeiten entwickeln helfen können. Die meisten Kinder sind für das eine oder das andere zu begeistern, und beide Ansätze sind daher für die gemeinsame Erziehung von Kindern besonders geeignet und sollten, wo immer sich die Gelegenheit dazu bietet, in der integrativ ausgerichteten Kinderpädagogik aufgegriffen werden.

16.1 Voltigieren und Reiten

Der Einsatz des Pferdes als ein therapeutisches und pädagogisches Medium wird heute unter der Fachdisziplin *therapeutisches Reiten* zusammengefaßt. In der Kindertherapie kann von der Physiotherapeutin als eine Form der krankengymnastischen Behandlung die *Hippotherapie* eingesetzt werden, in der kinderpädagogischen Arbeit von der Erzieherin das *heilpädagogische Voltigieren* und das *heilpädagogische Reiten*. Beide Formen haben Gemeinsamkeiten und können sich in einer pädagogisch-therapeutischen kollegialen Zusammenarbeit gut verbinden oder auch ergänzen und gegenseitig bereichern.

Exkurs: Hippotherapie, heilpädagogisches Voltigieren und Reiten

Die *Hippotherapie* ist eine ärztlich verordnete *physiotherapeutische (krankengymnastische) Behandlungsmethode*. Sie nutzt die gleichmäßige Bewegung des Pferdes im Schritt aus und ergänzt oder ersetzt die klassische krankengymnastische Therapie. Sie kann *von zusätzlich ausgebildeten Physiotherapeutinnen* angewendet werden, wenn diese einen entsprechenden Fortbildungslehrgang absolviert haben. Die Hippotherapie für Kinder ist vor allem für solche mit zerebralen Bewegungsstörungen, Haltungsschäden und anderen (psycho-)motorischen Problemen gedacht, und das Pferd gilt als ein „Übungspartner und als ein lebendes Übungsgerät in der Krankengymnastik". Das *heilpädagogische Voltigieren/Reiten* ist ein *erzieherischer Förderansatz* und umfaßt heilpädagogische Maßnahmen zur ganzheitlichen und individuellen Förderung über das lebendige Medium Pferd. Es wird *von zusätzlich ausgebildeten Pädagoginnen* und Psychologinnen vor allem bei verhaltensauffälligen, geistigbehindert und lernbehindert genannten Kindern eingesetzt. Das Pferd gilt als ein „Erziehungshelfer und Partner in der Gruppe". (Info und Fortbildungslehrgänge: *Deutsches Kuratorium für therapeutisches Reiten e. V., D-Warendorf.*)

Das *Voltigieren* findet *in der Gruppe*, mit einem Pferd an der Longe, statt. Die Kinder „üben sich" auf dem stehenden Pferd, oder auf dem Schritt oder Galopp gehenden Pferd. Das Voltigieren eignet sich für Vorschulkinder besonders. Sie können langsam erst mit dem Pferd vertraut gemacht werden, indem sie noch nicht aufsitzen oder reiten müssen, sondern das Tier kennenlernen, berühren und füttern. Auch beim *heilpädagogischen Reiten* wird an der Longe begonnen, ein Kind hat unmittelbaren Kontakt mit dem Pferd, die anderen Kinder sind je nach Bedürfnissen und Fähigkeiten dabei oder gehen vielleicht neben dem Pferd her. Erst allmählich werden einige Kinder zum „Reiten" hingeführt, andere bleiben beim Longieren.

Das heilpädagogische Longieren und Reiten möchte die Sensomotorik fördern und damit auch die kognitiven und sprachlichen Fähigkeiten aller Kinder entfalten helfen. Für Kinder mit zerebralen Bewegungsstörungen hilft es, Verkrampfungen zu lockern, störende Bewegungsreaktionen werden gehemmt und gute Haltungs- und Bewegungsmuster gebahnt. Auch bei leichten (minimalen) psychomotorischen Auffälligkeiten, die ein Kind haben kann, bietet das Voltigieren viele therapeutische Elemente: Die therapeutische Wirkung des „Mediums" Pferd ... „liegt in den aus seinen Schrittbewegungen resultierenden und auf den reitenden Patienten übertragenen Bewegungsimpulsen und Schwingungen. Mit anderen Worten: Der Pferderücken bewegt sich dreidimensional, nämlich auf und nieder, vor und zurück und gleichzeitig seitlich hin und her, und das in einem immer gleichen Rhythmus, in dem sich die drei Bewegungsrichtungen ablösen und ineinander übergehen. Der sich diesem Bewegungsrhythmus des Pferdes anzupassen versuchende Reiter wird nun zu laufenden Stütz- und Gleichgewichtsreaktionen gezwungen" (KIPHARD 1995, S. 152).

Vor allem aber möchte es mit seinem *hohen Aufforderungs- und Motivationscharakter* helfen, Kindern eine *emotional-soziale* Sicherheit und ein seelisches Gleichgewicht zu geben: Es wird in der Gruppe durchgeführt, und ein primäres Ziel ist die Förderung der Gruppenfähigkeit und der sozialen Integration. Kinder stellen sich auf andere Kinder mit ganz verschiedenen Fähigkeiten ein und erfahren selbst Rücksichtnahme und Verständnis. Sie stellen sich auch auf das Pferd ein und erleben dessen „Einfühlsamkeit" und dessen Gespür für die Stimmungen der Kinder. Kinder, die verhaltensauffällig genannt werden, lernen Vertrauensbildung, Angstüberwindung und eigenes Einfühlungs- und Durchsetzungsvermögen, wenn sie sich auf das Pferd und sein Verhalten einstellen. Sie erüben sich Ausdauer und Konzentration und eine Fülle verhaltensstabilisierender Fähigkeiten, die ihnen im Alltag hilfreich sind (vgl. GÄNG 1994).

Lernziele beim heilpädagogischen Voltigieren und Reiten (nach KAUNE 1982, in Lebenshilfe, Bd. 15, 1987, S. 207; vgl. KAUNE 1993):

im sensoriell-motorischen Bereich: Beherrschung des Gleichgewichts; Körperbewußtsein (Körperbild, Körperschema, Körperbegriff); Raumlageorientierung; Gesamtkörperkoordination; Wahrnehmung (visuell, auditiv, taktil, olfaktorisch),

314

im emotional-sozialen Bereich: Aufbauen von Vertrauen; Aufbauen von Selbstwertgefühlen; Eingestehen und Überwinden von Ängsten; Aufbauen von Verantwortungsbewußtsein; Kontakt aufnehmen und Sich-Einstellen auf den Partner; Entwickeln und Fördern kooperativen Verhaltens,

im kognitiven Bereich: Sprachverständnis; Sprechbereitschaft; Sprachfähigkeit; Begriffsbildung; Förderung der Merkfähigkeit; Entwicklung von Lern- und Leistungsbereitschaft; Aufbauen und Verbessern der Konzentrations- und Reaktionsfähigkeit; Entwickeln von Durchhaltevermögen; Entwickeln von Übertragungsfähigkeit.

16.2 Bewegung im Wasser und Schwimmen

Auch das *Sich-Bewegen im Wasser* schätzen die meisten Vorschulkinder. Hier verbinden sich Spiel und Spaß mit dem gemeinsamen Erleben und dem Erfahren von Wohlgefühl und Entspannung. Für manche der bewegungsgestört genannten Kinder bedeutet der Aufenthalt im Wasser, sich bewegen und vielleicht fortbewegen zu können auch dann, wenn dies im Alltag (noch) nicht möglich ist. Viele Kindergartenkinder *lernen zu schwimmen*, wenn sie die richtige Anleitung hierzu erhalten.

Als *therapeutisches Element* stellt das Wasser ein Hilfsmittel zur Bewegungsförderung dar und kann eine große Hilfe sein für diejenigen Kinder, die behindert genannt werden: „Frühe Wassererfahrungen sollten – mit gebotener Vorsicht – in dem Fall auch an behinderte Kinder herangetragen werden. Sie bieten die Möglichkeit, motorische Entwicklungsrückstände durch die sich im Wasser vollziehenden sensomotorischen und psychomotorischen Anpassungsvorgänge mit der Zeit aufzuholen" (KIPHARD 1995, S. 309).

Kinder erfahren Kräftigung ihrer Muskulatur, gleichzeitig aber eine Lockerung, wenn sie „verspannt" sind und wenn ihre Gelenke durch Kontrakturen bewegungseingeschränkt sind. Bewegen im Wasser fördert die Durchblutung des ganzen Körpers, Schwimmen wirkt Haltungsschwächen entgegen. Wenn das Wasser warm ist, wird die Hautreizung als angenehm, lockernd und entspannend empfunden. Wasser lädt zum Experimentieren mit dem eigenen Körper ein. Die Gesetzmäßigkeiten der Schwerkraft gelten nicht wie gewohnt, und Kinder genießen den Wasserwiderstand und die Variabilität ihrer Körperbewegungsmöglichkeiten in spielerisch-lockerer Form (vgl. KIPHARD 1989). Von der Erzieherin muß beim Schwimmbadbesuch ein großes Verantwortungsbewußtsein erwartet werden und eine gute Kenntnis der individuellen Probleme, die Kinder aus der Gruppe haben können und die es zu berücksichtigen gilt. Sie brauchen zum Schwimmen mit den Kindern (wie auch für andere besondere Fördermaßnahmen) natürlich das elterliche und bei behindert genannten Kindern das ärztliche Einverständnis und eine gute Beobachtung und Unterstützung durch helfende Betreuerinnen, die mit im Wasser sind. Eine besondere Methode der Wasserbehandlung, die spezifische Kenntnisse darin erfordert, ist die Halliwick-Schwimm-Methode nach McMILLAN.

Exkurs: Halliwick-Schwimm-Methode nach McMILLAN

Die Methode wurde bereits in den 50er Jahren von McMILLAN in London entwickelt und eignet sich vorzugsweise für entwicklungsauffällige und körperbehinderte Kinder. Sie wird in der Regel von therapeutisch ausgebildeten Fachkräften angewendet und hat in ihrer theoretischen Grundlegung Gemeinsamkeiten mit der neurophysiologisch orientierten Bobath-Therapie. Ihr Hauptziel ist die Verfeinerung bereits erlernter Bewegungsmuster. Als grobes Ziel werden vier *Lernschritte* angestrebt: die *geistig-seelische Anpassung* an das Wasser, die *Gleichgewichtserhaltung* durch das Erlernen von Rotationen um die verschiedenen Körperachsen, die *ruhige Wasserlage* auf dem Rücken durch Bewegungshemmung (Inhibition) und die *Schwimmbewegungsanbahnung* (Fazilitation) (vgl. KIPHARD 1995, S. 123ff.).

17. Erzieherische Anmerkungen und bewegungspädagogische Vorschläge für Kinder mit „MCD", „SI-Störung" oder mit „HKS"

Für Kinder mit einem psychomotorischen Verhalten, das als minimale cerebrale Dysfunktion *(MCD)*, sensorische Integrationsstörung *(SI)* oder als Hyperkinetisches Syndrom *(HKS)* diagnostiziert worden ist, gibt es viele therapeutische Empfehlungen. Weil ihre Einflüsse auch das Verhalten der Kinder in der Kindergruppe markant prägen können, sollten die Erzieherinnen über eingeleitete ärztlich-therapeutische Behandlungen informiert sein:

Medikamente

Manche der Kinder erhalten ärztlich verordnete Medikamente, vor allem dann, wenn für Verhaltensauffälligkeiten bei einem Kind eine Hirnfunktionsstörung oder Störungen im Hirnstoffwechsel verantwortlich gemacht werden. Sie beeinflussen das Verhalten der damit behandelten Kinder erheblich. Ein häufig gegebenes Präparat für Kinder mit sogenannten Verhaltensstörungen und insbesondere bei einem hyperaktiven Verhalten durch eine vermutete Erregungssteigerung im kindlichen Gehirn ist das Ritalin.

Exkurs: Die medikamentöse Behandlung verhaltensauffälliger Kinder

Für viele Kinder mit Verhaltensstörungen, insbesondere für aggressiv und hyperaktiv genannte Kinder, werden Medikamente aus der Gruppe der Psychostimulantia verordnet. Die Kinder erhalten Sedativa (beruhigende Mittel) oder Stimulanzien (anregende Mittel), die ihr Verhalten „normalisieren" sollen. Das derzeit am häufigsten verordnete Mittel *Ritalin* gilt als *zerebral stimulierendes Medikament* und hat als zentral aktivierendes Mittel bei den Kindern ein Nachlassen der Unruhe und eine Senkung ihrer Aktivität zur Folge. Viele Kinder (nicht alle) werden ruhiger und ausgeglichener, können sich besser kontrollieren, es kommt bei ihnen zu einer Besserung der Aufmerksamkeitsleistungen, und sie sind weniger impulsiv. Es sind aber auch *Nebenwirkungen* bekannt, und die medikamentös versorgten Kinder klagen nicht selten über Kopf- und Schlafstörungen. Ihr Blutdruck erhöht sich, und bei einer längerfristigen Behandlungsdauer zeigt sich eine bedenkliche *Hemmung ihres Längenwachstums*. Die Dosis bei Ritalin wird zuerst niedrig angesetzt, allmählich wöchentlich gesteigert. Der Wirkungseintritt wird unterschiedlich beschrieben, von einer halben Stunde bis zu drei Monaten. Die Wirkungsdauer beträgt ca. 3-4 Stunden. Ritalin fällt unter das Betäubungsmittelgesetz, die Therapie muß streng ärztlich kontrolliert werden (vgl. STEINHAUSEN 1988, S. 99ff.).

Aus pädagogischer Sicht ist die medikamentöse Behandlung sehr kritisch einzuschätzen. Wenn Kinder keine regelmäßigen Therapiepausen (an den Wochenenden und in den Ferien) haben, kann es bei ihnen *zu psychodynamischen Veränderungen* kommen, und es kann im Kindergarten auffallen, daß sie zwar ruhiger sind, daß sie aber wesensverändert wirken und daß *ihre Spontaneität und ihre Individualität verlorengehen* (vgl. VOSS 1990; 1991).

Ernährungstherapien

Auch durch spezielle Diäten soll eine Verhaltensänderung bei Kindern bewirkt werden, wenn ein Zusammenhang zwischen Verhaltensstörungen und der (industriell hergestellten) Nahrung im Sinne einer Nahrungsmittelallergie vermutet ist und wenn davon ausgegangen wird, daß bestimmte Nahrungsmittel den Hirnstoffwechsel stören. Es gibt viele Diätversuche und ganz unterschiedliche Aussagen über ihre Wirkung.

Exkurs: Diätformen bei kindlichen Verhaltensstörungen

Es gibt Diätschemata, die bestimmte Nahrungsmittelinhaltsstoffe bei festgelegter Verbotsliste von Nahrungsmitteln meiden (z. B. phosphatreduziert, zuckerarm, ohne Milchprodukte, ohne Getreideerzeugnisse, ohne einige Farb- und Aromastoffe). Bekannt sind die Spezialdiät nach Egger, die *Eliminationsdiät* nach Westphal (sie enthält als Ausgangspunkt einer Basisdiät nur Grundnahrungsmittel) und die Feingolddiät (sie läßt keine Lebensmittel und Getränke zu, die synthetische Farbe oder Geschmacksstoffe enthalten). Besonderer Popularität erfreut sich die Diät nach Hafer, eine *phosphatfreie Diät*, die für ein Kind nur Nahrungsmittel zuläßt, die nachweislich keine Phosphate enthalten (kein Fisch, keine Milch, kein Joghurt, wenig Käse, keine Schokolade, wenig Wurst ...).

Auch der verhaltensändernde Erfolg durch Diätetik ist umstritten, wissenschaftlich keinesfalls gesichert und aus pädagogischer Sicht kritisch zu beobachten. Die meisten Kindergartenkinder, die sich einer Diät unterziehen müssen, leiden unter den Einschränkungen, die ihnen befohlen werden und die sie nicht gut verstehen können. Manch ein Kind reagiert mit einem *neuen, anderen auffälligen Verhalten* als eine Folge des Verzichtes auf von ihm geschätzte Nahrungsmittel, wie Süßigkeiten, und auf seine diesbezügliche Benachteiligung gegenüber anderen Kindern.

17.1 Behandlungs- und Förderkonzepte

Im praktischen Umgang mit den wie auch immer „verhaltensauffälligen" Kindern werden *bewegungstherapeutische* und *bewegungserzieherische* Vorschläge gemacht, zusätzlich zu anderen Therapien oder für sich allein. Es sind vor allem ergotherapeutische und krankengymnastische Behandlungen, die empfohlen und, in der Regel als eine Einzelbehandlung, durchgeführt werden. Da nun die Kinder aber eigentlich keine „Funktionsprobleme" haben, die durch entsprechende Therapien behoben werden könnten, sondern ein Verhalten zeigen, das sich in sozialen Bezügen als „besonders" verdeutlicht, sind es besser die *psychomotorischen Erziehungs- und Fördervorschläge*, die den Kindern innerhalb ihrer Gruppe helfen können. Neben den schon in den vorausgegangenen Kapiteln besprochenen bewegungspädagogischen Ansätzen werden auch körperzentrierte Verfahren, wie das *Autogene Training* (AT) nach J. H. SCHULZ, das Kindern helfen möchte, zu Ruhe und Entspannung zu finden, und die *Methode der Bewußtseinsfindung* nach Moshe FELDENKRAIS eingesetzt. Beide Methoden sind psychologisch-pädagogisch ausgerichtet und sollten nur von eigens dafür qualifizierten Fachleuten angewendet werden.

Das *Autogene Training* (AT) nach J. H. Schulz zählt zu den bekanntesten Entspannungstechniken und kann als Methode der „konzentrativen Selbstentspannung" bezeichnet werden. Durch Konzentration auf den eigenen Körper werden verschiedene sensorische Empfindungen erfahren. Mit dieser psychophysischen Einflußnahme auf den Körper (Erleben von Wärme, Atem, Herzschlag ...) entsteht eine positive Wirkung, so daß Spannungszustände, Ängste und andere *Probleme überwunden werden*. In der Gruppenarbeit mit Kindern wird das AT spielerisch und in Verbindung mit Musik, Märchen u. a. eingesetzt. Es hat Elemente des „Erziehens" und des „Heilens" und kann sogenannten verhaltensauffälligen Kindern helfen, sensorische Eindrücke zu verarbeiten und „zu sich selbst" zu finden. Mit der Methode der *„Bewußtseinsfindung durch Bewegung"* nach Moshe Feldenkrais soll über das Erleben der eigenen Bewegungsvielfalt eine Handlungsvielfalt und damit eine Lebensvielfalt erreicht werden. Kinder erfahren gemeinsam in der Gruppe über Bewegungen und über die Wahrnehmung ihres Körpers *Körpergefühl und selbsttätiges und -entdeckendes Lernen*, das ihnen Selbstsicherheit geben kann und die Fähigkeit, ihr eigenes Verhalten zu steuern (Lit.: z. B. Schulz 1973; Feldenkrais 1978).

17.2 Eine (Bewegungs-)Pädagogik „für das Kind"

Ein besonderer motopädagogischer Ansatz nach KIPHARD und die sensorische Integrationsförderung nach AYRES sind Ansätze, die, im Kindergarten erzieherisch praktiziert, Kinder in ihrer Eigenart ernst nehmen und sich in einer psycho- und gruppendynamischen Sichtweise auf alle Kinder beziehen[92]. Sie sind verhaltensmotivierend, entwicklungs- und lernanregend und eine förderliche Pädagogik *„für das Kind"*. Beide Modelle möchten Kindern helfen, ihre *Unruhe* oder ein anderes *Verhalten, das sie selbst* in ihren Handlungen *stört, zu überwinden,* und beide Modelle möchten Kindern eine *sensorische Ordnung* geben, die ihren Entwicklungsbedürfnissen entspricht.

---

[92] Eine Fülle von praktischen Anregungen zur Motopädagogik und zur sensorischen Integrationsförderung mit „verhaltensauffälligen" Kindern, mit Kindern, bei welchen eine sensorische Integrationsstörung, eine minimale cerebrale Dysfunktion oder ein hyperkinetisches Syndrom diagnostiziert wurden, findet sich in: Kesper, G./Hottinger, C.: Mototherapie bei Sensorischen Integrationsstörungen. München 1994. Passolt, M. (Hrsg.): Hyperaktive Kinder. Psychomotorische Therapie. München 1993.

Einige erzieherische Grundsätze

Wenn Erzieherinnen ihren „verhaltensproblematischen" Kindern helfen möchten, orientieren sie sich am besten an einigen erzieherischen Grundsätzen:

Sie haben Vertrauen in eine positive Entwicklung des Kindes und sie akzeptieren es in seiner Eigenart;

sie helfen dem Kind, seinen Lebensrhythmus zu ordnen und geben ihm einen strukturierten Tagesablauf mit regelmäßig wiederkehrenden Tätigkeiten;

sie betätigen sich mit dem Kind und helfen ihm, lebenspraktische Fähigkeiten zu erwerben;

sie helfen dem Kind, mit sozialen Regeln umzugehen, die klar und einfach dargeboten werden, damit Kinder sie verstehen und sich daran halten können;

sie vermeiden Hektik und Reizüberflutung und achten darauf, daß die Spiel- und Erlebnisangebote sich an den Entwicklungsbedürfnissen der Kinder orientieren;

sie geben den Kindern Besinnungsmomente, die sie ihm vorleben und nahebringen (Lied, Gedicht, Spruch, Geschichten...);

sie verstärken sein gutes Verhalten und geben dem Kind Lob und Zuwendung, damit es ein gutes Selbstwertgefühl entwickeln kann;

sie ermöglichen Kindern die soziale Gemeinschaft im Spiel und gehen auf ihre Spielinteressen ein (vgl. HESS. ÄRZTEBLATT 9/91).

17.2.1 Ein motopädagogisches Modell für hyperaktive Kinder

KIPHARD geht davon aus, daß Kindern, die durch einen Überschuß an motorischen Bewegungen, an Schwierigkeiten mit ihrer Impulskontrolle und an anderen Verhaltens- und Folgeproblemen leiden, am besten *mit motorischen Aktivitäten* zu begegnen ist. Kinder, die einen großen Erlebnishunger, einen großen visuellen Reizhunger haben und sich über-unruhig bewegen, brauchen Stimulationen für ihr vestibuläres System und holen sie sich auf ihre Weise. Das zielgerichtet psychomotorische Bewegungsangebot kann ihnen zu einem eigenen, ihnen nützlichen Bewegungslernen verhelfen:

„Pädagogische Bemühungen, die darauf abzielen, hyperaktives Verhalten durch disziplinäre Forderungen, Begrenzungen des Handlungsraumes, zu unterdrücken, scheitern. Es kommt vielmehr darauf an, dem Kind zunächst seine Schuldgefühle zu nehmen. Statt üblicher Ermah-nungen, doch gefälligst ruhig und leise zu sein, womit es sich an die ruhebedürftige Erwachsenenwelt anpassen soll, sollten seine wilden Bewegungsstürme wie auch seine überschwengliche Lautproduktion ausdrücklich erlaubt sein. Es ist psychologisch notwendig, durch eine pädagogische Haltung des Verstehens und Gewährens das meist erheblich lädierte Selbstwertgefühl zu stärken. Vielen hyperaktiven Kindern wurde von enttäuschten Eltern die Zuneigung und Anerkennung entzogen. Sie fühlen sich wertgemindet bis wertlos, ungeliebt und glauben, allen zur Last zu fallen. Daher sehnen sie sich nach Verständnis und Liebe... Die Kinder haben das Bedürfnis nach Ableitung ihres Bewegungsdranges. Hierbei können das Bewegungsangebot, das Übernehmen von eigenverantwortlichen erfolgversprechenden Tätigkeiten (mit Ruhepausen) den Bewegungsüberschuß kanalisieren. Angeblich mangelnder Konzentrationsfähigkeit und angeblich mangelnder Lernbereitschaft mit Leistungsverzicht oder Unterforderung zu begegnen, ist aber falsch. Auf diese Weise werden Leistungsverweigerung und Aggressionen provoziert und verfestigt. Erzieher müssen dem Kind Leistungen abverlangen, die seinem Vermögen angemessen sind. Handelndes Lernen und Lernen vor Ort, projektorientiertes Lernen, Lernen in der Gemeinschaft, Bejahen persönlicher Leistung, Bewegungslernen vermitteln „Ich-, Sach- und Sozialkompetenz" (KIPHARD, 1988; vgl. 1993).

Das Modell nach KIPHARDs Idee, in Phasen beschrieben (vgl. KIPHARD 1988; 1993):

Die vestibulär stimulierenden Aktivitäten: Statt die Kinder am Ausüben ihrer wilden und ungebremsten Aktivitäten zu hindern, ist es notwendig, sie in ihrem Tun gewähren zu lassen. Wenn ein Kind eine besondere Vorliebe für alle möglichen Körperdrehungen, Schaukeln, Wippen und ähnliches hat, tut es damit nichts anderes, als seinem unzureichend funktionierenden und reagierenden vestibulären System entsprechend starke Reize zuzuführen. Diesen Reizhunger nutzen wir therapeutisch, indem wir dem Kind Geräte zur Verfügung stellen, um diesen Hunger zu stillen.
Das Strukturieren der kindlichen Bewegungen durch motorische Brems- und Steuerungsübungen: Erst nach „Absättigung motorischer Muster" und unter teilnehmender Sympathie der Pädagogin kann es sinnvoll sein, ganz allmählich (und vom Kind unbemerkt) die wilden Bewegungsströme in immer konstruktivere Bahnen umzuleiten. Mit „Abbremsübungen" und „lustbetonter Bewegungssteuerung" kommt es zu einem allmählichen „Kanalisieren".
Das Ausschalten der visuellen Kontrolle: Ergänzende Sinnesübungen werden spielerisch durchgeführt, und allen Übungen ist gemeinsam, daß die Augen für kurze Zeit freiwillig geschlossen werden. Dadurch erreichen

auch hyperaktive Kinder eine bisher nie gekannte Konzentrationsfähigkeit. Denn gerade über die Augen fallen die meisten ablenkenden und die Kinder beunruhigenden Reize ein – wird diese Hauptreizquelle aus freiem Entschluß ausgeschaltet, erfahren die Kinder, daß sie „andere, tragfähige und verläßliche Orientierungssinne haben (Tastsinn, akustische, optische Wahrnehmung, Riechen, Schmecken ...)". Aufgaben zur „optischen Konzentration" schließen sich an.

Die Überwindung der Impulsivität: Von der Überwindung der Impulsivität gelangt das Kind zur Handlungsplanung. Erst jetzt soll die Impulsivität und Ungeduld der Kinder gezielt angegangen werden. Das Kind lernt nun, zwischen dem Reiz, der Wahrnehmung und der Reaktion (der Handlung) eine kurze „Bedenkpause" einzuschieben. Es plant seine Handlungen. Die Formel „halt – schau – höre – denke" (abstoppen, hinschauen, hinhören, überlegen – erst dann handeln) kann hilfreich sein.

Das Handeln zur Selbstdisziplinierung: Die Handlungen werden nun verbalisiert. Vor oder nach einer Problemlöseaufgabe wird dem Kind Gelegenheit gegeben, das, was es zu tun gedenkt oder gerade getan hat, sprachlich zu formulieren.

17.2.2 Die sensorische Integrationsförderung

Psychomotorische Auffälligkeiten bei Kindern werden immer wieder auf leichte funktionelle und strukturelle hirnorganische Störungen zurückgeführt, die das Zusammenarbeiten der Nervenzellen erschweren. Die sogenannte „MCD" könnte, dieser Annahme folgend, eine solche Störung sein, *das hyperkinetische Verhalten* eines Kindes, viele andere *psychomotorische Eigenheiten* oder auch *Retardierungen* werden so erklärt, und auch die *„sensorische Integrationsstörung"* könnte auf hirnorganische Dysfunktionen zurückzuführen sein.

AYRES hat für alle so auffälligen Kinder, besonders aber *für Kinder mit einer vermuteten sensorischen Integrationsstörung,* einen Förderansatz vorgeschlagen, der – angesiedelt zwischen Pädagogik und Therapie – als *sensorische Integrationsförderung* in der Heilpädagogik und als *sensorische Integrationsbehandlung* in der Therapie zunehmend an Stellenwert gewinnt. Er findet – mehr und mehr – auch in der Kindergartenpädagogik seinen Platz. Weil über die wirklichen Ursachen einer „SI-Störung" weniger bekannt ist, als damit umzugehen, eignet er sich für alle Kinder und besonders für diejenigen, deren Auffälligkeiten vielleicht auf neurologische oder genetische Zusammenhänge zurückzuführen sind, vielleicht aber auch als eine Störung der Interaktion, der Erziehung, als Einfluß von falsch dosierten Sinnes- und Umweltreizen verstanden werden können.

Die sensorische Integrationsförderung will Kindern helfen, die Fülle der auf sie einströmenden Sinnesinformationen im ZNS *sinnvoll zu ordnen und zu koordinieren*, damit es ihnen möglich wird, eine der Situation angemessene Reizantwort als perzeptive Handlung zu organisieren. AYRES geht in ihrem Theorieansatz davon aus, daß sensorische Integrationsstörungen sich in vielen „Störungsbildern" im Bereich von Wahrnehmung und Bewegung zeigen und daß viele Schwierigkeiten im Verhalten und in der Anpassung, im Lernen, in der Konzentration und in der Sprache auf sie zurückzuführen sind. Die Förderung möchte eine „Unordnung" im kindlichen Gehirn ordnen helfen und das „Verkehrschaos", das dort entstanden ist, weil sensorische Informationen irgendwo „im Verkehr steckengeblieben sind", auflösen helfen. Mit der Förderung soll die typische Symptomatik der Kinder, ihr Mangel in der Bewegungsplanung und ihre Dyspraxie im Handeln, aber auch die anderen psychomotorischen Probleme, die sie haben können, beeinflußt werden (AYRES 1992).

Jedes Kind braucht eine ordnende Unterstützung

Nach AYRES und aus pädagogischer Sicht sind es nicht nur die „integrationsgestörten" Kinder, die Hilfen brauchen, sich psychomotorisch „ordnen zu können", sondern jedes Kind braucht eine Unterstützung zur Entfaltung seiner diesbezüglichen Fähigkeiten und zu einem handelnden Umgang damit. Die sensorisch-integrationspädagogische Arbeit eignet sich demnach *für alle Kinder* und paßt gut in die integrative Förderung des Kindergartens. Jede Erzieherin und jede Therapeutin[93] kann Elemente daraus *in ihr Erziehungskonzept* für die Kindergruppe einbinden (vgl. KESPER u. HOTTINGER 1994).

Der Aufbau der Förderung und ihre Ziele

Ziel der Förderung ist immer die Verbesserung der Integrationsfähigkeit des ZNS. Die Kinder sollen lernen, ihr Körperschema zu entwickeln, mit Bewegungsaufgaben und mit gezielten Informationen aus den Nah- und Fernsinnen, vor allem aber *aus den drei Basissinnen*, dem Gleichgewichtssinn, der Tiefensensibilität und dem Tastsinn, zur Ausbildung eines

---

[93] Für Erzieherinnen und Therapeutinnen (vor allem sind Ergotherapeutinnen und Heilpädagoginnen angesprochen, aber auch die anderen in Erziehung und Förderung tätigen Berufsgruppen) gibt es zur Zeit eine ganze Reihe von Fortbildungsveranstaltungen zur Qualifizierung in der sensorischen Integrationsförderung für Kinder, z. B. durch den Aktionskreis Psychomotorik e. V. und im von Flehmig gegründeten Institut für Kindesentwicklung in Hamburg. Für Motopädinnen sind Kenntnisse darin integrierter Bestandteil ihrer Ausbildung.

harmonischen Körperbewußtseins zu kommen. Die gezielte Einflußnahme auf die körpernahen Sinne durch Aufgaben des Tastens und Bewegens, des Fühlens, Riechens und Schmeckens ist die Voraussetzung für die Entwicklung der körperfernen Sinne wie Hören, Sehen und Riechen:

Durch die Anregung des Gleichgewichtssinnes (des vestibulären Systems) entwickelt sich die Hirnreife als die Basis für Kinder, sich überhaupt bewegen und entwickeln zu können.
Durch die Anregung der Tiefensensibilität (des kinästhetischen Systems mit dem Muskelempfinden, der Propriozeption und der Eigenwahrnehmung) wird dem Gehirn der Spannungszustand des Stütz- und Bewegungsapparates und die Stellung des Körpers im Raum mitgeteilt.
Durch den Tastsinn (das taktile System) erfährt das Kind durch Berühren und Berührtwerden Gefühlsqualitäten, die eine elementare Bedeutung für die gesamte Entwicklung des sensorischen Systems haben und gemeinsam mit dem Geschmackssinn eng mit der Entfaltung der emotionellen Gefühlswelt zusammenhängen.

Der systematische Aufbau einer SI-Förderung orientiert sich am Entwicklungsverlauf eines Kindes. Es empfiehlt sich für alle Kinder die Basisförderung, die eine Normalisierung des taktil-kinästhetisch-vestibulären Systems anstrebt. Es soll direkt auf den Hirnstamm, als dem untersten Hirnentwicklungsniveau, eingewirkt werden, und mit taktiler, kinästhetischer, vestibulärer Förderung und Stimulationen zum Riechen und Schmecken werden alle diese Sinnesfunktionen gleichzeitig angesprochen, so daß Kinder ein ganzheitliches Angebot zur Reizverarbeitung haben.

Zur *Basisförderung* gehören
vestibuläre Stimulationen zum Ausgleichen des Muskeltonus, zum Entwickeln des Körperschemas, zur Entwicklung der Gesamtmotorik, zur Entwicklung der motorischen Planungsfähigkeit;
taktil-kinästhetische Stimulationen zur Entwicklung der Finger-, Hand- und Fußmotorik;
propriozeptive Stimulationen zur Wahrnehmung des Körpers, zur Unterscheidung der Körperteile, zum Wissen über Form und Bau des Körpers;
Spiele mit Körperkontakt zur Körpererfahrung, zum Tasten und Berühren, zum Unterscheiden von Gegenständen, zur Gleichgewichtswahrnehmung, zur Förderung der Tiefensensibilität durch Zug und Druck.

Die nächste Förderstufe übt die Verbesserung der Halte-, Stell- und Gleichgewichtsreaktionen, der Normalisierung des Muskeltonus und der Steuerung des äußeren Augenmuskels. Es wird ein ausgeglichenerer Muskeltonus angestrebt, und die Kinder sollen lernen, sich bewußt anzu-

324

spannen und zu entspannen (schnelle Bewegungen erhöhen den Tonus, langsame setzen ihn herab).

Zur Förderung gehören Schaukelspiele, Rollbretter, Tunnels und die Hängematte; Bewegungsspiele in Bauch- und Rückenlage: Robben, Krabbeln, Kniegang ... und Spielangebote in diesen Positionen. Zur Steuerung der Augenmuskeln eignen sich das gezielte Fixieren von Punkten, das Verfolgen von Bewegtem mit den Augen.

Eine weitere Förderstufe dient der Entwicklung des Körperschemas, der Bilateralintegration und dem Überkreuzen der Körpermittellinie. Das Überkreuzen der Körpermitte mit Gliedmaßen und Augen wird geübt, denn die Bilateralintegration wird als Vorstufe zur Entwicklung der Lateralität angesehen. Die letzte Förderstufe dient der Förderung der Sprachbenutzung und der auditiven Wahrnehmung, dem Entwickeln der Rechts-links-Unterscheidung, der Förderung der visuellen Form- und Raumwahrnehmung und der Koordination von Augen und Hand.

In einer nun *komplexen Förderung* werden auditive Eindrücke mit anderen Sinnesangeboten verbunden, und es kommt zu komplexeren Aufgabenstellungen. Beide Hemisphären sollen in ihrem Zusammenspiel angesprochen werden, und die Rechts-links-Betonung wird geübt. Haltungsmuster werden verbessert und visuelle Reize gegeben (Farben, Formen, Linien). Die Ausdifferenzierung der Handmotorik, der Augen-Hand-Koordination wird geübt, und Bewegungen werden mit visuellen Eindrücken verbunden (hinschauen, Bewegungshandlung planen).

Nach AYRES ist die Entwicklung der einzelnen Förderstufen (und die immer wieder angebotene Basisförderung) die *Vorbedingung für jedes weitere intelligente und sprachliche Lernen*. Alle Fördermaßnahmen lassen sich spielerisch durchführen: Die Kinder finden aus dem angebotenen Material Spiele und spielen sie. Sie erhalten ein Spielthema, und alle Kinder spielen gemeinsam. AYRES benutzt die spezifischen „SI-Fördergeräte" zum Schaukeln und Drehen und Rollen, wie die Schwebeschaukel, die Hängematte und das Rollbrett. Zur taktil-kinästhetischen Stimulation eignen sich großräumige Bewegungslandschaften und ein Raum zum Matschen, Schmieren, Cremen in einem unbefangenen Miteinander.

Das Diagnostikum

Zur Beurteilung der Verarbeitung von Sinneseindrücken beim Kind hat AYRES ein besonderes Diagnostikum entwickelt, *die Southern California Sensory Integration Tests (SCSIT)*. Durch gezielte Beobachtungen sollen die Symptome einer sensorisch-integrativen Dysfunktion erkannt werden.

Insbesondere werden die Lagereaktionen beim Kind, sein Muskeltonus, seine Augenbewegungen und alle seine körperlichen Reaktionen und Handlungen, die Auskunft über den Zustand seines vestibulären Systems geben, beobachtet. Die SCSIT umfassen 17 Subtests mit mehr oder weniger komplizierten Aufgaben: Tests zur visuellen Wahrnehmung, zur Feinmotorik, zu den taktil-kinästhetischen Fähigkeiten und zum Körperschema.

Für die erzieherische Arbeit jedoch scheint eine Testdurchführung, die mehrere Stunden in Anspruch nimmt, nicht sinnvoll, und auch eine Auswertung mit statistischem Vergleich und graphischer Darstellung ist für das erzieherische Handeln wenig nützlich, wohl aber die Einbeziehung einzelner im Test vorgeschlagener Aufgaben in die sensorisch-integrative Entwicklungsförderung der Kinder in der Gruppe (AYRES 1989, vgl. BRAND 1986; und die Beschreibung der Testaufgaben in TIETZE-FRITZ 1996. Eine kindgemäße Überprüfung der Fähigkeiten der Integration bei Kindern bieten KESPER u. HOTTINGER [1994] als Diagnostikum an).

18. Bewegungshilfen für Kinder mit zerebralen Bewegungsstörungen

Kinder mit zerebralen Bewegungsstörungen können an den Spiel- und Bewegungsaktivitäten im Kindergarten gut teilnehmen, *wenn sie hierzu Bewegungshilfen erhalten*, die sie bei ihren Handlungen unterstützen. Diese Hilfen müssen auf die jeweilige Erscheinungsform eines besonderen Bewegungsproblems, das ein Kind haben kann, eingehen und im Kindergartenteam abgestimmt sein. Hilfen so zu geben, *wie sie einem Kind nützlich sind*, erfordert eine enge Zusammenarbeit und eine genaue Absprache zwischen den Erzieherinnen in der Kindergruppe, den Eltern und den Therapeutinnen, die das Kind krankengymnastisch, vielleicht auch logopädisch oder ergotherapeutisch behandeln. Ein Kind mit einer zerebralen Bewegungsstörung hat aus sich heraus Fähigkeiten zum psychomotorischen Handeln und zum Überwinden motorischer „Hindernisse". Es kann sie im Alltag des Kindergartens aber nur entfalten und nutzen, wenn das Konzept seiner Förderung und die Methodik des richtigen Umgangs mit seinen Problemen der Bewegungskoordination von allen seinen Bezugspersonen verstanden wird. Seine Kindergruppe und die Erzieherinnen können ihm dabei helfen, daß es natürlichere Haltungs- und Bewegungspositionen erfahren kann. Sie können ihm *mit speziellen Formen des handlings* helfen, daß es seine Verspanntheit vermindern kann, daß die Fähigkeiten seiner Muskelkontrolle zunehmen und daß seine Muskelaktivitäten harmonischer werden. Je nach den konditionellen Möglichkeiten des Kindes und der Hilfe, die ihm gegeben wird, kann es in der natürlichen sozialen Gemeinschaft im Kindergarten lernen, unter welchen Bedingungen es (besser) sitzen oder seine Hände (besser) benutzen kann, und viele der Kinder lernen nur aus dem förderlichen Einfluß der Kindergruppe heraus sich fortzubewegen, aufzustehen oder zu sprechen.

In der Begleitung des Kindes mit einer zerebralen Bewegungsstörung sind also Erziehung und Therapie eng miteinander verknüpft, und die Elemente seines Behandlungskonzeptes sind immer auch Bestandteil des pädagogischen Handelns in und mit der Gruppe. Fast alle Kinder mit einer Bewegungsstörung benötigen „Behandlungen auf neurophysiologischer Grundlage", und es ist in den letzten drei Jahrzehnten eine ganze Reihe von Methoden erprobt worden. Ältere Ansätze (wie die Behandlung neuromuskulärer Dysfunktionen nach ROOD, die neuromuskuläre Reflextherapie nach TEMPLE FAY oder die propriozeptive neuromuskuläre Faszilitation nach KABAT [PNF]) gelten eher als überholt, neue, wie aktuell die Manualtherapie nach KOSJAWKIN[94] und das PETÖ-Konzept machen sich bekannt oder innovieren sich. Die bekanntesten und langjährig bewährtesten Therapie-Methoden aber sind die VOJTA-Therapie und das BOBATH-Konzept.

18.1 Vojta-Therapie im Kindergarten

Die *Vojta-Therapie* wird von besonders dafür qualifizierten Physiotherapeutinnen durchgeführt und ist für viele Kinder ärztlich empfohlen. Die Behandlung ist eine Einzeltherapie. Leider läßt sie sich kaum in die kinderpädagogische Gruppenarbeit und *niemals in eine Spielhandlung* einbinden. Es ist im Gegenteil erforderlich, eine Therapiesituation für ein Kind eigens und in aller Regel außerhalb der pädagogischen Bezüge herzustellen. Damit die Vojta-Behandlung erfolgreich verläuft, ist es notwendig, daß die Eltern eines Kindes die Methodik in ihrer Anwendung von der Therapeutin erfahren, Übungen erlernen und diese im häuslichen Umfeld regelmäßig und mehrmals in der Woche mit ihrem Kind durchführen. Besucht das Kind nun den Kindergarten, kann abgesprochen werden, daß auch die Erzieherin nach der entsprechenden Anleitung durch die Physiotherapeu-

---

[94] Neuerdings gewinnt die manuelle Wirbelsäulentherapie nach Dr. V. Kosjawkin an Bedeutung. Der ukrainische Arzt will bei zerebral bewegungsgestörten Patienten mit Hilfe der Manualtherapie, die an den kindlichen Organismus angepaßt ist, Blockierungen an den Wirbelsäulensegmenten auflösen. Dadurch soll eine Normalisierung des Muskeltonus erreicht werden. Zum Therapieprogramm gehören Methoden wie Akupressur, Akupunktur, Apitherapie (Bienentherapie), Phytotherapie und Reflexotherapie. Es wird von Behandlungserfolgen berichtet (Dr. V. Kosjawkin, Lwow Rehabilitation Center, Ukraine – 290601 Lwow – Centre for Manual-Therapie – ELITA – Lemberg).

tin Übungssequenzen übernimmt und dem Kind eine entsprechende therapeutische Hilfe gibt.

Exkurs: Die entwicklungskinesiologische Behandlung nach Vojta

Die von dem Prager Kinderneurologen Vaclav VOJTA bereits vor Jahrzehnten entwickelte krankengymnastische Behandlungsmethode auf neurophysiologischer Grundlage versteht sich als eine *„entwicklungs- und neurokinesiologische Therapie"* und wird bei zerebral koordinations- und bewegungsgestörten Kindern angewendet. Ihren Schwerpunkt hat sie in der Behandlung des Säuglings, wird aber auch für Kinder in jedem Alter ärztlich verordnet. Sie ist ein weitverbreitetes Behandlungskonzept und geht davon aus, daß es in der Entwicklung des Kindes schon im frühen Säuglingsalter durch die *Beobachtung der Lagereflexe* möglich ist, eine Koordinationsstörung und Mängel in der kindlichen Bewegungsentwicklung zu erkennen, und daß ein spezifisches „Bild", etwa eine spastische Form der Bewegungsstörung, erst als eine Folgestörung früher Symptome in Erscheinung tritt. VOJTA ist der Meinung, daß mit einer sehr frühzeitigen Behandlung eine Pathologie sogar vermieden werden kann. Er hält die *Aktivierung der reflexveranlagten Fortbewegung* beim Kind für therapeutisch bedeutsam und hat für die Behandlung zwei *Bahnungssysteme* herausgestellt: das Reflexkriechen und das Reflexumdrehen beim Kind. Diese – beim kleinen Säugling ganz reflektorischen – Bewegungsmuster sind das Fundament der Vojta-Behandlung. Sie werden nicht nur mit einem Säugling, sondern auch mit dem Kind in jedem Alter durch die Therapeutin immer wieder (von bestimmten Druck- und Ansatzpunkten am Körper des Kindes ausgehend) ausgelöst und eingeübt, und es wird davon ausgegangen, daß alle anderen motorischen Entwicklungen dadurch eingeleitet werden und sich aufbauend auf diese zentrale Stimulation nun entwickeln können (vgl. VOJTA 1974).

Die Kritik

Die Durchführung einer Vojta-Therapie ist für das so behandelte Kind, aber auch für die Therapeutin und seine nächsten Bezugspersonen eine große Belastung. Die passive Handhabung der „Reflexmuster" wird von vielen Kindern als unangenehm empfunden und von den Behandelnden als physisch anstrengend erlebt. Sie ist eine Therapie, die zunächst isolierte Bewegungsmuster einübt, in der also ausschließlich Teilaspekte einer Förderung – das Training motorischer Funktionen – zur Anwendung kommen. In erzieherischen und integrationspädagogischen Kreisen wird das ausschließlich „be-handelnde" Ansetzen „am Kind", das ein aktives Handeln des Kindes aus seinen momentanen Wünschen und Bedürfnissen heraus nicht zuläßt, als „manipulativ" und gar als „gewaltsam" kritisiert. Vertreter der Vojta-Methode betonen im Gegensatz dazu und verteidigend die herausragenden Erfolge ihrer Frühtherapie (vgl. TIETZE-FRITZ 1996a, S. 58ff.).

18.2 Das Bobath-Konzept in der integrativen Erziehung

Das therapeutisch-pädagogische Konzept nach der Bobath-Methode ist ein entwicklungsfördernder Ansatz, nicht nur in der therapeutischen, sondern, seit einigen Jahren, vorzugsweise auch in der kinderpädagogischen Arbeit fest etabliert. Als eine Unterstützung und Anleitung des bewegungsgestört genannten Kindes *zur Verbesserung seiner psychomotorischen Fähigkeiten im alltäglichen Handeln* hilft es Kindern, ihre Selbständigkeit in ihrem natürlichen sozialen Umfeld zu entfalten und zu entwickeln.

Pädagogisches Handeln nach dem Bobath-Konzept ist das Einbinden therapeutischer Elemente für ein Kind *in die natürlichen Spiel- und Bewegungssituationen aller Kinder*, und die Erzieherinnen müssen grundlegende „Handhabungen" für das Kind und die förderlichen Unterstützungsmöglichkeiten gut kennen.

Für viele der Kinder aber ist zusätzlich und auf ärztliche Verordnung hin eine besondere *Behandlung nach Bobath* nötig, die dann der dafür qualifizierten Physiotherapeutin, je nach Aufgabenstellung und Schwerpunktsetzung auch der Ergotherapeutin oder der Logopädin obliegt. Auch die Therapeutinnen können „ihre" Therapie so gestalten, daß diese nicht nur „behandelt", sondern daß auch das *therapeutische Handeln* als ein integraler Teil des Gruppengeschehens im Kindergarten praktisch wird[95].

Exkurs: Die Entwicklungsbehandlung nach Bobath

Die *Bobath-Therapie* ist ein seit Jahrzehnten weitverbreitetes Therapiekonzept einer Behandlung auf neurophysiologischer Grundlage. Von der Physiotherapeutin B. BOBATH und ihrem Ehemann, dem Arzt Dr. K.

---

[95] Erzieherinnen, die in der Heilpädagogik tätig sind, können in Fortbildungskursen Kenntnisse in der *Anwendung des Bobath-Konzeptes für die pädagogische Arbeit* erwerben oder auch – im interdisziplinären Team – von der Physiotherapeutin den förderlichen Umgang mit bewegungsgestört genannten Kindern als *handling* lernen. Physiotherapeutinnen können sich in zusätzlich zu ihrer beruflichen Ausbildung nötigen Grund- und Aufbau-*Bobath-Kursen* für die Durchführung von krankengymnastischen *Behandlungen auf neurophysiologischer Grundlage* qualifizieren, Logopädinnen und Ergotherapeutinnen für spezielle Behandlungen auf der Grundlage des Bobath-Konzeptes (AG Bobath im ZVK – Zentralverband der Physiotherapeuten/Krankengymnasten e. V., Deutzer Freiheit 72-74, D-50679 Köln).

BOBATH, in London entwickelt, ist sie weltweit anerkannt. Als eine *„entwicklungsneurologische Therapie"* will sie bei auf einer hirnorganischen Grundlage entstandenen kindlichen Entwicklungs- und Bewegungsstörung mittels einer systematischen Bewegungsanbahnung eine Normalisierung des Muskeltonus für die frühkindliche Bewegung erreichen. Unter der Benutzung von komplexen und kindgerechten Bewegungsmustern, die persistierende oder pathologische frühkindliche Reflexreaktionen abbauen möchten, werden hinderliche Bewegungsformen „gehemmt", und gleichzeitig wird eine möglichst natürliche Bewegungsentwicklung „gebahnt", die aufbauend dann auch kognitive und sprachliche Fähigkeiten entfalten hilft. Die Bobath-Therapeutin orientiert sich dabei an der *„chronologischen Bewegungsentwicklung"* im frühen Kindesalter und hilft Kindern mit ausgewählten Stimulationen und unter Einbeziehung einer spezifischen „Technik" diese Entwicklung nachzuvollziehen, ganz zugeschnitten auf die jeweils individuelle Symptomatik, die ein Kind zeigt. Sie berücksichtigt dabei die *sensomotorischen Lernerfahrungen* des Kindes und hilft ihm, ein Gefühl für nützliche Bewegungen zu entwickeln, und das innerhalb spielerischer und *funktioneller Alltagshandlungen.* Hat ein bewegungsgestörtes Kind vor allem hand- und feinmotorische Schwierigkeiten, obliegt diese Therapie der *nach Bobath* arbeitenden Ergotherapeutin, und bei mund- und sprechmotorischen Problemen kann eine besondere Bobathsche *Mund- und Sprachtherapie* durch die Logopädin angewendet werden (vgl. BOBATH, B. 1976; BOBATH, B. u. BOBATH, K. 1983; LIMBROCK u. WIRTH 1986).

18.2.1 Handling im spielerischen Alltag

Es entspricht der konzeptionellen Idee Bobathscher Theoriebildung und der daraus resultierenden Umsetzung, auch die Therapie für ein Kind *in den natürlichen Alltagszusammenhang* zu stellen.

Wenn die Therapeutin ihre zu behandelnden Kinder und die Kindergruppe gut kennt, macht es ihr keine Schwierigkeiten, auch die ärztlich verordnete Behandlung in der Gruppe zu praktizieren, und auch die Durchführung einer Einzelbehandlung ist dann eine therapeutisch-pädagogische Gemeinsamkeit zusammen mit den Kindern. Dies entspricht in einem hohen Maße unseren Vorstellungen von einem selbstverständlichen integrationspädagogischen Handeln und vom Miteinandersein der Kinder im Kindergarten, bei allem, was sie dort tun.

Eine kleine Schilderung (aus der Info-Broschüre des Bobath-Centre in London[96], eigene Übersetzung aus dem Englischen. Therapeutin ist die Direktorin des Zentrums, Jenniver Bryce):

„... All dies ist weit von der herkömmlichen Physiotherapie entfernt. Ich kann nicht den Unterschied zwischen Therapeuten und Eltern erkennen – keiner trägt einen weißen Kittel, und es scheinen alle auf gleiche Weise in die Behandlung einbezogen zu sein... Keiner macht Übungen. Jennifer lächelt. 'So sollte es sein', sagt sie. 'Wenn es so aussieht, als würde die Therapeutin nichts tun, dann ist es so, daß ein Kind selbst seine Fähigkeiten erarbeitet.' Die Bobath-Therapie arbeitet durch Spielen. Geschwister und andere Kinder sind genauso eingeladen mitzumachen, mitzuspielen. Im Kindergarten übernimmt die Erzieherin das handling. Wenn sie ein Kind hält, badet, anzieht und wenn sie mit ihm spielt, ist das Teil der Behandlung, und alles muß ganz natürlich sein.“

Die therapeutischen Elemente

Erzieherinnen helfen ihren Kindern, grundlegende Bewegungsformen zu erlernen, und es sind dies „Aktivitätsmuster", die allen Kindern aus der Gruppe für ihre psychomotorische Entwicklung nützlich sind; Kindern mit einer zerebralen Bewegungsstörung aber helfen sie im besondern:

Die Förderung ist ganzheitlich, und stets wird die gesamte Situation eines Kindes gesehen, denn es gibt keine betroffenen „Teile" des Kindes.
Die natürliche Entwicklung der Motorik wird als Leitfaden beim Erstellen eines Förderkonzeptes benutzt. Immer sind es kindgerechte motorische Lernprozesse im Alltag, die beachtet werden, denn jedes Kind lernt beim Liegen und Sitzen, beim Aufstehen und Gehen, beim Trinken und Essen, beim Spielen und Hantieren, im Haus und im Freien. Das Therapeutische hilft nur, die „Lücken" zu füllen, und zwar auf der Grundlage der Nachahmung des motorischen Entwicklungsplanes eines Kindes.
Das Hemmen von pathologischen Reflexmustern, die damit verbundene Normalisierung des Muskeltonus und *das Bahnen der richtigen Wege* von koordinierten Bewegungsmustern müssen ineinandergreifen, weil ja bewegungsgestörte Kinder ein Problem mit der Entwicklung und Reifung des zentralen Nervensystems haben.
Es gibt eine *Anzahl von Schlüsselpunkten* (keypoints) an verschiedenen Stellen des Körpers, von denen aus der Muskeltonus normalisiert werden kann und gleichzeitig Bewegungshandlungen angebahnt werden können.

---

[96]   Das *Bobath-Centre in London* beschäftigt sich mit der interdisziplinären Behandlung und Förderung nach der Methode Bobath, mit wissenschaftlicher Forschung und der Weiterentwicklung des Konzeptes in Theorie und Praxis. Es wurde vom Ehepaar Bobath gegründet und dient auch der Fortbildung von Fachleuten und einer weltweit organisierten Koordinierung fort- und weiterbildender Maßnahmen (The Bobath Centre, 5 Netherhall Gardens, London, NW3 5RN).

Es werden aber *nur Bewegungsmuster* stimuliert, *die* für das Kind *brauchbar und nützlich sind*. Überflüssiges braucht es nicht zu lernen, und es muß ausreichend Gelegenheit erhalten, motorische Erfahrungen selbst zu sammeln. Es muß deshalb Zeit für seinen Lernprozeß erhalten und viele Wiederholungen probieren dürfen. Wenn keine „Erfolge" zu sehen sind, kann das niemals am Kind liegen, sondern am falsch gewählten therapeutischen Ansatz.

Im spielerischen Alltag erlernt es nicht nur *kontrollierte Bewegungen*, sondern *auch automatische Bewegungsmuster*, und alle Therapeutinnen und Pädagoginnen wirken zusammen, damit das Kind einen sensomotorischen Lernprozeß in der täglichen Situation, auf seinem Entwicklungsniveau und unter der Hilfe zur eigenen motorischen Steuerung und Korrektur erfährt. Jedes Kind erwartet dabei viel Abwechslung, nonverbalen und verbalen Kontakt, viel Motivation, aber keine Überanstrengung.

Es wird *möglichst frühzeitig* mit der Förderung für ein Kind begonnen, denn Retardierungen können aufgeholt werden, schwere Bewegungsstörungen können gebessert werden, und beim frühesten Beginn einer Behandlung kann bei vielen Kindern die Ausprägung einer markanten Erscheinungsform verhindert werden. Die meisten Kinder können gehen lernen, wenn sie rechtzeit gefördert wurden, auch noch im beginnenden Schulalter.

In der Förderung von Kindern sollen *passive Liege-, Sitz-, Geh- und Stehhilfen* nur angewendet werden, *wenn sie absolut notwendig sind*. Operative Eingriffe sind immer ein schwerwiegender Eingriff in die Behandlung.

Immer wirkt die Bobath-Förderung auch auf die *perzeptive, die geistige, die sprachliche und die emotional-soziale Entwicklung*. Sie hilft daher auch Kindern, die nicht in erster Linie oder nicht nur motorisch beeinträchtigt sind, sondern die zur Entwicklung ihrer kognitiven und sprachlichen Fähigkeiten eine Unterstützung brauchen.

Das Kind wird unterstützt, damit es *grundlegende Bewegungs- und Haltungsformen* erfahren kann, und es erhält dosierte therapeutische Hilfen, damit es pathologische motorische Elemente in ein gutes Bewegungsmuster einzuleiten oder umzuleiten lernt *(Lehrsätze nach BOBATH. Aus einem Manuskript von B. u. K. BOBATH: Ausbildung zum Bobath-Therapeuten, unveröffentlicht)*.

Bewegungsformen und die alltäglichen Verrichtungen

Im methodisch richtigen Aufbau der Unterstützung psychomotorischer Handlungsfähigkeiten für Kinder sind es ausgewählte elementare Bewegungsmuster, die zusammen mit dem Kind entwickelt werden. Solche elementaren *„Frühfähigkeiten" („patterns")* als Basis aller nachfolgenden Entwicklungen für ein zerebral bewegungsgestörtes Kind sind das Erlernen der Kopfkontrolle, das Drehen um die Körperachse, das Entwickeln von Stützreaktionen, das Entwickeln von Stellreaktionen, das Erwerben von Gleichgewichtsreaktionen und das Greifen.

Nur unter einer guten *Kopfkontrolle* kann ein Kind lernen, auch seinen Körper „zu kontrollieren". Im Kindergarten soll es viele Gelegenheiten erhalten, seine aufrechte Kopfhaltung aktiv zu üben, und es muß Sorge dafür getragen werden, daß es seinen Kopf immer wieder frei bewegen kann. Es muß dafür die für ein Kind günstigste Position gefunden werden: das Spielen in der Bauchlage, vielleicht über einer Rolle liegend; das Hantieren im freien oder gestützten Sitzen...

Das *Drehen um die Körperachse* (die Rotation) ist die Voraussetzung dafür, daß ein Kind eine Bewegungsposition überhaupt verändern kann. Die Kindergruppe kann einem Kind hierzu viele Hilfen geben: das Sich-Rollen im Raum, das Sich-Aufrichten vom Liegen zum Sitzen oder zum Krabbeln, und insgesamt alle gemeinsamen Spielhandlungen auf dem Boden wie dort der Umgang mit kleinen Fahrzeugen, das Puppenspiel und das Bauen auf dem Teppich regen Kinder an, Körperrotationen zu entwickeln.

Auch die *Stützreaktionen* und ihre *Gleichgewichtsfähigkeiten* üben Kinder im freien Spiel und in weiten Bewegungsräumen. Kinder lernen, sich mit Händen und Armen am Boden aufzustützen, wenn in der Nähe zueinander und im gemeinsamen Spiel spontane Schutzreaktionen und ihr Gleichgewicht immer wieder gefordert werden.

Das *Entwickeln von Stellreaktionen* ist die Voraussetzung dafür, daß ein Kind lernt, sich allein aufzurichten. Der Alltag in der Kindergruppe hilft ihm, vom Liegen zum Sitzen, vom Krabbeln zum Aufstehen und zum Gehen zu kommen, wenn das Kind immer dabei ist. Jedes Kind braucht dazu diejenigen Bewegungsangebote, die seiner momentan erreichten motorischen Entwicklungsstufe und seinen derzeitigen Handlungsmöglichkeiten entsprechen.

Das Finden der richtigen Haltungen

Den meisten Kindern mit einer zerebralen Bewegungsstörung ist es nicht möglich, alle diese Fähigkeiten allein und ohne eine Hilfestellung zu entfalten. Die Erzieherin muß daher gut beobachten, wo bei seinen alltäglichen Verrichtungen und an welcher Stelle des gemeinsamen Spielens das Kind eine Unterstützung braucht. Von den Therapeutinnen erhält sie Informationen und Hinweise. Sie muß wissen, unter welchen Bedingungen ein Kind etwas tun kann und wie hinderliche Reflexaktivitäten zu reduzieren oder ganz abzubauen sind. Die richtige Haltung, aus der heraus ein Kind agieren kann, muß gefunden werden. Manchmal genügt es, dem Kind mit einem guten handling zu helfen, diejenige Körperposition einzunehmen, die ihm Handlungen eröffnet und die seinem Entwicklungsbedürfnis entspricht, und es sind alltäglich die kleinen, aber geschickt gekonnten und gezielten Handreichungen für ein Kind mit ihren reflexhemmenden und bewegungsbahnenden Hilfen, die ihm förderlich sind (vgl. FINNIE 1971; KNUPFER u. RATHKE 1986).

Einige therapeutisch-erzieherische Überlegungen

Wie hebe, lege, drehe, trage, wasche und bade ich das Kind?
Wie ziehe ich es an und aus?
Wie liegt, sitzt und steht es am besten?
Wie helfe ich ihm, Verspannungen zu lockern und Kontrakturen zu vermeiden?
Welche Handgriffe kann ich einsetzen, um ihm Muskelstabilität zu geben?
Wie helfe ich dem Kind, daß es sich bewegen (sich legen, setzen, rollen) kann?
Wie helfe ich ihm bei der selbständigen Fortbewegung, beim Robben, Krabbeln und Stehen?
Wie fasse ich das Kind am besten an, wie halte und stütze ich es?
Wie führe ich es an der Hand?
Wie helfe ich dem Kind, daß es ein Spielzeug halten und benutzen kann?
Wie wähle ich die Spielgeräte nach der ihm möglichen Körperhaltung am besten aus?
Wie helfe ich ihm beim Malen, Basteln, Schreiben und Gestalten und beim Essen?
Welche Haltungen gebe ich ihm, damit es trinken und essen kann?
Wie helfe ich ihm, daß Sprechen möglich wird?

Übungsgeräte und orthopädische Hilfsmittel

Es gibt spezielle *Übungsgeräte*, die als Lagerungs-, Bewegungs- und Gleichgewichtshilfen benutzt werden können, und Erzieherinnen erfahren von einer Therapeutin den förderlichen Umgang damit.

Zur Förderung gehören Physiobälle und Lagerungs- und Aufsitzrollen in vielen Größen, Balancier- und Schaukelbretter, Matten, Matratzen, Polster und Schaumstoffkeile, Hocker, Schemel und Stühle in verschiedenen Höhen, Krabbler, Rollbretter, Schrägbretter, Stehbretter, Gehhilfen, Dreiräder, Schiebkarren, Puppenwagen, Schaukelpferd, Kisten, besondere Stühle zum Sitzen und Fahren (Buggy, Rollstuhl), besondere Greifgeräte und Mal- und Schreibhilfen (wie Schreibmaschine und Computer für Kinder) und besondere Hilfsmittel zum Trinken und Essen...

Manche dieser und anderer Fördergeräte sind ärztlich verordnet, wenn ein einzelnes Kind sie als funktionsgerechte *orthopädische Hilfsmittel* benötigt. Einige Kinder haben Orthesen (wie Sitzschalen oder Beinschienen), orthopädische Fußversorgungen (wie Schienen und Innenschuhe), und schwerer betroffene Kinder brauchen natürlich Sitz-, Steh- und Fortbewegungshilfen, die auch eigens für sie und nach Maß angefertigt werden. Die Auswahl eines geeigneten Hilfsmittels für ein Kind obliegt den Fachärzten und den Therapeutinnen. Die Erzieherinnen im Kindergarten und auch die Kinder in der Gruppe müssen sich mit der richtigen Benutzung solcher Geräte gut auskennen, und sie müssen einem Kind helfen, diese sinnvoll anzuwenden. Alle Geräte aber, die ein Kind benötigt, sind *in die Alltagshandlungen* zu integrieren, und es ist gut, *wenn alle Kinder daran beteiligt sind*.

18.2.2 Die Mund-, Trink- und Eßförderung und die Anbahnung des Sprechens

Kindergartenkinder mit zerebralen Bewegungsstörungen brauchen Hilfen, die ihre *Trink- und Eßfähigkeiten* fördern und damit auch ihre *Sprech- und Artikulationsfähigkeiten* unterstützen. Das Konzept der *Mundtherapie nach BOBATH* ist primär ein logopädisches. In seiner praktischen Anwendung ist es jedoch ebenso in ergotherapeutische Aufgabenstellungen integriert, und beim gemeinschaftlichen Trinken und Essen mit den Kindern und in der Förderung ihrer Sprech- und Sprachentwicklung sind es die therapeutischen Grundzüge daraus, die jeder Erzieherin ihre täglichen mund- und sprechmotorischen Förderaufgaben in der Kindergruppe erleichtern können.

Wissend um den engen Zusammenhang zwischen Mundfunktionen und Sprechentwicklung bei Kindern, will das Konzept der Mundtherapie nach BOBATH orofaziale Störungen beeinflussen und, wenn möglich, beheben. Solche Störungen, die sich zuerst in Trink- und Eßschwierigkeiten zeigen, erschweren aufgrund *persistierender oraler Reflexe* das Beißen, Kauen und Schlucken für ein Kind. Auch ein mangelnder Kiefer- und Lippenschluß und die Hypersalivation gehören zu den mundmotorischen Schwierigkeiten und sind Teil der grob- und feinmotorischen Probleme der Bewegungskoordination, die ein Kind haben kann. Die mund- und sprechmotorischen Hilfen sind daher immer ganzheitliche, und es ist für ein Kind am besten, wenn es eine Unterstützung erfährt, die *therapeutisch-pädagogisch gemeinsam* entwickelt und in einer kindgerechten Kooperation umgesetzt wird.

Therapeutinnen und Erzieherinnen beobachten beim Kind sein Trinken und Essen. Sie achten auf seine Rumpfkontrolle und auf seine Kopfhaltung in verschiedenen Positionen. Sie unterscheiden zwischen einer physiologischen und einer pathologischen Mundfunktion. Sie beobachten den Mundschluß beim Kind und die Aktivität seiner Lippen beim Trinken, Essen und Sprechen. Sie sehen seine Mund- und Nasenatmung, die Bewegungsmuster der Zunge, seinen Speichelfluß, und sie achten auf seine Empfindlichkeiten im Mundbereich, wenn es dort berührt wird.

Das Förderkonzept besteht dann im einzelnen aus individuellen Hilfen zum Trinken und Essen, aus praktischen Hinweisen für den Umgang mit dem Kind, aus neurophysiologisch ausgerichteten und förderlichen Ausgangspositionen beim Füttern, Sitzen und Handhaben, aus passiven und aktiven Stimulationen der Mundmotorik (auch mit einer sanften Massage) und aus Hilfen zur Sprechanbahnung und zur Korrektur von Sprachstörungen (LIMBROCK u. WIRTH 1986; vgl. TIETZE-FRITZ 1996a).

Erzieherinnen benutzen Hilfsmittel zur Förderung:

Zahnbürsten, Luftballons, verschiedene Trillerpfeifen, Mundharmonika, Seifenblasen, Watte, Lippenstifte, Cremes... Sie spielen, üben, singen, summen ... mit dem Kind, auch vor dem großen Spiegel.

18.3 Die orofaziale Regulationstherapie

Von CASTILLO-MORALES wurde vor Jahren in einem argentinischen Kinderzentrum eine *mundmotorische Stimulationstherapie* und *sprachvorbereitende Therapie* entwickelt, zunächst für die gestörten Mund- und Gesichtsfunktionen der Kinder mit Down-Syndrom. Inzwischen modifiziert, wird sie verbreitet auch für die Verbesserung von sensomotorischen Störungen im Mund-Gesichts-Bereich bei Kindern mit zerebralen Bewegungsstörungen angewendet.

Die *orofaziale Regulationstherapie* will Beeinträchtigungen im Bereich des Gesichtes, des Mundes und des Rachens behandeln und insbesondere Kau-, Schluck- und Sprechstörungen beeinflussen. Sie muß immer von einer Physiotherapie für den ganzen Körper begleitet werden und besteht aus drei Teilen: aus der funktionellen Befunderhebung, aus den krankengymnastisch-logopädischen Übungen und (gegebenenfalls) aus einer Gaumenplatte[97] und anderen kieferorthopädischen Geräten für das Kind.

---

[97] Die Gaumenplatte nach Castillo-Morales ist eine Ergänzung der sensomotorischen Mundtherapie für einige der Kinder (oft für Kinder mit einem Down-Syndrom, seltener für Kinder mit einer zerebralen Bewegungsstörung). Durch Stimulationsknöpfe, die je nach Symptomatik an unterschiedlichen Stellen angebracht sind und einen Fremdkörperreiz ausüben, werden fehlende sensomotorische Bewegungsabläufe gebahnt (fazilitiert), modifiziert oder pathologische Bewegungsmuster gehemmt (inhibiert).

CASTILLO-MORALES hat eine „neuromotorische Entwicklungstherapie" konzipiert, die eine Übungsbehandlung zur Verbesserung der sensomotorischen Bewegungsabläufe beim Kind darstellt (CASTILLO-MORALES 1978). Sie wird nun für mund- und sprechmotorisch betroffene Kinder um die Stimulationstherapie zur Vorbereitung der Muskulatur für die Funktion des Trinkens, Essens und Sprechens erweitert. Auch die Atmung des Kindes soll verbessert werden, z. B. durch isolierte und kombinierte Stimulation einzelner Zonen im Gesicht unter reflexhemmenden und unter bewegungs- und sprechbahnenden Ausgangsstellungen, abgestimmt auf die jeweilige Symptomatik bei einem Kind (CASTILLO-MORALES u. a. 1985).

Elemente der vorgeschlagenen Therapieform *helfen auch der Erzieherin* in der alltäglichen Förderung ihrer Kinder, wenn sie von der (hierin qualifiziert ausgebildeten) Logopädin oder Physiotherapeutin die entsprechenden Anregungen erhält. Zum mundmotorischen Bobath-Konzept steht die Methode nach CASTILLO-MORALES nicht im Widerspruch; beide Konzepte können sich vielmehr gegenseitig ergänzen: Weil auch in der Therapie nach CASTILLO-MORALES pathologische Bewegungsmuster gehemmt und die erwünschten psychomotorischen Handlungen gebahnt werden, kann das richtige *handling* nach BOBATH eine gute erzieherisch ausgerichtete Basis sein und auch die orofaziale Regulationstherapie vorbereiten und begleiten (vgl. LIMBROCK u. WIRTH 1986).

18.4 Die konduktive Bewegungspädagogik

Die *konduktive Bewegungspädagogik* ist ein ungarisches Konzept der Entwicklungsförderung für bewegungsbehinderte Kinder, vor Jahren von dem Neurologen und Pädagogen A. PETÖ entwickelt. In Budapest wurde von ihm ein Institut für Bewegungstherapie gegründet, das heute dort als staatliches Petö-Institut eine umfassende fachärztliche, diagnostische und therapeutisch-heilpädagogische Förderung für Kinder mit zerebralen Entwicklungsstörungen ermöglicht[98].

Die konduktive Förderung wird nicht als eine Behandlungsmethode angesehen, sondern als ein *offenes Erziehungssystem*. Sie basiert auf einem ganzheitlichen und bezugspersonorientierten Ansatz. Sie wird von einer

---

[98] Das Petö-Institut für Bewegungspädagogik in Budapest (mit einem über das ganze Land verteilten Netzwerk) betreut kontinuierlich ca. 700 Kinder stationär und 1200 Kinder ambulant. Dem Konzept der konduktiven Förderung *wird international zunehmend Beachtung geschenkt*, in Deutschland wurde ab 1990 ein entsprechendes Forschungsprojekt (Projekt Taunusklinik) staatlich gefördert: Es gibt inzwischen Förderzentren und -stellen in mehreren Ländern (Info: Petö-Institut für konduktive Erziehung der motorisch Behinderten. Hochschule für Konduktorenausbildung. Budapest. Kutvölgyi ut 6. 1125 Ungarn).

Konduktorin praktiziert, und diese *Konduktorin*[99] vereint in der Förderung die Aufgaben der Physiotherapeutin, Ergotherapeutin, Logopädin, der Erzieherin und Sonderpädagogin, der Motopädin und der Pflegerin eigenverantwortlich. Die konduktive (zusammenführende) Förderung beabsichtigt auf diese Weise „ein komplexes und interdisziplinäres Zusammenführen von Entwicklungs-, Lern- und Erziehungsprozessen bei Kindern mit cerebralen Schäden... Das Entwicklungskonzept wird unter ärztlicher Leitung als umfassender Erziehungs- und Förderprozeß organisiert und geleitet, im Frühförderbereich gemeinsam mit den Eltern/der Mutter" (ROCHEL u. WEBER 1990).

In der konduktiven Förderung werden ganzheitliche Erkenntnisse interdisziplinär zusammengeführt. Ein Grundprinzip der Förderung geht davon aus, daß eine zerebrale Bewegungsstörung „eher ein Lernhindernis (Dysfunktion) darstellt, das nicht nur eine Beeinträchtigung der Motorik, sondern der gesamten Persönlichkeit beinhaltet. Nicht eine Krankheit muß behandelt werden, sondern eine Lernstörung soll mit besonderen Fördermaßnahmen überwunden werden" (a. a. O.).

Die Förderung der Kinder in der Gruppe

Immer werden die Kinder *in der Gruppe gefördert*, mit zum Teil individuellen Elementen, aber *niemals in einer Einzeltherapie*. In alle Aufgabenserien sind perzeptive und kommunikative Aspekte (Musik, Gestalten, Spiel, Tanz, Sprache, Literatur, Theater, technische Medien) einbezogen, und die konduktive Förderung „reduziert den Entwicklungs- und Erziehungsprozeß nicht primär auf (psycho-)motorische Lern- und Funktionsfähigkeit, sondern verknüpft den Erwerb motorischer Fähigkeiten bzw. die Entwicklung motorischer Eigenschaften mit Tätigkeitszusammenhängen im Alltagsleben, sogenannten Aufgabenreihen und Bausteinen, im lebenspraktischen, intellektuellen und sozial-emotionalen Lernbereich" (ROCHEL u. WEBER 1990).

Zu den Grundprinzipien der konduktiven Förderung gehört auch die *Strukturierung des Tagesablaufs*. Alle seine Aufgabenfolgen sind in einer festen Tagesordnung aufeinander abgestimmt, und alle Aktivitäten mit den Kindern werden täglich in gleichen Zeiteinheiten durchgeführt. Die Umgebung ist freundlich und die Ausstattung der Räume schlicht: Es gibt eine besondere Möblierung mit charakteristischen Holzpritschen und Sprossenstühlen, die vielseitig und den ganzen Tag über benutzt werden. Es gibt außer-

---

[99] Die Konduktorin wird universitär nur in Budapest in einem vierjährigen Studium hochqualifiziert ausgebildet. Es gibt derzeit Überlegungen und Bestrebungen, auch in Deutschland einen entsprechenden Hochschul-Aufbaustudiengang einzurichten.

dem Materialien wie Matten und Sprossenwände für die grobmotorische Förderung und Spiel- und Beschäftigungsmaterialien für kognitive und feinmotorische Tätigkeiten (Materialien zum Farben-, Formen- und Grö-ßenerkennen und das Montessorimaterial).

Etwas Besonderes in jeder Gruppe ist das *„rhythmische Intendieren"*. Da Sprache und Rhythmus zentrale Elemente der konduktiven Förderung sind, werden alle Bewegungsübungen verbal durch rhythmisches *Singen und Sprechen der ganzen Kindergruppe* begleitet: „Durch das Sprechen von Reimen und Versen und das Singen von Liedern beschreibt das Kind seine Bewegungen. Durch das Zählen von eins bis fünf wird ein bestimm-ter Rhythmus vorgegeben. Dieses aktionsbegleitende Sprechen und Sin-gen wird als rhythmisches Intendieren bezeichnet... Das rhythmische In-tendieren gibt der Gruppe einen einheitlichen Rhythmus. Das einzelne Kind fühlt sich durch das gemeinsame Zählen getragen, auch wenn es selbst nicht mitkommt. Es wird durch die anderen Kinder zum aktiven Tätigsein mobilisiert und motiviert" (GÜNTER u. STRASSMEIER 1996).

Die aktuelle Diskussion

Das Konzept nach PETÖ wird in Fachkreisen aktuell diskutiert. Sein tradi-tioneller Förderansatz im ungarischen Praxismodell in seiner wenig dyna-mischen und offenen Form wird, ebenso wie die für problematisch erachte-te *umfassende* Qualifikation nur einer Person, der Konduktorin, überaus kritisch betrachtet. Die unübersehbaren Fördererfolge in der Entwicklung der so betreuten Kinder haben jedoch dazu geführt, über die Möglichkeiten der Modifizierung des Konzeptes und seine – neue – Bedeutung für die Früherziehung nachzudenken.

Als ein ganzheitliches, neurophysiologisches Konzept könnte die kondukti-ve Bewegungspädagogik auch in die integrative Förderung von Kindern zumindest als ein ergänzendes Element mit innovativen gruppenpädagogi-schen Aspekten Eingang finden. Der auch in Deutschland schon begonne-ne interdisziplinäre fachliche Erfahrungsaustausch sollte fortgesetzt wer-den und kann gerade auch den Kindergarten um Fragestellungen zu einer möglichen Umsetzung „konduktiven" Handelns und um das Interesse an den pädagogischen Wirkungen bereichern.

Pädagogische Wirkungen

Der Arbeitsansatz der konduktiven Förderung ist ein ganzheitlicher, und im Sinne eines „Autonomieprinzips" wird die Selbstbewegung eines jeden Kindes und damit seine „Aktivität" und seine „Selbständigkeit" herausgefor-dert (SPECK 1996). Ein wesentliches Element des Konzeptes stellt die

Gruppe dar, und viele *gruppendynamische Aspekte* können umgesetzt werden. Die Wirkung des aktionsbegleitenden Sprechens in der Gruppe ist beeindruckend, die Kinder sind durch die Rhythmisierung und das Leben in der Gruppe sehr motiviert. In der konduktiven Förderung wird nicht „defekt- oder symptomorientiert" gearbeitet, sondern „zielorientiert durch das Zusammenführen von Entwicklungs-, Lern- und Erziehungsprozessen" ... „Die Kinder werden nicht zur Therapie von der Kindergartengruppe getrennt und in eine Behandlungsstunde abgeholt... Konduktorinnen planen die Kindergartenarbeit in Stunden-, Tages-, Wochen und Monatssequenzen und unter Berücksichtigung der Handicaps der Kinder" (ROCHEL u. NEUHÄUSER 1996).

Ziele der konduktiven Förderung sind die *Entwicklung der Selbständigkeit eines Kindes im Alltag*, je nach seinen Möglichkeiten. Es gibt keine künstliche Trennung von Kindergartenarbeit und Therapiestunde. Es wird nicht daran gearbeitet, die Pathologie des Kindes „zu korrigieren", sondern daran, ihm zu helfen, „trotzdem" und auf seine Weise zu sitzen, zu gehen, zu spielen.

Diese Ziele entsprechen in einem hohen Maße *auch unseren erzieherischen Intentionen.* Sie werden nach PETÖ über vielfältige heilpädagogische und therapeutische Wege erreicht, die jedoch „fest eingewoben sind in den 'normalen' Tagesablauf der Kindergartengruppe" (vgl. ROCHEL u. NEUHÄUSER 1996).

19. Hilfen zur Unterstützung der basalen Fähigkeiten bei Kindern

Kinder, die *schwerstmehrfachbehindert* genannt werden, brauchen im Kindergarten eine Förderung, die ganzheitlich ist und doch *auf eine einfache und elementare Weise* ihren besonderen Entwicklungsbedürfnissen entgegenkommt. Ihre Fähigkeiten müssen *basal* entwickelt werden, und jedes Kind braucht dabei auch Hilfen einer *Förderpflege.* Der Kindergarten hat die Chance, dem mehrfach und komplex beeinträchtigten Kind in der Gruppe diese erzieherischen Anregungen zu geben.

19.1 Die basale Stimulation

Mit der *basalen Stimulation* hat FRÖHLICH ein Konzept vorgelegt, das auf die besonderen Lebens- und Alltagssituationen schwerbehindert genannter Kinder eingeht (HAUPT u. FRÖHLICH 1982; FRÖHLICH 1991; 1992).

Es ist ein erzieherisches Konzept für die in einer Gruppe so betroffenen Kinder, das ihre besonderen Bedürfnisse berücksichtigen möchte und das mit der Fülle seiner Anwendungsvorschläge auch Bedürfnisse erreicht, *die allen Kindern eigen sind.*

Damit wird die basale Stimulation im Kindergarten zu einem integrativen Konzept, das über ein therapeutisches Handeln weit hinausgeht, und es scheint unerläßlich, seine wesentlichen Elemente für die (heil-)pädagogische Arbeit aufzugreifen.

Die Grundbedürfnisse der Kinder mit basalen Fähigkeiten

FRÖHLICH beschreibt es als eine wichtige Aufgabe, die Grundbedürfnisse schwerstbetroffener Kinder zu erkennen und zu befriedigen. Erzieherinnen im Kindergarten achten diese Bedürfnisse, die elementare Wünsche eines jeden Kindes sind. *Es sind dies die Grundbedürfnisse*

nach Anregung, Abwechslung und Bewegung,
nach Sicherheit, Stabilität und nach einer Verläßlichkeit der Beziehungen,
nach Bindung, Angenommensein und Zärtlichkeit,
nach Anerkennung und Selbstachtung,
nach Unabhängigkeit, Selbständigkeit und nach Selbstbestimmung.

Wenn die Erzieherinnen darauf eingehen möchten, geben sie den Kindern am besten viel *körperliche Nähe*, damit die Kinder direkte Erfahrungen machen können, und bringen ihnen die Umwelt *auf einfachste Weise nahe.* Sie ermöglichen ihnen *Lageveränderungen und Fortbewegung*, und sie sind für die Kinder da, um sie *auch ohne Sprache* zu verstehen und sie zuverlässig zu versorgen und *zu pflegen* (FRÖHLICH 1992, S. 11-26).

Das erzieherische Eingehen auf Stereotypien, Autostimulationen und selbstschädigende Verhaltensweisen

Jedes Kind benötigt ein Mindestmaß an sensorischen Anregungen, und Stereotypien können wir als *Notlösungen* eines schwerstbeeinträchtigten Kindes verstehen, mit denen es sich dieses Mindestmaß selbst herstellen möchte. Diese intensivsten Reize, die sich das Kind selbst bereitet, können sich dann schädigend auf es selbst auswirken, und weil es behindert genannte Kinder schwer haben, die *Reizvielfalt* in ihrer Umgebung zu erfassen und zu verstehen, kommt es nach dem Verständnis FRÖHLICHs zusätzlich „zu einer Desinformation mit Chaoscharakter. Visuelle, auditive, taktile etc. Information durch die Umwelt – sei es die dingliche und die menschliche Umwelt – werden nicht verstanden, es taucht das Gefühl der Bedrohung auf..." (1992, S. 33).

Das Prinzip der förderlichen Hilfen durch die Erzieherin ist es daher, *die Isolation*, die das Kind empfindet, *durch Partnerschaft aufzulösen* und die Ausweitung der Monotonie durch neue, aber seinem Verarbeitungsniveau entsprechende *Anregungen* zu ersetzen.

FRÖHLICH (1992, S. 34-35) schlägt für den praktischen Umgang mit dem Kind vor, eine stereotype Bewegung *mit dem Kind zusammen* durchzuführen. Dabei gibt das Kind zunächst den Takt an, die Erzieherin hält sich zurück. Das Kind soll erleben, daß nichts von ihm verlangt ist, daß es aber begleitet wird. Die Erzieherin kann versuchen, dem Kind auch physisch eine Stütze zu geben, an die es sich anlehnen kann, und erst allmählich werden dem Kind andere Bewegungen „körpersprachlich" angeboten.

Eine solche Vorgehensweise enthält Elemente der für schwerstbehinderte und autistische Menschen von ROHMANN u. HARTMANN vorgestellten *Aufmerksamkeits-Interaktionstherapie (AIT)*.

Exkurs: Die Aufmerksamkeits-Interaktionstherapie (AIT).

Die Aufmerksamkeits-Interaktionstherapie (AIT) versteht sich als eine Basis-Therapie, um einen Weg zur Kommunikation und Interaktion mit einem schwerstbehindert genannten oder autistischen Menschen zu finden. Kommunikation wird als ein *symmetrischer Informationsaustausch* betrachtet, im Sinne eines gelungenen Austausches zwischen den Prozessen des Neuheits-Wahrnehmungssystems (es ist zuständig für die Verarbeitung neuer Anteile von Informationen) und des *Bekanntheits-Handlungssystems* (es ist zuständig für die Verarbeitung der bekannten Anteile von Informationen). Bei kommunikativen Prozessen müssen nach dieser *„Zwei-Prozeß-Theorie"* die beiden inneren Systeme informationsangemessen gesteuert und abgestimmt werden, um einen Partner zu verstehen oder sich diesem verständlich zu machen. Die therapeutische Methode möchte nun einen Weg finden, ganz die Aufmerksamkeit des Kindes zu erreichen, deshalb imitiert die Therapeutin zunächst alle Verhaltensweisen des Kindes. Gestik, Mimik, Handlungen und Lautäußerungen und alle aktuellen sichtbaren Verhaltensweisen des Kindes werden von ihr *nachgeahmt (gespiegelt)*. Sie läßt sich ganz vom Kind und seinem situationsbezogenen Handeln leiten und will das Kind dadurch allmählich dazu anregen, ihrem therapeutischen Verhalten Aufmerksamkeit zu widmen, allmählich einen Bezug zur eigenen (auch stereotypen) Handlung herzustellen und später *seine eigenen Handlungen zu variieren*. Ziel ist die Übernahme der von der Therapeutin gezeigten Handlungsmuster durch das Kind, das Eintreten in eine Interaktion und das Erleben und Erlernen anderer Verhaltensweisen und Beschäftigungen (ROHMANN u. ELBING 1990; HARTMANN u. ROHMANN 1984; DZIKOWSKI u. ARENS 1990).

Die Förderung des apathischen und des übererregten Kindes

Beide Verhaltensweisen können ein Problem des ZNS signalisieren, wenn dessen Aktivitäten nicht richtig gesteuert werden. FRÖHLICH schlägt *für apathische Kinder lustbringende Erlebnisse* vor, die sein Interesse an den Dingen anregen. Dazu gehören wohlig-warme Bäder, Körperwärme und Körperkontakt, taktile Berührungen (eincremen, einölen, berieseln, matschen ...), auch in Verbindung mit angenehmen Massagen (hierzu empfohlen: LEBOYER, F.: Sanfte Hände – Die traditionelle Kunst der indischen Baby-Massage. München 1979). Wenn ein Kind hingegen *übererregt* ist, sollte die Erzieherin eine gezielte *Reduktion der* einströmenden *Informationen* versuchen, und es kann hilfreich sein, dem Kind einzelne Dinge nacheinander anzubieten und sich gemeinsam mit ihm auf ein Objekt zu konzentrieren, so wie es auch das heilpädagogische Förderkonzept nach Félicie AFFOLTER vorschlägt.

Die einzelnen Erfahrungsangebote und Stimulationen der basalen Stimulation für das Kind sind

grundlegende Anregungen

zur vestibulären Wahrnehmung,

zur vibratorischen Wahrnehmung (auch als Vorbereitung zum Hören),

zur somatischen Wahrnehmung (Haut, Muskulatur, Gelenke, Propriozeption, Druck, Wärme, Kälte, Berührung, Spannung ...),

zur Förderung der Bewegungsfähigkeit (Reduzieren von Hypotonie oder Hypertonie, Hemmen störender Reflexe, geeignete Lagerungs- und Sitzhilfen geben),

zur Förderung der kommunikativen Fähigkeiten durch ganzheitliche Kommunikationserfahrungen (visuelle, taktile, vibratorische, geruchliche, geschmackliche, thermische und somatische Kommunikation) und

durch das Nutzen der Elemente der Körpersprache (Körperkontakt, räumliche und emotionale Nähe, Orientierung, Blick und Mimik, Körperhaltung, Gesichtsausdruck und Tonfall).

Alle Angebote werden durch *Hilfen der allgemeinen und der speziellen Förderpflege* und durch *Hilfen beim Trinken und Essen* (therapeutische Unterstützung der Nahrungsaufnahme durch Reflexhemmung, Sitzhaltung, Kopfkontrolle, Stimulationen des Mundraumes durch kühle Objekte, Schwämmchen, Zahnbürste, Kausäckchen, Knabberdinge, Finger-Mund-Spiele ...) ergänzt.

Um die basale Stimulation anzuwenden, brauchen Erzieherinnen keine zusätzliche Ausbildung, aber eine gute Kenntnis der heilpädagogischen Grundlagen und der methodisch-praktischen Herangehensweise. Sie müssen dabei stets bedenken, daß alle Wahrnehmungen für ein Kind wohldosiert sein sollen und daß ein reizüberflutendes methodisches Vorgehen dem Kind schadet.[100] In der Kindergruppe können dann – allmählich und behutsam – die Interaktionsangebote so organisiert werden, daß auch das schwerstbehindert genannte Kind sich an den Alltagsaktivitäten und an den gemeinsamen Naturbegegnungen beteiligen kann. Wenn die Lern- und Fördermittel, auch die speziellen Förder-, Spiel- und Erfahrungsmaterialien für alle benutzbar sein dürfen, dienen sie – auch als „besondere" Medien – dem förderlichen Aufbau persönlicher Beziehungen von Kindern untereinander.

Erzieherinnen und Kinder benutzen Lern- und Erfahrungsmaterialien zur somatischen Anregung (festes Frotteetuch, weiches Velourstuch, leichtes Baumwolltuch, Fell, unterschiedliche Handschuhe aus Leder, Stoffe mit kleinen Noppen, Massageöle ...); Materialien zur vibratorischen Anregung (Vibrationskissen, elektrische Vibratoren, vibrierende Elektrogeräte wie Zahnbürste, Rasierer, Massagegeräte, Wasserbett; Materialien zur vestibulären Wahrnehmung (Physioball, Rolle, Hängeschaukel, Schaukelschüssel, Schaukeltonne ...); Materialien zur auditiven Anregung (Instrumente, Stereorekorder ...); Materialien zur geruchlichen Anregung (Riechsäckchen, Riechläppchen, verschiedene Öle, Kissen mit Naturfüllung, Heu, Blätter ...); Materialien zur geschmacklichen Anregung (Gewürze, Lutschobjekte ...); Materialien zur visuellen Anregung (Diaprojektor, Lampe, Farblampen, Dunkelkammer ...); Materialien zur taktilen Anregung (Naturmaterialien, Bälle, Tastsäckchen, Kissen ...); Materialien zur Anregung der Eigenaktivität (Trockenduschen, auditive und visuelle Mobiles, Rasselboxen ...); Materialien zur räumlichen Ausstattung (Sisalteppich, Wollteppich, Gummimatten, Stoffhöhlen, Zelte, Krabbel- und Liegelandschaft); Wasser als Anregungsmaterial (vgl. FRÖHLICH 1992, S. 135ff.).

---

[100] Eine Methode, die reizüberflutet und ein Kind und alle seine Bezugspersonen überfordert, ist die in Philadelphia entwickelte Therapie nach Doman. Sie vermittelt hirngeschädigten Kindern *intensivste* Entwicklungsanreize in den Wahrnehmungsbereichen des Tastens, Hörens, Sehens, Sprechens und in der passiv stimulierten Fortbewegung. Das „Doman-Programm" umfaßt eine tägliche Therapie von mehreren (bis zu acht) Stunden. Aus unserer pädagogischen Sicht ist es nicht fördernd, sondern schädigend für ein Kind, wenn es in einer so absoluten und konsequenten Form durchgeführt wird (Lit.: Doman 1980; Delacato 1975).

Der Entwicklungsbogen nach FRÖHLICH/HAUPT

Um eine Basis für den richtigen Förderansatz schwerstbeeinträchtigter Kinder finden zu können, haben FRÖHLICH und HAUPT eine *Förderdiagnostik* vorgeschlagen, ein Verfahren, das es ermöglichen soll, „den derzeitigen Entwicklungsstand" eines Kindes einzuschätzen.

Ein besonderer Entwicklungsbogen umfaßt *vier Entwicklungsniveaus*, die in etwa den vier Quartalen der Entwicklung innerhalb des ersten Lebensjahres beim gesunden Säugling entsprechen, aber auch spezifische Entwicklungs-Eigenheiten bei schwerstbehindert genannten Kindern beinhalten. Der Bogen versteht sich nicht als Test, sondern als eine *„entwicklungsorientierte Leitlinie"*, damit Erzieherinnen und Therapeutinnen die Förderziele für ein Kind ableiten können.

Im Kindergarten kann er Erzieherinnen gute Hinweise für den Umgang mit dem Kind geben und ihnen helfen, die Bedürfnisse und Fähigkeiten des Kindes besser zu sehen und zu erkennen:

die Beziehung zwischen dem Kind und der Erzieherin,
die Reaktionen des Kindes auf Stimme und Sprache,
die lautlichen Äußerungen des Kindes, die Reaktion des Kindes auf sensorische Angebote,
die Handmotorik, die Bewegungen des ganzen Körpers,
das räumliche Erleben, das Trinken und Essen, der Umgang mit dem Kind
(FRÖHLICH u. HAUPT 1993)[101].

19.2 Die basale Kommunikation

Auch der von Winfried MALL entwickelte Ansatz einer *basalen Kommunikation* (MALL 1992) kann Erzieherinnen im Kindergarten helfen, auf elementarer Ebene eine Beziehung zu schwerstbehindert genannten Kindern herzustellen. Basale Kommunikation will kein Förderungsansatz im engeren Sinne sein und hat auch nicht den Anspruch, eine andere Methode zu ersetzen. Sie versucht vielmehr, „eine Situation der Begegnung zu schaffen, und bringt so ... oft überhaupt erst einen Ansatzpunkt zustande, an dem sinnvolle Förderung ansetzen kann" (MALL 1992, S. 149). In Anlehnung an FRÖHLICH drückt der Begriff „basal" die Voraussetzung beim behindert genannten Kind aus, unter der Überzeugung, daß jedes Kind in

---

[101] Die Förderdiagnostik mit schwerstbehinderten Kindern (Leitfaden zur Förderdiagnostik und Entwicklungsbogen) nach Fröhlich u. Haupt (6. Auflage 1993) kann als Formularsatz (mit 10 Bögen, 1 Leitfaden) unter der Bestell-Nr. 1054 beim Verlag modernes lernen, borgmann publishing, D-44139 Dortmund, bezogen werden.

der Lage ist, *sich auf irgend eine Weise auszudrücken*, und daß auch jedes Kind in der Lage ist, eine Tätigkeit auszuüben, über die ein Kommunizieren möglich wird. Die basale Kommunikation sucht daher nach so einfachen Ausdrucksmitteln, wie sie der Atemrhythmus und Berührungen mit dem Körper oder den Händen „mitteilen" können. Die Erzieherin sucht „Kommunikationskanäle" und nach geeigneten Mitteln und Wegen, damit Interaktion auch mit sehr schwer beeinträchtigten Kindern gelingen kann.

Als die wesentlichen *Inhalte der basalen Kommunikation* nennt MALL

das Herstellen einer kommunikativen Situation, eines wechselseitigen Austausches zwischen dem schwerstbehinderten Kind und dem nichtbehinderten Menschen auf einer vorspachlichen und emotionalen Ebene,
das Vermitteln von Verständnis, Angenommensein, von Zuneigung und Interesse,
das Erspüren der Stimmungslage des Kindes, seiner Bedürfnisse und seiner Wünsche,
das Abbauen von Angst, Unverständnis, von Spannungen und Panik,
das Öffnen für Beziehungen und für neue Erfahrungen, bezogen auf die soziale und dingliche Umwelt des Kindes (MALL 1992, S. 152).

Erzieherinnen, die sich in ihrer Arbeit nach den Einstellungen der basalen Kommunikation richten möchten, brauchen keine besondere therapeutische Qualifikation, sondern ein Interesse zur Einarbeitung in die Grundthesen des Ansatzes. Wichtig sind aber „die Echtheit der Beziehung" als „zentraler Kern basaler Kommunikation", ein grundlegendes Vertrauen und ein bejahender Umgang miteinander (a. a. O., S. 152).

Basale Kommunikation als intensive Begegnung kann im gemeinsamen Kindergartenalltag für alle Kinder Begegnungen und erlebte Beziehungen vorbereiten und gestalten helfen.

19.3 Die „gespürte Informationsvermittlung"

Félicie AFFOLTER hat ein Förderkonzept bekannt gemacht, das taktil-kinästhetische Informationen für Kinder in seinen Mittelpunkt stellt (AFFOLTER 1988; vgl. AFFOLTER u. FELDKAMP 1982). Es eignet sich vorzugsweise zum sensomotorischen Lernen für schwerstbehindert genannte Kinder und vorzüglich *für die hand- und feinmotorische Förderung* und die *Wahrnehmungserziehung im Kindergarten:*

Die *„gespürte Informationsvermittlung"* spricht alle Kinder an, und Kinder können sich gegenseitig „Spürinformationen" geben und einander bei Lernerfahrungen helfen.

Für AFFOLTER sind Lernen und Entwicklung immer Ergebnisse einer kontinuierlichen Wechselwirkung zwischen Umgebung und Individuum. Dabei wird *nicht nur* der Mensch, *das im Kindergarten lernende Kind*, sondern *auch die Umgebung verändert*. Eine solche Wechselwirkung erfordert Kontakt, bei AFFOLTER gleichbedeutend mit Berührung, ermöglicht *durch das taktil-kinästhetische System*. Durch die Informationsverarbeitungsprozesse der Perzeption erhalten Informationen ihre Bedeutung, nicht nur für das kindliche Bewegungsvermögen, sondern auch für den Aufbau seiner Denk- und Empfindungsfähigkeiten. Die *„gespürte Informationsvermittlung"* hilft Kindern nun, ihre *Wahrnehmungen zu „organisieren"*. Dafür sind klar gegliederte *Perzeptionsprozesse* nötig:

Die Lokalisation ist das Suchen nach der Ursache von Sinnesreizen (ein Kind versucht, die Ursache eines Geräusches zu entdecken, es verfolgt ein sich bewegendes Objekt mit den Augen ...),
die Objekthandhabung (das Kind stellt fest, daß es in der Umgebung Dinge gibt, die bei Berührung Widerstand leisten, die es halten oder loslassen kann, schütteln, rollen, klopfen, drücken ... Es bahnt sich so für das Kind die Erkenntnis an, daß es Dinge gibt, die außerhalb seines eigenen Körpers existieren),
das Erkennen funktioneller Signale (das Kind erkennt jetzt bestimmte Zusammenhänge, etwa räumliche Anordnungen, und es lernt, Beziehungen zwischen verschiedenen Gegenständen einerseits und zwischen dem Gegenstand und dem Körper andererseits herzustellen ...),
das Erkennen, Nachvollziehen und Durchführen von Ereignissen (das Kind erfährt, daß einige der funktionellen Signale zusammengehören: sich anziehen, eine Mütze aufsetzen und spazierengehen ...).

Die therapeutischen Schritte

Kinder mit schweren Beeinträchtigungen brauchen für alle diese Entwicklungen förderliche Hilfen. AFFOLTER schlägt *einzelne therapeutische Schritte* vor, die dem Kind durch taktil-kinästhetische Informationen, von der Erzieherin gegeben, helfen, seine Wahrnehmungsfähigkeit zu erarbeiten: Sie nimmt die Hände des Kindes und führt sie. Sie hilft ihm damit, die angebotenen Reize zu erforschen. Durch das „erforschende Führen" kann das Kind intensiv „spüren lernen", so lange, bis es eine (Hand-)Bewegung selbständig ausführen kann.

Die Anwendung des Affolter-Konzeptes in der erzieherischen Arbeit verlangt ein grundlegendes Verständnis dafür und eine praktische Geübtheit im methodischen Vorgehen. Als ein Konzept, das nach Informationen suchen hilft und den Kindern hilft, fühlen und spüren zu lernen (AFFOLTER

1988, S. 159), kann es eine elementare Ergänzung auch anderer pädagogisch-therapeutischer Förderansätze im Kindergarten sein, für alle, die
sich daran beteiligen möchten, für die Kinder und die Erwachsenen:

Problemlösende Alltagsgeschehnisse werden gespürt:
Ich spüre und ändere mein Verhalten.
Ich lerne über das Spüren.
Ich spüre und ermögliche Spüren (ich führe das Kind).
Ich spüre und wirke.
Ich kann etwas verändern.
Ich benutze Hände und Hilfsmittel.
Gespürte problemlösende Geschehnisse des Alltags werden verinnerlicht
(AFFOLTER 1988, S. 190ff.).

19.4 Das Snoezelen

Manche Kindergärten richten besondere Räume ein, die eine eigene Atmosphäre haben, *die Atmosphäre des Snoezelens.* In diesen speziell ausgestatteten Räumen soll den Kindern eine Umgebung geschaffen werden,
in denen sie intensive Erfahrungen mit allen ihren Sinnen machen können.
In den Räumen werden Stimuli angeboten, mit welchen Kinder „mit entsprechenden Materialien etwas tun können (anfassen, bewegen, an- und
ausschalten, verkleiden). In allen Räumen spielt leise Musik. Die Beleuchtung ist überwiegend künstlich. Teppiche und Wände sind sehr farbenfroh.
Die sinnliche Wahrnehmung ... liegt schwerpunktmäßig auf Dingen zum
Fühlen, Tasten, Sehen, Hören, Schmecken oder Riechen" (HULSEGGE u.
VERHEUL 1989; WREDE 1991).

„*Snoezelen*" kommt aus dem Holländischen und heißt „schnüffeln" oder
„dösen". Es wurde als Idee für schwerstbehindert genannte Menschen
entdeckt, um ihnen in einer stimmungsvollen Umgebung Erfahrungen anzubieten, die ihren Entwicklungseigenarten entsprechen (HULSEGGE u.
VERHEUL 1989). Dabei wird davon ausgegangen, daß schwerstbeein-
trächtigte Kinder ihre Umwelt ganz anders erfahren als nichtbehindert genannte Kinder, daher auch andere Angebote brauchen. In einem Snoezelenraum soll nun

„eine phantastische traumartige Atmosphäre geschaffen werden, in der bei
leiser Hintergrundmusik und warmer, farbiger, künstlicher Beleuchtung mit
verschiedenen Effekten ein Angebot vorgehalten wird, aus dem sich der
einzelne das seinen Möglichkeiten und seiner momentanen Stimmungsla-
ge entsprechende Sinnesmaterial heraussucht und damit völlig ungezwun-
gen und belastungsfrei beschäftigt, solange er mag" (WREDE 1991).

Snoezelen ist demnach keine Fördermethode, sondern *als Freizeitgestaltung* und als ein Mittelpunkt *zum Sich-Wohlfühlen gedacht*, auch als ein Gegenpol zur allzu therapeutischen Förderung behindert genannter Kinder.

Ein Raum (in manchen Einrichtungen sind es sogar mehrere Räume) zum „Maxi-Snoezelen" kann folgende Materialien enthalten:

Matratzen, Kuschelbetten, Mobiles, Schaukeln, Hängematten, einen Projektor, der Dias an die Wand wirft, ein Wasserklangbett, Spiegelkugeln mit Lichteffekten, ein Bällchenbad ...

Snoezelen für alle Kinder

Inzwischen sind Snoezelenräume kein unbedingtes Spezifikum mehr für einige Kinder, *sondern laden alle ein.* Manche Kindergärten praktizieren ein „Mini-Snoezelen", das Herrichten eines Alltagsraumes für kurze Zeit oder durch eine dauerhafte Ergänzung um einige ausgewählte Snoezelen-Materialien.

Für den Kindergarten sollte ein eigens eingerichteter Snoezelenraum kritisch gesehen werden, und es ist erzieherisch sinnvoller, *Snoezelenelemente* zum Entspannen, zum Sich-Wohlfühlen und zum Sich-Begegnen *in die alltäglichen Gruppenräume* zu integrieren. „Künstliche Effekte" und unnatürliche Materialien sind zu vermeiden, behindert genannten Menschen „andere" und „fremde" Wahrnehmungen isoliert zu verordnen, widerspricht den Modellen gemeinsamen Handelns von Kindern.

Sinnesanregungen hingegen, auch als „Natur-Snoezelen" bezeichnet, wie Begegnungen mit Wasser, Sand, Steinen, Stoffen, Farben und vielfältigen Naturmaterialien, Erfahrungen mit dem Körper und das Erleben vibratorischer und rhythmisch-musikalischer Ereignisse sind kind- und naturentsprechend und helfen, Wünschen zu entsprechen.

Die Idee des Snoezelens *nicht künstlich umgesetzt*, sondern *als natürliches Gruppenerlebnis* verstanden und dargeboten, kann hierzu Anregungen geben.

20. Hilfen für Kinder mit einem autistischen Verhalten

Die „stillen" Kinder

Im Kindergarten finden sich immer wieder Kinder, die sich gerne zurückziehen, als scheu und eher ängstlich gelten und die sich bei Aktivitäten zurückhalten. Solche stillen Kinder meiden verbale Kommunikationen, mögen Berührungen nicht und lieben ruhige Spiele, weniger die „Turnstunde" und die gemeinschaftlichen Handlungen.

Manche der Kinder werden als „kontaktarm", „gehemmt" oder „ängstlich" und „verklemmt" bezeichnet. Ein solches Kind beschäftigt sich am liebsten allein, sucht sich seine Spiele und meist auch eine Spielecke aus. Beim Spiel für sich allein hat es eine große Ausdauer und viel Phantasie.

Für alle diese Kinder ist *der gemeinsame Alltag* in der Gruppe eine unterstützende Entwicklungshilfe. Sie haben kein autistisches Verhalten, sondern eine emotionale Sensibilität und ein sehr individuelles Wesen. Ihnen bietet der Kindergarten mit all seinen psychomotorischen Anregungen, die er förderlich bereitstellen kann, ein Erfahrungsfeld, das ihnen hilft, ihr Selbstbewußtsein zu stärken und zu lernen, *sich freier nach außen zu öffnen.* „Stille Kinder" dürfen liebevoll motiviert, aber keinesfalls gedrängt werden, und es ist ein wichtiges erzieherisches Prinzip, Freiräume entfalten zu helfen, zugleich aber auch Wesenseigenheiten zu akzeptieren und positiv zu werten.

Kinder mit autistischen Zügen und Kinder mit einem autistischen Syndrom

Einige Kinder, deren besondere Entwicklungsprobleme im Kindergarten bekannt sind, zeigen, zumindest situativ, *ein autistisches Verhalten*, und schwerstmehrfachbehindert genannte Kinder haben fast immer auch *autistische Züge*. Seltener finden wir Kinder mit einem *„Kernautismus"* im Kindergarten. Sie werden meistens für nicht gruppenfähig gehalten, in besonderen Einrichtungen gefördert oder ausschließlich in ihrer Familie erzogen. Es sind die autismusspezifischen Probleme, die Kinder haben können, wie ihr starkes Rückzugsverhalten, unberechenbares Verhalten, Aggressionen gegen sich und andere und eine große Angst vor Veränderungen, und die Eltern und Erzieherinnen entmutigen, ein betroffenes Kind gemeinsam mit anderen Kindern zu erziehen und zu fördern.

Dennoch gibt es Beispiele einer erfolgreichen integrativen Förderung im Elementarbereich, und *kein Kindergarten sollte den Versuch unterlassen,* ein Kind mit einem frühkindlichen Autismus in die Gruppengemeinschaft einzubinden.

20.1 Das Schaffen von Nischen

Dies gelingt leichter, wenn dem Kind räumliche Rückzugsmöglichkeiten angeboten werden, die es, wann immer es möchte, aufsuchen kann, die es von anderen abschirmt und doch mit der Gruppe verbindet.

FRÖHLICH (1992, S. 119) betont in Anlehnung an AFFOLTER die Bedeutung der *Schaffung eines Rückzugsplatzes*, eines geeigneten Lebens- und Lernraumes, der *allen Kindern* eine *Nische* gibt, dann, wenn sie diese brauchen. Für schwerstbehindert genannte Kinder und für Kinder mit einem autistischen Syndrom aber ist sie unentbehrlich:

„Eine Nische ist ein kleiner Raum, in den wir mit unserem ganzen Körper gerade noch so hineinpassen, der uns aber Sicherheit und Schutz gegen Überraschungen und Angriffe bietet, aus dem heraus wir uns, nach hinten abgesichert, ganz nach vorne hin öffnen können. Viele Menschen mit den angedeuteten Beeinträchtigungen haben sehr große Probleme, unterschiedliche, gleichzeitig auftretende Reizsituationen zu entschlüsseln, zu verstehen und angemessen darauf zu reagieren. Häufig sind sie überfordert, im eigentlichen Sinne 'überreizt' und können so oft nur überschießend und unangemessen reagieren. Die Nische im eigentlichen und übertragenen Sinne bietet so einen Schutzraum, aus dem heraus mehr Stabilität gewonnen werden kann."

Die „Rhythmisierung der Aktivzeiten und die Ruheperioden"

Eine Nische bedeutet also keinen separaten Raum, sondern eine *sicherheitsspendende Zone*, die aber zur allgemeinen Aktivität hin geöffnet ist. Jeder Gruppenraum im Kindergarten sollte sie anbieten, die Höhle, die überdachte Kuschelecke, das kleine Haus ...

Eine Nische muß klar strukturiert sein, sie darf nicht mit unterschiedlichen Reizen überflutet sein. Eine Nische darf nicht völlig reizarm sein, sie soll eindeutig zu befühlen, zu beriechen und zu besehen sein, sie muß ihre individuell charakteristische Akustik haben, so daß sie wiedererkannt werden kann. Der Gesamtraum der Nische soll durch Licht, Farbe, Oberfläche und Material gekennzeichnet sein.

Die Nische für ein Kind ist auch eine *„Hülle"*, und diese Hülle und der „völlige räumliche Rückzug in eine abgeschirmte, selbst gewünschte – natürlich vorübergehende – Einsamkeit" ist von großer Wichtigkeit, damit das Kind seine Aktivzeiten und seine Ruheperioden selbst rhythmisieren kann. Diesem „Spannungsfeld zwischen Rückzug, Ruhe und Anregung" (FRÖHLICH 1992, S. 120) muß auch die Gestaltung des Raumes und des alltäglichen Handelns entsprechen[102].

Autistische Kinder brauchen soziale Anregungen und Entwicklungsanreize durch eine gemeinsame Alltagsgestaltung. Im Kindergarten brauchen sie einen sehr geregelten Tagesablauf, eine kleine Gruppe und Erzieherinnen, die ihnen ihre Umgebung verständlich machen. Erzieherinnen können ihre Gruppenfähigkeit dadurch unterstützen, daß sie *keine Anforderungen* an sie stellen, sondern sie so dabeisein lassen, wie es ihrem Naturell entspricht.

20.2 Therapeutische Hilfen

Kinder mit einem ausgeprägten autistischen Verhalten brauchen Hilfen, die therapeutisch ausgerichtet sind. Diese Hilfen müssen die große Verschiedenheit sehr *individueller autistischer Verhaltensweisen* berücksichtigen. Es gibt keinen typisch-geeigneten Therapieansatz, und in der Kindergruppe können Elemente therapeutischer Handlungsansätze im selbstverständlichen Umgang mit den Kindern einbezogen werden, so verschieden, wie die zu beobachtenden Handlungsweisen der Kinder sind.

Verhaltenstherapeutische Aspekte

So kann es für ein betroffenes Kind hilfreich sein, wenn die erzieherisch-therapeutische Hilfe, die ihm gegeben wird, lerntheoretischen und verhaltenstherapeutischen Grundsätzen folgt: Das Kind soll lernen, *mit seinen Möglichkeiten die Welt zu verstehen* und den Alltag zu bewältigen. Erzieherinnen orientieren sich in ihrem Verhalten *an den Symptomen*, die das Kind zeigt. Sie versuchen, seine Emotionen zu verstehen und ihm zu helfen, gute und ihm *nützliche Verhaltensweisen* zu übernehmen, die einer besseren Verständigung mit anderen Kindern und einer größeren Selbständigkeit des Kindes im Alltag dienen.

Es ist hilfreich für ein autistisches Kind, wenn sein momentanes Lernfeld klar *strukturiert* ist und wenn alle Kooperations- und Kommunikationsange-

---

[102] Die Bedingungen zur Förderung schwerstbehindert genannter Kinder und zur therapeutisch-pädagogischen Hilfe für Kinder mit einem autistischen Syndrom bietet vorzugsweise der Waldorfkindergarten an. Die Prinzipien der Regelmäßigkeit und des Rhythmus entsprechen seinem Selbstverständnis, und es ist ein Anliegen der Waldorfpädagogik, Kindern basale und natürliche Sinnesangebote zu machen, die überschaubar sind, und ihnen „eine Hülle" zu geben.

bote gegliedert dargeboten werden, in kleinen Schritten und mit viel Zurückhaltung. Auf diesem Weg ist es für die Erzieherin geboten, einfache
Verhaltensweisen mit dem Kind zusammen aufzubauen und das Erfüllen
einer Aufgabe stets *„zu verstärken"* und mit für das Kind angenehmen
(dinglichen und sozialen) Gaben *zu belohnen.*

Körperbezogene Begegnungen

Auch körperbezogene therapeutische Verfahren werden immer wieder vorgeschlagen und können auch im Kindergarten dabei helfen, daß Kinder
einander *fühlend begegnen*, und dabei, mit dem autistischen Kind eine
Beziehung anzubahnen. Mit der *„sensorischen Integrationsförderung"*, der
„basalen Stimulation" und mit der *„basalen Kommunikation"* kann die
Wahrnehmungsverarbeitung der Kinder angeregt werden. Davon ausgehend, daß Kinder mit einem autistischen Syndrom eine besonders intensive Wahrnehmungsfähigkeit über ihre Sinne haben, kann über eine elementare Basisförderung und mit der Hilfe einer *„gespürten Informationsvermittlung"* versucht werden, die Fähigkeit der Verknüpfung der verschiedenen Sinnesleistungen mit dem Ziel einer besser koordinierten Wahrnehmung ihres Selbst und ihrer Umwelt zu erreichen.

Manche Therapien wollen, vom Körper ausgehend, das Kind ganzheitlich,
in seiner Gesamtpersönlichkeit fördern und heben die *Bedeutung der emotionalen Erfahrung* hervor, die zu einem Beziehungsaufbau führen könnte.
Therapien wie die *„Festhaltetherapie"* und die *„modifizierte Festhaltetherapie"* versuchen, Kindern ein emotionales Gleichgewicht zu geben, eine
emotionale Beziehung herzustellen, aber auch hirnorganisch geleitete
Funktionen zu ordnen. Auch aus ihren Grundideen heraus kann der Kindergarten eine Herangehensweise und Begegnungsmöglichkeiten aufgreifen, die sensorisch stimulierend und damit für das Kind *verhaltenssteuernd*
wirken. Er kann unter einer liebevollen Annahme des Kindes und der körpernahen Zuwendung das Vermitteln von Wärme, Verständnis und *Geborgenheit* in den Mittelpunkt rücken.

*Exkurs: Das Festhalten nach Prekop und die modifizierte Festhaltethera-
pie (MFT)*

Die *Festhaltetherapie* (nach TINBERGEN/WELCH) wird in Deutschland
von J. PREKOP praktiziert und verteidigt. Sie geht davon aus, daß für
die Entstehung des frühkindlichen Autismus eine gestörte Mutter-Kind-
Beziehung verantwortlich zu machen ist. Diese Störung geht nach PRE-
KOP auf Erlebnisse in der ganz frühen Kindheit zurück und hat eine
Störung des emotionalen Gleichgewichts des Kindes zur Folge. Durch
ein intensives körperliches „Festhalten" des Kindes, liebevoll, aber auch

gegen seinen Widerstand, soll sein frühkindlich gestörtes Bedürfnis nach Bindung an die Mutter und nach Grundgeborgenheit geweckt werden, und das Kind soll seine emotionale Stabilität neu finden (wiederfinden). Die Festhaltetherapie wird von PREKOP auch für Kinder mit ganz unterschiedlichen „Verhaltensstörungen" vorgeschlagen. Sie gilt in pädagogischen Fachkreisen als „manipulativ" und ist mit ihrem praktischen Vorgehen äußerst umstritten. Die Grundidee des „Festhaltens aus Liebe" jedoch erscheint sinnvoll, und vereinzelt wird auch die praktische Anwendung favorisiert. Die *modifizierte Festhaltetherapie* nach ROHMANN u. HARTMANN ist eine „Gegentherapie", lehnt eine Schuldzuweisung an die Mutter ganz ab und bestreitet die emotionale Störung des Kindes. Sie geht vielmehr davon aus, daß dem autistischen Syndrom eine kognitive Dysfunktion zugrunde liegt, die zu einem Kommunikations- und Interaktionsdefizit beim Kind führt. Durch dieses Defizit ist die Interaktion zwischen Mutter und Kind gestört (die Mutter versteht die Signale des Kindes nicht, das Kind versteht die Signale der Mutter nicht). Mit einem Festhalten des Kindes, das sanft, liebevoll und trostspendend ist und keinesfalls gegen den Willen des Kindes praktiziert wird, sollen Selbststeuerungsmechanismen aktiviert werden, die zentral einwirken und letztendlich ein Ruhigwerden und die Vermehrung von Mutter-Kind-Aktionen ermöglichen (PREKOP 1989; HARTMANN u. ROHMANN 1984).

Andere Methoden

Eine ganze Reihe von neueren (Außenseiter-)Methoden verspricht Erfolge in der Überwindung autistischen Verhaltens, so die *TOMATIS-Therapie* oder die *Therapie im Pränatalraum nach VOGEL*[103]. Sie und manche anderen alternativen „Heilmethoden", die aktuell von sich reden machen, können dem Kindergarten kaum Anregungen geben und sollten *äußerst zurückhaltend* betrachtet werden.

---

[103] Tomatis, HNO-Arzt in Paris, hat als eine Mischung von Neurophysiologie und Psychoanalyse Hypothesen entwickelt, die davon ausgehen, daß „die Lebenskraft des Menschen" durch das Ohr bestimmt werde. Dieses öffne oder verschließe sich zur Kommunikation, je nachdem, ob die erste Beziehung (gemeint ist die zwischen Mutter und Kind) angenommen oder zurückgewiesen wird. Das Ohr sei für die „Energieladung" des Gehirns verantwortlich. Tomatis entwickelte das „elektrische Ohr", mit dem das Kind über gefilterte Tonangebote „wieder zuhören lernt", und zwar als ein „fetales Horchen" hören auf die Stimme der Mutter, so wie es sie aus dem Uterus gehört hat. Mit der Therapie im Pränatalraum nach Vogel sollen (in einem ähnlich psychoanalytisch begründeten Verständnis) die Empfindungen des sich in der Gebärmutter entwickelten Kindes therapeutisch nachvollzogen werden. Ziel ist die „Aktivierung basaler Funktionen und ihrer Ausdifferenzierung im Gesamtkörper-Erleben". Das vermittelte Körpergefühl soll den „schaukelnden Bewegungen" des Uterus nahekommen. Durch eine Wassermatratze, begleitet von übertragener Musik, soll das Gefühl, von Wasserschwingungen getragen zu werden, entstehen (Tomatis 1990; Vogel 1991).

Therapeutische Ansätze aber wie der *Umgang mit Tieren*[104] und die Kontaktaufnahme durch eine *computergestützte Kommunikation*, auch die *Zuhilfenahme der Gebärdensprache* bieten sich dazu an, mit ihren Grundideen auch im Kindergarten aufgegriffen zu werden, ebenso *kreative Verfahren* wie die Musiktherapie und gestalterische Möglichkeiten mit verschiedenen Materialien.

Exkurs: Die gestützte Kommunikation (Facilitated Communication [FC]) und die Gebärdensprache

Die *gestützte Kommunikation* hilft Menschen, die nicht sprechen, *„Kommunikation zu ermöglichen oder zu verbessern"*: Kinder können auf Bilder und später auf Buchstaben zeigen und somit Gegenstände bezeichnen, später Wörter, Silben und Sätze konstruieren. Die Methode erfordert eine anfängliche „Hand-auf-Hand"- oder „Arm-auf-Arm"-Unterstützung und ermutigende Worte durch die Erzieherin (als physische, verbale und emotionale Hilfe), die zunächst mit Hilfe von Bildkarten zur Kommunikation mit dem PC (Tastatur und Bildschirm) ermutigen möchte. Die „FC" geht davon aus, daß das zu stützende Kind *bildhafte Vorstellung und Sprache in sich trägt* und sich nur nicht äußern kann (Lit.: CROSSLEY, R. u. McDONALD, A. 1990; SELLIN, B. 1993).

Die *Gebärdensprache* möchte autistischen Kindern helfen, *über Nachahmungen Gebärden zu erlernen*, die sie in ihrem Alltag als Kommunikationsform einsetzen können. Ziel ist es, „Sprach-Barrieren" zu überwinden und sich auch „ohne Worte" verständigen zu können (BLESCH, G., BARTH, E.: Videofilm: Anwendung der Handzeichensprache bei autistisch und geistig behinderten Menschen. Johannes-Anstalten, D-Mosbach 1990).

Wir wissen von manchen autistischen Kindern, *daß sie Tiere lieben*. Tiere vermitteln Wärme und erwarten keine Sprache, und auch der Kindergarten sollte versuchen, seinen Kindern die Nähe von Tieren da anzubieten, wo dies machbar ist.

Kinder betätigen sich *handmotorisch gern*. Die Tastatur und der Bildschirm sind eine Möglichkeit, sich mitzuteilen und nicht zu sprechen, der Einsatz von Gebärden eröffnet sensomotorisches und kognitives Lernen: Kinder mit Autismus lassen sich durch Handzeichen gern zum handelnden Mitein-

---

[104] Es wird von einer in Florida praktizierten Therapie mit Delphinen berichtet, deren Anziehungskraft auf Menschen über die nonverbale Kommunikation auch Wirkungen auf die kognitiven (und verbalen) Fähigkeiten schwerstbehinderter und autistischer Kinder haben soll (Nathanson 1989).

ander im interaktiven Gruppenlernen motivieren, und alle Kinder können teilnehmen.

Kinder, die sich autistisch verhalten, haben *musikalische und rhythmische Fähigkeiten*, sind *kreativ*, sie malen, plastizieren, zeichnen und konstruieren gern. Der Kindergarten mit all seinen musisch-kreativen Mitteln kann nonverbal begleiten, fördern und motivieren. Er hat die Chance des Eröffnens von Fähigkeiten für Kinder und der Erweiterung ihres psychomotorischen Handelns.

Mit seinem erzieherischen Auftrag und den Mitteln darin *spricht er alle Kinder an*. Sein pädagogisches Selbstverständnis ist die *soziale Kommunikation*.

Literatur

Affolter, F.: Wahrnehmung, Wirklichkeit und Sprache. Villingen-Schwenningen 1988[2].

Affolter, F. / Feldkamp, M.: Das Verständnis der Rehabilitationsprozesse nach Affolter. Beschäftigungstherapie und Rehabilitation, Heft 1 (1982), S. 3-14.

Altherr, P.: Das Hyperkinetische Syndrom des Kindesalters aus kinderpsychiatrischer Sicht: Diagnostik und Therapiemöglichkeiten im Überblick. In: Passolt, M. (Hrsg.): Hyperaktive Kinder: Psychomotorische Therapie. München, Basel 1993, S. 11-22.

Amrhein, F.: Musik und Bewegung – Über den Zusammenhang von Musik und Motopädagogik. Motorik, 11. Jg., Heft 3 (1988), S. 81-88.

Axline, V.: Kinderspieltherapie im nicht-direktiven Verfahren. München 1972.

Ayres, A. J.: Lernstörungen, sensorisch-integrative Dysfunktion. Berlin 1979.

Ayres, A. J.: Southern California Sensory Integration Tests. Revised 1980. Los Angeles 1980.

Ayres, A. J.: Bausteine der kindlichen Entwicklung. Berlin / Heidelberg 1992[2].

Bach, H.: Früherziehungsprogramme für geistigbehinderte und entwicklungsgestörte Säuglinge und Kleinkinder. Berlin 1981[4].

Bandura, A.: Lernen am Modell. Ansätze zu einer sozialkognitiven Lerntheorie. Stuttgart 1976.

Baumann, S.: Die Ursprünge von Behinderung. Psychische Wirklichkeiten und psychologische Aufgaben in der Frühförderung. Frühförderung interdisziplinär, 10. Jg. (1991), S. 20-29.

Baumann, S., Weiß, H.: „Förderungsbegleitende Elternarbeit" und familiäre Lebenswelt: Eine Nicht-Beziehung? Frühförderung interdisziplinär, 8. Jg. (1989), S. 49-63.

Becker, K.-P., Becker, R. (Hrsg.): Rehabilitative Spracherziehung. Berlin 1993[2].

Belusa, A. / Eberwein, H.: Förderdiagnostik – eine andere Sichtweise diagnostischen Handelns. In: Eberwein, H. (Hrsg.): Behinderte und Nichtbehinderte lernen gemeinsam. Handbuch der Integrationspädagogik. Weinheim, Basel 1988, S. 211-219.

Bettelheim, B.: Die leere Festung. München 1977.

Beuys, B.: Am Anfang war nur Verzweiflung – Wie Eltern behinderter Kinder neu leben lernen. Reinbek bei Hamburg 1984.

Blättner, F.: Geschichte der Pädagogik. Heidelberg 1973[14].

Bobath, B.: Abnorme Haltungsreflexe bei Gehirnschäden. Stuttgart 1976.

Bobath, B., Bobath, K.: Die motorische Entwicklung bei Zerebralparesen. Stuttgart 1983.

Bölling-Bechinger, H.: Die Bedeutung des Trauerns für die Annahme der Behinderung eines Kindes. In: Praxis der Kinderpsychologie und Psychiatrie, 37. Jg. (1988), S. 175-179.

Brack, U. B. (Hrsg.): Frühdiagnostik und Frühtherapie. Psychologische Behandlung von entwicklungs- und verhaltensgestörten Kindern. München / Weinheim 1986.

Brand, I., Breitenbach, E., Maisel, V.: Integrationsstörungen. Diagnostik und Therapie im Erstunterricht. Würzburg 1986.

Bronfenbrenner, U.: Die Ökologie der menschlichen Entwicklung. Stuttgart 1981.

Bundesverband für spastisch Gelähmte und andere Körperbehinderte e. V. (Hrsg.). Düsseldorf o. J.

Bundesverband Hilfe für das autistische Kind e. V. (Hrsg.): Zur Situation autistischer Menschen in der Bundesrepublik Deutschland. Hamburg 1993.

Bundesvereinigung Lebenshilfe für geistig Behinderte e. V. (Hrsg.), Band 15, Große Schriftenreihe, Marburg 1987.

Bundschuh, K.: Dimensionen der Förderdiagnostik. München, Basel 1985.

Cárdenas, B.: Diagnostik mit Pfiffigunde. Ein kindgemäßes Verfahren zur Beobachtung von Wahrnehmung und Motorik bei Kindern von 5-8 Jahren. Dortmund 1996[4].

Castillo-Morales, R.: Neuromotorische Entwicklungstherapie. Documenta Pädiatrica Bd. 7, Lübeck 1978.

Castillo-Morales, R., Brondo, J., Hojer, H. u. Limbrock, G. J.: Die Behandlung von Kau-, Schluck- und Sprechstörungen bei behinderten Kindern mit Hilfe der orofazialen Regulationstherapie nach Castillo-Morales. Zahnärztliche Mitteilungen 9 (1985), S. 935-951.

Crossley, R. u. McDonald, A.: Annie: Licht hinter Mauern. München 1990.

Dank, S.: Individuelle Förderung Schwerstbehinderter. Dortmund 1992[4].

De Clair, G., Kipp, A.: Eine Adresse gegen Aussonderung. Das Kinderhaus S. Nicolaus, ein Kindertagesheim mit Integrationsgruppen im Stadtteil Mümmelmannsberg. In: Sozial Extra 5 (1995).

Delacato, C.: Der unheimliche Fremdling. Freiburg 1980.

Diagnostisches und Statistisches Manual Psychischer Störungen DSM-III-R. Weinheim, Basel 1991.

Dichans, W.: Kindergarten – ein Lebensraum für behinderte und nichtbehinderte Kinder. In: Gemeinsam Leben, Sonderheft 2 (1987), S. 29-33.

Doering, W. u. W. (Hrsg.): Sensorische Integration. Dortmund 1992².

Doman, G.: Was können Sie für Ihr hirnverletztes Kind tun? Freiburg 1980.

Dornes, M.: Der kompetente Säugling. Die präverbale Entwicklung des Menschen. Frankfurt am Main 1994.

Dührssen, A.: Psychogene Erkrankungen bei Kindern und Jugendlichen. Göttingen 1969.

Dzikowski, S. / Ahrends, Ch. (Hrsg.): Autismus heute: Neue Aspekte der Förderung autistischer Kinder. Dortmund 1990.

Eberwein, H. (Hrsg.): Behinderte und Nichtbehinderte lernen gemeinsam. Handbuch der Integrationspädagogik. Weinheim und Basel 1988.

Eggert, D.: DMB – Diagnostisches Inventar motorischer Basiskompetenzen. Dortmund 1993.

Eggert, D.: Von der Kritik an den motometrischen Tests zu den individuellen Entwicklungsplänen in der qualitativen Motopädagogik. In: Motorik, 18. Jg., 12 (1995), S. 134-148.

Eggert, D. u. a.: Theorie und Praxis psychomotorischer Förderung. Dortmund 1995².

Emlein, J.: Frühförderung als soziales System. Ideen für eine systemische Konzeption. Frühförderung interdisziplinär, 13. Jg. (1994), S. 97-107.

Emlein, G., Boller, R.: Wider die Psychotherapeutisierung von Frühförderung. Eine systemische Reorganisierung. Frühförderung interdisziplinär, 14. Jg. (1995), S. 1-10.

Faltermeier, J.: Diagnostik in der Frühförderung. In: Frühförderung interdisziplinär, 9. Jg. (1990), S. 28-30.

Feldenkrais, M.: Abenteuer im Dschungel des Gehirns. Der Fall Doris. Suhrkamp TB.

Feldenkrais, M.: Bewußtheit durch Bewegung. Frankfurt a. M. 1978.

Feldkamp, M., Danielcik, I.: Krankengymnastische Behandlung der cerebralen Bewegungsstörung. München 1982.

Feuser, G.: Gemeinsame Erziehung behinderter und nichtbehinderter Kinder im Kindertagesheim – Zwischenbericht. Diakonisches Werk Bremen e. V. (Hrsg.) 1984.

Feuser, G.: Aspekte einer integrativen Didaktik unter Berücksichtigung tätigkeitstheoretischer und entwicklungspsychologischer Erkenntnisse. In: Eberwein, H.

(Hrsg.): Behinderte und Nichtbehinderte lernen gemeinsam. Handbuch der Integrationspädagogik. Weinheim und Basel 1988, S. 170-179.

Feuser, G.: Thesen zu „Gemeinsame Erziehung und Bildung behinderter und nichtbehinderter Kinder in Kindergarten und Grundschule (Integration)". Wissenschaftliche Begleitung 'Integration' in Kindertagesheimen und Grundschule. Universität Bremen, o. J.

Finger, G., Steinebach, Ch. (Hrsg.): Frühförderung. Zwischen passionierter Praxis und hilfloser Theorie. Freiburg 1992.

Finnie, N. R.: Hilfe für das cerebral gelähmte Kind. Ravensburger Elternbücher. Eine Anleitung zur Förderung des Kindes zuhause nach der Methode Bobath. Ravensburg 1971.

Fischer, Bernhard (Red.): Heilende Erziehung aus dem Menschenbild der Anthroposophie: leben, lernen und arbeiten mit seelenpflege-bedürftigen Kindern und Erwachsenen. Stuttgart 1981.

Flehmig, I.: Normale Entwicklung des Säuglings und ihre Abweichungen. Stuttgart, New York 1983.

Freud, A.: Einführung in die Technik der Kinderanalyse. München 1973.

Freud. S.: Abriß der Psychoanalyse (1938). Frankfurt 1970.

Frith, Uta: Autismus. Ein kognitionsspychologisches Puzzle. Heidelberg, Berlin, New York 1993.

Fröhlich, A. D.: Pädagogik bei schwerster Behinderung. Hdb. d. Sonderpädagogik. Bd. 12. Berlin 1991.

Fröhlich, A. D.: Basale Stimulation. Düsseldorf 1992[3].

Fröhlich, A. D. (Hrsg.): Die Mütter schwerstbehinderter Kinder. Heidelberg 1993[2].

Fröhlich, A. D. (Hrsg.): Lernmöglichkeiten. Heidelberg 1995a[3].

Fröhlich, A. D. (Hrsg.): Wahrnehmungsstörungen und Wahrnehmungsförderung. Heidelberg 1995b[9].

Frostig, M.: Bewegungs-Erziehung. München / Basel 1975 (5. Aufl. 1992).

Frostig, M., Reinartz, A. u. E.: Individualprogramm zum Wahrnehmungstraining. Hannover / Dortmund 1974.

Frostig, M., Reinartz, A. u. E.: Visuelle Wahrnehmung – Übungs- und Beobachtungsfolge für den Elementar- und Primarbereich. Hannover / Dortmund 1977.

Gäng, M. (Hrsg.): Heilpädagogisches Reiten und Voltigieren. München, Basel 1994[3].

Garde, D.: Integration behinderter und nichtbehinderter Kinder im Elementarbereich – Modellversuche in der Bundesrepublik Deutschland. In: Kaplan,

Rückert, Garde u. a.: Gemeinsame Förderung behinderter und nichtbehinderter Kinder. Handbuch für den Kindergarten. Weinheim und Basel 1993, S. 33-72.

Glöckler, M. u. Goebel, W.: Kindersprechstunde. Stuttgart 1984.

Glöckler, M.: Elternsprechstunde. Erziehung aus Verantwortung. Stuttgart 1991².

Grond, J.: Früherziehung. In: Tobler, R., Grond, J. (Hrsg.): Früherkennung und Früherziehung behinderter Kinder. Bern, Stuttgart, Toronto 1985, S. 94-166.

Gröschke, D.: Kompetenz als Zielbegriff der Frühförderung. Frühförderung interdisziplinär, 5. Jg. (1986), S. 79-87.

Gröschke, D.: Praxiskonzepte der Heilpädagogik. München 1989.

Gröschke, D.: Praktische Ethik der Heilpädagogik. Bad Heilbrunn 1993.

Grunelius, H. M.: Erziehung im frühen Kindesalter. Der Waldorf-Kindergarten. Schaffhausen 1988⁶.

Günter, S. O., Straßmeier, W.: Zur konduktiven Förderung. Eine kritische Darstellung der ungarischen „Behandlungsmethode" für Kinder mit cerebralen Bewegungsstörungen. Frühförderung interdisziplinär, 15. Jg. (1996), S. 49-58.

Hafer, H.: Die heimliche Droge – Nahrungsphosphat. Heidelberg 1988.

Hartmann, H. & Rohmann, U.: Die Zwei-System-Theorie der Informationsverarbeitung und ihre Bedeutung für das autistische Syndrom und andere Psychosen. Praxis Kinderpsychol. Kinderpsychiat. 33 (1984), S. 271-281.

Haupt, U., Fröhlich, A.: Entwicklungsförderung schwerstbehinderter Kinder. Bericht über einen Schulversuch (Hrsg. Kultusministerium Rheinland-Pfalz). Mainz 1982.

Heimlich, U.: Behinderte und nichtbehinderte Kinder spielen gemeinsam. Konzept und Praxis integrativer Spielförderung. Bad Heilbrunn 1995.

Heipertz, W. u. a. (Hrsg.): Die Aus-, Weiter- und Fortbildung für die Aufgaben der Rehabilitation. Interdisziplinäre Schriften zur Rehabilitation, Band 2. Ulm 1993.

Hellbrügge, Th. (Hrsg.): Probleme des behinderten Kindes. Fortschritte der Sozialpädiatrie, Band 1. München, Berlin, Wien 1973.

Hellbrügge, Th.: Unser Montessori-Modell – Erfahrungen mit einem neuen Kindergarten und einer neuen Schule. München 1977.

Hellbrügge, Th. (Hrsg.): Münchener Funktionelle Entwicklungsdiagnostik. Fortschritte der Sozialpädiatrie, Band 4. München, Wien, Baltimore 1978.

Hellbrügge, Th.: Die Vorzüge der Montessori-Pädagogik für die gemeinsame Erziehung behinderter und nichtbehinderter Kinder. In: Eberwein, H. (Hrsg.): Behinderte und Nichtbehinderte lernen gemeinsam. Handbuch der Integrationspädagogik. Weinheim, Basel 1988, S. 189-196.

Hennicke, K. u. Rotthaus, W. (Hrsg.): Psychotherapie und geistige Behinderung. Dortmund 1993.

Hermes, G., Miles-Paul, O.: Independent Living Angebote in Europa. Bestandsaufnahme, Standards, Perspektiven. bifos – Schriftenreihe zum selbstbestimmten Leben Behinderter. Kassel 1994.

Hess. Ärzteblatt: Die ambulante und tagesklinische Behandlung von Kindern mit Hyperkinetischem Syndrom, S. 459ff. 9/91.

Hetzer, H.: Spielen lernen – Spielen lehren. München 1978[8].

Hoffmann, E.: Fröbels Theorie des Spiels III. Kleine pädagogische Texte, Heft 21. Langensalza 1947.

Hoffmann, H.: Der Struwwelpeter oder lustige Geschichten und drollige Bilder (Frankfurter Originalausgabe 1847). Wien 1990.

Homme, L. et al.: Verhaltensmodifikation in der Schulklasse. Weinheim 1974.

Huber, G., Rieder, H., Neuhäuser, G. (Hrsg.): Psychomotorik in Therapie und Pädagogik. Dortmund 1990.

Hulsegge, J. / Verheul, J.: Snoezelen – Eine andere Welt, Bd. 21. Große Schriftenreihe, Marburg/Lahn 1989.

Hundertmarck, G. (Hrsg.): Leben lernen in Gemeinschaft. Behinderte Kinder im Kindergarten. Freiburg i. Br. 1981.

Hünnekens, H. u. Kiphard, E. J.: Bewegung heilt. Psychomotorische Übungsbehandlung bei entwicklungsrückständigen Kindern. Gütersloh 1975[5].

Internationale Frostig-Gesellschaft (Hrsg.): Das Spiel des Kindes – Schritte ins Leben. Dortmund 1992.

Internationale Frostig-Gesellschaft (Hrsg.): Die Anwendung des Marianne Frostig-Konzepts in Pädagogik und Therapie. Dortmund 1993.

Internationale Frostig-Gesellschaft (Hrsg.): Integration der Wahrnehmung durch Sprache. Dortmund 1994.

Irmischer, T. / Fischer, K.: Psychomotorik in der Entwicklung. Schorndorf 1989.

Jaffke, F.: Spielen und arbeiten im Waldorfkindergarten. Arbeitsmaterial aus den Waldorfkindergärten, Heft 13. Stuttgart 1991.

Jantzen, W.: Allgemeine Behindertenpädagogik. Band 1, Sozialwissenschaftliche und pädagogische Grundlagen. Weinheim 1987.

Jonas, M.: Behinderte Kinder – behinderte Mütter? Frankfurt am Main 1990.

Jonas, M.: Trauer und Autonomie bei Müttern schwerstbehinderter Kinder. Ein feministischer Beitrag. Mainz 1994[4].

Kanfer, F. H. u. Goldstein, A. P.: Möglichkeiten der Verhaltensänderung. München 1977.

Kaplan, K.: Behinderungsspezifische Förderung in integrativen Gruppen. In: Kaplan, K., Rückert, E., Garde, D. u. a.: Gemeinsame Förderung behinderter und nichtbehinderter Kinder. Handbuch für den Kindergarten. Weinheim, Basel 1993, S. 99-160.

Kaplan, K., Rückert, E., Garde, D. u. a.: Gemeinsame Förderung behinderter und nichtbehinderter Kinder. Handbuch für den Kindergarten. Weinheim, Basel 1993.

Kaune, W.: Das Heilpädagogische Voltigieren und Reiten mit geistig behinderten Menschen. Warendorf 1993.

Kautter, H., Klein, G., Laupheimer, W., Wiegand, H.-S.: Das Kind als Akteur seiner Entwicklung. Heidelberg 1995[3].

Kautter, H., Wiegand, H. S.: Plädoyer für eine von der Eigentätigkeit des Kindes ausgehende Diagnostik in der Frühförderung. In: Kautter, H., Klein, G., Laupheimer, W., Wiegand, H.-S.: Das Kind als Akteur seiner Entwicklung. Heidelberg 1995[3], S. 200-214.

Kehrer, H. E.: Autismus. Diagnostische, therapeutische und soziale Aspekte. Heidelberg 1989.

Kempf, H.-D.: Die Rückenschule. Das ganzheitliche Programm für einen gesunden Rücken. Reinbek 1990.

Kempf, H.-D.: Die Karlsruher Rückenschule für Kinder – ein primärpräventives Modell. Krankengymnastik, 44. Jg., 11 (1992).

Kesper, G. u. Hottinger, C.: Mototherapie bei Sensorischen Integrationsstörungen. Eine Anleitung zur Praxis. München 1994[3].

Kiphard, E. J.: Das Problem der Hyperaktivität aus motopädagogischer Sicht. Motorik, Schorndorf 11, Heft 1 (1988).

Kiphard, E. J.: Psychomotorik in Praxis und Theorie. Gütersloh 1989a.

Kiphard, E. J.: Unser Kind ist ungeschickt. Hilfen für das bewegungsauffällige Kind. München, Basel 1989b[3].

Kiphard, E. J.: Motopädagogik. Psychomotorische Entwicklungsförderung Band 1. Dortmund 1992[5].

Kiphard, E. J.: Das hyperaktive Kind aus psychomotorischer Sicht. In: Passolt, M. (Hrsg.): Hyperaktive Kinder: Psychomotorische Therapie. München, Basel 1993, S. 64-84.

Kiphard, E. J.: Wie weit ist ein Kind entwickelt? Dortmund 1994a[8].

Kiphard, E. J.: Mototherapie II. Psychomotorische Entwicklungsförderung Band 3. Dortmund 1994b[4].

Kiphard, E. J.: Mototherapie I. Psychomotorische Entwicklungsförderung Band 2. Dortmund 1995[4].

Klein Jäger, W.: Fröbel-Material. Arbeitshefte zur heilpädagogischen Übungsbehandlung, Band 4. Heidelberg 1987.

Klein, G.: „Das Kind als Baumeister des Menschen" – Einige Grundgedanken der Montessori-Pädagogik. In: Kautter, H., Klein, G., Laupheimer, W., Wiegand, H.-S.: Das Kind als Akteur seiner Entwicklung. Heidelberg 1995³, S. 132-142.

Klein, G. / Kreie, G. / Kron, M. / Reiser, H.: Integrative Prozesse in Kindergartengruppen. Über die gemeinsame Erziehung von behinderten und nichtbehinderten Kindern. München 1987.

Klein, M.: Die Psychoanalyse des Kindes. München 1973.

Knupfer, H., Rathke, F.: Spastisch gelähmte Kinder im Alltag. Stuttgart, New York 1986³.

Köng, E.: Symptomatologie der Sprachstörungen von zerebral bewegungsgestörten Kindern mit besonderer Berücksichtigung der Eß-, Atem- und Stimmstörungen im Säuglingsalter. In: Matthiaß, H.-H., Brüster, H. T., Zimmermann, H. (Hrsg.): Spastisch gelähmte Kinder. Stuttgart 1971, S. 4-7.

Konietzko, C.: Sing-, Kreis-, Finger- und Bewegungsspiele. Arbeitshefte zur heilpädagogischen Übungsbehandlung, Band 1, Heidelberg 1995³.

König, Karl: Heilpädagogische Diagnostik. Arlesheim 1977.

Kosubek, S.: Balancierte Erziehung. Dortmund 1986.

Kriegl, H.: „Behinderte" Familien? Wien 1993.

Krimm-von Fischer, C.: Rhythmik und Sprachanbahnung. Arbeitshefte zur heilpädagogischen Übungsbehandlung, Band 2. Heidelberg 1995³.

Kron, M.: Integrative Prozesse in Kindergärten – Theorie und Erfahrungen aus der Praxis. In: Eberwein, H. (Hrsg.): Behinderte und Nichtbehinderte lernen gemeinsam. Handbuch der Integrationspädagogik. Weinheim, Basel 1988, S. 123-127.

Kügelgen, H. v. (Hrsg.): Plan und Praxis des Waldorfkindergartens. Beiträge zur Erziehung des Kindes im 1. Jahrsiebt. Stuttgart 1991¹¹.

Leboyer, F.: Sanfte Hände – Die traditionelle Kunst der indischen Baby-Massage. München 1979.

Lempp, R.: Frühkindliche Hirnschädigung und Neurose. Bern 1978².

Limbrock, J., Wirth, Ch.: Mundtherapie für behinderte Kinder. Vorstellung der Konzepte nach Bobath und Castillo-Morales. In: Frühförderung interdisziplinär, 5. Jg. (1986), S. 168-182.

Linn, M. / Holz, R.: Übungsbehandlung bei psychomotorischen Entwicklungsstörungen. München 1995.

Lockowandt, O.: Frostigs Entwicklungstest der visuellen Wahrnehmung, FEW. Deutsche Form des „Development Test of Visual Perception" von Marianne Frostig. Beltz Test GmbH. Weinheim 1990[6].

Loh, S. v.: Chronisch kranke und behinderte Kindergartenkinder. Ministerium für Soziales und Familie Rheinland-Pfalz (Hrsg.). Mainz 1990.

Loley, A., Kipp, A.: Frühbetreuung, Integration, Prävention und Stadtteilarbeit: Ein ungewöhnliches Stadtteilprojekt. In: Sozial Extra, 5 (1995).

Luhmann, N.: Soziale Systeme. Grundriß einer allgemeinen Theorie. Frankfurt am Main 1987.

Lukas, E.: Wie Leben gelingen kann. Stuttgart 1996.

Luxburg, J. v.: Systemische Familienberatung in der Frühförderung: Ein Beitrag zum Akzeptieren des behinderten Kindes. Frühförderung interdisziplinär, 10. Jg. (1991), S. 1-9.

Maasz, M.: Möglichkeiten einer fachhochschulnahen Frühberatungs- und -fördereinrichtung. Eine Analyse aus ärztlicher Sicht. Dissertation im Fachbereich Humanmedizin der Universität Gießen. Gießen 1995.

Mall, W.: Kommunikation mit schwer geistig behinderten Menschen. Heidelberg 1992 (3. Aufl. 1995).

Mattner, D.: Vom Sinn des Zappelns – das Hyperkinetische Syndrom verstehen. In: Passolt, M. (Hrsg.): Hyperaktive Kinder: Psychomotorische Therapie. München, Basel 1993, S. 34-46.

Maturana, H. R., Varela, F. J.: Der Baum der Erkenntnis. Die biologischen Wurzeln des menschlichen Erkennens. Bern, München, Wien 1987.

Mertens, K.: Körperwahrnehmung und Körpergeschick. Psychomotorische Entwicklungsförderung – Band 4. Dortmund 1994[4].

Mertens, K.: Psychomotorische Aktivierungsprogramme für Alten- und Pflegeheime, Teil 1 und 2. Dortmund 1996.

Miedaner, Lore: Gemeinsame Erziehung behinderter und nichtbehinderter Kinder. Materialien zur pädagogischen Arbeit im Kindergarten. München 1991[2].

Miedzinski, K.: Die Bewegungsbaustelle. Dortmund 1995[5].

Ministerium für Soziales und Familie Rheinland-Pfalz (Hrsg.): Chronisch kranke und behinderte Kindergartenkinder. Mainz 1990.

Montessori, M.: Grundlagen meiner Pädagogik. Heidelberg 1968[3].

Montessori, M.: Die Entwicklung des Kindes. Freiburg, Basel, Wien 1971.

Montessori, M.: Das kreative Kind. Freiburg, Basel, Wien 1972.

Moor, P.: Heilpädagogik. Ein pädagogisches Lehrbuch. Bern 1965.

Nathanson, D. E.: Using atlantic bottlenose dolphins to increase cognition of mentally retardet childen. In: Lovibond P. and P. Wilson (ed.): Abnormal Psychology (1989).

Neikes, J. L.: Scheiblauer-Rhythmik. Orthagogische Rhythmik. Wuppertal 1969.

Neuhäuser, G.: Minimale Cerebrale Dysfunktion (MCD) und Bewegungsverhalten. In: Knab, E. (Hrsg.): Motopädagogik in der Heimerziehung. Frankfurt am Main 1984.

Neuhäuser, G.: Gefährdung in früher Kindheit. In: Thalhammer, M. (Hrsg.): Gefährdungen des behinderten Menschen im Zugriff von Wissenschaft und Praxis. München, Basel 1986, S. 104-121.

Neuhäuser, G.: Bemerkungen zur medikamentösen Therapie hyperaktiven Verhaltens im Kindesalter. Haltung und Bewegung 11, Heft 2 (1989), S. 13-14.

Neuhäuser, G., Beckmann, D., Pauli, U.: Zur Untersuchung sogenannter Risikokinder. Ergebnisse einer Längsschnittuntersuchung. Frühförderung interdisziplinär, 9. Jg. (1990), S. 1-11.

Niehaus-Oschée, A.: Gemeinsame Erziehung von Kindern mit und ohne Behinderung im offenen Kindergarten. In: Deutsche Behinderten-Zeitschrift, Heft 3 (1994), S. 27-29.

Oehler, K.-U.: Das hyperkinetische Kind im Vorschulalter. Frühförderung interdisziplinär, 9. Jg. (1990), S. 145-152.

Oerter, R., Montada, L. u. a.: Entwicklungspsychologie. München, Wien, Baltimore 1982.

Ohlmeier, G.: Frühförderung behinderter Kinder. Dortmund 1994[2].

Orff, G.: Die Orff-Musiktherapie. München 1974.

Otte, H. M.: Ohnmächtige Eltern. Dortmund 1994.

Oy, C. M. von: Montessori-Material zur Förderung des entwicklungsgestörten und des behinderten Kindes. Arbeitshefte zur heilpädagogischen Übungsbehandlung, Band 3. Heidelberg 1993.

Oy, C. M. von, Sagi, A.: Lehrbuch der heilpädagogischen Übungsbehandlung. Heidelberg 1994[10].

PÄD Extra, 7/8 (1992).

Passolt, M. (Hrsg.): Hyperaktive Kinder; Psychomotorische Therapie. München, Basel 1993.

Piaget, J.: Sprechen und Denken des Kindes. Düsseldorf 1972.

Piaget, J.: Das Erwachen der Intelligenz beim Kinde. Stuttgart 1975.

Piaget, J., Inhelder, B.: Die Psychologie des Kindes. Olten, Freiburg 1976.

Prekop, J.: Zur Festhalte-Therapie bei autistischen Kindern. Der Kinderarzt 15 (1984).

Prekop, J.: Der kleine Tyrann. München 1988.

Prekop, J.: Hättest du mich festgehalten ... Grundlagen und Anwendung der Festhalte-Therapie. München 1989.

Prekop, J., Schweizer, C.: Unruhige Kinder. Ein Ratgeber für beunruhigte Eltern. München 1993.

Rauh, H.: Frühe Kindheit. In: Oerter, R., Montada, L. u. a.: Entwicklungspsychologie. München, Wien, Baltimore 1982, S. 124-190.

Rauterberg, K.: Die Beziehungen zwischen Form und Funktion des Hüftgelenks und deren Bedeutung für die statomotorische Entwicklung: In: Flehmig, I.: Normale Entwicklung des Säuglings und ihre Abweichungen. Stuttgart, New York 1983, S. 53-74.

Reiser, H. u. a.: Integration als Prozeß. In: Sonderpädagogik 16 (1986).

Remschmidt, H.: Der Beitrag der Kinder- und Jugendpsychiatrie zur Frühförderung. In: Frühförderung interdisziplinär, 8. Jg. (1989), S. 157-170.

Remschmidt, H.: Das Hyperkinetische Syndrom im Kindesalter. Hessisches Ärzteblatt 8 (1991).

Rett, A.: Das hirngeschädigte Kind. Ärztliche, erzieherische und soziale Probleme. Wien, München 1974[4].

Richter, H. E.: Eltern, Kind, Neurose. Hamburg 1967.

Robins, F. u. J.: Pädagogische Rhythmik für geistig und körperlich behinderte Kinder. Rapperswil (Schweiz) 1968.

Rochel, M., Neuhäuser, G.: Medizinischer Vergleich zwischen der Konduktiven Förderung und anderen, in Deutschland etablierten Frühförderkonzepten. Frühförderung interdisziplinär, 15. Jg. (1996), S. 73-77.

Rochel, M., Weber, K.: Konduktive Förderung nach Petö. Der Kinderarzt, 21. Jg. (1990), S. 779-782.

Rogers, C. R.: Die klientbezogene Gesprächstherapie. München 1978.

Rohmann, U. H. / Elbing, U.: Festhaltetherapie und Körpertherapie. Dortmund 1990.

Roos, Ph.: Parents and families of the mentally retardet. In: Kauffmann, J. M., Payne, J. S.: Mental retardation. Columbus/Ohio 1975, S. 336-357.

Rückert, E.: Pädagogische Konzeption zur Unterstützung sozialintegrativer Prozesse. In: Kaplan, Rückert, Garde u. a.: Gemeinsame Förderung behinderter und nichtbehinderter Kinder. Handbuch für den Kindergarten. Weinheim, Basel 1993, S. 73-98.

Ruf-Bächtiger, L.: Das frühkindliche psycho-organische Syndrom. Stuttgart 1991.

Sarimski, K.: Interaktion mit behinderten Kleinkindern. Entwicklung und Störung früher Interaktionsprozesse. München, Basel 1986.

Sarimski, K.: Vom Vorwärtstreiben, Verändern und Vermitteln: 10 Jahre Erfahrungen als Verhaltenstherapeut in der Frühförderung. Frühförderung interdisziplinär, 10. Jg. (1991), S. 10-19.

Schmidt, D.: Epilepsien. München, Bern 1988.

Schröpl, F., Malcomess, R.: Neurodermitis bein Kindern. Frankfurt am Main, Berlin 1995.

Schuchardt, E.: Aus Lebensgeschichten lernen. Düsseldorf 1984.

Schuchardt, E.: Krise als Lebenschance. Düsseldorf 1985.

Schuchardt, E.: Warum gerade ich? Leben lernen in Krisen. Göttingen 1994[8].

Schulz, D.: Frühförderung in der Heilpädagogik. Erfahrungen mit der Betreuung seelenpflegebedürftiger Kinder. Eine Einführung für Eltern. Dornach 1991.

Schulz, J. H.: Das autogene Training. Stuttgart 1973.

Schwarting, J.: Musik und Musikinstrumente zur Förderung des entwicklungsgestörten und behinderten Kindes. Arbeitshefte zur heilpädagogischen Übungsbehandlung, Band 6. Heidelberg 1995.

Schweizerische Vereinigung zugunsten cerebral Gelähmter (SVCG): Gesamtwerk über cerebrale Bewegungsstörungen. Solothurn 1987.

Sellin, B.: Ich will kein inmich mehr sein. Köln 1993.

Sieland, B., Siebert, M. (Hrsg.): Klinische Psychologie für Pädagogen. Braunschweig 1979.

Sinnhuber, H.: Optische Wahrnehmung und Handgeschick. Dortmund 1993[3].

Speck, O.: Frühförderung entwicklungsgefährdeter Kinder. München 1977.

Speck, O.: Das gewandelte Verhältnis zwischen Eltern und Fachleuten in der Frühförderung. In: Speck, O., Warnke, A. (Hrsg.): Frühförderung mit den Eltern. München, Basel 1983, S. 13-20.

Speck, O.: System Heilpädagogik. Eine ökologisch reflexive Grundlegung. München, Basel 1988.

Speck, O.: Frühförderung als System. Frühförderung interdisziplinär, 8. Jg. (1989), S. 148-156.

Speck, O.: Wirkungen der Konduktiven Förderung unter pädagogischem Aspekt. Frühförderung interdisziplinär, 15. Jg. (1996), S. 83-88.

Speck, O. / Peterander, F. / Innerhofer, P. (Hrsg.): Kindertherapie. München 1987.

Speck, O., Peterander, F.: Elternbildung, Autonomie und Kooperation in der Frühförderung. Frühförderung interdisziplinär, 13. Jg. (1994), S. 108-120.

Speck, O., Warnke, A. (Hrsg.): Frühförderung mit den Eltern. München, Basel
1983.

Spiel, W. / Spiel, G.: Kompendium der Kinder- und Jugendpsychiatrie. München
1987.

Sporken, P.: Eltern und ihr geistig behindertes Kind – Das Bejahungsproblem.
Düsseldorf 1980.

Spörri, C.-L. von: Gegenwärtig praktizierte Formen der Elterngruppenarbeit in der
Frühförderung. In: Speck, O., Warnke, A. (Hrsg.): Frühförderung mit den Eltern.
München, Basel 1983, S. 131-150.

Staabs, G. von: Der Scenotest. Berlin 1964[3].

Städeli, H. (Hrsg.): Die leichte frühkindliche Hirnschädigung. Bern, Stuttgart, Wien
1984.

Steiner, R.: Heilpädagogischer Kurs. Rudolf Steiner Gesamtausgabe, Bibliogra-
phie-Nr. 317, Dornach.

Steiner, R.: Die Erziehung des Kindes vom Gesichtspunkt der Geisteswissenschaft. Dornach 1978.

Steinhausen, H.-Chr.: Psychische Störungen bei Kindern und Jugendlichen. Lehrbuch der Kinder- und Jugendpsychiatrie. München, Wien, Baltimore 1988.

Stern, D. (1977): Mutter und Kind. Die erste Beziehung. Stuttgart 1979.

Strasburg, H.-M.: Infantile Cerebralparese. Vortrag 5. Symposion Frühförderung
Marburg 1989.

Straßmeier, W.: Frühförderung konkret. 260 Übungen für entwicklungsverzögerte
und behinderte Kinder. München, Basel 1992[3].

Tausch, R., Tausch, A. M.: Erziehungspsychologie. Göttingen 1977.

Tausch, R., Tausch, A. M.: Gesprächspsychotherapie. Göttingen 1981.

Thalhammer, M. (Hrsg.): Gefährdungen des behinderten Menschen im Zugriff von
Wissenschaft und Praxis. München, Basel 1986.

Theunissen, G.: Wege aus der Hospitalisierung. Bonn 1989.

Theunissen, G.: Pädagogik bei geistiger Behinderung und Verhaltensauffälligkeiten. Bad Heilbrunn 1995.

Thimm, W.: Das Normalisierungsprinzip – Eine Einführung. Bundesvereinigung
Lebenshilfe für geistig Behinderte e. V. (Hrsg.). Kleine Schriftenreihe Bd. 5.
Marburg/Lahn 1990[4].

Thurmair, M.: Die Familie mit einem behinderten Kind. In: Frühförderung interdisziplinär. 9. Jg. (1990), S. 49-62.

Tietze-Fritz, P.: Zur Frühförderung des cerebral bewegungsgestörten Säuglings und Kleinkindes mit Darstellung einer praktizierten Entwicklungsbehandlung. Schriften zur Heil- und Sonderpädagogik, Band 1. Frankfurt am Main, Bern 1980.

Tietze-Fritz, P.: Relevante neurophysiologische Behandlungsmethoden im Vergleich. Krankengymnastik, 36. Jg. (1984), S. 721-724.

Tietze-Fritz, P.: Praktizierte therapeutisch-pädagogische Frühförderung. Krankengymnastik, 38. Jg. (1986), S. 279-285.

Tietze-Fritz, P.: Heilpädagogisch-ganzheitliche Erfassung sensomotorischer Auffälligkeiten im frühesten Kindesalter. Ztschr. für Heilpädagogik, 41. Jg. (1990), Beiheft 17, S. 259-263.

Tietze-Fritz, P.: Heilpädagogische Befundaufnahme. Beobachtungsbogen mit Richtlinien für Früherzieher und Heilpädagogen. Dortmund 1992.

Tietze-Fritz, P.: Elternarbeit in der Frühförderung. Dortmund 1993a.

Tietze-Fritz, P.: Berufsübergreifende Mindestkenntnisse und Grundfertigkeiten zur Rehabilitation für Mitglieder von Frühförder- und Kinderrehabilitationsteams. In: Heipertz, W. u. a.: Die Aus-, Weiter- und Fortbildung für die Aufgaben der Rehabilitation. Interdisziplinäre Schriften zur Rehabilitation, Band 2. Ulm 1993b, S. 164-166.

Tietze-Fritz, P.: Wahrnehmungs- und Bewegungsentfaltung. Heilpädagogische Förderung des Kindes in seinen ersten 24 Monaten. Heidelberg 1995[3].

Tietze-Fritz, P.: Handbuch der heilpädagogischen Diagnostik. Konzepte zum Erkennen senso- und psychomotorischer Auffälligkeiten in der interdisziplinären Frühförderung. Dortmund 1996a[3].

Tietze-Fritz, P.: Methodenvielfalt in der Heilpädagogik: Das Selbstverständnis heilpädagogischen Handelns – eine Standortbestimmung. In: Berufsverband der Heilpädagogen (BHP) e. V. (Hrsg.): Methodensuche – Methodensucht in der Heilpädagogik? Rendsburg 1996b, S. 6-26.

Tinbergen, N. u. Tinbergen, E. A.: Autismus bei Kindern. Berlin 1984.

Tobler, R., Grond, J. (Hrsg.): Früherkennung und Früherziehung behinderter Kinder. Bern, Stuttgart, Toronto 1985.

Tomatis, A.: Der Klang des Lebens. Reinbek 1990.

TPS – extra 6. Evangelische Bundesarbeitsgemeinschaft für Sozialpädagogik im Kindesalter (Hrsg.). Bielefeld 1991.

TPS – extra 12. Evangelische Bundesarbeitsgemeinschaft für Sozialpädagogik im Kindesalter (Hrsg.). Bielefeld 1992.

Trapmann, H., Liebetrau, G., Rotthaus, W.: Auffälliges Verhalten im Kindesalter. Dortmund 1994[8].

Treeß, A., Treeß, U., Möller, M.: Soziale Kommunikation und Integration. Dortmund 1990.

Vogel, B.: Hör-Räume. Musiktherapeutische Förderung Schwerst- und Mehrfachbehinderter. In: Fröhlich, A. (Hrsg.): Handbuch der Sonderpädagogik, Bd. 12, 1991.

Vojta, V.: Die cerebralen Bewegungsstörungen im Säuglingsalter. Stuttgart 1974.

Voß, R. (Hrsg.): Pillen für den Störenfried? München, Basel 1990[2].

Voß, R. (Hrsg.): Helfen – aber nicht auf Rezept. München 1991.

Voß, R., Wirtz, R.: Keine Pillen für den Zappelphilipp. Reinbek 1990.

Warnke, A.: Das Gespräch zwischen Therapeut und Eltern in der Frühförderung des behinderten Kindes. In: Speck, O., Warnke, A. (Hrsg.): Frühförderung mit den Eltern. München 1983, S. 201-224.

Warnke, A.: Verlauf und Prognose des Hyperkinetischen Syndroms. In: Hessisches Ärzteblatt 8 (1991).

Watzlawick, P. / Beavin, J. H. / Jackson, D. D.: Menschliche Kommunikation. Formen, Störungen, Paradoxien. Bern, Stuttgart, Wien 1982[6].

Weiß, H.: Familie und Frühförderung. Analysen und Perspektiven der Zusammenarbeit mit Eltern entwicklungsgefährdeter Kinder. Behindertenhilfe durch Erziehung, Unterricht und Therapie, Band 14. München, Basel 1989.

Weiß, H.: Armut, Entwicklungsgefährdung und „frühe Hilfen". Bedingungen, Probleme, Möglichkeiten und Grenzen der Arbeit mit sozial benachteiligten Kindern und ihren Familien in der Frühförderung. Frühförderung interdisziplinär, 13. Jg. (1994), S. 145-165.

Wender, E. H.: Das hyperaktive Kind. Ravensburg 1991.

Wrede, H.: Snoezelen. Praxis der Psychomotorik, Heft 4 (1991), S. 248-250.

Wygotski, L. S.: Denken und Sprechen. Berlin 1964.

Zametkin, A. J. et al. (1990): Cerebral glucose metabolism in adults with hyperactivity of childhood onset. National Institute of Mental Health, Bethesda/Maryland, N. Engl. J. Med. 232, S. 1361-1366.

Zimmer, R.: Handbuch der Bewegungserziehung. Freiburg 1993[3].

Zimmer, R.: Schafft die Stühle ab. Freiburg 1995.

Zinke-Wolter, P.: Spüren – Bewegen – Lernen. Handbuch der mehrdimensionalen Förderung bei kindlichen Entwicklungsstörungen. Dortmund 1994[3].

Zollinger, B.: Spracherwerbsstörungen. Grundlagen zur Früherfassung und Frühtherapie. Bern, Stuttgart 1987.

Zuckrigl, H. u. A., Helbing, H.: Rhythmik hilft behinderten Kindern. München, Basel
1994[3].

Zulliger, H.: Die deutungsfreie psychoanalytische Kinderpsychotherapie. In: Bier-
mann, G. (Hrsg.): Handbuch der Kinderpsychotherapie. München 1969.

Stichwortverzeichnis

Raum für Notizen:

Raum für Notizen:

Raum für Notizen:

Raum für Notizen:

Ihre Praxis ist unser Programm!

Sehen – Spüren – Hören
Wahrnehmung integrativ betrachtet
hrsgg. von Esther Rohde-Köttelwesch
1996, 200 S., 16x23cm, br,
ISBN 3-86145-093-3, Bestell-Nr. 8118, DM 38,00

Ein Weg für alle!
Leben mit Montessori
von Lore Anderlik
1996, 264 S., 16x23cm, viele Fotos, br,
ISBN 3-8080-0375-8, Bestell-Nr. 1173,
DM 38,00 bis zum Erscheinen, danach DM 42,00

Sinn und Sinne im Dialog
hrsgg. von Waltraut und Winfried Doering /
Gude Dose / Mario Stadelmann
1996, 264 S., 16x23cm, br,
ISBN 3-86145-083-6, Bestell-Nr. 8116, DM 39,80

Bewegungsräume
**Entwicklungs- und kindorientierte
Bewegungserziehung**
von Helmut Köckenberger
1996,180 S., 16x23cm, viele Abb., br,
ISBN 3-86145-088-7, Bestell-Nr. 8117, DM 36,00

„Sei doch endlich still!"
Entspannungsspiele und -geschichten für Kinder
von Helmut Köckenberger / Gudrun Gaiser
1996, 168 S., DIN A5, mit Illustr., br,
ISBN 3-86145-089-5, Bestell-Nr. 8373, DM 34,00

Portofreie Lieferung auch durch:

 verlag modernes lernen *borgmann publishing*

Hohe Straße 39 • D - 44139 Dortmund
☎ (0180) 534 01 30 • FAX (0180) 534 01 20

Ihre Praxis ist unser Programm!

Neuropsychologie für Pädagogen

Neuropsychologische Voraussetzungen
für Lernen und Verhalten

von Ingeborg Milz

1996, 312 S., 16x23cm, br,
ISBN 3-86145-075-5, Bestell-Nr. 8112, DM 48,00

Handbuch der heilpädagogischen Diagnostik

Konzepze zum Erkennen senso- und
psychomotorischer Auffälligkeiten in der
interdisziplinären Frühförderung

von Paula Tietze-Fritz

3. Aufl. 1996, 272 S., 16x23cm, br
ISBN 3-8080-0325-1, Bestell-Nr. 1143, DM 48,00

Elternarbeit in der Frühförderung

Begegnungen mit Müttern
in einer besonderen Lebenssituation – Ein Theorie-Praxis-Bericht

von Paula Tietze-Fritz

1993, 148 S., DIN A5, br
ISBN 3-86145-052-6, Bestell-Nr. 8203, DM 38,00

Rechenschwächen erkennen und behandeln

Teilleistungsstörungen im
mathematischen Denken

von Ingeborg Milz

3. Aufl. 1995, 244 S., 16x23cm, viele Abb., br,
ISBN 3-86145-031-3, Bestell-Nr. 8005, DM 42,00

Portofreie Lieferung auch durch:

 verlag modernes lernen *borgmann publishing*

Hohe Straße 39 • D - 44139 Dortmund
☎ (0180) 534 01 30 • FAX (0180) 534 01 20